北京の歴史

「中華世界」に選ばれた都城の歩み

新宮 学
Aramiya Manabu

筑摩選書

北京の歴史

「中華世界」に選ばれた都城の歩み

目次

図版ⅰ　北京市の行政区画

北京の歴史

「中華世界」に選ばれた都城の歩み

はじめに

北京は中国の首都が置かれた現代都市である。一四億の人口を抱えて、現時点で世界最大規模の国家、中華人民共和国の政治的中心である。その膨大な人口に支えられた絶大な国力を都市開発に投入して、今も変貌してやまない。同時に、「五朝帝都」と言われるように、歴代王朝の都が置かれつづけた古都でもある。都市の中央に世界文化遺産に登録された紫禁城《しきんじょう》（故宮《こきゅう》）をはじめ歴史的建造物や景観を保存しており、古都の風貌をまだ色濃く残している。

北方の京師《けいし》（みやこ）を意味する「北京」という名称で呼ばれるようになったのは、明《みん》代の永《えい》楽《らく》元年正月、西暦でいえば一四〇三年のことである。すでに六百年以上の歴史を有している。わが国の東京（江戸）と並べて語られることも多いが、北京はそれ以外の名称で都とされた時期を含めれば、ゆうに一千年に近い。まちがいなく古都である。

隣国中国の都となった北京は、近現代史にかぎっても、激動の歴史を歩んできた。そのため、絶大な権力を振るった西太后《せいたいごう》や毛沢東《もうたくとう》の政治の舞台として、世界中から注視されることはあっても、都市北京のもつさまざまな歴史的魅力は、これまで十分に語りつくされてきたわけではない。その北京の歴史を、その起源から中華人民共和国の首都としての誕生までをたどったのが本書である。周《しゅう》の燕《えん》国から数えれば三千年に近いその歴史からすれば、本書で取り上げることができた事柄はその一部分にすぎない。近代以前までの歴史を中心にすえたのには、それなりの理由がある。

北京というと、きまってテレビに映し出される天安門広場と天安門の正面に掲げられた毛沢東の肖像。世界文化遺産として紹介される故宮紫禁城や天壇公園、さらには明十三陵や万里の長城。これらの映像は確かに身近であっても、外国人のわれわれには、玩具のブロックのようにバラバラであり、有機的なイメージを結んでいるわけではない。

都市北京の歴史となると、われわれがもつ情報量は思いのほか少ないのが実情だ。これは、歴代王朝のほかの都と比べてもそうだ。わが国から多くの遣唐使や留学僧たちが目指した唐の長安や洛陽の歴史のほうに、より親しみを感じるであろう。

戦後日本の東洋史学を牽引した宮崎市定《みやざきいちさだ》氏は、「唐の文化は日本に入って、ひからびた乾物になって保存されたが、宋文化は現在まで生命を保って生きつづけている」（『宋と元』）と述べた。東アジア地域のなかでの日本文化を考えるうえできわめて鋭い指摘であり、含蓄がある。ここでいう唐の文化は黄河《こうが》文明、宋文化は江南《こうなん》文化と言い換えることもできるであろう。蘇州や杭州は、江南文化を代表する都市である。ただ、その都に注目すれば、北宋の都が置かれた開封汴京《かいほうべんけい》や南宋の臨安《りんあん》杭州も一時期繁栄を誇ったが、王朝の滅亡とともに、歴史の表舞台からは姿を消した。現在までも繁栄を維持しているのは、開封のさらに北方に成立した非漢族政権の中核都市となった北京である。

ここに、文化的な中国理解と、政治的な中国理解の溝がある。北京は、本書で強調したように黄河文明の辺境に位置する政治都市である。また江南文化とも遠く離れた長城地帯に近接する軍事都市であった。比較都市史研究者の妹尾《せお》達彦氏の提唱する農耕と遊牧の境界地帯に位置し、漢人と非漢人との争奪の場であった。そのため北京という都市は、農耕民族のわれわれにとってきわめてイメージしにくい場所なのである。

本書では、ひとつには、北京の歴史を「中華世界」の拡大とともに、辺境の地から中心地に飛躍していくダイナミックな歴史として描こうとした。もうひとつは、北京という都市を舞台に、漢人と非漢人、農耕と遊牧というような異なる要素が対立するだけでなく、交流・融合する坩堝《るつぼ》の役割にも注目した。この点にこそ、北京が多民族国家中国の首都に選ばれつづける理由があると考えるからである。なお、ここにいう中華世界とは、歴史的には都《みやこ》とその周辺を指して用いられてきた「中国」を国名と区別するために使っている。

戦争をくり返した近代の歴史をリセットした日中国交回復から半世紀。この間に、中国は「一衣帯水」の隣国として共感をもって語られる存在から、いまやいささか脅威の存在として意識されるようになった。歴史に立ち返ることで、その地が首都でありつづける国家のありようを考え、その国と向き合う手がかりにしたい。

第一章

文明の辺境——燕国

1　のちに「北京」と呼ばれる地域空間

華北平原の最北端

最初に、北京の地理的環境を概観しておこう。現在の北京市は、その中心部にある天安門《てんあんもん》広場を基準に取れば、東経一一六度二三分、北緯三九度五四分に位置する。緯度で言えば、日本の東北地方の盛岡市や秋田市とほぼ同緯度で、アジアの国々の首都としてはかなり北方に置かれている。

北京の位置は、黄河下流に広がる華北大平原の最北端にあたり、太行《たいこう》山脈と燕山《えんざん》山脈という二つの山脈の交わるところにある。太行山脈は、華北平原に沿って南から東北に伸びる山脈で、北京周辺では「西山《せいざん》」の名で知られている。西山の奥に控える八達嶺《はったつれい》を西に越えると、山西高原に連なっていく。もうひとつの燕山山脈は、陰山《いんざん》山脈から東に延びる山脈で、北京周辺では「軍都《ぐんと》山《さん》」と呼ばれる。北にはモンゴル高原に接し、東北に越えると松遼《しょうりょう》大平原に通じている。

これらの山々によって北京は半円状に囲まれ、西北に高く東南に低くひらけた地勢を形成している。周囲の三方が山で囲われ、そのあいだに平原が広がる形状から、北京とその周囲の地勢は、「北京湾《ペキンわん》」と表現されることもある。この語は、歴史地理学者として著名な侯仁之《こうじんし》氏が、一九四

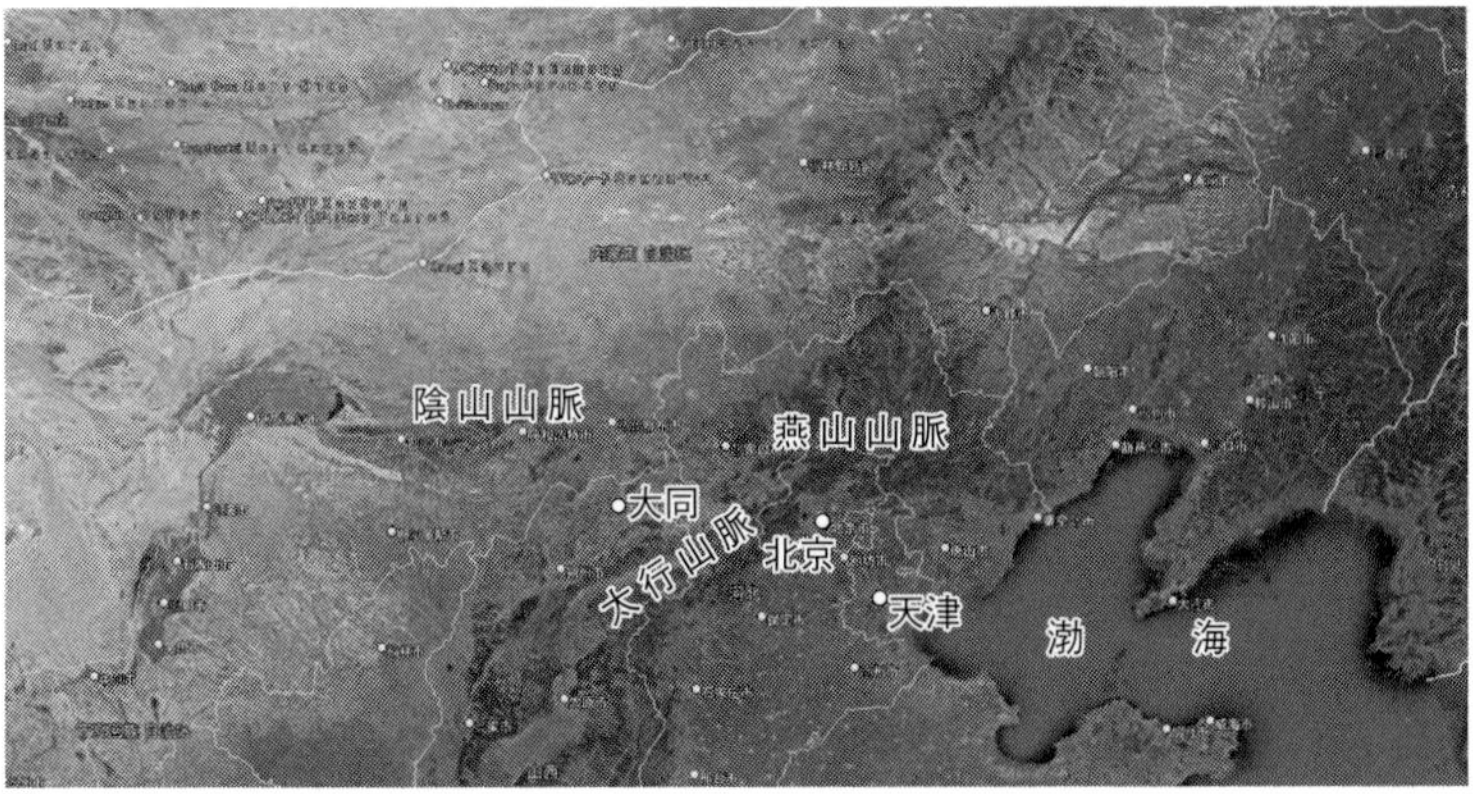

図版1　北京を取りまく地形図

九年英国リバプール大学に提出した博士論文の冒頭で注目して紹介した。ただその時点では、新中国が成立する以前であり、終章でも触れるようにまだ「北平湾《ほくへいわん》」と表記せざるをえなかったのは、侯からすれば痛恨の極みであったろう。最初にその語を用いたのは、米国の地質学者バイレイ・ウィリス（Bailey Willis）であった。この北京湾こそが、都市北京を育《はぐく》んだ揺りかごであった。

現在から一億年以上前の中生代晩期に、中国東部で発生した激しい造山運動によって火山の噴火、地殻変動、山地の隆起が生じた。これが「燕山運動」と呼ばれるもので、太行山脈以西の山々が上昇隆起し、反対に以東の平原が下降し、現在の地形が形づくられたという。

北京の地形は、山地と丘陵、平地の三種に大別される。北京市の全面積のうち、海抜五〇メートル前後の平地が四割たらずを占めるだけで、残りの六割は山地と丘陵からなっている。丘陵から平地の沖積平野にさしかかるところに、旧北京城が位置している。その中央に位置する天安門広場は、海抜四四・四メートルである。

図版2　梅原龍三郎「北京秋天」

山地と丘陵を浸食して沖積平野を形成する働きをしているのが、潮白河《ちょうはくが》と永定河《えいていが》、温楡河《おんゆが》である。潮白河は、北京市の北方から流れこむ潮河と白河が密《みつ》雲《うん》区で合流し潮白河となって南流する。市の南部を、かつては無定河《むていが》と呼ばれたこともある永定河が東南流する。市の中央部に西北から流れ込む温楡河は東南に流れて、通州《つうしゅう》区で北運河《ほくうんが》と名称を変え、さらに永定河と合流して海河《かいが》と名を改め天津《てんしん》に注いでいる。市の中心部から東南の渤海湾《ぼっかいわん》までは約一五〇キロメートルで、歴代の都が置かれた都市のなかでは、海にも比較的近いという特徴をもっている。隣接する天津市は、北京の外港としての役割を果たしている。現在、北京市とは別の直轄市となっているが、明清時代には、「順天府《じゅんてんふ》」という同じ行政区画のなかに含まれていたことに示されるように、歴史的には一体としてのまとまりを有していた。

北京秋天と酷暑の夏

北京の気候は、典型的な大陸性の温帯モンスーン気候で、夏は炎熱多雨、冬は寒冷で乾燥している。春と秋の季節は短いものの、九月から十月にかけての秋晴れの続く天候は、「北京秋天」として知られているようにもっとも快適な季節を迎える。

この「北京秋天」の言葉を世に知らしめたのは、洋画家梅原龍三郎《うめはらりゅうざぶろう》（一八八八〜一九八六年）の同名の作品によってであった。

梅原は、この油絵を日中戦争さなかの一九四二（昭和十七）年に描いている。パリでルノアールに師事した梅原は、戦時統制下の日本を抜け出すかのように一九三九年以来五年間に北京を六回も訪れ、そこで自由かつ充実した創作活動を続けることができた。梅原自身、この作品について「秋の高い空に興味をもった。何だか音楽をきいているような空だった」とふり返っている。西山を背景に紫禁城のうえに広がる北京の朝の冴えわたった高い空から、梅原はどのような音色を聴いたのであろうか。北京の風景を描いた梅原の作品としては、ほかに「紫禁城」、「雲中天壇」、「長安街」がある。

北京市の年平均気温は、摂氏一〇〜一二度である。一月の平均気温はマイナス九〜四度とかなり低く、七月の平均気温は二五〜二六度と逆に高い。年平均降水量は約六五〇ミリで、東京の年降水量の半分にも満たないが、華北大平原のなかではもっとも降水量の多い地域のひとつである。ただ年降水量の七五パーセントが七、八月に集中して、それ以外の季節には雨は極端に少なく、変化が激しい。真夏の炎熱多雨の季節を抜けたあとに広がる秋晴れが、北京秋天の印象を梅原にもいっそう深く刻んだのであろう。

文化の交差路としての境界性

北京の歴史というと、きまって北京原人から筆を起こしている書物が多い。一九二九年、北京

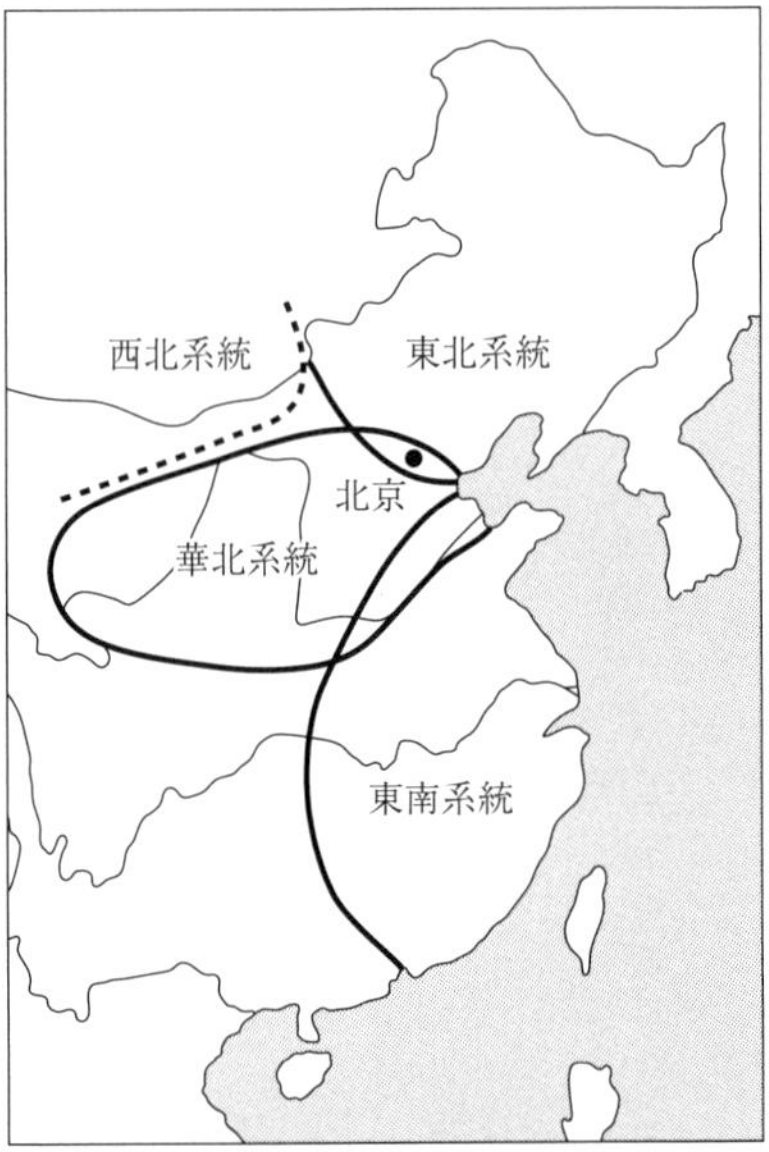

図版3　中国先史文化の三系統概念図

の南西約五〇キロにある房山区《ぼうざん》周口《しゅうこう》店《てん》西側の龍骨山《りゅうこつざん》から、約五十万年前にさかのぼる人類の完全な頭蓋骨が発見された。発掘現場の周口店がある房山区は、現在の北京市に属する二城区・一四区のひとつであるから当然であろう。最初、「シナントロプス・ペキネンシス」という学名をつけられた北京原人は、そののち原人（ホモ・エレクトゥス）段階の化石が次々と見つかったこともあって、現在ではホモ・エレクトゥス・ペキネンシスと呼ばれるようになった。中国語では「北京猿人」と表記され、単に北京人（Peking Man）と略称されることも多い。すでに直立歩行し、火の使用の痕跡も認められるというその活動は、人類の悠久の歴史を語るうえでは欠かせないものである。ただ都市北京の成立の歴史をひもとく本書では、北京の周囲が五十万年も前から人間の活動が可能な自然環境が整っていたことを確認できれば十分であろう。都市北京の出現までの歴史を急ぐことにしよう。

　中国の先史文化は、ひとつの系統か、それとも複数の系統からなるのか、これまでさまざまな見解が出されてきた。近年では、複数の系統からなる多元論が共通理解となりつつある。そのなかでも、北京大学の厳文明《げんぶんめい》氏は、考古学上の代表的器物の分布に注目して複数の大きな文化系統に区分している。これらの区分は、北京地区のもつ境界性を理解するうえでわかりやすいので、ここで紹介することにしよう。

第一の系統は、中原《ちゅうげん》を中心とする華北系統である。黄河流域の旱地《かんち》農業を基礎として発展した文化系統である。三足の煮炊きに用いる陶器の鬲《れき》でもって特徴づけられる地域である。この系統の人びとは、形質的にはモンゴロイドの東アジア類型に近く、アワなど雑穀を主食とする。「華夏《かか》」と自称し、黄帝《こうてい》を始祖と尊んでおり、中国古代王朝の夏《か》・殷《いん》・周《しゅう》はすべてこの系統から発展した。

第二の系統は、長江《ちょうこう》中・下流域を中心とする東南系統である。山東地方もこれに含まれる。鼎《かなえ》が最も早くここで出現し、長期にわたり流行したことから、鼎文化系統と呼ぶことができる。東南の長江流域を中心として水稲作を経済的基礎として発展した地域である。この系統の人びとは、形質的には南アジア類型に近く、イネを主食とし、入れ墨や抜歯の習俗がある。古代では、夷《い》(東夷《とうい》、淮夷《わいい》、南夷《なんい》)と呼ばれた。この系統は、華北の系統と文化発展のレヴェルでは相拮抗しており、のちに楚《そ》や越《えつ》などの大国を打ち立てた。

第三の系統は、遼河《りょうが》を中心とする東北系統である。筒型平底の罐《かん》を炊器として用いていたことから、罐文化系統と呼ぶことができる。この系統の人びとは、狩猟採集を主としており北アジア類型に近い。騎射に巧みであり、農業の比重はあまり大きくなかった。古くは、粛慎《しゅくしん》、山戎《さんじゅう》、東《とう》胡《こ》と呼ばれた。新石器時代後期の紅山《こうさん》文化はこの系統から生み出され、ほかの二つの系統と文化的レヴェルで肩を並べるまでに到達した。

これらの三つの文化系統は、それぞれが独立して発展しただけでなく、相互に影響しあい、かつ抗争して、浸透と融合をくり返した。最初に鬲文化と鼎文化とが融合し、強大な勢力となって北に向かって発展した。罐文化も南に向かって発展し、北京地区は、三つの文化系統が交錯する最前線となったという。

さらに、やや遅れてもうひとつの文化系統との接触が始まった。この系統は、モンゴルの遊牧地域から伸びてきて、牧畜経済を主とし、細石器の分布を特徴としている。南方の農耕文化と北方の遊牧文化とが互いに接触すると、北京地区（現在の北京市の範囲を想定）は、その重要な最前線となった。つまり、華北的なもの、東南的なもの、東北的なもの、およびモンゴル的なものの四者の文化の相接触する境界に、北京は位置していた。まさに北京地区は、先史時代から文化の「交差路」としての境界性を有していたのである。のちに述べる北京の「境界都市」としての特質は、すでにこの段階にまでさかのぼることができる。

北京地区をより具体的にみれば、新石器時代に華北平原に相前後して起こった仰韶《ぎょうしょう》文化と龍《りゅう》山《ざん》文化遺跡の分布の北端に位置する。仰韶文化は、紀元前四〇〇〇年から前三〇〇〇年ごろに発生した北中国最古の農耕文化である。一九二一年に、スウェーデンの地質調査所所長アンダーソンが発見した河南省澠池《べんち》県にある仰韶遺跡が、今日の仰韶文化の標識遺跡となっている。赤みをおびた土器に黒や褐色で紋様を描いた彩陶《さいとう》が特徴的で、彩陶文化とも呼ばれる。環濠《かんごう》集落に住み、すでにアワ・キビ・ハクサイを栽培し、ブタやイヌ、ニワトリを飼育していた。

龍山文化は、紀元前二九〇〇年から前二〇〇〇年頃で、河南や山東の黄河下流域を中心に分布している。山東省済南《さいなん》市章丘《しょうきゅう》区龍山鎮の城子崖《じょうしがい》遺跡で発見された。土器は光沢のある漆黒色を特徴とすることから、黒陶《こくとう》文化とも呼ばれた。以前は、西方とのかかわりが指摘された彩陶文化に対し、東方の山東地方を中心に独自に発達したものとされていた。現在では、層位的時期差として理解されるようになり、仰韶文化から龍山文化が発達したと考えられている。ブタ・イヌ・ヒツジ・ウシなどを家畜として飼養しているが、そのなかではブタの比重が高い。アワやキビの製粉に用いた磨盤《まばん》や磨棒《まぼう》など華北型農耕石器がよく出土する。

また北京地区は、華北平原北部の燕山山脈東部の山麓より東北地方に及ぶ紅山文化の遺跡分布の南縁地帯にあたっている。紅山文化は、モンゴル東南部から遼寧《りょうねい》省西部に広がる新石器文化である。現在の内モンゴル自治区赤峰《せきほう》市紅山で一九三五年に発見された。磨製石器を主体とし、細石器も使用する。土器には、「之」字紋と彩色紋があり、女性土偶も出土する。農業を主としながらブタやヒツジを飼育し、狩猟で補っていた。仰韶文化の中・晩期に相当する。

さらに北西では、モンゴル高原一帯に広がる草原の細石刃《さいせきじん》文化圏にも接している。そもそも石核から縦長定型の剝片《はくへん》である細石刃を剝離する技術は、ユーラシア大陸北部のアルタイ山脈からバイカル湖にかけての地域から出現し、シベリアをへて華北にまで広がったとされている。

名称の変遷

次節で「北京」の起源を述べるに先立ち、ここで北京の名称の変遷についてその概略をまとめておこう。北京地区が北の都を意味する北京と呼ばれたのは、明代の永楽年間（一四〇三〜二四）のことである。それ以前は、この都市は古来さまざまな名称で呼ばれてきた。漢字の字面では、正反対の「南京《なんけい》」と呼ばれていた時期さえあった。

都市北京の起源は、紀元前十一世紀に始まる周代の燕国の都、「薊城《けいじょう》」にまでさかのぼることができる。この地の城壁で囲まれた都市空間を指す薊城という名は唐末まで変わらなかったが、秦が六国を併合して中国を統一してからは、中央集権的な郡県制が施行された結果、北京地区の名称はしばしば変更を余儀なくされた。かつて燕国の中心であった薊城の地には、広陽郡が新設された。漢の初めには、郡国制のもとで燕国に戻った。その後、広陽郡や広陽国と改められた。王莽《おうもう》が簒奪《さんだつ》した新《しん》の時代には、一時期広有《こうゆう》郡と名づけられたこともあった。後漢時代に入りふたたび広陽郡に戻り、幽州刺史《しし》が置かれた。三国時代から北朝期にかけては、燕郡や燕国と呼ばれたこともある。

隋唐時代から唐末五代にかけては、郡が廃止され州が直接県を統轄するようになったため、幽州と呼ばれることが多かった。隋の煬帝《ようだい》のときに涿郡《たくぐん》と改めたり、唐の玄宗《げんそう》の天宝《てんぽう》年間には范陽《はんよう》郡と呼ばれた。

十世紀以降には、北京は一地方都市から都のひとつに位置づけられるようになり、この都城の名称もさまざまに変えられた。まず、北中国を支配した契丹族の遼は、五京のひとつに位置づけ、「南京」幽都府《ゆうとふ》と名づけた。のち一〇一二年に「燕京《えんけい》」析津府《せきしんふ》と改称した。北宋の宣和年間、漢族王朝の宋がこの地を取り戻すと、燕山府と改めた。その後、女真族の金《きん》がここを支配すると、燕京析津府《せきしんふ》に戻した。一一五三年には、金の海陵王《かいりょうおう》がここに遷都し、「中都《ちゅうと》」大興府《だいこうふ》と改称した。

モンゴルがこの中都を攻略するとまた燕京に戻ったが、クビライの時代になってここにふたたび中都を置いた。その後、新たに都城の造営に着手して、一二七二年に「大都《だいと》」大興府と命名した。

現在の南京《なんきん》の地に漢族政権を打ち立てた明朝の洪武帝《こうぶてい》は、元の都大都を攻略すると、この地を「北平府《ほくへいふ》」と改めて、一地方都市に格下げした。しかし、前述したように永楽帝が即位すると「北京」順天府と定めて、一四二一年ここに遷都した。山海関《さんかいかん》から北京に乗り込んできた満洲人《マンジュ》の清朝も、引きつづき北京を都と定め京師《けいし》順天府と称した。

辛亥《しんがい》革命によって皇帝制度が廃止された中華民国のもとでは、一九二八年に北伐が完了すると、南京が正式に首都に決まった。このため、北京は一時期「北平特別市」と変更された。

一九四九年に中華人民共和国が成立すると、北平が首都に定められて北京の名称が復活した。二〇〇八年の北京五輪以降は、日本でも現代漢語の標準語である普通語《プートンホア》の発音のままに、北京《ベイジン》（BEIJING）と呼ばれることも多くなってきた。

十世紀以降、都のひとつに位置づけられてからだけでも、北京が南京、燕京、中都、大都、北京などとじつにさまざまな名称で呼ばれたのは、それぞれの王朝の空間的広がりに占める位置とも密接に絡んでいた。現在まで続いている北の京師としての北京という名称には、ここに政治的中心を置き、南の農耕社会と北の遊牧社会の双方に跨る広大な中国の統合を維持しようとする強い志向が示されている。

近世以来、現代にいたるまで首都でありつづけてきた北京の歴史をたどることは、拡大しつづけてきた中華世界の歴史的特質と、成立当初には五十六からなる多民族国家をみずから標榜し、現在では「中華民族」を豪語するまでにいたった現代中国のありようを探ることにほかならない。

2　薊城――都市「北京」の起源

中原の都市国家

ユーラシア大陸では、古代文明は都市国家から発生した。中国の場合、いわゆる夏・殷・周の時代がこれにあたる。夏や殷、周という王権は、それぞれ異なる場所で相前後して成立した。

夏は、伝説上の帝王禹《う》に始まったとされる中国の初期王朝である。司馬遷《しばせん》の『史記《しき》』のなかでは殷本紀の前に「夏本紀」が立てられているものの、その実在は疑われていた。しかし、一九五〇年代後半以降、河南省偃師《えんし》県の二里頭《にりとう》遺跡で大型の建築遺構や青銅器・玉器が発掘された。同じく河南省登封《とうほう》市の王城崗《おうじょうこう》遺跡でも、紀元前二〇〇〇年前後にさかのぼる城壁が発見されて、大規模な政治組織の存在が知られるようになった。

殷は、紀元前十六世紀から前十一世紀まで存続した。殷の支配体制は、「邑《ゆう》」（城壁で囲まれた都市）の連合体からなる王朝である。殷王朝の存在は、一八九九年の甲骨文《こうこつぶん》の発見によって一躍脚光を浴びるようになった。一九二〇年代以降に始められた殷墟《いんきょ》の発掘では、卜占《ぼくせん》による神聖政治と高度な青銅器文化の存在が明らかとなった。殷墟は、河南省安陽《あんよう》市北西の小屯村《しょうとんそん》にあり、第十九代の王盤庚《ばんこう》以後の都とされている。なお、殷はほんらい都城の名であり、甲骨文では「商《しょう》」と自称していることから、中国では商王朝と呼ぶことが一般的である。

周は、殷のあとをうけて成立した王朝である。周はもと陝西《せんせい》省北部や山西省方面にいた遊牧民であったらしい。のちに渭水《いすい》盆地に農耕定住して殷の支配を受けるようになった。紀元前十一世紀頃、文王のときに殷と対立し、その子武王は、殷の紂王《ちゅうおう》を滅ぼして渭水の下流にある鎬京《こうけい》を都とした（西周《せいしゅう》）。

これらの王権の出現した地域が、いわゆる「中原《ちゅうげん》」である。中原を指す範囲は、時代によって変化している。夏や殷代では、中原は現在の山西省南部、河南省北部、河北省南部、山東省西部の地域を指していた。

中原と同様な語に「中国」「華夏」「中華」もある。これらは「世界の中心にある領域」という意味を表し、より文明的色彩が強い。天下の中心には、高い文明を持つ「中国」があり、その周囲には未だその文明の恩恵を受けていない野蛮な「夷狄《いてき》」が住んでいるという具合である。こうした伝統的世界像が、「華夷思想」「中華思想」である。華夷思想というと、華夷の差別の面が強調されることが多いが、夷狄も文明を受け入れることで「中華」となるという包容性も有することを忘れてはならない。

さて、中原が王朝の政治・軍事・経済の中心であったことから、もっとも早い段階の都市もここから出現した。その中原から遠く離れていた現在の北京地区では、夏や殷の時期までさかのぼる都市遺跡はまだ発見されていない。周代（西周）初期になってはじめて出現する。

この地区では、新石器時代晩期の龍山文化ののちに青銅器時代に突入した。だいたい紀元前二〇〇〇年頃のことである。考古学の分野では「夏家店《かかてん》下層文化」と呼ばれるが、中原地域の殷代に相当する。夏家店下層文化は、一九六〇年に内モンゴル自治区赤峰《せきほう》市東七・五キロメートルにある英金河（老哈河の支流）の北岸一帯の王家店郷夏家店村内から発見された青銅器時代の早期文化である。前述した紅山文化をうけて発達した。燕山山脈の南北、現在の河北省北部や遼寧省西部から北京・天津地区まで広範囲に広がっている。土器では殷文化と関係する鬲などの三足器、青銅器では小型の装飾品を特徴としている。

中国では史的唯物論の立場から、この青銅器時代は原始共産制の社会から奴隷制社会への移行期として捉えられている。この時代に発展した青銅器は、王室と貴族によって独占されていた。青銅器時代は、西アジアのメソポタミアと同様に、都市文明と古代国家の発生に特徴づけられる。製陶と青銅鋳造は、すでに独立した手工業部門となっていた。銅と錫《すず》などから作られる青銅器鋳造は、開始と同時に高度な発展が見られた。当初は、イヤリングややじり（箭頭《せんとう》）、小刀など簡単なものであった。殷代中期になると、大型の礼器（祭祀や儀礼用の器物）が出現したことが注目される。

なかでも、一九七七年に北京市の東北にある平谷《へいこく》区南独楽河鎮の劉家河殷墓から腕輪やイヤリングなどの金製装飾品とともに出土した三羊銅罍《さんようどうらい》は、殷代中期の青銅器の傑作である。また同じく劉家河殷墓から出土した鉄刃銅鉞《てつじんどうえつ》は、天然の隕鉄《いんてつ》を鍛造して刃の部分を造り、これに青銅部分と合体させたきわめて珍しいものである。これによって北京地区での三千年以上にまでさかのぼる鉄の使用が明らかとなった。

伝説のなかの幽都

文献の記載によれば、殷代後期の北京地区には、商族と同姓の「孤《こ》竹《ちく》」と「燕亳《えんはく》」と呼ばれる著名な氏族が存在して殷の北方の安定を守っていた。その歴史以前の北京地区の周辺は、「五帝」で知られる理想の治世の時代におけるさまざまな伝説と神話に彩られている。

いわゆる五帝とは、黄帝《こうてい》、顓頊《せんぎょく》、嚳《こく》、堯《ぎょう》、舜《しゅん》と続く五人の聖天子を指している。司馬遷の『史記』の冒頭に置かれた「五帝本紀」によれば、北方に強大な有力氏族の黄帝の聚落が興起した。黄帝は、黄土高原に文化的営みを始めた人びとの祖先で、中国では中華民族のあらゆる種族はいずれもこの黄帝の子孫であるとされている。黄帝の聚落では、熊《クマ》、羆《ヒグマ》、虎《トラ》、貔《ひ》、貅《きゅう》、貙《ちゅ》などの猛獣を調教し、「往来遷徙《せんし》して常処《じょうしょ》なく」、原始的な遊牧に従事していたという。

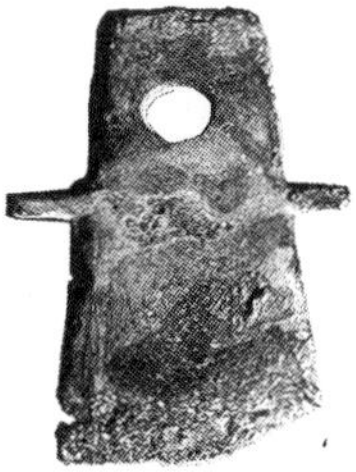
図版4　劉家河出土の鉄刃銅鉞

黄帝は、みずからの聚落と炎帝《えんてい》の聚落と同盟して涿鹿《たくろく》（現在の北京市西方に隣接）の野で九黎《きゅうれい》の聚落を破った。その長蚩《し》尤《ゆう》を殺し、諸侯に推戴されて帝位に即《つ》いた。北方では葷粥《くんいく》を駆逐した。のちに炎帝の聚落が盟約を破って侵略したので、黄帝の聚落と炎帝の聚落は「阪泉之《はんせんの》野《の》」で三度にわたって戦い、炎帝を破ると、涿鹿に都《と》邑《ゆう》を建てた。黄帝に続く帝顓頊のとき、幽陵《ゆうりょう》（のちの幽州）にいたって祭祀をおこなったことがあった。帝堯は、この幽陵に都邑「幽都」を建て、和叔《わしゅく》を派遣してこの地を治めさせたという。

これらの伝説は、司馬遷が各地の長老から採録した民間伝承（口碑）にもとづいたものである。こうしたさまざまな伝説の存在は、この地が異なった氏族集団が鎬《しのぎ》を削る境界地域にあたっていたことを物語るであろう。

召公の封建

前述したように、北京地区では、西周初期になってはじめて相前後して二つの都市（都城）が出現する。周によって封建された薊城《けいじょう》と燕城《えんじょう》である。ここにいう「城《じょう》」とは日本的な意味での「しろ」ではない。城壁で囲まれた都市空間（城邑《じょうゆう》）を意味する。本書で用いる「城」は、基本的にこの意味であるから注意していただきたい。二つの城は、北京市の西南部を流れる永定河《えいていが》をあいだにはさんで南と北に存在していた。燕城は永定河以南の拒馬河《きょばが》流域にあり、薊城は永定河の北にあった。

まず燕城のほうから取り上げよう。燕城は燕国初期の都である。燕の封建については、『史記』燕召公世家《えんしょうこうせいか》には、「周の武王が之《ゆ》きて（殷の）紂王を滅ぼすと、召公を北燕に封《ほう》じた」とあって、武王の時期としている。周の文王の遺志をついだ武王が殷を滅ぼしたのち、同姓姫《き》姓の氏族召公奭《せき》を北の燕に封じたことを記していた。奭は周の文王によってはじめ召（陝西省岐山《きざん》県の南）に封じられたので召公と称した。ここで北燕とあるのは、古くは河南省延津《えんしん》県付近にあった南の燕と区別するためである。周の武王が殷を滅ぼした年代については諸説があるが、近年の中国では、趙光賢《ちょうこうけん》氏によって比定された紀元前一〇四五年説が通説として用いられている。

「封」とはいわゆる周の封建のことで、天子が土地と住民をあたえて経営させることである。封じられると「侯《こう》」を称して国を建てることを許された。平時には貢物を納めて周を宗室《そうしつ》として敬い、戦時には周の「藩屛《はんぺい》」となって宗室を守らねばならなかった。

関中地域の小国であった周は、殷を倒すと自己の統治を固めるために、多くの親属を分封して は王朝を守る藩屛とした。その結果、もともと殷の支配地域であった東方には、周の封建諸侯による多くの城邑が出現した。このため、この時期が中国史上における都市建設の最初のピークと見なされているほどである。

『左伝《さでん》』昭公二十八年の記載によれば、武王の兄弟で国を建てた者は一五人であり、周と同姓の姫姓で国を建てた者は四〇人であったという。その同姓のひとりが召公であった。ここにいう同姓とは、いわゆる「同姓不婚」の族外婚集団のことで、周王朝成立の際に擬制的な血縁集団として創設されたものであろう。

『史記』周本紀でも、薊も燕も武王の時代に分封されたかのように記している。しかし、すでに先学によって指摘されているように、その分封は同時におこなわれたのではなく、武王のときにまず薊が封じられ、成王《せいおう》のときに燕が封じられたと解するのが理にかなっている。というのは、武王の子成王のときになって、殷王紂の子武庚《ぶこう》（禄父《ろくほ》）や東夷の諸国の反乱が起きている。武王の弟周公旦《しゅうこうたん》のもとでこれが平定され、東方統治を固めるために新たに燕に分封されたのが召公奭であったと考えられるからである。

召公は、周公とともに幼い成王の後見役を務め、位は三公（太師《たいし》・太傅《たいふ》・太保《たいほ》）のうち太保の地位にあった。また、召の地は元来陝西の岐山にあったから、燕に封じられ東方統治を強化する役割をあたえられたとはいえ、燕に実際に赴いて治めたのは召公の長子克《こく》がはじめてであったらしい。『史記』燕召公世家には、召公奭以降、第九代目の恵侯《けいこう》にいたるまで空白となっているが、この時期に相当するのが燕城と考えられる。

帝堯の後裔

つぎに薊城であるが、『左伝』や『史記』などの文献によれば、周の武王は、殷を滅ぼしたのち、ただちに先聖王の神農《しんのう》・黄帝・堯・舜・禹の後裔たちを分封して諸侯としたとある。神農・黄帝・堯・舜・禹は、いずれも伝説上の中国古代の帝王である。実在性はさておき、これらを崇拝する氏族集団が各地に存在していたと考えられる。

そのひとつ、帝堯の後裔が「褒封《ほうほう》」されたというのが薊国である。この褒封とは、のちの封建とは異なり、おそらく当地旧来の集団の支配をそのまま承認した本領安堵《ほんりょうあんど》に近い意味であったとされている。

その勢力範囲は、主に永定河以北にあり、薊国の都城「薊」は、現在の北京地区に出現したもっとも早期の都市となった。燕国の分封は、前述したように薊国よりやや遅れ、その勢力範囲は、主に永定河以南の拒馬河流域であった。

燕国の勢力は、周王室の直接の庇護をうけて薊国よりも強大となった。その後、燕国が薊国を滅ぼすと、それまでの燕城を放棄して薊城に自己の国都をあらためて設けたと考えられる。燕城から薊城に移った理由については後述する。

燕都——琉璃河古城遺跡

一九六二年に始まり七〇年代以降、本格的に進められた発掘調査によって、燕国の最初の都城は、北京市の西南に位置する房山区琉璃河《るりがちん》鎮東側の董家林《とうかりん》村に置かれていたことが明らかとなった。

琉璃河遺跡の範囲は、東西三・五キロメートル、南北一・五キロメートルに広がっており、主に居住区と古城区、墓葬区とに区分される。古城区の遺跡は、北から南に流れ込んだ琉璃河（大《たい》石河《せきが》、古の聖水）が西南に向かって蛇行し、さらに東に向かって流れていく地点の高台の上にあった。周囲には、一九六〇年代初頭まで高さ約一メートルほどの城墻《じょうしょう》（城壁）の一部が残っていた。

その規模は、北城壁約八二九メートル、北半分が残る東城壁と西城壁の約三〇〇メートルであった。南城壁はすでに破壊されており、その位置は不明である。方形、あるいは長方形を呈していたと推定されている。

城壁は、黄土《こうど》を搗《つ》き固めた版築《はんちく》で造られていた。主城壁内外の両側には、補強のための傾斜状の護城坡《ごじょうは》（坡とは堤《つつみ》のこと）が存在していた。城壁の基底部分の幅は一〇メートル前後で、断面は台形を呈している。さらに東・西・北城壁の外側では、深さ二メートルを超える城濠も見つかった。城内からは、版築の基壇や祭祀遺址、西周期の板瓦（平瓦）が発見された。西周期の諸侯国のうちで、都城の城壁が見つかっているのは、現在のところ、この琉璃河の燕都と山東省曲阜の魯国古城だけというから貴重である。

版築とは、両側に板を立ててそのあいだに土を入れて搗《つ》き固めていく工法である。固められた土の層を夯土《ハント》という。一層が固められると、板をその上にのばし、また土を入れて固める。これをくり返して一層一層と高くしていくのである。夯土一層の厚みは時代や地域によっても異なる。琉璃河古城遺跡の場合、約五、六センチメートルでそれほど厚くはない。紅褐色を呈している夯土層は相当に堅固で、「夯窩《ハンウオ》」と呼ばれる、搗き固める際に用いた円形の棒の跡が密集して残っていた。

また、東南約五〇〇メートルにある黄土《こうど》坡《は》村《そん》では墓葬区が発見され、燕侯や貴族の大・中・小の墓がすでに三〇〇〇基余り調査整理されている。大墓の前からは、車馬の陪葬《ばいそう》と随葬《ずいそう》された青銅器なども多数見つかった。

燕侯克の銘文

燕侯墓（琉璃河一一九三号墓）から出土した青銅器「克盉《こくか》」「克罍《こくらい》」の銘文には、周王が太保の召公を褒揚《ほうよう》し、「王曰《いわ》く、太保よ、（中略）克《こく》に命じて匽《えん》（燕）に侯たらしむ」という四三（一説に四四）文字があり、召公奭が宗周（鎬京）に留まり王室の政務をとる一方で、彼の長子克《こく》を燕に就封させていたことが知られる。じつは『史記』燕召公世家では、初代召公奭の封建から第三十五代の王喜までの世系を記載しているが、二代目から八代目までは燕公の名が伝わっていなかった。琉璃河古城遺跡は、この時期に相当するものと考えられている。

興味深いのは、城壁内の居住遺跡から出土した土器には異なる三系統のものが混在している点である。第一の系統は、聯襠鬲《れんとうれき》と呼ばれる土器に代表される、中央の西周王朝と共通する特徴をもつ周系土器である。第二の系統は、袋足鬲《たいそくれき》に代表される殷王朝の流れを汲む殷系土器、そして第三の系統は、前二者とも異なる当地の土着的な文化に属する土器である。これらの三種の土器が併存していることから、燕国が成立当初、西周の中央から新しい支配者層としてやってきた人びとと、伝説とも合致するそれ以前の殷王朝との文化的結びつきを保持していた人びと、さらに近在の土着的な人びととが共存する新しい社会が封建という政治的な力で短期的に形成されたことが窺える。

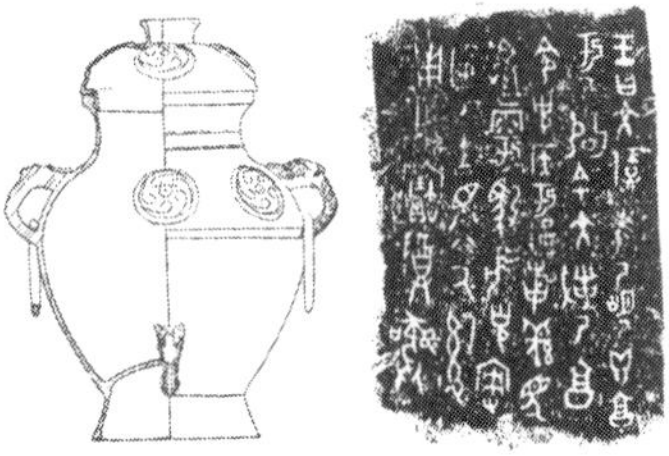
図版5　琉璃河1193号墓出土の克罍

琉璃河古城遺跡には、一九九五年に西周燕都遺址博物館が建設された。この遺跡は、燕国の都城であったとはいえ、北京市中心部から約四〇キロメートル以上離れた郊外の房山区にあることから、現代の都市北京の起源とは言いがたい。しかも琉璃河古城が燕都として存続した下限年代は、西周中期までと推定されている。文献上の記載では、春秋中期、斉《せい》の桓公《かんこう》の救援を得て北方の狩猟民の山戎《さんじゅう》を退けると、燕荘公《そうこう》の子襄公《じょうこう》のときには河を境とし東北の薊城に移ったとあるからである（『韓非子《かんぴし》』有度）。次に取り上げる薊城こそが都市北京の起源と言える。

筆者が在外研究で北京に滞在していた一九九五年は、「北京建城三〇四〇年」を紀念して「愛祖国、愛北京」のスローガンのもとにさまざまな活動が展開されていた。その「三〇四〇年」とは、周の武王が殷（商）の紂を滅ぼし、燕・薊の二つの諸侯国をはじめて封じた年（武王十一年）を紀元前一〇四五年に比定した北京師範《しはん》大学歴史系教授趙光賢氏の説に依拠し、その年から数えているとのことである。かりに現在の北京に薊城を建てた年が紀元前一〇四五年と確定されたとしても、三〇〇〇年の区切りならともかく「三〇四〇年」というのはいささか中途半端な気がしないでもなかった。とはいえ、これに合わせて房山区の琉璃河董家林地区にオープンしたのが、西周燕都遺址博物館であった。

薊城の位置

周代の薊城は、旧北京城外城の西北部に存在したと推定されているが、現在のところその遺跡はまだ発見されていない。燕都が最初に置かれた琉璃河古城は、いったん廃棄されるとふたたび都城として利用されることはなかった。これが幸いしてか、遺跡自体はよく残った。これに対し、薊城が置かれていたと推定される外城西北部は、後漢や遼・金、明代と引きつづいて、城壁建設がくり返された場所にあたっていることから、早期の薊城の遺跡はほとんど残されていないのであろう。

従来、薊城の位置については、外城の西北隅付近、すなわち現在の白雲観《はくうんかん》の西墻外《せいしょうがい》にある小高い場所がその遺跡と推定されていた。魏の地理学者酈道元《れきどうげん》（薊城付近の范陽涿県《はんようたく》の人）が、その著『水経注《すいけいちゅう》』㶟水《るいすい》のなかで、「むかし周の武王は堯の後を薊に封じた。いまの城内の西北隅に薊丘あり、丘に因《よ》り以《もっ》て邑を名づけた」と記していることによる。「丘」は、「墟」「聚」とも通じ、集落を意味した。

一九七四年の春に、白雲観西遺跡の発掘調査がおこなわれた。上層部分の遺跡を取り除いたあとに、残存した城壁遺址が発見された。城壁部分はほとんど破壊されていたものの、前述した夯土の層次がはっきり残っていた。城壁遺址は南北に長く、北端のところで東に向かっており、西北角の城壁と推定されている。

北城壁の夯土の下からは、後漢の中晩期の磚室墓《せんしつぼ》が発見された。墓は城壁と夯土とで押しつぶされており、この城壁の建設は後漢時代より遅く、西晋《せいしん》時代の薊城壁であることが判明した。この発見によって、春秋戦国から唐代まで薊城の城壁の位置には変化はないという考えが再考を迫られることになった。白雲観西遺跡の発掘調査にあたった趙其昌《ちょうきしょう》氏が指摘するように、薊城は後漢以前の前期薊城と西晋以後の後期薊城とに区別する必要が出てきたのである。

陶井と墓葬

現在、前期薊城の位置は、一九五〇年代以降北京付近から出土した陶井《とうせい》（井戸の壁面に用いた円筒形の陶器）の分布（井圏《せいけん》ともいう）を手がかりにその位置が推定されている。一九五六年に、永定河からの引水工事で陶井一五〇基余りが発見された。一九六五年にもまた陶井五〇基ほどの発見が続いた。
陶井は二種類に大別される。一種類は、高さ約五六センチ、直径六五センチ前後で、厚さは二センチである。もう一種は、高さ約三八センチ、直径七八センチ前後、厚さは三センチである。どちらも灰色の陶製である。前者は戦国時代のもので、後者は漢代のものであった。
陶井が分布する地域は、
a和平門《わへいもん》の北側と南側。南は琉璃廠西柳巷付近にいたるまで
b宣武門《せんぶもん》の北側と南側。南は菜市口の北まで
c宣武門から東に建国門《けんこくもん》にいたる南側のライン
d西は公主墳《こうしゆふん》や五棵松《ごかしよう》にいたる一帯
である。さらに八里庄《はちりしよう》にも零細な分布が見られる。そのなかでも、宣武門外白紙坊《はくしぼう》の北側付近に集中している。
飲料水と農業灌漑《かんがい》に使用されたと推定されるこれらの陶井の分布は、春秋戦国時代にかけての薊城のおおよその位置を示すものと考えられる。
もうひとつ重要な手がかりとなるのが墓葬の存在である。中国古代の慣習では、城内には一般に墓地を設けない。とくに大型の墓は城壁内にはめったに見られない。したがって、戦国時代や漢代の墓葬の分布する地点は、同時代の薊城の範囲から除外できると考えられる。たとえば、西長安街北側の民族宮付近、外城では西南角の内側、天壇内、陶然亭公園などでは戦国墓や漢墓が出土している。

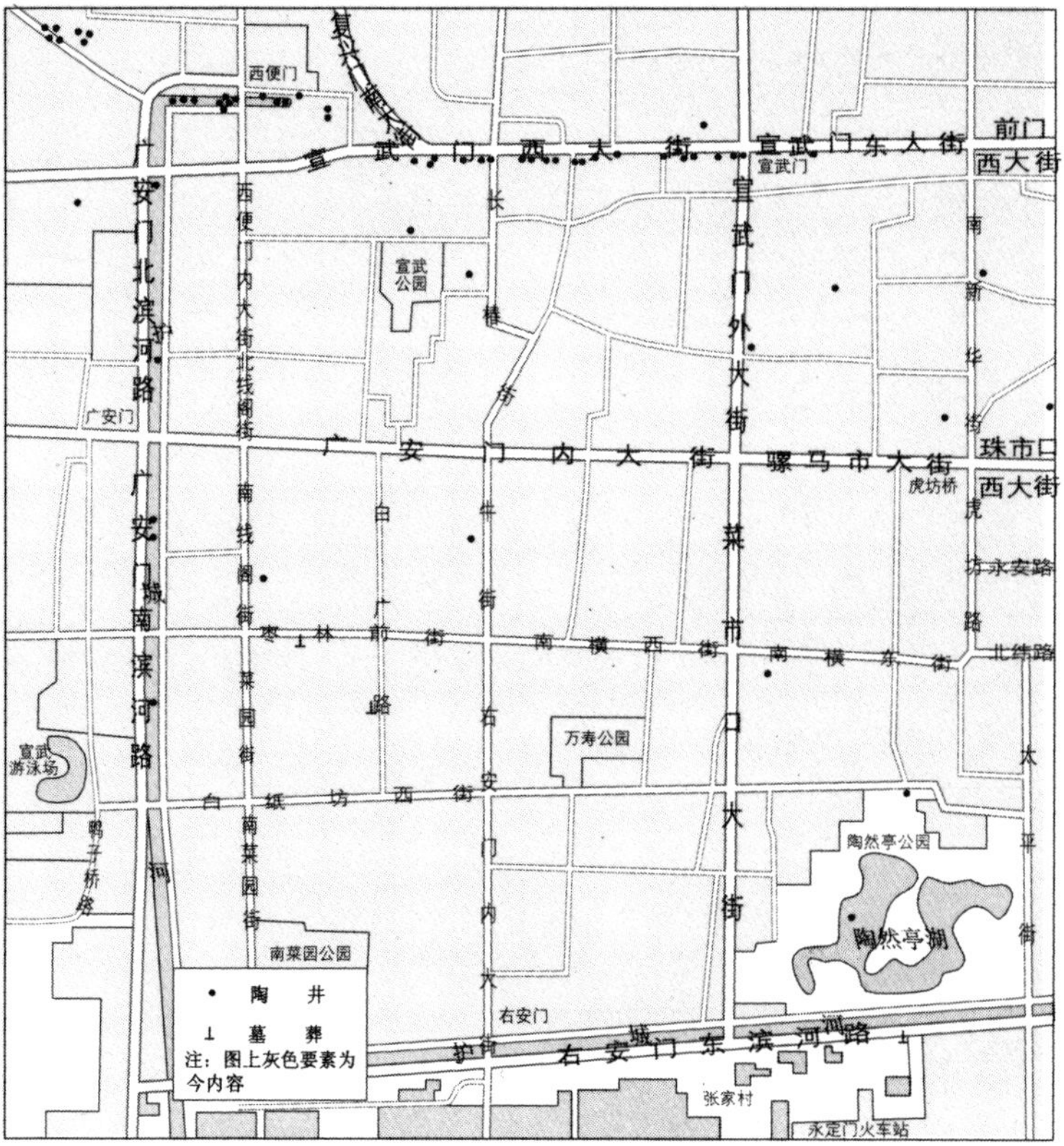

図版6　北京の古井分布略図

趙其昌氏は、これらの陶井と墓葬の分布にもとづき前期薊城の候補地として、
①京西の八宝山以西の北部地区
②外城以西地区
③後期薊城以南地区
を挙げたうえで、②外城以西地区がもっとも可能性が大きいと推定している。

水に恵まれ、アザミ咲く地

ほかにも、外城以西地区に前期薊城を求める説の有力な根拠が、広安門外で出土した戦国期と戦国以前の遺跡である。一九五七年五月、元《げん》の大都《だいと》の現地調査に従事していた科学院考古所の徐《じょ》苹《ひん》（蘋）芳《ほう》氏が、広安門外橋の南約七〇〇メートルの護城河西岸に位置する道路建設の現場から偶然見つけた。当時建設された南北方向の道路とは、現在の広安門濱河路のことであろう。『文物参考資料』一九五七年七期に掲載された簡報のみで詳細な報告は公表されていないようであるが、このあたりは遼・金の宮城が存在したところである。遼金時代の基壇（夯土台）の下層から厚さ一メートル以上にわたる古代の文化層が見つかったという。そのなかから縄目紋のある陶片や磚、陶鬲腿《とうれきたい》、饕餮紋半瓦当《とうてつもんはんがとう》などが出土した。とくに直径一八センチ、黒褐色の半瓦当は戦国早期の遺物で、もっぱら宮殿建設に使用したものであることから、調査にあたった趙正之《ちょうせいし》・舒文思《じょぶんし》両氏は燕の上都《じょうと》薊城とのかかわりを推定している。

その当時の薊城の周囲は、多くの河川がめぐっており、水源に恵まれていたと考えられる。城

南七里には、灅水《るいすい》（現在の永定河）の河道が存在していた。西直門外にある紫竹院《しちくいん》公園の湖水は、当時の高梁河《こうりょうが》以来の「源頭」と推定されている。高梁河は、薊城の北面と東面をめぐり、東南に向かって薊城南面の灅水に注いだ。薊城の南面には、扇状地に特有の伏流水も点在していた。

薊城の名前は、当地に繁茂する多年草の薊草（アザミの一種）に由来すると言われている。後代の宋の沈括《しんかつ》著『夢渓筆談《むけいひつだん》』に見える説である。遼の南京《なんけい》に外交使節として派遣された沈括は、中原とは異なり車蓋《しゃがい》（車馬の覆い）ほどの丈の大きい薊草が宋代にいたってもさかんに自生していたことを伝えている。

燕国には、琉璃河古城や薊城のほかにも「下都《かと》」と呼ばれた武陽城《ぶようじょう》があった。北京市の西南約一〇〇キロメートル、河北省易県の東南にその遺跡が残っている。下都とは、「上都」の薊城に対して用いたものである。

下都は、戦国中期昭王《しょうおう》のとき、易水《えきすい》のかたわらに築城された。易水は、のちに述べる刺客荊軻《けいか》が別れを告げた場所である。荊軻にあやうく宮殿で刺殺されそうになった秦王政《しんおうせい》（のちの始皇《しこう》帝《てい》）は、これを怨んでこの下都を焼き払った。その城址は東西の複郭構造で、東西約八キロメートル、南北約四キロメートル、周囲約二四キロメートルとかなり大きい。東城が宮殿区を含む内城、西城が外城と推定されている。下都は、戦国期の燕国の西南の拠点であり、強国の趙を抑える役目を果たした。

琉璃河古城から薊城へ

さて、燕が琉璃河古城から薊城に国都を改めた理由であるが、歴史地理学者の侯仁之《こうじんし》氏や唐暁《とうぎょう》峰《ほう》氏は古代の交通ルートの分布に注目して、薊城のもつ優位性を以下のように説明している。先秦時代の遺物や遺跡の分布から見て、華北平原の殷文化と中国東北部を中心とする夏家店下層文化の相接触する地域が北京のあたりであった。この地域における古代の交通ルートについては、南方一ルートと北方三ルートの存在が指摘されている。

これらのルートの存在は、自然環境からの観察にとどまらず、古代の文化遺物の発見からも立証されている。それらの遺物とは、太行山脈東麓、居庸関《きょようかん》内外、大遼河流域で発見された殷周代や春秋戦国期の車輛遺物である。これらのほかに、遼寧省における殷周青銅器の出土分布、および東北部や西北の張家口《ちょうかこう》・大同《だいどう》方面における戦国期燕の明刀銭《めいとうせん》（後述）の出土分布などが挙げられる。

南方ルートは、北京より太行山脈の東麓沿いに南下するルートである。北方ルートは三つに分かれ、ひとつは南口を出て軍都《ぐんと》山脈を越えてモンゴル高原に向かう西北ルートで、宣化《せんか》や張家口方面に伸びる。二つ目は古北口《こほくこう》を出て燕山山脈を越えて中国東北部の松遼平原に向かう東北ルートである。三つ目は、北京より東に燕山山脈の南麓に広がる平原を進み山海関《さんかいかん》をへて海岸部にいたる東ルートである。あわせて四ルートのうちでは、南方一ルートと北方の前者二ルートの三ルートが重要である。これらの南方一ルートと北方三ルートの合流する地点が、北京の聚落としての選択の始まりであったという。

当時の華北平原一帯は、平原とはいうものの湖沼が多く水草の茂る湿地帯であったから、南方へは太行山脈東麓に近い部分だけを経由することができた。また、現在の永定河は、かつて「無定河」とも呼ばれていたことからも知られるように氾濫と河道の変遷をくり返していた。南方に向かうには、まずこの永定河を渡ることが不可欠であった。

永定河の場合、現在の盧溝橋《ろこうきょう》一帯は古代以来の代表的な渡渉地点であった。ここに近く、かつ北方三ルートの収斂《しゅうれん》する永定河の北側が聚落地として選ばれた。しかも、そこはしばしば発生する洪水から免れることができる高台の地でなくてはならなかった。その地が『水経注』に見えるいわゆる「薊丘」であり、この丘の名に因んで命名されたのが薊城であった。

中原と東北方の境界

燕の勢力は、西周期にすでに燕山山脈を越え、遼西のシラ・ムレン流域にまで及んでいた。燕は、東は「孤竹」と接し、北は「粛慎」と隣り合い、周王朝の北方における重要な諸侯国であった。孤竹は河北省盧龍《ろりゅう》一帯に位置し、かつて殷に附属した小国であった。兄弟で父の跡目を譲りあった故事でよく知られている伯夷《はくい》・叔斉《しゅくせい》は、孤竹の王子とされている。粛慎は、中国東北部で長期にわたって活動した狩猟民族で、隋唐《ずいとう》代の靺鞨《まっかつ》や金代の女真《じょしん》、清代の満洲《マンジュ》人につながるとされている。

春秋期になると、燕は北方の遊牧民「山戎《さんじゅう》」の侵攻に悩まされた。荘公二十七年（紀元前六六四）には、斉の桓公の救援を得て燕が山戎勢力を掃討したことがあった。次の代の襄公の時期から前に述べたように薊城が燕の都城となるのは、おそらく燕国の領域がより東北に向かって拡大したため、かつての永定河の南、琉璃河鎮董家林にあった燕都の重要性が失われたからであろう。

燕国の支配領域から出土する青銅器やその他の文物には、中原文化と北方文化双方の影響が見られる。一九七五年、北京昌平区白浮村《しょうへいくはくふそん》で西周木椁墓《もっかくぼ》三基が発見された。また延慶区《えんけいく》の軍都山周辺からは春秋期の遊牧部族の墓葬が発見されている。これら墓葬の随葬品から中原の礼俗が北方の遊牧部族にも吸収される一方、草原の青銅文化も燕の文化に深い影響をあたえていたことが判明した。この時期の燕国の存在は、姫姓周の文化を基礎に北方の文化とも融合しつつ、中国の長期にわたる多民族国家形成の原初段階において、重要な役割を果たしたことが知られる。

3　戦国の七雄としての燕

隗より始めよ——昭王の改革

燕国の領域は、現在の北京市や河北省の北部にあり、周の支配が及んだ最辺境に位置する。西に趙、南に斉の強国があり、はじめは国力が振るわなかった。のちに戦国の七雄のひとつに数えられるようになるが、燕が王を称したのは紀元前三二三年、第三十七代易王《えきおう》のときで、七国のな

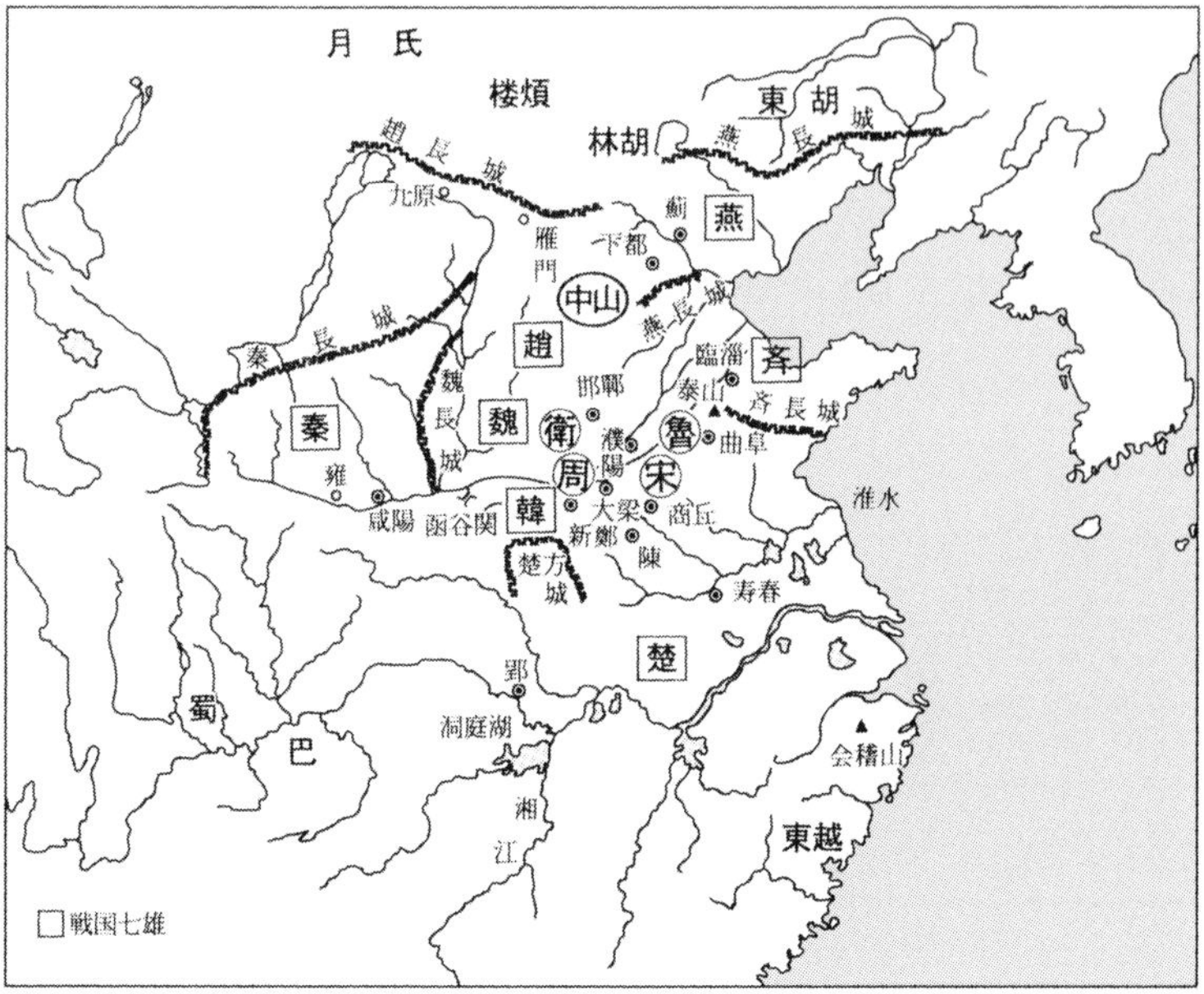

図版7　戦国時代要図

かではもっとも遅かった。

続く燕王噲《かい》のとき、太子平《へい》がおこした内乱に乗じて、斉の湣王《びんおう》が侵攻してきた。この内乱と外患とで王と太子がともに戦死した。その後、韓《かん》の人質であった燕の公子の職《しょく》が帰国して即位する。燕の第三十九代昭《しょう》王《おう》（在位紀元前三一一〜前二七九）である。三十三年間在位し、郭隗《かくかい》の協力を得て政治改革を進めたところ、国力が充実して、趙・魏・韓・斉・楚《そ》・秦《しん》と並んで戦国の七雄に数えられるようになった。

昭王は、改革を進めるにあたって、まず有能な人材を招こうとして、臣下の郭隗に相談している。この時代の改革は、礼を尽くし贈り物を多くして人材を集めるというのが定石で

あった。郭隗はこう言った、

「ぜひとも人材を招きたいと王様がおぼし召されるのなら、まずこの郭隗から始めてください。わたくしのごとき者ですら優遇されるものならば、まして優れた人物は千里の道も遠しとせずにやって参りましょう」（『史記』燕召公世家、『戦国策』燕策一）。

昭王は、この提案に従い郭隗のためにりっぱな宮殿を用意した。また、易水のかたわらに黄金台を修築し、天下の豪傑や俊秀を招いた。やがて、魏から楽毅《がっき》が、斉からは鄒衍《すうえん》が、趙から劇辛《げきしん》がやってきた。鄒衍は陰陽五行説をたてたことで有名である。楽毅は、上将軍として活躍し、斉の都臨菑《りんし》を下すのに功績があった。劇辛はのちに将軍となって趙と戦った。

先のエピソードから、「隗より始めよ」という格言が生まれた。この格言は、ほんらい「遠大なことをするときは、まず身近なところから始めなさい」という意味であったはずである。しかしわが国では、言い出した人間にその責任を押しつけるときに便利に用いられることが多い。なにごとにも出しゃばることが嫌われた、かつての日本社会の風潮のなかで変化したのであろうか。

燕は相国《しょうこく》と将軍を設け、政治と軍事の大権を分担させた。また、国内を上谷・漁陽《ぎょよう》・右北平《うほくへい》・遼西《りょうせい》・遼東《りょうとう》の五郡に分け、郡の下に県を設けた。郡守《ぐんしゅ》と県令《けんれい》は王の任命とした。

国力が充実しはじめると、対外戦争にも着手し、昭王十七年には、趙の武霊王《ぶれいおう》と連合して中山国《ちゅうざんこく》を滅ぼし、その国土を瓜分《かぶん》した。二十八年には、楽毅を上将軍に任命し、秦・楚・韓・趙・魏の五カ国連合軍と共同して斉を伐《う》った。

南北長城の建設と明刀銭

また、北方の備えとして燕は人民を駆り出して南北長城を築いた。北長城は、匈奴《きょうど》と東胡《とうこ》に備えるためで、西は造陽《ぞうよう》（河北省懐来県《かいらい》）から東は襄平《じょうへい》（遼寧省遼陽県の北）まで千余里であった。南長城は、斉と趙の進攻に備えたもので、易水の堤防を拡大して易県の西南から数百里ほど延ばした。

戦国時代、中原諸国では布銭《ふせん》が流通していたが、斉ではこれとは異なる刀銭《とうせん》が使われていた。布銭は春秋時代に始まる貨幣で、農耕具の鎛《はく》（すき）や鏟《さん》（くわ）の形を模した銅貨である。これに対し、刀銭は柄の先に丸い環をつけた小刀を模した銅貨である。燕の場合、布銭と刀銭との併用地域に分類されるが、刀銭の使用が主であった。「明」の銘を有するいわゆる明刀銭《めいとうせん》が発行され、広く流通していた。ただし「明」の解釈については、「易」の字や燕と同意・同音の「匽《えん》」の字から来ているなどの諸説がある。

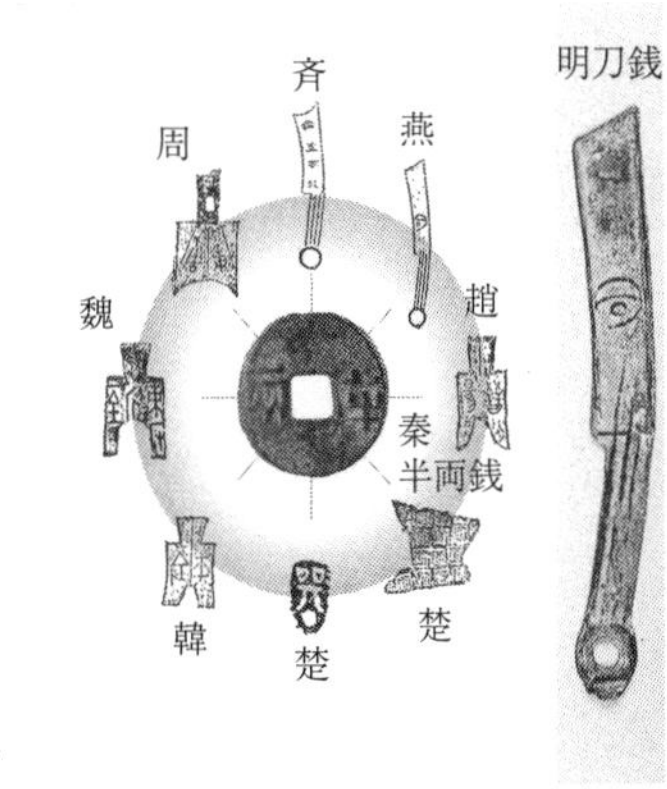

図版8　燕の明刀銭と秦の半両銭

燕の明刀銭は、鉛の含有率が高く粗悪で、その国力を反映しているが、流通した範囲は比較的広範囲に及んでいる。北京市・天津市や河北省はもちろん、南は河南省、西は山西省、北は内モンゴル自治区、東は山東省、東北は遼寧省や吉林《きつりん》省にまで及んでいる。さらに遠くは、朝鮮半島や日本でも出土事例がある。

太子丹の企て

燕は五カ国連合軍と共同して斉を伐った頃が全盛期であった。昭王の子の恵王《けいおう》の時代を迎えると、王にうとまれた楽毅が趙に亡命して勢いが衰えはじめた。

戦国後期を迎えて、斉・楚・魏が衰退する一方で、西方の秦が強大となった。東方では、趙が武霊王の改革ののち国力を充実させつつあった。昭王から数代のちにあたる燕王喜《き》は、この隣国の趙としばしば大規模な戦争をくり返し、みずからの国力を疲弊させていた。即位の四年目、燕軍は六〇万の大軍で趙を伐ったが、逆に大敗してしまった。

紀元前二二九年、秦は趙で発生した大地震と飢饉の混乱を利用して、趙に侵攻してきた。翌年、都の邯鄲《かんたん》を占領すると、趙王は捕らえられ、趙の大半は秦に併合された。燕の南の国境が秦と直接接するようになったので、燕では国を挙げて恐懼《きょうく》した。

燕王喜の太子丹《たん》は、かつて秦の人質となったことがあった。秦王政（のちの始皇帝）に対する不満から、燕国に逃げ帰っていた。太子丹は、秦の人質となる以前の幼少の頃に、趙の人質になったこともあった。秦王政とはその頃、趙で同じく人質となっていた間柄であり、ともに遊んだ仲であった。しかし、幼馴染みにもかかわらず、秦王に即位していた政は、人質となってきた太子丹をかえって冷遇した。丹はそれを怨んで逃げ帰ったのであった。

太子丹は、報復する機会を狙っていたが、如何《いかん》せん燕は弱小でその機会がなかった。そこに、秦の脅威がいよいよ迫ってきたのである。太子丹は、なんとか燕を守ろうとし、刺客を用いて秦王政を謀殺する計画をたてた（『史記』刺客列伝）。

かつて第二十三代文公の頃、燕に遊説にやってきた蘇《そ》秦《しん》の合従《がっしょう》の策を用いて、趙をはじめとする六国が同盟して、秦に抵抗したことがあった（『史記』蘇秦列伝）。しかしこの段階では、もはや刺客に頼る方法しか残されていなかったのであろう。

刺客荊軻の登場

太子丹は、まず内密に壮士二〇人を召し抱えた。ついで仕官していない処士の田光《でんこう》先生の推薦で、刺客に選ばれたのが荊軻《けいか》という男であった。荊軻は衛《えい》の生まれ、その祖先はもと斉国の人で、のちに衛に移り住んでいた。読書と剣術を好み、諸国を転々としたのち、燕の田光のもとに身を寄せていた。

荊軻に会いに行った太子丹は、秦王に謁見し、その場で謀殺する計画を打ち明けた。荊軻は、一度は断ったものの、強引に頼みこまれてその使命を受諾した。そこで太子丹は、荊軻を上卿《じょうけい》の要職につけ、りっぱな官舎を用意して連日手厚く接待した。

秦王に謁見するための手土産として、将軍樊於期《はんおき》の首と督亢《とくこう》の地図が用意された。樊於期は、秦から燕に亡命してきた将軍であった。秦国はその首に金一千両、邑一万家の懸賞金を懸けていた。荊軻から秦王謀殺の計画を直々に聞かされた樊将軍は、燕国の憂いを除き、おのれの仇をはらす絶好の機会と納得し、みずからその場で首をはねてしまった。

督亢は燕国南部の肥沃な地方で、秦が早くから手に入れようと垂涎《すいぜん》していたところであった。その地図を用意したのは、燕が秦に帰順するという誠意を装うためにあった。絹に描かれた地図は巻子《かんす》状に巻かれ、その芯にあたる部分には、毒薬で焼きを入れた匕首《あいくち》一振りが隠されていた。

かくして準備を万端にととのえた荊軻は、従者ひとりを連れて旅立つ。介添え役に選ばれたのは、勇士の秦舞陽《しんぶよう》であった。太子丹と事情を知る門客たちが、易水のほとりまで白装束で見送った。首尾よく秦王を殺しえたとしてもふたたび生きては帰れないであろう荊軻に対し、親友の高《こう》漸離《ぜんり》が筑《ちく》（琴の類いの楽器）をかき鳴らす。これに荊軻が和して詠う。

風は蕭々《しょうしょう》として易水寒し
壮士一たび去って復《ま》た還《かえ》らず

聞く者は、みな目を怒らし、極度の緊張のあまり髪は逆立ち、冠をもちあげるほどであったという。荊軻は詠い終わると、車馬に乗り込み、見送りの人びとをふり返ることもなく一路秦に向かった。

咸陽の宮殿で

荊軻が秦の都にいたると、秦王の家臣に託して燕の帰順の意を伝えた。樊於期将軍の首と督亢の地図を持参したという話を聞いておおいに喜んだ秦王は、咸陽宮《かんようきゅう》で燕からの使者に接見した。

図版9　秦王と荊軻（山東省武氏祠の後漢画像石）

荊軻が将軍の首の入った函を、秦舞陽は地図の匣《はこ》をささげて、しずしずと玉座の陛《きざはし》のところまでいたった。いよいよとなると、わずか十三歳で人を殺したというならず者の秦舞陽も、さすがに顔色が変わって、震えはじめた。見守る群臣たちもこれに気づいて訝《いぶか》りはじめた。荊軻は後ろをふり返りながら秦舞陽の様子を笑い飛ばし、進みいでて謝った。

「私どもは北蕃蛮夷（北方の蛮族）の鄙人《ひじん》（いなか者）。これまで一度も天子さまにお目どおりしたことがございませんので、震えおののいているのでございます。どうか秦王さま、しばらくこの者をお許しいただき、御前まで進ませてください。」

秦王は、荊軻に秦舞陽のもっている地図を見せてみよと言った。荊軻は地図をとり、献上した。秦王が地図を開いた。地図を広げ終わると、一振りの匕首があらわれた。はっとたじろぐ秦王に、荊軻は左手で秦王の袖をつかみ、右手で毒薬が塗られた匕首をもって刺しかかった。しかし、届かない。秦王は驚き、身を引いて立ち上がった。勢いあまって袖が取れた。剣を抜こうとしたが、剣は長く、そのうえ慌てているせいで抜けない。荊軻が追いかけると、秦王は柱をめぐって逃げた。

群臣は、思わぬ事態の発生にみな驚き、度を失っていた。しかも具合の悪いことに、厳しい秦の法律では、殿上にひかえる群臣は、ほんの短い武器すら携帯するのも許されていなかった。武器をもつ近衛兵は宮殿の下に整列しており、王のお呼びがなければ、殿上には上がれなかった。急場のことで、殿下の兵士を呼ぶ間もなかった。それゆえ、ひとり武器をもつ荊軻が秦王を追いつめていった。

このとき、侍医の夏無且《かむしょ》が、捧げもつ薬嚢《やくのう》を荊軻めがけて投げつけた。この間に、秦王はまた柱をめぐって逃げた。左右の者がようやく「王さま、剣を背負いなされませ」と言った。

秦王が剣を背負うとやっと抜け、荊軻に斬りかかった。その左の股を斬りつけた。荊軻は倒れながらも、匕首を秦王めがけて投げた。秦王にはあたらず、桐の柱につき刺さってしまった。秦王は、もう一度斬りつけた。左右の者もようやく加勢して、八カ所に傷を負った荊軻にとどめを刺した。

結局、燕の太子丹の謀殺計画は、すんでのところで未遂に終わった。秦王の怒りは激しく、この事件から一年足らずで、秦は燕の都薊城を攻め落とした。燕王喜と太子丹は遼東に逃れ、燕国は事実上滅んだ。のちに燕王は秦王の怒りを静めようと、太子丹を殺して献上したものの許されず、燕国は紀元前二二二（燕王喜三十三）年に滅亡した。

北蕃蛮夷の国

燕は召公以来、八百年ほど続いた。周は紀元前二四九年までに滅亡しており、周と同じ姫姓では最後まで残った国であった。燕国の滅亡は、周王室の封建によって公認された都市国家群の終焉を告げるものであった。

ここで刺客荊軻のエピソードを『史記』刺客列伝をもとに長々と紹介したのは、のちに始皇帝となる秦王政に対し、ひとり敢然と立ち向かった荊軻の決死の行動は、すでに統一への歯車が動きはじめた戦国末の切羽詰まった時代情況をよく示しているからである。荊軻が秦への旅立ちにあたり、悲壮感をただよわせながら詠った易水のほとりという場は、まさに秦が併合せんとしていた六国のはずれ、文明の辺境に位置していた。

咸陽の宮殿で秦王政の前に進み出ると、震えが止まらなくなった秦舞陽の様子を取りつくろうため、荊軻が咄嗟《とっさ》にみずからを「北蕃蛮夷の鄙人」と弁解したのも、秦の都咸陽が中原世界の新たな中心となりつつあることにより、以前にもまして「辺境」と意識されはじめたその当時の燕国の位置をよく示している。

荊軻の伝を収める刺客列伝は、『史記』のなかでも戦国期に関する人物伝の最末尾に置かれていることから、戦国部分の跋文《ばつぶん》の役割を担っている。中国文学者の田中謙二氏によれば、これまで久しく続いていた刺客が暗躍するような無秩序状態に終止符が打たれ、秦による統一が完成したことを示しているという。

刺客列伝の最後を飾る荊軻の秦王謀殺の失敗は、さまざまに試みられた秦への諸国の抵抗も、これをもって最終的に終わりを告げ、中原を取り巻く多様な世界を含んだ中華世界の最初の統一が出現したことをまさに象徴している。

第二章

東北の重鎮――幽州

1　郡県と封建のゆらぎ

皇帝号の創始と郡県制の施行

紀元前二二一年（秦王政二十六年）、秦は燕に続いて、六国のうちで最後に残る斉を平定して天下統一を成しとげた。このとき、秦王政は統一された領域を支配する君主にふさわしい称号「皇帝」を創始した。皇帝という称号は、こののち二千年以上にわたって中国の最高権力者を表す正式の称号として用いつづけられることになる。

同時に、周代以来の「諡法《しほう》」を廃止した。みずからを「始皇帝」と称し、以下は子々孫々、二世皇帝、三世皇帝と万世まで伝えていこうと考えた。諡法とは、君主の死後、後継の君主や臣下が生前の功績をもとに諡号《しごう》（おくり名）を決める慣行で、追号とも呼ばれる。これを廃止したのは、息子が父親を評価し、臣下が君主を評価することは理不尽であるという理由によるが、他面では彼なりの合理性が示されている（『史記』秦始皇本紀）。これが定着していれば、個々の諡号を記憶する必要はないから、あるいは高校「世界史」における中国史の学習はもっと容易になっていたかもしれない。

始皇帝は、戦国秦以来の咸陽《かんよう》を引きつづき国都とし、六国併合の過程で新たに獲得した地域に郡を設置し、中央から官僚を派遣する郡県制を施行した。全国を統一したばかりの秦王朝（紀元前二二一～前二〇七）にとって、併合した各地をどのようにコントロールするかが、当面の最重要課題であったからである。

当初、丞相《じょうしょう》の王綰《おうわん》らは、「辺境の燕や斉、楚《そ》の領域は都から遠く離れており、王を建てなければ治まりません」と諸侯の封建を強く主張した。しかし、ひとり廷尉《ていい》（司法長官）の李斯《りし》だけがこれに反対し、すべて郡県制を施行し、諸子や功臣には手厚く賦税をあたえて賞賜することを主張した。始皇帝も、「これまで天下が戦乱に明け暮れたのは、諸侯を設けたせいである」と述べて、李斯の議論に賛成したので、郡県制の施行が決まった。

『史記』秦始皇本紀には、「天下を分けて以《もっ》て三十六郡と為す」とあるが、その郡名までは挙げていない。実際に数え挙げてみると、三十六郡にはならない。そもそも、「三十六」という数は正確な数字ではなく、当時の人びとが全体を表すのに好んで用いられていた数のようだ。

治めにくく目の離せない地域

それはさておき、辺境の旧燕国には、

上谷《じょうこく》（治＝沮陽《しょよう》、河北省張家口市懐来県大古城）
漁陽《ぎょよう》（治＝漁陽、北京市懐柔区梨園《りえん》庄）
右北平《うほくへい》（治＝無終《むしゅう》、天津市薊県）
遼西《りょうせい》（治＝陽楽《ようらく》、遼寧省錦州《きんしゅう》市義県の西）

遼東《りょうとう》（治＝襄平《じょうへい》、遼寧省遼陽市《りょうようし》）

広陽《こうよう》（治＝薊城、北京市西南部）

の六郡が置かれた（なお、治とは役所が置かれた郡都のこと）。かりに三十六の郡が全部そろっていたとしても、六郡が置かれた旧燕国の領域はその六分の一を占めることになる。さきの郡県制の施行をめぐる議論でも、治めにくい領域の筆頭に挙げられていたように、目の離せない地域であった。

『漢書《かんじょ》』地理志には、「秦が置いた」郡名として、長城に沿って西から東へ、上谷、漁陽、右北平、遼西、遼東と五郡を挙げているものの、最後に挙げた広陽郡については載せていない。このため、燕都の薊城付近は上谷郡に併合されたという説もある。ここでは、酈道元《れきどうげん》の『水経注《すいけいちゅう》』の記述にもとづいて、秦が燕を滅ぼすと広陽郡を設けたと解しておきたい。

新たに建てられた広陽郡は、秦の支配領域に組み込まれ、東北の軍事的重鎮であるとともに交通の要衝としての位置を占めることになった。

しかし、旧燕国の領内では、漢初まで燕国以来の前述した小刀の形をした明刀銭《めいとうせん》が使われていたし、旧貴族がなおも存在していた。秦の始皇帝は、統一国家の出現にふさわしい政策、すなわち、文字や車軌《しゃき》（車の両輪の間隔）の統一、貨幣や度量衡の統一を進めたことはよく知られている。しかし、これらの政策が必ずしも徹底されていたわけではなかった。東北の辺境にある旧燕国は、秦帝国のなかで独自性を強固に残していた地域の代表であった。

始皇帝の天下巡遊

始皇帝は、皇帝となると直ちに天下巡遊の旅に出かけた。巡遊では、封禅《ほうぜん》の儀をおこなった山東の泰山《たいざん》を始め、各地の名山を訪れて祭祀をおこない、みずからの功業を記した刻石を残した。

巡遊の目的は、単に王を超越した皇帝という新たな存在を人びとにお披露目するだけではない。馬四頭立ての皇帝の車馬を中心に、随行の副車と多くの随員と儀仗兵をしたがえて威風堂々とおこなわれるパレードによって、見る者に畏怖と畏敬の念を抱かせること、つまり、支配の正統性をアピールすることがいちばんの狙いであった。

巡遊にあわせて建設された「馳道《ちどう》」（天子道）も、幹線道路の整備であるとともに支配の正統性をアピールする装置となった。その道幅は、五〇歩（一歩はふたあし分の長さで六尺）というから優に六〇メートルを超えている。かの有名なローマ帝国のアッピア街道ですら、二〇メートルにすぎないから、規模の大きさには驚かされる。

当時の皇帝が用いた車馬の車軌は、九尺（約二メートル）ほどであった。中央部分が皇帝専用で、両側には広いスペースがあった。六、七メートルごとに青々とした松の街路樹が植えられ、さらに道路の両側には土塁も築かれていた。土塁は、通行する皇帝の安全の確保のために設けられていたようだ。馳道は、都の咸陽を中心に東は旧燕国や斉国、南は旧呉《ご》国や楚国まで伸びていた（『漢書』賈山《かざん》伝）。

始皇帝は、帝位にあった十一年のあいだ、五回も全国を巡遊している。出身地の西部辺境地帯

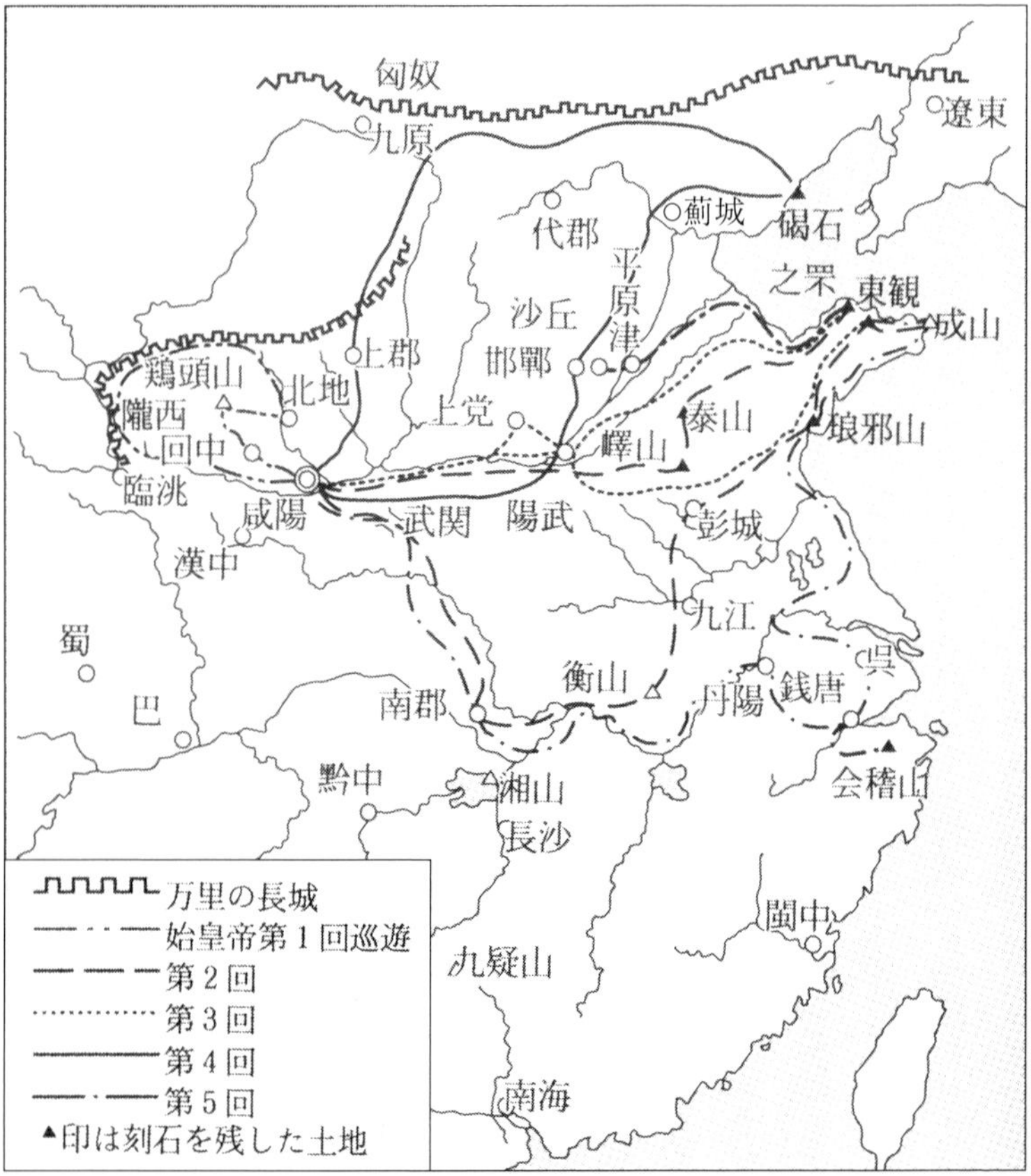

図版10　秦の始皇帝の天下巡遊

を訪れた第一次を除いて、すべて東方や東南の地域をめぐっている。ここでは、始皇帝が旧燕国の領域を訪れた第四次の巡遊について取り上げよう。

第四次の巡遊は、紀元前二一五年におこなわれた。渤海湾に面した碣石《けっせき》まで達している。そのルートは、おそらく太行山脈の東側を北上し、治水（現在の永定河）を渡って薊城（現在の北京市）にいたり、さらに無終（現在の天津市薊県）を経て碣石にいたったと考えられている。古来、碣石は河北省昌黎《しょうれい》県の北にある碣石山のことと考えられてきた。碣石山から東南の渤海湾までは現在二〇キロメートルほどあるが、一千年以上前の当時は、海がこの近くまで迫っていたという。

一九八〇年代以降、近くでは秦漢代にさかのぼる建築遺址がいくつか見つかっている。そのひとつは、遼寧省綏中《すいちゅう》県の「石碑地」と呼ばれる海岸段丘の遺址である。山海関の一五キロメートル東方にある。調査発掘したところ、版築の基壇や墻壁址、磚《せん》や瓦当《がとう》などが見つかった。直径五二センチもの夔紋《きもん》瓦当は、陝西省臨潼《りんとう》県にある始皇帝陵北側から出土した瓦当と類似しており、この建物遺址が秦代のものであることが判明した。おそらく、始皇帝が滞在した碣石宮と推定される。付近の海中には「姜女墳《きょうじょふん》」と呼ばれる天然の岩礁がそびえており、長城建設に駆り出された夫の死を慨嘆する孟姜女《もうきょうじょ》伝説の地として知られている。

万里の長城建設

碣石で、始皇帝は燕人の盧生《ろせい》らを海島に遣わし、仙人を訪ねて不老長寿の薬を求めさせている。

山東から河北にかけての海浜地方では、もともと神仙思想が盛んであったからである。帰途には、北辺にそって内モンゴルにいたって、上郡《じょうぐん》（現在の陝西省楡林《ゆりん》の南）をへて咸陽に戻った。

やがて盧生が咸陽にやってきて、仙人ではなく鬼神からさずかったという予言の書「録図書《ろくとしょ》」をもたらした。それには「秦を亡《ほろ》ぼす者は胡なり」と記されてあった。「胡」をてっきり匈奴《きょうど》のことと早合点した始皇帝は、蒙恬《もうてん》将軍に命じて三〇万の大軍を率いて匈奴を攻撃させた。またのちに述べる長城建設など大土木工事に着手して、人民をおおいに苦しめた（『史記』秦始皇本紀）。

だが、録図書の「胡」とは、じつは末子の胡亥《こがい》のことであった。第五次巡遊の途次、病死した始皇帝の偽詔を作成して兄の扶蘇《ふそ》に代わって二世皇帝となった胡亥のもとで、秦帝国は滅亡の道を突き進んだ。とはいえ、このことを知りえたのは、歴史の後知恵を獲得できた後世の人びとだけであった。因《ちな》みに二世皇帝も、即位後まもなく李斯をしたがえ東巡して碣石にいたり、遼東にまで足を伸ばしている。

戦国時代、各国は騎馬戦術に備えるためにすでに長城を築いていた。秦は六国を併合すると、内地の長城を取り壊して中原をひとつの世界にした。燕の南側に築かれていた長城も、このときに取り壊された。

しかし北辺では、中原の統一戦争により対匈奴の防衛が一時手薄となったのに乗じて、匈奴がまたもや侵犯を重ねるようになっていた。始皇帝は、蒙恬将軍に命じて大軍を率いて匈奴を駆逐させた。それとともに、対匈奴戦略のため秦が戦国期の昭王以来北辺に築いていた長城を修築し、燕や趙が東胡や林胡に備えて築いた長城を連結させた。

かくして、西は甘粛省《かんしゅく》の臨洮《りんとう》から東は遼東まで「延袤《えんぼう》万余里」（『史記』蒙恬列伝。延は東西の、袤は南北の長さ）、いわゆる万里の長城ができ上がった。万里の長城と言うと、すぐに現在の北京郊外八達嶺《はったつれい》のような外壁を磚（レンガ）で綺麗に包んだ城壁を思い浮かべるかもしれない。しかしこの時代の長城は、黄土を版築で搗《つ》き固めるか、平石を積み上げただけの素朴なものであった。それでも降雨量の乏しい陝西省や甘粛省では、現在も秦代の長城の一部が残っている。

陳勝・呉広の乱

秦は陵墓や宮殿の造営など大規模な土木工事によって徭役《ようえき》労働に駆り立てたので、民衆は不満をつのらせていた。紀元前二〇九年（秦二世元年）七月、淮水《わいすい》に近い大沢郷《だいたく》（安徽省《あんき》宿《しゅく》県の東南）で宿営中の農民九〇〇人が蜂起した。かれらは北辺防衛に駆り出されて、河南からはるばる漁陽に向かう途中であった。漁陽はさきに触れたように旧燕国に設けられた郡のひとつで、現在の北京市懐柔区のあたりに位置していた。

折悪《あ》しく大雨のため道路が不通となり、この地で足止めをくらうことになった。到着の期日までに漁陽にたどり着けないことが明らかとなると、秦の法律にもとづいて斬首の刑を受けると恐れた。農民のリーダーの陳勝《ちんしょう》と呉広《ごこう》が、どうせ死刑になるならと思いなおして、秦への反旗をひるがえした。

このとき陳勝が述べた、「王侯将相《おうこうしょうしょう》いずくんぞ種《しゅ》あらんや」という言葉はよく知られている。王、諸侯、将軍、丞相《じょうしょう》の地位も生まれではなく、実力によって手に入れることができると、みずからを奮い立たせようとして発したと思われるこの言葉は、反乱に従った人びとをもおおいに勇気づけた。陳勝は自立して陳王と称し、「張楚《ちょうそ》」という国号を掲げた（『史記』陳渉世家）。

しかし、その年の十二月に陳勝は御者の荘賈《そうか》に殺され、この反乱は内部分裂により、わずか半年たらずで鎮圧された。とはいえ、陳勝が陳王を名乗ると、各地の旧貴族たちも次々と蜂起して、反秦勢力による反乱の号砲となった。

旧六国の燕・趙・斉・楚・韓・魏は、すべて王を立てて復活した。最初に、陳勝が武臣《ぶしん》を派遣して趙を攻略させた。邯鄲《かんたん》で趙王を称した武臣は、上谷郡の卒史《そつし》韓広《かんこう》を将軍として燕の十城を攻略させた。燕の旧貴族勢力は、その韓広を擁立して燕王とし、燕国を復活して薊城を国都とした（『史記』張耳陳餘列伝）。

一方、長江の南の会稽《かいけい》（浙江省《せっこう》紹興市《しょうこう》）では、楚の遺臣項梁《こうりょう》らが中心となって懐王《かいおう》の孫を楚王として擁立した。項梁が秦軍に敗れて戦死すると、甥の項羽《こうう》がこれに代わって楚軍を率いた。

紀元前二〇八年、秦が数十万の軍隊を発して趙を包囲すると、燕王韓広は、将軍臧荼《ぞうと》を派遣して趙の救援に向かわせた。翌年鉅鹿《きょろく》で会戦し、項羽を中心とする楚軍が燕や斉とともに秦軍を破った。臧荼らは項羽を諸侯上将軍に推戴して、反秦連合軍の総帥とした。項羽は西に軍を進め、函谷関《かんこくかん》に入り秦の都咸陽に向かった。しかし、よく知られているように、いち早く関中に入り秦を滅ぼした劉邦《りゅうほう》が、漢王朝を創設することになる。

西楚覇王《せいそはおう》と号した項羽は、劉邦を漢王に封じた。楚を助けて功績があった燕の将軍臧荼を、燕王に封じた。すでに燕王を名乗っていた韓広を遼東王に改めたが、韓広はこれを拒否した。二人の燕王が衝突し、韓広が破れて臧荼が新たに燕国を樹立した。これ以後、西楚覇王の項羽と漢王の劉邦とのあいだで四年にわたって楚・漢の抗争が戦われた。この間に、臧荼は劉邦のもとに降《くだ》り、あらためて燕王に封じられた。しかし臧荼は、漢王朝成立後まもなく叛《そむ》いたので、劉邦は大軍を率いて易水のほとりでこれを破った。

郡国制――漢初の燕国復活

郡県制に対する旧貴族勢力の反発を受けて、前漢代（紀元前二〇二～後八）の初めには、諸侯封建制も併用する郡国制を採用した。秦の郡県制を踏襲した皇帝直轄の地方では、郡とその下に県を置き、中央から長官（太守《たいしゅ》・県令）や次官（丞《じょう》）を任命した。ただし、その直轄地は全領土の三分の一にすぎなかった。それ以外の地方では、劉邦の一族や功臣を諸侯王に封じて王国をあたえた。封建された王国のなかには、数郡数十県の広さに及ぶものもあり、独自の紀年法や官僚機構をもつなどの自治が認められていた。郡県は主に都長安の周辺と西部に、王国は東部に置かれていた。

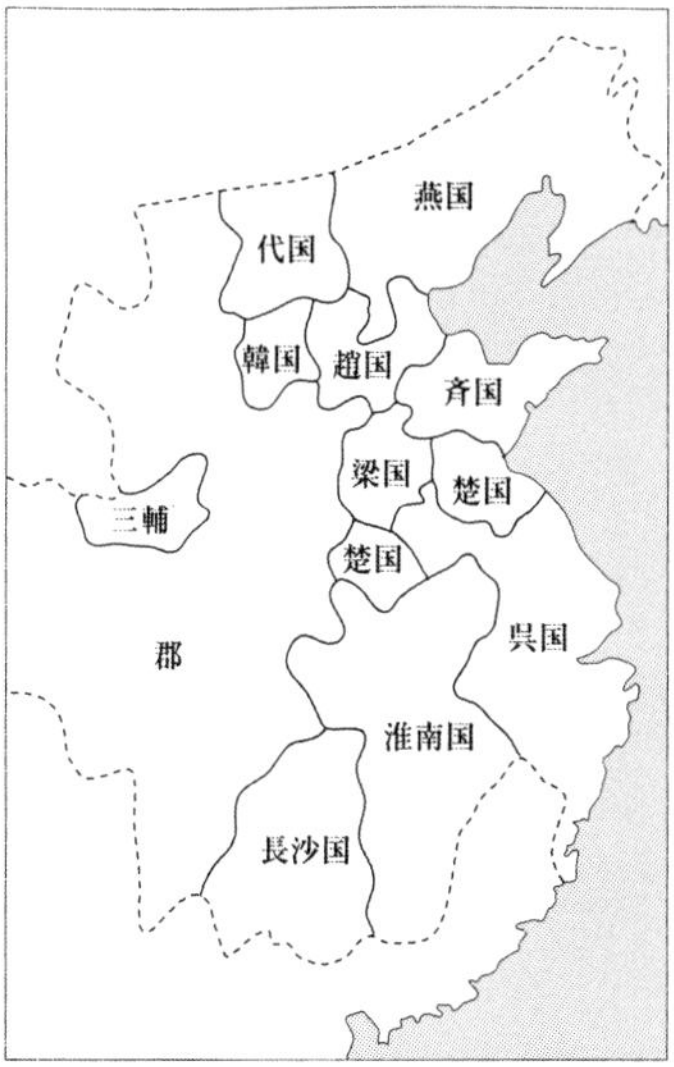

図版11　漢高祖期の郡国

　北京の地域でも、ふたたび燕国が復活した。薊城は引きつづきその中心であった。

高祖《こうそ》劉邦は燕王に封じていた臧荼を捕虜にすると、紀元前二〇二年に、生まれたところも誕生日も同じで、親の代から馴染みの盧綰《ろわん》を新たに燕王に封じた（『史記』盧綰列伝）。劉邦と同姓ではないことから、異姓諸侯と呼ばれる。

前一九五年、盧綰が漢王朝に叛いた代《だい》の相国陳豨《しょうこくちんき》と通じていたことや匈奴とも連絡をとっていたことが明らかとなると、高祖は同姓王にあらためて、王子建《けん》を燕王に封じた。このとき、高祖は、「劉氏にあらざれば王とせず、若《も》し功亡《な》く上さまの置くところに非ずして侯となる者有らば、天下これを共に誅《ちゅう》せん」と、「白馬の盟《めい》」で誓ったという（『漢書』外戚恩澤侯表《がいせきおんたくこうひょう》）。漢の兵十余万で薊城を攻撃された盧綰は、敗れて長城近くに逃れて高祖に謝罪する機会を窺っていた。高祖亡き後は、呂后《りょこう》（呂雉《りょち》、高祖の妻）の専権を嫌い一族を引き連れて結局、匈奴に降り、一年あまりののち、そこで死去した。

高祖に封じられた燕王劉建（霊王《れいおう》）のほうは、十五年間王位にあったが病没すると、待っていたかのように、呂太后は建の息子を殺害して、燕国を除き燕郡に改めた（『漢書』燕霊王建伝）。しかし前一八〇（高后八）年には、姪孫《てっそん》の呂通《りょとう》を新たに燕王に封じた。

その呂通も、呂太后がまもなく病没すると殺害された。翌年、文帝《ぶんてい》は遠い親族の琅邪《ろうや》王劉澤《りゅうたく》を徙《うつ》して燕王とした。澤は二年後に病気で亡くなり、その子劉嘉《りゅうか》が継いだ。

朝廷の諸侯王抑制策が進められるなかで、前一五四（景帝三）年には劉氏一族の長老の呉王濞《び》を盟主とする呉楚七国の乱が起きた。反乱は諸侯王の連合軍の敗北に終わり、三カ月で終息した。これ以後、王国の子孫への分封が進められ、王国は細分化し、自治も制限されるようになった。

劉嘉の没後の前一五一年には、劉定国《りゅうていこく》が王位を継承した。前一二七（元朔《げんさく》二）年、近親相姦の悪行をしばしば犯した定国が訴えられ自殺すると、四十二年で燕国を除き、いったん燕郡に改められた（『漢書』荊燕呉伝）。しかし前一一七（元狩六）年に、武帝《ぶてい》は燕国を復活させ、子の旦《たん》を燕王に立てた。

劉旦は、燕王の地位にあること三十八年の長きにわたったが、前八〇（元鳳《げんぽう》元）年に謀反《むほん》を起こした。姉の蓋長公主《がいちょうこうしゅ》や左将軍の上官桀《じょうかんけつ》、御史大夫《ぎょしたいふ》の桑弘羊《そうくよう》らと結んで、昭帝《しょうてい》を廃してみずから帝位に即《つ》こうとしたのである。だが未然に計画が漏れ、自殺に追い込まれた。国は除かれ、かわりに広陽郡が置かれた。旦の子建は赦されて庶人《しょじん》に下されたが、前七三年、宣帝《せんてい》が即位すると、劉建を復して王に立てた。広陽王劉建（頃王《けいおう》）の在位のあいだは安定し、在位は二十九年間に及んだ。

王莽《おうもう》が帝位を簒奪《さんだつ》して「新《しん》」王朝（後八〜二三）を立てたときには、広陽国は除かれ、広有郡《こうゆう》に改められた。薊も「伐戎《ばつじゅう》」、漁陽は「通路《つうろ》」、上谷は「朔調《さくちょう》」などと一時改められたことがあった。以後、後漢初年にかけては、北京地区はふたたび長期にわたって戦乱に巻き込まれた。このように秦末から後漢にかけては、郡県と封建とのあいだで揺れ動いており、なんともめまぐるしい。こうした複雑な経緯は、旧燕国の地域が辺境に位置し元来独立性が強く、秦漢帝国のもとで郡県制が敷かれても、封建の遺風が強く残っていたことを示している。そのなかで、現在の北京市西南部に置かれた薊城はこの地域の政治的中心として変わることなく重要な位置を占めつづけた。

前漢の武帝の時期に、秦以来の左右内史と主爵中尉《しゆしやくちゆうい》が京兆尹《けいちようい ん》・左馮翊《さひようよく》・右扶風《ゆうふふう》と改称され、都の長安城内に役所を置くようになった。これがいわゆる三輔《さんぽ》である。行政区分としての三輔の成立は、中央集権体制が確立するなかでの首都圏の成立を意味し、そこから遠く離れた旧燕国はいっそう辺境地域に位置づけられることになった。

燕の風土

『漢書』地理志には、全国の郡国別人口統計を載せている。第十三代皇帝平帝《へいてい》の元始《げんし》二（紀元二）年に地方の各地から中央政府に報告されたもので、現存する最古の中国全国統計とされている。全国の統計では、戸数一二二三万三〇六二戸、口数五九五九万四九七八人を数えた。現在の北京市にあたる広陽国は、薊・方城《ほうじよう》・広陽・陰郷《いんきよう》の四県を統轄していたが、わずか二万七四〇戸、口数七万六五八人であった。人口では〇・一パーセント程度を占める地域にすぎなかった。

前漢時代の北京地区の風土については、『史記』貨殖《かしよく》列伝のなかで、司馬遷が的確にまとめているので紹介しよう。

そもそも燕もまた渤海と碣石山とのあいだの一都会である。南は斉や趙に通じており、東北では胡《えびす》と境を接している。上谷より遼東にいたるまで、地は踔《はる》かに遠く、人民は稀《まれ》である。しばしば異民族の侵入を被り、おおいに趙や代の習俗と相類している。しかるに民は剽悍《ひようかん》で、思慮に乏しいが、魚や塩、棗《なつめ》や栗の産物は豊饒である。北は烏桓《うがん》・夫余《ふよ》に隣接し、東では穢《わい》貊《はく》・朝鮮・真番《しんばん》の諸族との交易の利を享受している。

当時は、中原からはるかに遠く離れた辺境の地であり、人口も少なかった。人びとは一本気で、荒々しい気風が漂う土地柄であった。首都であるがゆえに、全国でもっとも治安のよい都市とされる、現在の北京とはほど遠い状況にあった。

経済的には、海や山の物産が豊富なうえに、塞外の北方や東方の少数民族地域に隣接しており、これらの地域との交易センターとしての重要性を有していた。物産は、同じ北辺に位置するとはいえ、より内陸部の山西に比べたら、ずっと豊かであった。このことが、後世、北京地区の強みになることを、司馬遷はすでに見抜いていたようだ。

みちのく幽州

中央の統制は、さきに見た諸侯王の王国のみならず、郡県にも向けられた。前一〇六（元封《げんぽう》五）年に設置された十三州刺史部《ししぶ》がそれである。刺史部とは、郡や県のような行政区画ではなく監察区画のことである。全国を新たに十三の部に分け、常設の監察官である刺史を置いた。刺史が置かれた十三部とは、冀州《きしゅう》・幽州《ゆうしゅう》・幷州《へいしゅう》・兗州《えんしゅう》・徐州《じょしゅう》・青州《せいしゅう》・揚州《ようしゅう》・荊州《けいしゅう》・豫州《よしゅう》・益州《えきしゅう》・涼州《りょうしゅう》の十一州と交阯部《こうしぶ》・朔方部《さくほうぶ》の二部からなる。京師《けいし》の三輔と三河《さんが》（河東・河南・河内）などの畿内には刺史は置かれず、のちになって司隷校尉《しれいこうい》が置かれた。

刺史は、郡国を巡回して地方長官である太守の不正を糾弾した。後漢時代（後二五〜二二〇）

になると、しだいに刺史の治所が定まって地方官の色彩が濃くなった。台頭しはじめた在地の豪族と地方長官との癒着を取り締まる役目が期待されるようになった。後漢末には州牧《しゅうぼく》と改称され、一州を統轄する行政官へとその性格を変えていった。

前漢以来の広陽郡は、二四（更始帝二）年に幽州に区画されて、州牧は薊城に駐在するようになった。幽州には十一の郡・国が属し、うち広陽・涿《たく》・上谷・漁陽・右北平の五郡（国）の全部または一部地方が、現在の北京市の境域と重なっている。因みに後漢の順帝《じゅんてい》の永和《えいわ》五（一四〇）年の統計では、幽州の中心に位置する広陽郡は、戸数四万四五五〇戸、口数二八万六〇〇人であった（『後漢書』郡国志）。

後漢以後唐代まで、北京地区は幽州と呼ばれることが多かった。幽州はもちろん古代中国の九州のひとつで、由緒正しい地名である。『周礼《しゅらい》』夏官《かかん》・職方氏《しょくほうし》には、「東北は幽州と曰《い》う」とある。しかしもともと「幽」には、「幽陰」「幽奥」など「かすか」や「奥深い」の意味があり、幽州の地名にはどこか捉えどころのないイメージがともなう。日本の古代で言えば、都から遠く離れた東北の地を指した地名「道奥《みちのく》」に類似するであろう。辺境に位置づけられていた幽州のなかから現在の首都北京が出現するところに、わが国とは異なる中国史のダイナミズムを感じるのは筆者だけではないだろう。

2　諸族融合の坩堝

中原の華やかな文明の辺境に位置していた燕国が、漢帝国のもとで統一中国のなかに包摂されると、北京地区はしばらくのあいだ歴史の表舞台から退くことになった。辺境があらためて中原世界の注目を浴びるのは、平和で安定した時代ではなく、戦乱に明け暮れる分裂の時代を迎えたときだからである。

黄天まさに立つべし

後漢末、内政の紊乱《びんらん》とともに連年天災と疫病が頻発するなかで、鉅鹿《きよろく》（河北省邢台《けいだい》市寧晋《ねいしん》県の南）出身の張角《ちょうかく》が道教の源流となる太平道《たいへいどう》の教団を組織した。教団は、符水《ふすい》のまじない（お札を焼いて、その灰を水に溶いて飲む）と懺悔《さんげ》によって病を癒やすことで、貧困や病に苦しむ民衆の支持を急速に拡大していった。太平道の信者のあいだでは、「蒼天《そうてん》すでに死せり、黄天《こうてん》まさに立つべし、歳は甲子《こうし》に在り、天下大吉ならん」という口号《スローガン》がしだいに広まり、ひそかに蜂起の準備を進めていた。

一八四（中平《ちゅうへい》元）年二月、彼らは黄色い頭巾で頭を包んで蜂起して、地方官庁を襲撃し火を放って荒らしまわった。反乱は、王朝の領域のほぼ東半分にあたる青・徐・幽・冀・荊・揚・

兗・豫の八州に及んで、その集団はたちまち数十万人に膨れあがった。

北京地区の薊城一帯でも、四月に幽州刺史郭勲《かくくん》や広陽太守劉衛《りゅうえい》が反乱集団によって殺害された。王朝は霊帝《れいてい》の外戚何進《かしん》を大将軍とし、清流派官僚に対する「党錮《とうこ》の禁」を解いて鎮圧にあたった。張角が病死すると、反乱集団は官軍や地主勢力により個別に撃破されるようになり、十一月までに反乱の主力は鎮圧された。

幽州牧劉虞の登場

王朝側は、反乱の再発防止を図って重要な地域の刺史を州牧に改め、宗室や有力な官僚を選任して軍事上の大権をあたえた。薊城には、後漢の宗室劉虞《りゅうぐ》が幽州牧として新たに乗り込んできた。劉虞は、光武帝劉秀《こうぶていりゅうしゅう》の長男で東海王劉彊《りゅうきょう》の五世孫にあたる。

劉虞は、烏桓と協力して張純《ちょうじゅん》・張挙《ちょうきょ》の反乱を平定するとともに、塞外の民族と交易する関市《バザール》を復活して、烏桓や鮮卑《せんぴ》族との交易を図った。烏桓や鮮卑族は、ともにモンゴル系遊牧民である。東胡が匈奴の冒頓単于《ぼくとつぜんう》によって滅ぼされたとき、二つに分かれた。烏桓は遼西地方を、鮮卑はシラ・ムレン流域を本拠としていた。また、農業生産の回復や塩鉄の利の開発にも意を払ったから、軍閥が割拠し混乱を深めていた中原地区よりは比較的に安定していた。このため、中原から幽州を目指して漢族の流民が大量に流入するようになった。

一九〇年、氐《てい》・羌《きょう》の統治を任されていた甘粛省涼州の軍団長董卓《とうたく》が洛陽《らくよう》に入って、少帝《しょうてい》を廃して献帝《けんてい》を擁立して実権を握った。これに反対する反董卓派の地方官が挙兵して、袁紹《えんしょう》を盟主に推戴した。

袁紹は、四代にわたって三公を出した名門豪族の出身であった。霊帝が崩じた際に、その専横を抑えようとして宦官《かんがん》二〇〇〇人余りを皆殺しにしたことはよく知られている。董卓が献帝を擁して長安に遷ると、袁紹は大司馬《だいしば》・幽州牧劉虞に独自の皇帝擁立の白羽の矢をたてたが、断られてしまう。そこで河北の冀州を奪取して、のちに曹操《そうそう》と対立するようになった。一九三年、遼西出身の武将公孫瓚《こうそんさん》によって劉虞が殺害された。幽州を手に入れた公孫瓚は、袁紹とともに華北における二大勢力となった。

これ以後、現在の北京地区にあたる幽州の薊城は、有名無実となった後漢政権との安定した関係が失われた。分裂の時代を迎えて、薊城は東北や北方民族の侵入を防ぐ秦漢統一帝国内の辺境都市から北方の群雄割拠勢力の一大根点へとその性格を変化させた。群雄勢力は、塞外の各民族を内地に引き入れて、みずからが中原を制覇する軍事力となった。続いて塞外の諸民族の大量進入が始まると、薊城は長期間にわたって各族のリーダーによって代わる代わる蹂躙《じゅうりん》される場となっていった。

曹操の河北平定

袁紹は、ライバルの公孫瓚を滅ぼして黄河以北の幽・冀・青・并の四州を制圧すると、二〇〇年に一〇万の大軍を擁して許《きょ》（現在の河南省許昌《きょしょう》市）を攻めようとした。献帝をここに迎え入れていた曹操《そうそう》は、天下分け目の戦いとなった官渡《かんと》で戦い、兵力の多さを恃《たの》んで敵をあなどった袁紹軍を撃退した。これ以後、冀州や幽州の郡県の多くは曹操に降服しはじめた。

数年後に袁紹が病没すると、後継者をめぐって袁氏一族では内紛がくり返された。この内紛につけこむかたちで、曹操は二〇五（建安《けんあん》十）年までに幽州と冀州を占拠し河北一帯を平定した。

公孫瓚と袁紹との争いでは、それぞれが烏桓と鮮卑の騎兵を自己の武装集団としていた。そのため、烏桓の勢力が遼西からこの地に侵入しはじめた。以後、幽州には烏桓や鮮卑族が大量に流入するようになる。烏桓による漢人に対する略奪や拉致《らち》も頻発していた。こうした状況は、曹操が河北を平定するまで続いた。二〇七年には、曹操は大軍を率いて盧龍塞《ろりょうさい》（現在の喜峰口《きほうこう》付近）から遼西に出て烏桓の大単于蹋頓《とうとん》を破り、連れ去られていた漢人数万人の奪回に成功している。

曹操の没後、その子曹丕《そうひ》（文帝）が後漢の献帝の禅譲をうけて魏王朝（二二〇〜二六五）を新たに開いた。三国の魏とこれに続く晋《しん》では、現在の北京地区は幽州に属し、その治所は引きつづき薊城に置かれていた。

この時期、北京地区では水利灌漑工事が進められるようになった。薊城を駐守していた鎮北将軍劉靖《りゅうせい》が二五〇年におこなったもので、高梁河《こうりょうが》の水を引き薊城の南北郊外を灌漑して稲作栽培を可能にした（『三国志』魏書、劉馥《りゅうふく》伝）。梁山《りょうざん》（現在の石景山《せっけいざん》）のふもとに戻陵遏《れいりょうあつ》（堰《せき》）を造り河水を堰き止め、水路の車箱渠《しゃそうきょ》を開いて農田一万頃《けい》以上が灌漑された（頃は中国における伝統的な面積単位。時代によって一頃の広さは異なるが、魏晋代は一頃＝約五ヘクタール）。晋代に入って高梁河の氾濫により戻陵遏が破壊されると、劉靖の息子寧朔《ねいさく》将軍劉弘《りゅうこう》は父の事業を受け継いで、その修復と車箱渠の改修工事をおこなっている。こうした水利灌漑の技術は、中原からの多くの流民によって伝えられたと考えられる。

五胡十六国の始まり

二六五年、武帝司馬炎《ぶていしばえん》が晋王朝（二六五〜三一六）を建てて、江南の呉を滅ぼし全国を再統一すると、華北を中心とする秩序回復と農業復興に努めた。しかし、漢代から続く豪族や貴族はますます勢力を増して、みずからの家系に依拠して門閥意識を高めた。彼らは王朝の交替とはかかわりなく存続する体制を築きあげていたから、皇帝の権力基盤はきわめて脆弱《ぜいじゃく》であった。

武帝の没後、恵帝衷《けいていちゅう》が第二代の皇帝に即位した。三〇〇年、晋の宗室趙王倫《ちょうおうりん》が、暗愚な恵帝に代わり政治に介入していた皇后賈氏《かし》とその一族を殺害して帝位に即くと、各地の諸王たちも起兵して内紛が始まった。十六年ほど続いたこの「八王の乱」はまさに骨肉相食《あいは》む内乱となったが、司馬氏の権力基盤の弱さをさらけ出しただけでなく、これを境に周辺の諸民族の動きがますます活発化した。諸王たちは、「五胡」と呼ばれる匈奴・鮮卑・氐《てい》・羌《きょう》・羯《けつ》族の遊牧騎兵集団を競って導き入れ、自己の軍事力の補強を図ったからである。八王の乱当初、皇后賈氏らと結託して太子を殺害したことから悪名高い王浚《おうしゅん》は、寧朔《ねいさく》将軍・持節《じせつ》・都督《ととく》幽州諸軍事となって薊城に駐在するようになった。王浚は、鮮卑の段務勿塵《だんむぶつじん》らと婚姻関係を結んで鮮卑や烏桓の騎兵力を利用して幽州に割拠した。

三一四年、匈奴系羯族の首領石勒《せきろく》が王浚を捕らえて殺害すると、混乱のなかで薊城はいったん鮮卑族の手に落ちた。後趙《こうちょう》の創始者となった石勒は、三一九年に鮮卑から薊城を奪取した。羯族の後趙にとっても、遼西地方から南下しはじめた鮮卑族慕容部《ぼようぶ》は脅威であった。石勒は、鮮卑の騎馬隊の侵入を防ぐために、根拠地の襄国（河北省邢台《けいだい》）と薊城とのあいだにニレの樹をさかんに植えて、薊城を攻守の拠点としたという。

鮮卑慕容部の前燕

モンゴル系の鮮卑族が歴史の表舞台にその勇姿を現すのは、後漢末のことである。匈奴の分裂と衰退を契機に檀石槐《だんせきかい》が首領となった頃の鮮卑族は、宇文部《うぶんぶ》・慕容部・拓跋部《たくばつぶ》の三部からなっていた。慕容部はその中央に位置し、大棘城《だいきょく》（遼寧省朝陽市北票市の西北）を根拠地としていた。遼西に移ってからは、遊牧とともに農耕をおこなうようになった。二八五年に部族長となった慕容廆《かい》は、中原の晋に服属する一方で、近隣の諸部との抗争をくり返していた。晋の滅亡後には、鮮卑大単于を自称した。廆が亡くなると世子の皝《こう》が継いだ。

慕容皝は、兄弟間で生じた継承争いを平定し、三三七年には燕王に即位して官僚組織を整えた。これが前燕《ぜんえん》（三三七〜三七〇）である。前燕政権は、当初完全に自立したわけではなく、晋の帝権を認めていた。三四二年に龍城《りゅうじょう》（遼寧省朝陽市）にその根拠地を移すとともに、急速に国力を拡大して高句麗《こうくり》の都の丸都城《がんと》を陥落させ、宇文部、扶余を征服した。

三四八年、皝の第二子儁《しゅん》が王位を継いだ。当時、慕容部は精鋭二十余万の大軍を整えるまでに拡大していた。慕容儁は、祖父や父と同様に晋から都督河北諸軍事・幽冀幷平四州牧・大将軍・大単于の地位を許され、燕王に封じられると、中原進出を図った。

後趙の内乱に乗じて、三五〇年一月には三軍を率いて現在の冀東《きとう》、喜峰口《きほうこう》、居庸関の三つのルートから侵攻し、まず後趙支配下にあった薊城を攻略して、ここを本拠地とした。さらに軍を進め、後趙を分裂させた冉閔《ぜんびん》を捕らえて鄴城《ぎょうじょう》を陥落させた。

三五二年十一月、儁は中山（河北省定州市）で皇帝を称し、年号を元璽《げんじ》として百官を整え、天地を郊祀した（『魏書』徒何慕容廆伝）。前燕建国から十五年目のことである。これまで燕王に封じられていた儁が皇帝号を称したことは、言うまでもなく晋の皇帝と対等な位置に立ったことを意味した。当時の前燕の都は薊城に置かれたが、三五七年には鄴《ぎょう》（河北省邯鄲《かんたん》市臨漳《りんしょう》県の西南）に遷都したから、薊城が都であった期間はわずか五年にすぎない。とはいえ、北方の非漢人勢力が現在の北京に政治的中心を置いた最初のケースとなった。薊城には、太廟《たいびょう》を建て宮殿を築き、宮殿名は戦国燕を踏襲して碣石宮としたという。前燕の鄴への遷都後も、薊城は古都の龍城と新都の鄴城とを結びつける中核都市として重要であった。

三七〇年、前燕は氐族の前秦《ぜんしん》によって滅ぼされた。このとき前秦を率いていたのは、五胡随一の開明君主とされる苻堅《ふけん》であった。苻堅は北方を統一すると、甥の苻重《ふちょう》を鎮北大将軍に任命し、薊城をその治所とした。三八五年には、後燕《こうえん》の軍隊によって薊城が陥落した。しかし、後燕が薊城を占領したのも、わずか十年余りであった。

三九七年、鮮卑族拓跋部の北魏《ほくぎ》（三八六～五三四）が薊城に迫ると、後燕は府庫の財物をすべて龍城に移して北に逃れた。四三九年、北魏が北方を統一すると、社会もようやく安定に向かった。薊城は、幽州と燕郡の治所となり、依然として北京地区の中心都市であった。北魏の分裂後には、薊城は北斉や北周に属した。

都市と村落

ここで、漢人と非漢人勢力とのあいだで争奪の場となった都市薊城の内部に目を向けてみよう。ユーラシアの他の地域と同様に、古代の中国でも都市国家群の対立抗争の時代が長く続いた。抗争のなかで、周初に約一八〇〇国以上あったものが、春秋初期には二〇〇国ほどとなった。さらに戦国末には「戦国の七雄」と称される有力な七国が残ったことは、すでに述べた。

秦代に統一国家が出現し、郡県制が施行されると、都市国家は消滅した。しかし、城郭都市の外形は、郡や県の衙門《がもん》の所在地となってその後も存続した。漢代までの都市の多くは、周囲の耕地に支えられた農業都市であった。郡県制が定着していくなかで政治都市として重要性を増し、さらには消費都市としても発展するようになった。

後漢末以来、非漢人の侵入が盛んとなり、新たな支配者となった非漢人集団は、その政治都市に軍事拠点を置くようになった。社会の混乱により大量に生じた流民にくわえて、徙民《しみん》政策によってみずからの部族集団や被征服民を管理しやすい都市内部に住まわせたことも、これに拍車をかけた。一般の農民たちはしだいに郊外の村落に追いやられ、都市には非漢人の軍事集団と漢人豪族のみが残った。かくして都市は、権力と富に群がる人びとの住む空間へと変貌した。

第一次民族融合の波

薊城を中心とした北京地区における各族の流入と移住の状況を、具体的史実で追ってみよう。まず二世紀末の幽州牧劉虞のときは、前にも述べたように戦乱の中原に比べて比較的安定していたために、中原から百万人規模の流民が薊城を中心とする北京地区へ押し寄せたといわれる。もちろん、漢族が中心であった。

公孫瓚と袁紹の争い、曹操の登場と続く時期は、各軍団とも競って烏桓や鮮卑族の騎兵の力を借りたので、烏桓や鮮卑族も北京地区に進入するようになった。この時期に当地で進行した烏桓や鮮卑の非漢人と漢人民衆との雑居状況は、相互に影響を及ぼし、民族融合への道を歩みはじめる契機となった。

五胡十六国の混乱が始まった当初は、しばらくのあいだ北京地区は戦乱も比較的少なかったから、ふたたび北方から多くの人々がここに流入した。とはいえ、この時期の薊城の住民の主体は漢人であり、烏桓や鮮卑族はまだ少なかったであろう。

三四〇年、鮮卑族慕容皝が遼東から長駆して薊城を攻撃した際に、幽州や冀州の付近居民三万戸を略奪して北に連れ去った例にみられるように、農耕地域から遊牧地域への移動が目立っていた。しかし慕容儁が薊城に前燕の都を置いてからは、鮮卑族が薊城内に多く移り住むようになった。たとえば、三五二年正月、儁は皇帝と称するに先立って、鮮卑の文武官僚や兵民の家族を遼寧の龍城から薊城に遷徙《せんし》した。三五六年十一月にも、鮮卑・胡・羯族三〇〇〇余戸を薊城に移している。鄴に遷都後の三六四年には、河南の許昌・汝南・陳郡を攻略し、その民一万余戸を幽州や冀州に徙《うつ》した。前燕が滅亡してからも、こうした状況は続いた。

北魏が成立すると、幽州から山西の平城（現在の大同市《だいどう》）への強制移住もおこなわれたであろう。四三二年には、北魏の太武帝《たいぶてい》が幽州の民と密雲《みつうん》（現在の北京市北東部にあたる）の丁零《ていれい》（テュルク系遊牧民）一万人余りを徴発して攻城戦の兵器を運ばせて、北燕と龍城を攻略した。その結果、捕らえた営丘《えいきゅう》・成《せい》周《しゅう》・遼東《りょうとう》・楽浪《らくろう》・帯方《たいほう》・玄菟《げんと》など六郡の三万戸を幽州に徙民している。

五二三年に起きた六鎮《りくちん》の乱の際にも、辺境地帯に住む異民族の兵民が数多く薊城に流入した。こうした流民と薊城の住民とによって引き起こされたのが杜洛周《とらくしゅう》の反乱である。その首謀者は、六鎮のひとつ柔玄鎮《じゅうげんちん》（内モンゴル自治区興和県の西北）から移住した流民であった。

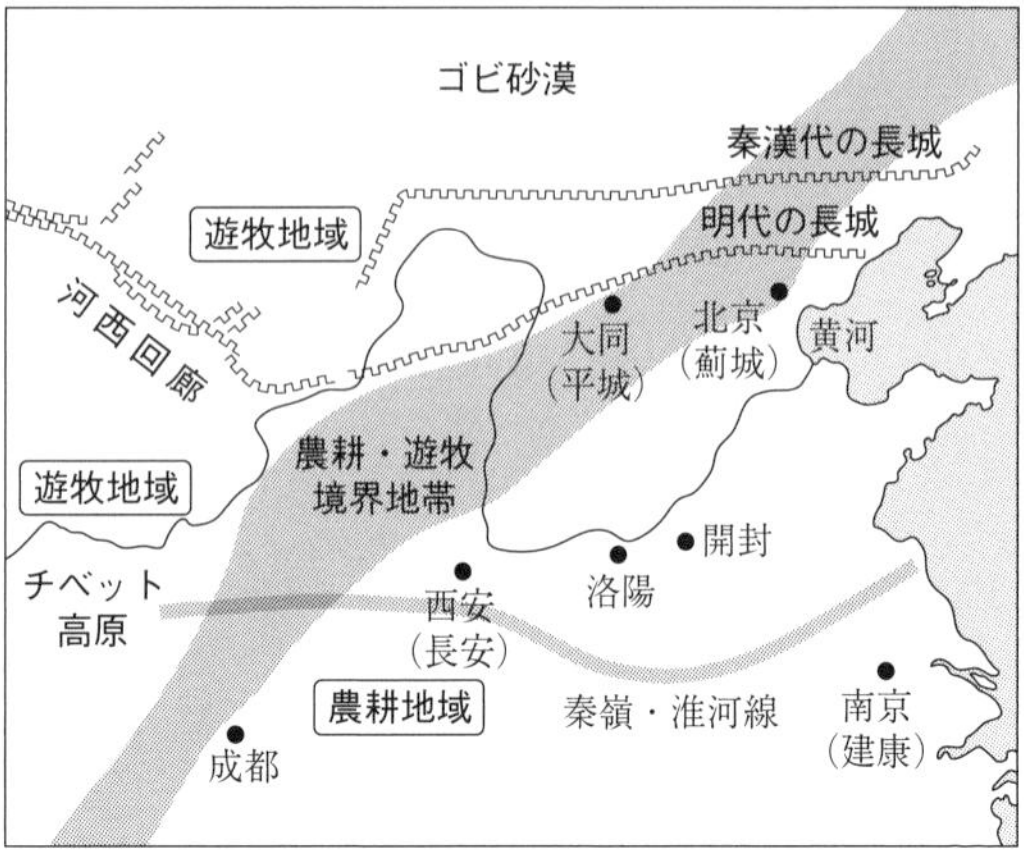

図版12　農耕と遊牧の境界地帯

以上のように、この時期四百年余りのあいだ、薊城を中心とする北京地区は民族融合の坩堝《るつぼ》と化した。いわば、新たな漢族生成の実験場であった。漢人と北方各族との抗争の結果として生じた雑居状況は、混乱を生じさせただけではなかった。次の時代を生み出す新たな質的変化が生じていた。

たしかに、北京地区は中原世界からみればまだ辺境であった。灌漑による農田開発も始まったばかりであった。しかし農耕と遊牧との境界地帯に位置しており、薊城の周囲に残されていた広大な原野は、遊牧を生業とする塞外民族が定住生活を開始するにあたってかえって良好な環境を提供したと考えられる。

後漢以降の薊城の位置

薊城は、これまで見てきたように辺境都市としてそれぞれの勢力の争奪の場となり、きわめて複雑な歴史をたどった。それにもかかわらず、都城の位置とその規模は、戦国期から遼代まで一千年以上のあいだ大きな変化はなかった。当時の薊城は、北京市中心部の現在「城区」と呼ばれている地区の西南部に位置し、かつて明清時代の北京外城の西北部分とほぼ重なっていたと推定されている。

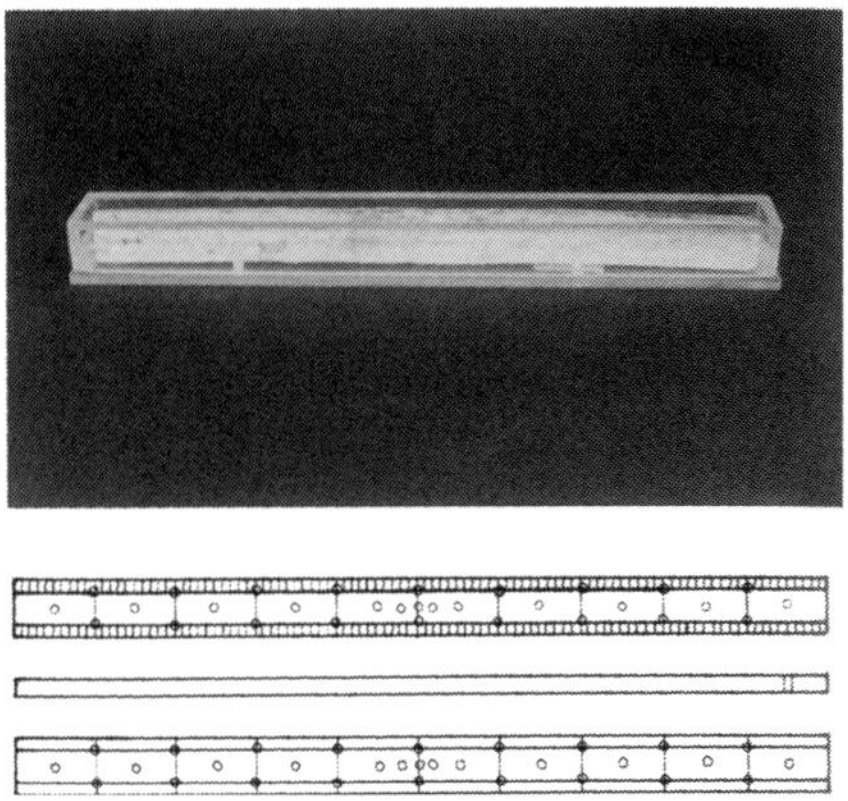
図版13　晋骨尺（北京市八宝山出土）

　一九六五年、北京西郊にある八宝山の西側約五〇〇メートルの地下鉄工事現場から、西晋《せいしん》の将軍・王浚《おうしゅん》の妻である華芳《かほう》の墓一座が見つかった。王浚は、前述したように西晋末年の幽州刺史であった。墓のなかから「西晋幽州刺史王浚の妻華芳墓誌」のほかに、晋代の骨尺（象牙尺《ぞうげ》、長さ二四・二センチ）も出土した。

墓誌には、華芳は永嘉《えいか》元（三〇七）年に「燕国の薊城西二十里に仮に葬した」と刻まれていた。同じ墓から出土した骨尺にもとづいて計算すれば、晋の一里は四三五・六メートル（六尺＝一歩、三〇〇歩＝一里）、二〇里は約八・七キロメートルとなる。華芳の墓葬地から東に約八・七キロメートルの地点、すなわち現在の会城門村《かいじょうもんそん》付近に、西晋時代の薊城の西城墻が位置するという重要な手がかりが得られたのである。

前燕の慕容儁は、薊城を一時都城として宮殿や太廟を営んだ。儁には祖父廆以来愛用の駿馬《しゅんめ》がいて、「赭白《しゃはく》」と呼ばれていた。馬齢はすでに五十歳に近かったが、その駿足は衰えることはなかった。赭白の銅像を鋳造して薊城内の東掖門《とうえきもん》に建てさせたという記録が残っている。そのため、東掖門は銅馬門とも呼ばれていたが、その宮城の位置はまだ明らかになっていない。

3　中原諸王朝の前進基地

隋の南北統一と高句麗

黄巾の乱から約四百年にわたる大分裂の時代を制し、南北を再統一したのは、隋《ずい》（五八一～六一八）の文帝楊堅《ぶんていようけん》である。文帝は、即位後、三省六部制の確立や禁軍組織の一本化など中央官制の整備や律令体系の整備を進めるとともに、漢代以来の長安城とは別に、東南側に新たに大興《だいこう》城《じょう》の造営に着手した。唐《とう》の長安城《ちょうあんじょう》は、これをそのまま引き継ぐかたちで整備された。地方行政では、貴族が在地で権力を行使する温床となっていた郡を廃して州県制に簡略化した。

現在の北京地区は、隋代では前代と同様に幽州と呼ばれていた。続く唐代では、幽州と檀州《だんしゅう》（密雲・懐柔《かいじゅう》・平谷区《へいこく》境）と嬀州《ぎしゅう》（延慶区境）の東部に相当する。ただし、隋の煬帝《ようだい》は六〇七（大業《たいぎょう》三）年に幽州を廃して涿《たく》郡と改めたことがあった。唐初にまた幽州と呼ばれるようになったが、玄宗《げんそう》のとき一時、范陽《はんよう》郡と改められた。しかしその後は五代にいたるまでずっと幽州と呼ばれ、治所も薊城に設けられていた。

図版14　広開土王碑拓本（第3面）

高句麗《こうくり》（紀元前三七？～後六六八）は、貊《はく》族、ツングース系扶余《ふよ》族の支族が建てた国家である。狩猟・牧畜民の部族連合国家で、農耕にも従事した。当時、中国の東北部、すなわち遼河《りょうが》の東から朝鮮半島北部までを領有していた。四世紀末からこの地域で勢力を拡大した。その様子は、四一四年に建てられた著名な広開土王碑《こうかいどおうひ》（好太《こうたい》王碑《おうひ》ともいう）からも窺うことができる。

そもそも高句麗は、現在の北東アジア地域にかつて存在していた辺境の一国家にすぎなかった。北朝鮮や韓国など朝鮮民族は、この高句麗をみずからの民族の祖先のひとつと見なしてきた。ところが、中国も東北部の祖先として重視し、二〇〇二年頃から「高句麗は中国少数民族による地方政権」と主張しはじめたことから、話がややこしくなった。

ことの始まりは、中国が「東北工程」と呼ばれる中国東北部の歴史研究を重点課題と決定したことにさかのぼる。北朝鮮が日本の平山郁夫《ひらやまいくお》画伯らの支援も受けて進めた高句麗遺跡の世界遺産登録に、中国が対抗して吉林省にある高句麗遺跡の登録申請をおこなったことから表面化した。二〇〇四年七月のユネスコ世界遺産委員会蘇州会議では、北朝鮮の高句麗古墳群と中国東北部の高句麗前期遺跡の同時登録で決着が図られたが、その後も高句麗や渤海《ぼっかい》の帰属問題として尾を引いている。

隋唐の高句麗遠征

それはさておき、古代東アジアの展開においても高句麗の存在はとても重要であった。漢王朝の勢力後退に乗じて、高句麗は四世紀初めに楽浪郡《らくろうぐん》を滅ぼした。その都を鴨緑江《おうりょくこう》のほとりの輯安《しゅうあん》（吉林省集安）から平壌に移すと、かつて楽浪郡が有していた中国文化を朝鮮や日本に紹介する文化的役割を、高句麗はそのまま受け継いだ。

近年、倭国（日本）からの第一回目の遣隋使の派遣年次としてあらためて注目を浴びている六〇〇（開皇《かいこう》二十）年の正月には、高句麗も隋に朝貢していた。朝鮮半島ではその当時、高句麗・

新羅《しらぎ》・百済《くだら》による三国鼎立《ていりつ》の状態にあった。隋が中国を再統一すると、高句麗は遼河を挟んで国境を接するようになった。このため高句麗は、隋に入朝し恭順の意を表したので、五九七年に遼東王に冊封《さくほう》されていた。その一方で、高句麗は北方の突厥《とっけつ》とも結んでおり、翌年に遼西地方に侵攻してきた。文帝は水陸三〇万の大軍を送り込んで応戦したが、「死せる者十に八、九」（『隋書』巻二、高祖紀下、開皇十八年九月己丑）という惨憺たる結果に終わった。

文帝が、このとき高句麗に大軍を投入した理由には国内的要因も存在していた。隋王朝のもとでやっと南北統一が実現したものの、南朝征討に対する恩賞を十分にあたえなかったため、武川《ぶせん》鎮《ちん》（北魏の六鎮のひとつ、現在の内モンゴル自治区武川県西烏蘭不浪の東土城子）以来の軍閥将校のあいだには不満が募っていたからである。この不満をそらそうと、異民族相手の高句麗遠征を企てたが、失敗に終わった。

文帝が在位二十四年で亡くなると、晋王として南朝陳の征討に功績があった次男の楊広《ようこう》が即位した。暴君として知られる煬帝《ようだい》である。父文帝の屈辱をはらそうと、煬帝は六一二年から三年連続して対高句麗の遠征を計画した。

父の失敗の轍《てつ》を踏まないようにと、煬帝は大量の軍需物資をそこに集積するために、後述するように運河永済渠《えいさいきょ》の開鑿《かいさく》をおこなった。その終着駅にあたる涿郡（現在の北京）を兵馬や食糧を補給するための大規模な兵站《へいたん》基地とした。

第一次遠征では、前年二月に煬帝が高句麗攻略の命を下すと、四月から翌年の正月までみずから涿郡に乗り込んで鎮座した。涿郡の城内に臨朔宮《りんさくきゅう》を建設し、その準備作業の進み具合を監督した。一一三万三八〇〇人の兵士と輜重《しちょう》部隊をここに結集させた。そのため出陣には四十日を要したほどであったという。撤退のときも、ここが利用され、北京地区の人びとはさまざまな負担を強いられた。

しかし、第一次、第二次遠征のいずれもなんら成果をあげることなく撤退した。とくに六一三年の第二次遠征の最中、徴発に苦しむ民衆が各地で反乱を起こすと、かねて煬帝の政策に反感を抱いていた楊玄感《ようげんかん》が、混乱に乗じて挙兵した。

楊玄感は、文帝と煬帝の二代に仕えた建国の元勲楊素《ようそ》の息子であった。反乱はまもなく鎮圧された。しかし、彼は第二次高句麗遠征に際して最大の兵站基地となる黎陽倉《れいようそう》（河南省鶴壁《かくへき》市浚県の東南）を統轄していたから、遼河を渡河して遼東城下まで迫っていた煬帝の率いる隋軍は、兵糧補給の不安から撤退を余儀なくされた。

翌六一四年にも第三次の遠征に出兵したが、内地での反乱が激化する中、降服の受け入れというかたちを整えただけで撤収した。その数年後に隋王朝は倒れた。結局、煬帝の高句麗遠征も失敗に終わった。

隋につづく唐王朝（六一八〜九〇七）の太宗李世民《たいそうりせいみん》も、六四五（貞観《じょうがん》十九）年に高句麗に親征しているが、安市城《あんしじょう》（遼寧省鞍山《あんざん》市海城県の東南）を攻略できずに撤退した。太宗は、すでに東突厥を内乱に乗じて滅ぼし、これに従っていた多くの西方や北方の遊牧諸族の首長から「天可汗《てんかかん》（テングリカガン）」の尊称を奉じられていた。天可汗とは、北アジアの遊牧国家の首長の称号である可汗《カガン》の上に立つ君主を意味する。唐朝の皇帝であるとともに、遊牧世界の君主でもあることが認められたことになる。したがって、高句麗征服は、「四海を一家となす」という太宗の理想の実現を目指すものであった。その後も六四七年、六四八年と合わせて三度高句麗遠征をくり返したが、その征服に失敗した。高宗《こうそう》のときになって、朝鮮半島情勢の変化もあり、ようやくこれが実現した。

　唐の太宗は遠征から戻ると、陣亡した多くの将軍や兵士を供養するため、幽州城内の東南隅に「憫忠寺《びんちゅうじ》」の建設を命じた。完成したのは、五十年後の則天武《そくてんぶ》后《こう》の六九六（万歳通天《ばんざいつうてん》）年のことであった。北京の旧外城内の西南にいまも伽藍《がらん》を残す法源寺《ほうげんじ》はその古寺の末流である。法源寺の主要な建築は、明清以後に建てられたものばかりである。とはいえ、伽藍配置と古木から、当時の隆盛ぶりを微かに窺うことができる。唐末には東西に高さ一〇丈余りの二つの寺塔が建っていた。この両塔は、後述する安禄山《あんろくざん》と史《し》思明《しめい》が建立したものという。寺塔の遺構も、現在ではまったく残っていないのが惜しまれる。

図版15　法源寺憫忠台

煬帝の永済渠開鑿

　短命であった隋王朝が後世に残した功績のひとつに、大運河の建設がある。黄河や長江など中国大陸の主要な河川は、地形的な要因からおおむね西から東に流れている。東西間の水運には便利で、古来よく利用されてきた。しかし南北間では、水運の利用は著しく不便であった。

　文帝は、東西に流れる大河川を南北に連結する大運河の建設工事に着手した。五八四（開皇四）年、黄河の湾曲部から都の大興城にいたる広通渠《こうつうきょ》が完成した。ついで、五八七年には、淮水《わいすい》と長江《ちょうこう》とを結ぶ河幅約六〇メートルの邗溝《かんこう》（山陽瀆《さんようとく》）が一〇万人の労働力を動員して完成された。

　続く煬帝も、通済渠《つうさいきょ》と永済渠《えいさいきょ》および江南河を開鑿《かいさく》し、大運河を完成した。大運河は、かつて文帝が南朝陳《ちん》の征討の際に軍隊輸送のために用いた運河をさらに整備して、こんどは江南の物資を東北地域に輸送しようとしたものである。黄河と淮水とを結ぶ通済渠は、一〇〇万人以上を徴発して六〇五（大業元）年にでき上がった。六〇八年には、ともに渤海に注ぐ黄河と白河を結ぶ永済渠も完成した。永済渠は、黄河から北方へ伸ばし、現在の北京の近くにある涿郡まで達した。この工事でも、河北地方の人民、延べ一〇〇万人以上を動員したが、男性のみでは足りずに婦女子まで徴発して開鑿した。婦女子まで労役に駆り出したことから、歴史上かつてない暴政と言われた。さらに六一〇年には、長江と杭州湾に注ぐ銭塘江《せんとうこう》を結ぶ江南河が建設された。

　中原と北京地域とをつなぐ水路は、じつは後漢末の建安《けんあん》年間にかの曹操によって一部分開鑿されたことがあった。二〇六年、曹操は烏桓に進攻する準備のために、薊城付近まで海運を通じさせた。灤河《らんが》口から水路を鑿《うが》ち、潞河《ろが》に注入した。これが泉州渠《せんしゅうきょ》と呼ばれるものである。泉州渠は、同じく海に通じて呼沱河《こだが》と泒水《くすい》とのあいだを流れる平虜渠《へいりょきょ》と連結した。こうして北京地区は、はじめて潞河により海につながる水路をもつようになった。しかし、当時は戦乱が続き、補修の手をくわえられなかったために十分な機能を果たさなかった。

これに対し永済渠は、桑乾河の南北の支流を利用してつないだ水利工事である。その北段では、信安県から桑乾河南支をさかのぼり永清県の東境にいたり、安次県（現在の旧州）の西北で北支の清泉河に入り、洗馬溝（現在の蓮花池河）に沿って薊城の南に到達するルートと推定されている。

煬帝がおこなった大運河工事は、中国本土を東西に流れる五大河川、白河・黄河・淮水・長江・銭塘江を南北に連結した。北から言えば、永済渠―通済渠―邗溝（山陽瀆）―江南河というルートである。これにより、北は北京付近の涿郡（幽州）から南は杭州にいたるまでが、全長およそ一五〇〇キロメートルの水路で結ばれることになった。これは、わが国の本州の端から端、青森県から山口県までの距離にほぼ相当する。

この南北水運の幹線ルートも、隋末の大反乱で分断されたが、唐代半ばの漕運改革をへてようやくその輸送機能を発揮するようになった。ただし、当初は政府の御用船のみが通行することができた。唐代後半になって、民間でも広く利用されるようになった。

大運河は華北や華中の平原地域を流れるとはいえ、その流域はもとより平坦ではない。一般に黄河の水位が高く揚子江のそれは低く、両者の落差は数十メートルもあった。流れにさかのぼって航行する場合や平坦で水が流れない部分は、船に綱をつけて人力で曳《ひ》いた。そのため、運河の岸には併行して道路も設けられ、ヤナギを植えるなどの整備がおこなわれた。のちには、スロープを作り轆轤《ろくろ》を使って船の引き上げと引き下ろしをする設備が生み出された。現在のパナマ運河と同様な閘門《パウンド・ロック》式水門も、中国では九世紀前半に世界に先駆けて実用化していた。

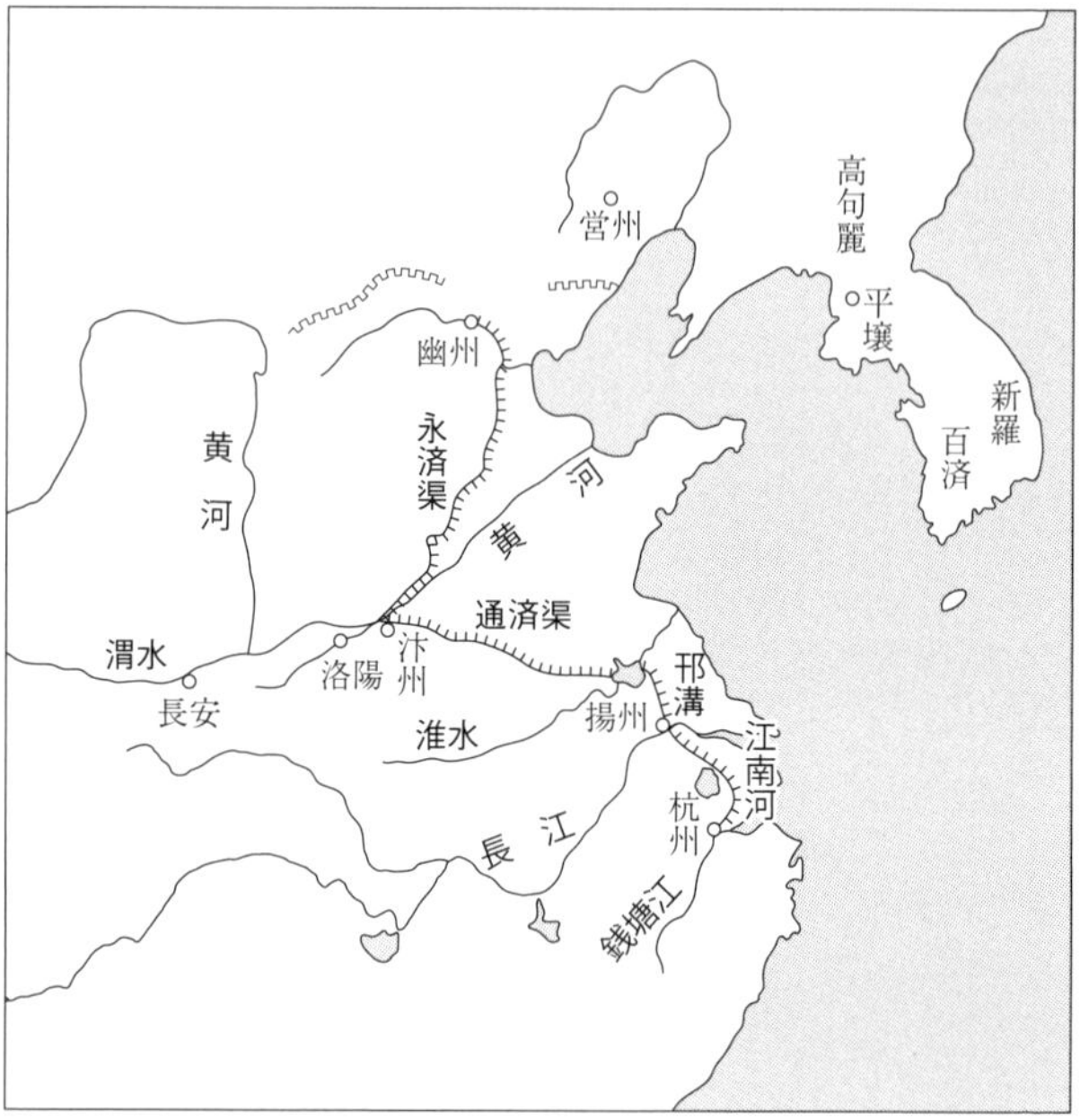

図版16　隋代の大運河

北のターミナル都市幽州城

煬帝の高句麗遠征はまったくの失敗に終わったが、大運河の建設は後世への大きな遺産となった。明代になって水路の一部を東寄りに改めるものの、鉄道交通網が整備される近代にいたるまで重要な役割を果たした。現在でもその一部は地域的物流の幹線として利用されている。

大運河の開鑿が、中国の交通体系や社会経済にあたえた影響は絶大であった。この点は、唐末以後、中国の歴代の都が、北宋の開封《かいほう》、南宋の杭州《こうしゅう》、金・元・明・清の北京というように、この大運河の沿線上に置かれたことによって明らかである。とくに永済渠の開鑿は、現在の北京地区を南北の大運河による物流動脈の北端に位置づけた点で、きわめて重要な意義をもっている。それは、この地区が北方の一辺境都市から北のターミナル都市への飛躍を促すものであった。

　唐代の幽州城は、北宋の地理書『太平寰宇記《たいへいかんうき》』の記載に「南北九里、東西七里、十門を開く」とあるように、南北約四キロ、東西約三キロの南北にやや長い方形都市であった。幽州城に関する記述は、辺境に位置していたため、唐代にいたってもなお文献史料に残っているのはきわめて簡略である。しかし、近年北京地区から出土した多くの唐代墓誌や房山石経《ぼうざんせっけい》山から発見された唐代石経の題記などに依拠した研究によって、幽州城の四至《しし》や城坊の姿が明らかになりつつある。なお、石経とは石碑や断崖に刻まれた儒教や仏教、道教の経典をいう。

　これによれば、幽州城の東の城壁は、現在の宣武門内大街西側にある爛漫胡同《らんまんフートン》と法源寺とのあいだの南北ラインのやや西寄りの地方にあった。西の城壁は、現在の蓮花河《れんかが》が広安門《こうあんもん》外の甘石《かんせき》橋《きょう》を過ぎる河道の東側、会城門村以東から北京鋼廠（現在の久居名苑）の東側を結ぶ南北ラインである。蓮花池から東流する蓮花河（旧洗馬溝）が甘石橋で直角に折れて南流しているのが唐代幽州城の西城濠と推定されている。

　南の城壁は、現在の陶然亭《とうぜんてい》公園西側の姚家井《ようかせい》の北側、宣武区白紙坊《はくしぼう》の東西大街一帯に存在していたと推定されている。北の城壁は、現在の白雲観北側から頭髪胡同にいたるラインで、一九七四年に白雲観付近の「薊丘《けいきゅう》」で発見された西晋薊城の北城壁の延長線とほぼ一致する。白雲観の北から河川は東に流れて東西太平街を通って、頭髪胡同の北の受水河胡同（旧臭水河《しゅうすいが》）が幽州城の北の護城河であったと推定されている。

　幽州城の附郭の県として、東側の薊県と西側の幽都県の両県が置かれており、城内には二六坊が設けられていた。坊とは居住区画のことで、都の長安と同様に各坊は坊墻《ぼうしょう》で囲まれていた。北宋代の大中祥符《たいちゅうしょうふ》年間（一〇〇八～一六）に遼に派遣されて燕京《えんけい》幽州城を訪れた路振《ろしん》の『乗軺録《じょうようろく》』には、「（幽州の）城中はすべて二六坊で、坊には門楼があり、門額にはその名が大きく署してあった。罽賓《けいひん》坊・粛慎《しゅくしん》坊・盧龍《ろりゅう》坊などの坊があり、すべて唐以来の旧名である」と記している。

二六坊のうち、唐代の出土墓誌などから現在二〇近くの坊名が確認されている。盧龍・燕都《えんと》・花厳《かがん》・帰仁《きじん》・通圜《つうえん》・東通圜《とうつうえん》・通肆《つうし》・時和《じわ》・遵化《じゅんか》・平朔《へいさく》・遼西・帰化《きか》・薊寧《けいねい》・粛慎・薊北《けいほく》・銅馬・軍都《ぐんと》・招聖《しょうせい》・勧利《かんり》・顕忠《けんちゅう》の各坊である。遼代の墓誌には、幽州城を受け継いだ南京《なんけい》城の坊名として、隗台《かいだい》・永平《えいへい》・羅北《らほく》・斉礼《せいれい》・裳陰《しょういん》・罽（薊）賓の各坊がある。これらの坊名も、唐代幽州城までさかのぼると推定されることから、二六坊のほとんどが判明したことになる。

江南や中原と東北部とを結びつける交通上の要衝にある幽州城は、南北交易上の集散地となっていた。とりわけ、農耕民と遊牧民の諸族が往来交易する場所として重要であった。城内には、幽州大都督府をはじめ薊県や幽都県などの役所が置かれていた。これらの諸官庁の需要を満たすための手工業と商業活動も盛んにおこなわれていた。州城の北にはすでに恒常的な商業空間として「幽州市」が存在していた。

北京の西南七五キロにある著名な房山区の雲居寺《うんきょじ》が所蔵する唐代の石経の題記によれば、米行・白米行・大米行・粳米《こうまい》行・屠行（屠殺業）・肉行・油行・五熟行（ファストフード店）・果子行・椒笋《しょうじゅん》行・炭行・生麩行・磨行（製粉業）・布行・絹行・大絹行・小絹行・彩帛行・絹行・幞頭《ぼくとう》行（男性用頭巾店）・新貨行・雑貨行・靴行など、さまざまな業種の店舗や作坊が存在したことが知られている。「行《こう》」とは官庁が編成した同業組織のことで、西欧のギルドのような自立性の高い組合が成立していたわけではない。とはいえ、長安や洛陽と同様に業種毎の商業組織が存在していたのは、辺境の幽州でも活発な交易活動が営まれていたことを示すものである。なかでも絹織物業の成長は著しく、租《そ》や調《ちょう》に充てられる幽州産の絹布は、八つに区分された全国ランクのうち中程度、第五ランクに位置づけられるまでになっていた。

第二次民族融合の波

唐代には、幽州の住民の大半はもちろん漢族であったが、周辺の少数民族も相当の数にのぼっていた。幽州は、すでに見てきたように、華北から中国東北部にいたる要衝にあたっており、もともと北方や東北の少数民族居住地域と密接な関係をもっていた。漢族のなかには少数民族居住区に進出して生計を営む者もいた。また少数民族も商業活動などに従事して幽州にいたると、ここに移り住む者も現れた。唐帝国の成立によって、こうした諸族間の往来はますま

図版17　房山石経の寄進題記

す拡大した。

六二三（武徳六《ぶとく》）年に、隋代以来内附して遼西に住んでいた粟末部《ぞくまつぶ》靺鞨《まっかつ》人の一部を幽州城内に移した。靺鞨人は、中国東北部に住む高句麗以外のツングース系諸部族の総称であり、七部にわかれていた。粟末部はそのひとつであった。唐は、その首領の突地稽《とっちけい》に燕州総管のポストをあたえて世襲させ、なおも営州（遼寧省朝陽市）に居住させていた。唐に協力して反乱を鎮圧すると、彼らの部落千余戸を幽州昌平城に移し、さらに薊県の羅城内に役所を置いた。七三七（開元《かいげん》二十五）年になると懐柔区西南の桃谷山《とうこくざん》に移した。

六三〇（貞観《じょうがん》四）年には、突厥《とっけつ》人の一部を幽州に移している。突厥の内部分裂に乗じて唐が東突厥を滅ぼすと、太宗は御史《ぎょし》の温彦博《おんげんはく》の策を用いて、東は幽州から西は霊州（寧夏回族自治区霊武市）にいたるまで長城に沿って順・祐・化・長の四州都督府を置き、降服した多くの突厥人を統轄させた。六四五年には、高句麗遠征で捕らえた一万四〇〇〇人の高句麗人を幽州城内に移した。彼らはそののち幽州各地に分散して住むようになった。太宗に続く高宗《こうそう》のときには、新羅人の一部を良郷県の広陽城に移した。

七世紀末には、奚人《けい》（東モンゴル、ラオハ・ムレン流域に遊牧する鮮卑の一部族）と契丹《キタイ》人が地方官府の収奪に反抗して営州を占拠した（『旧唐書《くとうじょ》』宋慶礼伝）。これまでこの地域に長期間居住していた突厥や靺鞨・奚・契丹・室韋《しつい》（チチハルを中心とする嫩江《のんこう》の地域に住むモンゴル・ツングース系）の人びとが、前後して幽州城内外や良郷・昌平・潞（現在の通州区）に移り住んだ。七三二（開元《かいげん》二十）年には、奚の首領李詩鎖高《りしさこう》が部落五〇〇〇帳を率いて広陽城に移り住んだ。

このようにして幽州に移住したり遷徙させられた多くの少数民族のうち、一部は営州に戻ったり、一部はさらに他の地方に移った者もいたが、八世紀の半ばの天宝《てんぽう》年間になおも幽州に居留する少数民族の数は、七一三八戸、三万四二九三人であったという。幽州全体の戸口数は、戸数六万七二四三戸、人口三七万一三一二人であったから、約一割に近い少数民族が居留していたことになり、多民族社会がすでに形成されていた（『新唐書』地理志）。

北京地区の幽州で前述した第一次民族融合の波に続く第二次の民族融合が進んだのが、まさにこの時代であった。その中心に位置する幽州城の内外には、さまざまな北方民族が新たに居留して、漢族農耕民と遊牧・狩猟系諸族との異なる文化が接触し交流する坩堝《るつぼ》となっていた。この加熱された坩堝のなかで溶融して生み出された新たな合金のほとばしりとなったのが、次章で述べる安史《あんし》の乱であった。

第三章

諸族争奪の舞台

1　早すぎた大燕皇帝の登場——安史の乱

節度使安禄山の出自

七五五年、唐の天宝《てんぽう》十四載《さい》（載は年に同じ）十一月九日、北方の有力節度使《せつどし》の安禄山《あんろくざん》が唐王朝に反旗《はんき》をひるがえして挙兵した。天宝年間（七四二～七五六）と言えば、唐の盛時と謳われた開《かい》元《げん》年間（七一三～七四一）直後の時期である。かの玄宗《げんそう》皇帝のもとで泰平の世がまだまだ続くかに見えた。老境の玄宗と年若い絶世の美女楊貴妃《ようきひ》とのラブ・ロマンスは、白居易《はくきょい》の長編叙事詩「長恨歌《ちょうごんか》」に描かれたせいで、わが国でもよく知られている。

泰平の世の眠りを覚ます驚天動地の大動乱の震源地となったのが、范陽《はんよう》節度使の治所が置かれていた幽州、現在の北京である。節度使とは、唐朝の府兵制の崩壊後に辺境各地に駐留する軍隊が常駐化したいくつかの軍鎮を統《す》べる総司令官として設置された官職である。「藩鎮《はんちん》」とも呼ばれ、その兵力は募兵制による傭兵集団からなっていた。

隋唐時代の幽州は、中国東北部に居住する非漢族を統制するための軍事拠点としての機能を果たしていた。とくに七世紀末、契丹《きったん》（モンゴル系、遼河上流域の遊牧民）と奚《けい》（モンゴル系鮮卑《せんぴ》族、モンゴル東南部の遊牧民）が強大となると、これらの勢力に対応するため、玄宗は、七一四（開元二）年に幽州節度使（のちの范陽節度使）を設け、兵九万一〇〇〇人、馬六五〇〇匹を置いていた。そのうち幽州城内の経略軍には、兵三万、馬五四〇〇匹が配置されていた。

安禄山は、唐代の史料では「営州の雑種胡《こ》なり」と記されているように混血児で、母はテュルク系突厥《とっけつ》人、父はおそらくイラン系ソグド人であった。突厥は、六世紀半ばに柔然《じゅうぜん》から独立して内陸アジアの覇者となった遊牧国家である。ソグド人とは、現在のウズベキスタンのサマルカンドを中心とするいわゆるソグディアナの出身者のことで、東西交易において漢代以来きわめて重要な役割を果たしていた。

安禄山の名の「禄山」は、「光」を意味するソグド語の**roxsan**をあてたとされている。その光は、光と闇の二元論に立つゾロアスター教の本義に由来する。イラン系のソグド人は、もともとゾロアスター教を信奉しており、中華世界に移り住んでからも、その信仰を強く保持していた。

安禄山の姓氏の「安」は、ソグド姓のひとつで、中央アジアのブハラ出身者を意味する。しかし、もともとの姓は「康」であったらしい。その場合には、サマルカンド出身のソグド人を意味することになる。父親については、これ以上のことはわかっていない。

母親は、突厥の有力氏族阿史徳《アシトク》氏の出で、巫女《みこ》であった。安禄山の幼名は「軋犖山《あつらくさん》」といい、それにちなむ出生譚も伝えられている。母が子宝を授かるように軍神の軋犖山《アレクサンドロス》に祈ったとこ

図版18　ソグド人安禄山とされる肖像

ろ、身ごもった。生まれた晩には、赤い光があたりを照らし出した。そのために、家畜がこれに驚いて方々で時ならぬ鳴き声をたてた。占いをよくする者は、妖しげな流星がその穹廬《きゅうろ》（ゲル、天幕の住居）に落ちるのを見たという。

流星の話を聞きつけた范陽節度使張仁愿《ちょうじんげん》が使者を遣わして草原に点在している天幕群をくまなく探させた。すぐには見つからず、関係ありそうな子どもは長幼となく皆殺しにされたが、安禄山は人に匿《かくま》われてあやうく難を逃れたという。このエピソードによれば、安禄山の出生地は、范陽節度使の管轄下ということになるが、はっきりとはわからない。

幼くして父を亡くした禄山は、母にしたがって突厥族のもとで養われた。その後、母親がソグド人有力者安延偃《あんえんえん》の後添えとして嫁いだことから、ソグド人に囲まれて育った。延偃の弟の安波《あんは》注《ちゅう》は、唐朝に仕えた「胡将軍」として知られている。

五五二年に建国した突厥帝国は、建国以来の突厥の軍事力とソグドの経済力との連携によって成り立っていたが、五八三年に東突厥と西突厥に分裂した。開元年間の初め、安延偃の一族は東突厥の政争に巻きこまれ没落した。安氏の一族は、突厥から山西方面への逃避行を余儀なくされるなかで、その結束を固めようとした。もともと安氏の血が流れていなかった禄山も、このとき安姓を名乗るようになった。十歳の頃であった。

多言語環境の混血児

混血児で多言語環境のうちに育った安禄山は、さまざまな言語に巧みであった。『安禄山事跡』巻上には、「九蕃語《きゆうばん》を解す」とあり、『新唐書』本伝では、「六蕃語」とある。後者に従い、文字どおり六種類の異民族言語と解すれば、ソグド語をはじめとして突厥語、奚語、契丹《キタイ》語などが挙げられるであろう。もちろん漢語も自由に操れたが、文章語としての漢文はあまり駆使できなかったらしい。だいぶ後になってからの話であるが、玄宗が安禄山を宰相のポストにつけようとしたとき、ライバルの楊国忠《ようこくちゆう》に、「文字を識らない者を宰相になど任命したら、それこそ周辺の国々がわが中国を軽んじることになりますぞ」と横やりを入れられ、宰相の話が立ち消えになったことがあった。

成長した安禄山は、その類《たぐ》いまれな言語能力を生かして、諸蕃の「互市牙郎《ごしがろう》」となった。現代風にいえば、国際バザールの仲介人《ブローカー》といったところである。辺境の長城地帯に設けられたバザールには、さまざまな民族の人たちが集まり、さまざまな言語が飛び交っていたから、その通訳と仲介をする仕事は、安禄山にはうってつけの職業であった。

ようやく頭角を現わしつつあった安禄山は、この頃、営州地方で活動するようになったらしい。営州の中心は柳城《りゆうじよう》であり、現在の遼寧省朝陽市にあたる。長城ラインの北側に位置し農業と牧畜の境界地域であったが、玄宗が七一七（開元五）年、ここに各地の商人を集め、邸店《ていてん》（宿屋兼問屋業）を構えさせてから、商業の中心地となった。

辺境での交易では、危ない橋を渡ることも多かった。あるとき、安禄山は羊を盗んだ悪事が発覚して捕らえられたことがあった。尋問にあたった范陽節度使張守珪《ちようしゆけい》は、杖殺の刑に処しようとしたが、「大夫よ、奚や契丹の蕃族を滅ぼそうとは考えないのですか。壮士の私を殺したら、それができなくなりますよ」と大声で叫んだ。その言葉と特異な風貌に驚いた張守珪は、安禄山を釈放して仲間の史思明《ししめい》とともに「捉生将《そくせいしょう》」とした。捉生将とは、土地勘と巧みな言語を生かして遊牧地域に忍び込み、牧民を生け捕り拉致《らち》する役目の頭目《リーダー》のことである。

安禄山はいつも麾下《きか》の騎兵数騎を引き連れて忍び込んでは、その十倍にあたる契丹民数十人を生け捕りするのを得意としていた。その後、張守珪の部隊長に取り立てられ、ついにはその配下となった。

三節度使を兼ねる

七三六年、営州に置かれた平盧《へいろ》将軍となり、四年後には平盧軍兵馬使に昇進した。平盧軍の治所は、長城外の遼寧省朝陽である。七四二（天宝元）年に、ここに節度使が分置されると、平盧軍節度使に就任した。バザールで手に入れた財力で、各方面に贈った賄賂が功を奏した。都の長安に入朝し、玄宗皇帝に気に入られた安禄山は、七四四年にはいよいよ長城内の范陽節度使を兼任した。さらに、七五一年には、同じく長城内の河東《かとう》節度使をも兼ねるようになった。

この結果、当時置かれていた十節度使の総兵力四八万六九〇〇人のうち、一八万三九〇〇人を擁した。じつに三分の一を超える兵力を動かせるまでにのし上がったのである。

この時期、安禄山が急速に辺境の要職を掌握するようになる背景には、じつは時の宰相李林甫《りりんぽ》の強力な後押しがあった。李は、科挙出身の儒者官僚が軍功を挙げて台頭してくるのを嫌って、異民族出身の蕃将を重用するように皇帝に進言していたからである。

安禄山の体重は三五〇斤《きん》というから、二〇〇キロを超える巨漢であった。腹の肉は膝のあたりまで垂れ下がっていた。都で朝見するたびに玄宗が「そちの大きなお腹のなかになにが入っておるか」と戯れに尋ねると、「ただ陛下への赤心《まごころ》のみです」と受け応えていたのは有名な話である。ふだんの歩行の際にも、両側から付き人に支えられてやっと歩き出すほどであった。その一方で、玄宗の前では胡旋舞《こせんぶ》を踊ってみせては、「疾《はや》きこと風の如し」とも言わせた。胡旋舞とは、サマルカンド康国《こうこく》のソグド人が得意とした動きの激しい踊りである。

楊国忠との対立、そして挙兵

当時、後宮《こうきゅう》の女性三〇〇〇人のなかで玄宗皇帝の恩寵を一身に集めていた楊貴妃に取り入ることも、安禄山は忘れなかった。楊貴妃の養子（子分）となることを、玄宗に願い出て許された。それ以後、安禄山はまず楊貴妃に真っ先に拝礼したあとで、玄宗に拝礼するようになった。玄宗がこれを怪しんでその理由を尋ねると、「私ども蕃人の習慣では、まず母親にあいさつしてから父親にするものですから」と答えた。応対の妙にくわえて、言外に玄宗自身を父親としてお慕いする意味もこめられていたことから、帝もおおいに悦んだ。

楊貴妃と結んで台頭してきた人物に、もうひとり楊国忠がいる。彼は、楊貴妃の従祖兄《またいとこ》であったことから、玄宗に知遇を得て財務関係の「使職《ししょく》」四〇余りを兼任するようになった。使職とは、律令《りつれい》官制にない新設のポストである。この時期、破綻した租庸調《そようちょう》制に代わって国庫の収入減を補塡するために、財務関係を中心とした使職が次々と新設されていた。

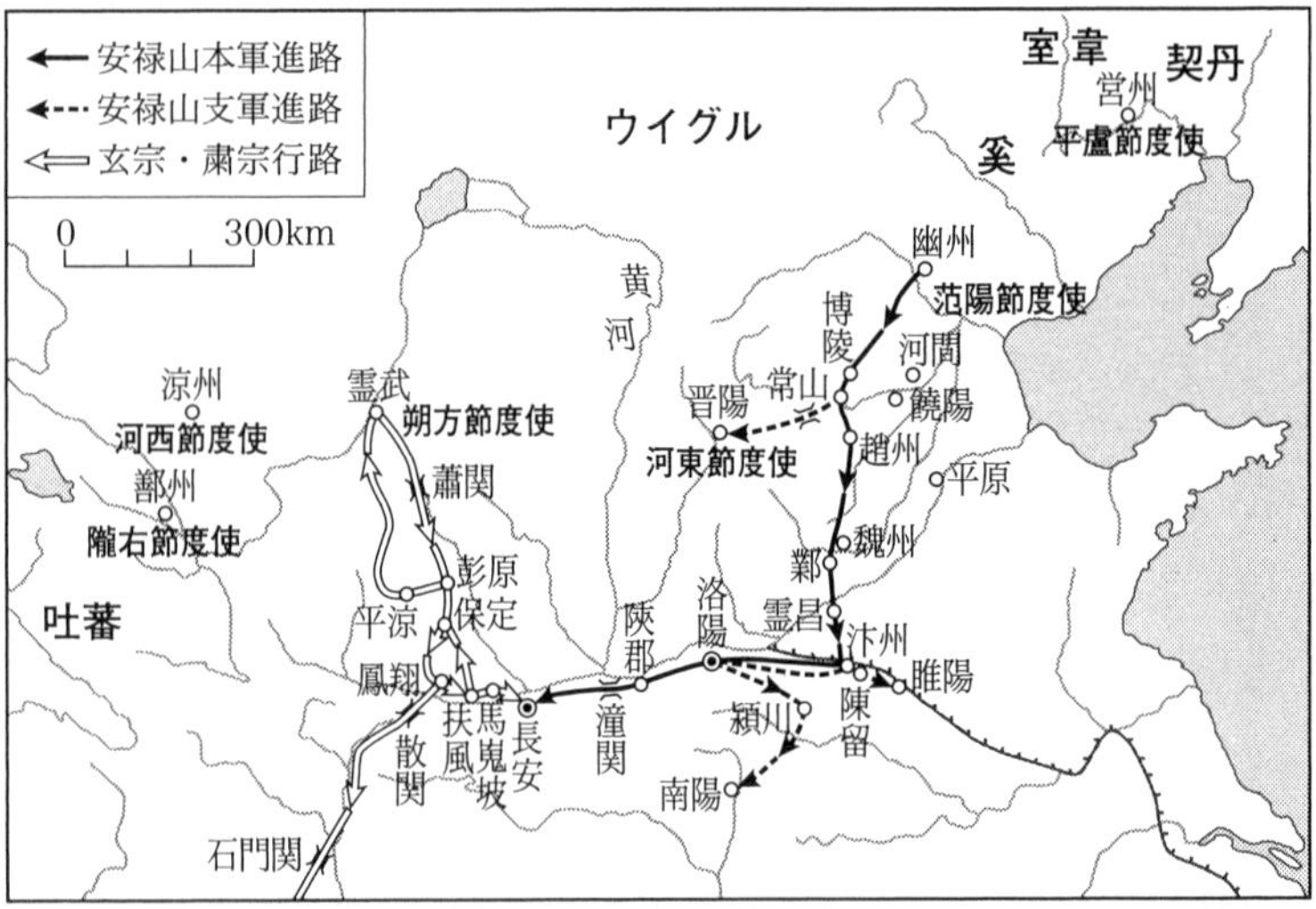

図版19　安史の乱関係図

辺境防衛の最前線にいて軍事的功績を誇示する安禄山と、皇帝の側近くで財務官僚として国庫の補塡に努める楊国忠、どちらも、玄宗にとってなくてはならない存在であった。しかし、宰相李林甫の死後、代わって楊国忠が宰相となると、両者の対立が顕在化しエスカレートしていった。

范陽は都長安から遠く離れており、時おり上京するにすぎない安禄山は、もともと不利な立場にあった。前述した安禄山への宰相任命に対する妨害に見られるように、楊国忠は圧倒的に優位な立場にあった。宰相のポストに就けず怏々《おうおう》として范陽に戻った安禄山は、このとき反乱を決意したという。

七五五年十一月、安禄山は楊国忠の討伐を名目に、現在の北京の范陽で挙兵した。反乱軍の兵力は一五万人。混血児安禄山の率いる部隊にふさわしく、奚・契丹・同羅《どうら》（テュルク系鉄勒部《てつろく》)・室韋《しつい》(モンゴル・ツングース系)などの精鋭の騎馬部隊がその中核を占めていた。反乱軍は、范陽から一路南下し、わずか一カ月余りの十二月には、東都洛陽《らくよう》を占拠した。

大燕皇帝即位

翌年元旦、安禄山はここで帝位に即《つ》いた。雄武《ゆうぶ》皇帝と名乗り、国号を「大燕《だいえん》」と定め、年号は「聖武《せいぶ》」と建元した。六月には、潼関《どうかん》を突破し、都の長安に向かったので、玄宗は急遽《きゅうきょ》、楊貴妃を連れて蜀《しょく》(四川省)の地へと蒙塵《もうじん》した。このとき、長安からわずかに西に離れた馬嵬《ばかい》駅で、護衛する兵士たちの怒りを静《しず》めるために楊貴妃の命をも犠牲にせざるをえなかった。

唐王朝側は、玄宗の三男で皇太子李亨《りこう》(のちの粛宗《しゅくそう》)が朔州《さくしゅう》節度使をおく霊武《れいぶ》(寧夏《ねいか》回族自治区銀川市)で即位した。玄宗を上皇に押し上げて、粛宗みずからが態勢の立て直しを図った。河《か》西《せい》・隴西《ろうせい》・朔方《さくほう》の三節度使の兵力を結集するとともに、テュルク系ウイグル族の騎馬兵を招いて軍事力を増強した。一転して守勢にまわることになった反乱軍は内部の争いにより、自滅の道をたどっていく。

七五七年正月、次男の安慶緒《あんけいしょ》の命で安禄山は殺害され、代わって慶緒が即位し載初《さいしょ》と改元した。皇帝を称するようになった慶緒は、歓楽にふけり酒に浸って政治を顧みなかった。

一方、范陽に残る史思明は分離独立の動きを選んだ。史思明も突厥族の出身で、安禄山とは郷里を同じくし、しかも同い歳で一日だけ早く生まれた。長じてはすこぶる仲がよく、多くの言語に通じ互市牙郎となった点でも共通している。文字どおりの竹馬の友であった。

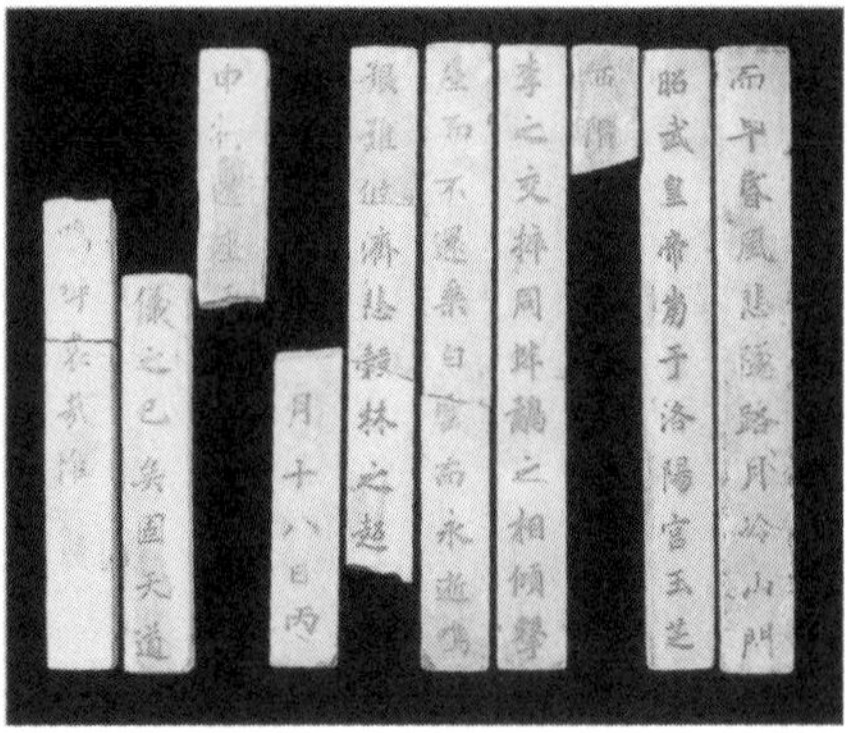

図版20　史思明墓出土の玉冊

史思明は、七五九年に安慶緒を殺し朋友の仇をとると、みずからも大燕国の皇帝を称した。その思明も、息子の史《し》朝義《ちょうぎ》に殺された。なんとも奇妙な一致と言わざるをえない。朝義は四年にわたって洛陽を維持したものの、七六三年正月、范陽に退却すると、部下の裏切りに遭い自害した。安禄山と史思明の二人の姓を取って「安史の乱」と呼ばれるこの民衆反乱は九年にも及んだが、ここに幕を閉じることになった。

北京地区からみた安禄山

唐王朝を揺るがした安史の乱は、これまでも唐代史のみならず、中国社会の歴史的展開のうえでも大きな分岐点として重視されてきた。この反乱以後、節度使が辺境にとどまらず国内全域に置かれるようになり、地域の軍事権のみならず民政や財政権を掌握して中央政府を左右する藩鎮体制ができ上がった。なかでも、安史の乱を平定したとはいえ、その影響力が残る幽州・成徳《せいとく》・魏《ぎ》博《はく》節度使からなる河朔三鎮《かさくさんちん》は、徴収した税を中央に収めず、独自に官吏や兵士を抱えて割拠した。唐王朝を支えてきた租庸調制による現物収取を基礎とした財政運営の崩壊は決定的となり、絹布代納や銭納を含む両税法《りょうぜいほう》への転換が図られた。また国家財政は塩の専売への依存度を高めていき、これ以後、歴代の王朝は財政国家へと転換していくのである。

近年では、乱の背後でのウイグル軍やアラブ兵士の動静も新たに明らかにされ、森安孝夫氏のように中国を越えたユーラシア史の分水嶺と位置づける研究も登場し注目されている。

ここでは、問題をより限定して、本書で焦点を当ててきた現在の北京地区からこの反乱の意義を考えてみよう。安禄山が唐朝の玄宗に対抗して皇帝を称したのは東都の洛陽においてであった。当時の洛陽は、則天武后《そくてんぶこう》の都城建設以来、外来宗教としての色彩を色濃く残す仏教の寺院が建ちならぶ国際都市となっていた。ソグド人と突厥人との混血児であった安禄山が、真っ先にこの都市を押さえて皇帝を称し政権を樹立したのも肯ける。

ただ、安禄山は即位にあたり、国号に洛陽の地にふさわしい「周《しゅう》」を用いなかった。かつていわゆる「武周革命《ぶしゅうかくめい》」を興したかの則天武后も用いた周ではなく、あえて「燕《えん》」を選び取った。つまり、安禄山はみずからを大きく育んでくれた北京地区に対して、より強いアイデンティティを抱いていたのである。それは、安禄山のあとを継いで大燕国の皇帝を名乗った史思明も同じであった。

安史の乱は、北京地区がもつ固有の地域性によって支えられていたのである。このことは、唐末になっても安禄山の反乱の根拠地となった幽州（范陽）一帯では、安禄山と史思明を「二聖」と崇める廟が民間で建てられていたことからも窺える。当地の地方官が中央の朝廷に気兼ねして破壊しようとしたところ、兵士たちが反乱を起こしたという。この時期の北京地区では、出自や種族などを気にかけない開放された地域空間ができ上がっていた。「雑種胡」安禄山によって引き起こされた安史の乱は、分裂の時代をへて南北統一を果たした隋唐時代において、幽州ではすでに多民族社会が形成されつつあったことを象徴的に示す事件であった。安禄山や史思明のように地方的な軍閥から大燕皇帝を自称する者を輩出したこと自体、北京地区が軍事や経済的な面で実力をつけつつあったことを示している。

前章で紹介したように、北京市房山区にある雲居寺の石経山蔵経洞《ぞうけいどう》には、『大般若波羅蜜多経《だいはんにゃはらみたきょう》』をはじめとする大量の石経が残されている。それらの石経の大半は、唐の天宝年間から唐末にかけて造られたものであった。このことは、これらの刻経事業を支えていた幽州の経済的な台頭を雄弁に物語っている。これにくわえて森部豊氏は、これらの唐代の題記の丹念な分析により、延べ八三七人のソグド人名の寄進者を検出した。ソグド人のネットワークを用いて幽州まで進出したソグド商人の活動で得られた利益が、刻経事業を支えていたのである。

地気は東北へ

北京地区から皇帝を称する人物が登場したのは、もちろん安禄山が最初ではない。すでに前章で触れたように、三五〇年、遼西から南下した鮮卑族の慕容儁《ぼようしゅん》が幽州を占拠すると、翌々年の三五二年に皇帝を称して国号を「大燕」とし、薊城を都と定めた。これが五胡十六国の時代の「前燕」である。

薊城には、前述したように太廟と宮殿が建てられた。しかし、薊城は都として長くは続かず、五年後には後趙の都鄴《ぎょう》に遷った。戦国期以来の国号「燕」を継承したのは、なぜか漢人よりも非漢人出身のリーダーたちであった。

清朝《しんちょう》の考証学者の趙翼《ちょうよく》は、その著『二十二史箚記《にじゅうにしさっき》』に収める「長安地気」のなかで、唐の開元・天宝のあいだに「地気」が西北から東北に転じたとし、この時期に突発した安史の乱は、その兆しであると注目していた。たしかに安史の乱に注目すると、これを境に西北地域でこれまで繁栄を謳歌していた長安の衰退の始まりと、東北地域にある北京の新たな台頭という鮮やかな対照が浮かび上がってくる。

ここまで見てきたように、秦漢時代から隋唐までの北京地区は、中原諸王朝の北方経営の前進基地としての役割を果たしていた。とくに隋による永済渠《えいさいきょ》の開鑿によって、中原・江南と東北地域との交通・貿易の要衝としての重要性がいっそう増大した。後漢末の分裂の時代を迎えると、東北地域社会レヴェルでは、遊牧民を中心とする非漢人の流入や移住が恒常化し、交易活動も活発化して多民族社会が形成された。かかる多民族社会のなかから生まれた安禄山の反乱は、北京地区を中核とする燕雲《えんうん》十六州が次の時代に中国の中原王朝における国際関係の焦点、まさに「火薬庫」に浮上することを予告するものであった。

2　燕雲十六州問題――胡・漢最大の係争地

安史の乱後の幽州

安史の乱が平定されたのちも、北京地区はその独立性を保ち、かつて安禄山や史思明の配下にあった勢力が盤踞《ばんきよ》していた。唐朝に降《くだ》ったとはいうものの、彼らの実力はなお強大で侮りがたいものがあった。

七六三（広徳《こうとく》元）年、唐朝は幽州大都督府管轄下に三節度使を置き、彼らの支持を受けるべく官吏の任命権や徴税権もあたえて安堵したので、なかば独立状態となった。これがいわゆる河北三鎮（永朔《えいさく》三鎮）で、幽州盧龍《ろりゆう》節度使（治所、現在の北京市）、魏博《ぎはく》節度使（治所、河北省邯鄲《かんたん》市大名県）、成徳《せいとく》節度使（治所、河北省石家庄市正定県）からなる。

三鎮の節度使には、李《り》懐仙《かいせん》、田承嗣《でんしようし》、李《り》宝臣《ほうしん》がそれぞれ任命された。いずれも安史の乱に加わっていた部将であった。このうち、李懐仙は営州柳城の胡人出身で、代々契丹に仕えていた。唐朝に降って「蕃将」となり営州を守っていたが、安史の乱では史思明に仕える部将となった。乱の敗色が濃くなると、史朝義を斬首して差し出し、唐朝の信任を得た人物であった（『旧唐書《くとうじよ》』李懐仙伝）。

軍事と財政の両面で勢力拡大に血眼になっていた藩鎮の支配者による統治は、政治的安定を著しく欠いていた。幽州にかぎってみても、七六三（広徳元）年に李懐仙が幽州盧龍軍節度使となってから、後唐《こうとう》の李存勗《りそんきょく》が山西から攻めて幽州を占拠する九一三（乾化《けんか》三）年までの百五十年のあいだに、当地の支配者が二八人も入れ替わるという目まぐるしさであった。

そのなかでも、深州（河北省滄州市献県）出身の劉仁恭《りゅうじんきょう》が幽州節度使となった期間は、もっとも混乱をきわめた時期として知られている。その暴政は、域内での鉄銭使用の強要、茶商の入境を禁止したうえでのニセ茶葉の販売、十五歳以上から七十歳以下の全男子に対する徴兵、士人まで及んだ入れ墨など、枚挙に暇がないほどである。

大唐帝国の滅亡と五代政権

唐の末期は、黄巣《こうそう》の乱の勃発以降ますます混乱をきわめた。若くして塩の密売に従事し、もとは黄巣軍にいた朱温《しゅおん》は、のちに唐朝側に寝返り、反乱討伐に功を挙げて汴州《べんしゅう》を治所とする宣武《せんぶ》軍節度使となり、「全忠《ぜんちゅう》」の名を賜った。

混乱のなか、九〇七（天祐《てんゆう》四）年四月、朱全忠は唐の皇帝（哀帝《あいてい》）に禅譲をおこなわせ、新たに「梁《りょう》」を建国する。歴史上、これを後梁《こうりょう》と呼ぶ。この時点で、二百八十九年間の長きに及んだ大唐帝国は瓦解し滅亡した。これからほぼ半世紀のあいだ、後梁、後唐、後晋、後漢、後周と短命の五つの王朝が相次いで中原に政権を樹立したので、「五代」と呼ばれる。

朱全忠は、黄河と通済渠とが交わる交通運輸の要衝であった汴州（汴梁ともいう、現在の河南省開封《かいほう》市）を新たに都と定め東都開封府とし、洛陽を西都と改めた。これ以後、長安は古代以来長く続いた首都の座を失いはじめることになる。

朱全忠と並んで黄巣の討伐に力を尽くしたライバルがテュルク系沙陀《さた》族出身の李克用《りこくよう》である。五代後唐の事実上の建国者となった彼は、若い頃から眇《すがめ》（片眼が不自由）であったが、長じては驍勇《ぎょうゆう》となり騎射を善くしたことから、「独眼竜」と号していた（『旧五代史』唐書・武皇本紀）。「独眼竜」と言えば、東北の戦国武将の伊達政宗が思い浮かぶが、本家は中国五代の後唐にあった。

沙陀族はもともと西突厥に属した遊牧民の部族で、チベットの圧迫を受けて唐朝に帰順すると、「代北」の地、すなわち山西省北部の大同盆地を安堵された。李克用が出ると、黄巣の乱の平定に活躍した功績から河東節度使に任命され、現在の山西省一帯を掌握していた。朱全忠と李克用との両勢力の崛起《くっき》と抗争のなかで、幽州はしだいに河東藩鎮の勢力下に入った。

深州楽寿（河北省献県）出身で、幽州を駐守する盧龍節度使劉仁恭の息子劉守光《りゅうしゅこう》が兵変を起こし、父を捕らえてみずから節度使となった。九一一年八月には即位して、「大燕皇帝」と名乗った。安禄山と同様に国号に「燕」を用い、応天《おうてん》と年号を建ててその都城を幽州城に置いた（『旧五代史』劉守光伝）。

劉守光政権は、五代の時期に現在の北京地区で成立した唯一の政権となった。しかし、その支配領域は、幽州・涿州・瀛州・莫州・嬀州・檀州・薊州・順州・営州・平州・新州・武州などの十数州の範囲にとどまった。九一三年、劉守光政権は樹立から二年余りで、李克用の子で晋王を称した李存勗《りそんきょく》の軍によって滅ぼされ、その支配下に入った。李存勗の大将周徳威《しゅうとくい》が新たに幽州盧龍軍節度使に任命された。

五代の諸王朝は、河南軍閥の後梁王朝と沙陀族系山西軍閥の後唐・後晋・後漢・後周王朝とに区分される。後者の四王朝の創設者は相互に関係があり、山西軍閥内部での政権交替の色合いが強かった。後唐を除く他の四王朝は、汴州を都とした。その後の宋も引きつづき汴州開封を都と定めた。しかし宋・金滅亡後は、ふたたび都となることはなかったから、開封は歴代王朝における都が東西移動から南北移動へと大きく転換するなかでの過渡的存在とみるべきであろう。

契丹国家「遼」の建国

幽州が藩鎮統治のもとで混乱をくり返しているあいだに、長城ラインの北方、遼河上流域《シラ・ムレン》では新しい時代への胎動が始まっていた。十世紀の初頭、モンゴル系遊牧民の耶律阿保機《やりつあほき》（太祖）が契丹《キタイ》の諸部を統一して、九一六年に契丹国家、遼《りょう》（九一六～一一二五）を建国した。

世襲の皇帝権を確立した阿保機は、早くも翌年みずから三〇万の軍隊を率いて幽州城を攻撃した。これを迎え撃ったのは、沙陀族の晋王李存勗の軍であった。李存勗は劉守光政権を倒して以来、この地を占領していた。契丹の兵士が幽州城の四面から地下道を掘って城を攻めると、城内からも地下道を掘り、熱した油を注いで敵兵を退けた。また、築山を設けて攻撃しようとすると、城内から銅を溶かして契丹の兵士に浴びせかけた。幽州の兵民の奮戦により、晋王の軍は二百日近く幽州城を守り抜いた。かくして、このときは契丹の南侵の意図は砕かれた。

後唐による北方統一後も、契丹はしばしば幽州に進攻をくり返した。この頃から、契丹は幽州地区の東北の守りであった楡関《ゆかん》（のちの山海関《さんかいかん》）から南侵して、長城内の平州（河北省秦皇島市盧龍県）や営州付近で牧畜に従事するようになった。

後唐治下の幽州と趙徳鈞

契丹が興起すると、契丹と中原王朝とは、戦略上の要地である幽州の支配をめぐって互いに争うことになった。幽州では、前述したように周徳威が幽州盧龍軍節度使となっていた。

後唐政権の下で寿州刺史《じゅしゅう》を授かっていた盧文進《ろぶんしん》が契丹に降ると、太祖阿保機は、盧文進を幽州盧龍軍節度使に任命して、平州にしばらく駐在させた。このため、後唐と契丹双方の「幽州盧龍軍節度使」が同時に併存することになった。

後唐政権と契丹政権の双方が幽州地区に同じ官職を設けて鎬《しのぎ》を削ったことは、この地がまさに両勢力の攻防の焦点として浮上していたことを示している。李存勗自身も、九一九年に周徳威に代わって幽州節度使を領したことがあった。

九二三年閏四月、李存勗（荘宗《そうそう》）は洛陽で皇帝に即位し、後唐を建国した。十月には汴州を都とする後梁を滅ぼした。契丹の勢力が日に日に増大してきたのに鑑み、荘宗は九二五年に滄州節度使趙徳鈞《ちょうとくきん》を移して幽州節度使に任命した。騎射に長じた趙は、もともと幽州出身であり、山川の形勢や軍事的要所を熟知していたから、地域の実情に応じた防衛措置を取ることができた。閻《えん》溝《こう》や三河《さんが》に城塁を築かせたのも趙であり、のちに良郷県城や三河県城となった。河北の数鎮の丁夫を動員して、軍糧の供給を保証するために王馬口（河北省廊坊市）から游口（任丘市）までの約一〇〇キロメートル以上にわたって運河を開鑿した。

趙徳鈞による幽州統治は十年余りに及んだが、はなはだ善政を施したとされている。息子延寿《えんじゅ》が、後唐の明宗《めいそう》（李嗣源《りしげん》）の娘の興平公主《こうへいこうしゅ》を娶《めと》ったこともあって、明宗からもっとも頼りとされていた（『旧五代史』晋書・趙徳鈞伝）。

石敬瑭の反乱

耶律阿保機の死後、次男の堯骨《ぎょうこつ》（徳光《とくこう》・太宗）が政権を掌握した。同じころ後唐でも明宗《めいそう》が亡くなり、その子李従厚《りじゅうこう》が即位した。閔帝《びんてい》李従厚は潞王《ろおう》李従珂《りじゅうか》と対立して内紛となり、閔帝が殺害されて李従珂が権力を握った。末帝《まってい》李従珂は、大局を顧みずに明宗の女婿で山西太原を鎮守していた河東節度使石敬瑭《せきけいとう》に謀反の嫌疑をかけたから、両者の関係が悪化した。追い込まれた石敬瑭は叛旗をひるがえしたので、末帝は大将張敬達《ちょうけいたつ》に命じて石敬瑭に攻撃をくわえた。

沙陀出身の石敬瑭は太原を固守する一方で、契丹の堯骨に援助を求めた。九三六年夏、石敬瑭が契丹の太宗にあてた上表には、契丹の君主に対し臣下を称し父礼をもって仕えることと、後唐を滅ぼした暁には、盧龍一道と雁門関《がんもんかん》以北の諸州を契丹に割譲するという条件を申し出ていた。

契丹にとって願ってもない好条件を示された太宗は、その年の秋にみずから五万騎の大軍を率いて雁門関から山西に入り、太原城下で張敬達らの後唐軍をおおいに破った。石敬瑭が太宗に会見して謝意を表すと、中原への勢力拡張をねらう太宗は石敬瑭を大晋皇帝に冊立《さつりつ》した。石敬瑭は、擬制的な父子関係を結んで、幽州管内と新州・武州・雲州・応州・朔州の地を割いてあたえることと、さらに毎年絹三〇万匹を納めることをあらためて約束した（『旧五代史』外国列伝・契丹）。

一方、存亡の危機に立たされた後唐の末帝は、九三六（清泰《せいたい》三）年九月河北諸藩鎮の兵を動かして救援させようとした。幽州節度使趙徳鈞に詔を発し主力部隊を率いて太行山脈を越える飛狐《ひこ》口《こう》（のちの紫荊関《しけいかん》を河北省易州から山西省に抜けるルート）から契丹軍の背後に出て邀撃《ようげき》するよう命じた。趙徳鈞の養子で枢密使趙延寿《ちょうえんじゅ》には、軍を統帥して上党《じょうとう》に駐屯させた。魏博節度使范延光《はんえんこう》には、背後の遼州に二万の兵を進めて守りを固めさせた。

趙徳鈞は、「銀鞍契丹直《ぎんあんきったんちょく》」と呼ばれる契丹から降った精鋭部隊三〇〇〇騎を率いてただちに鎮州（河北省石家庄市）までいたった。総大将を命じられた趙徳鈞は、太原南面招討使となった息子の延寿とともに団柏谷《だんはくこく》（山西省祁《き》県の東）に兵を進めて陣を張った。

このとき、趙徳鈞が配下の軍を動かし、契丹軍の守りが手薄となった後方を急襲すれば、後唐最大の危機を救って契丹に手痛い打撃をあたえることができるはずであった。しかし、そうはならなかった。趙もまた石敬瑭と同様に契丹に頼って中国を奪おうと考えていたからである。

団柏谷まで軍を進めたものの、趙徳鈞は動こうとはしなかった。後唐の主力軍楊光遠《ようこうえん》の守る晋《しん》安寨《あんさい》まで六〇キロたらずであったが、連絡すら取らなかったという。後唐と後晋が興亡をかけて争っていた重要なその時期に、趙のとった行動が、双方の勝敗を決することになる。

契丹に二度も差し出された幽州

趙徳鈞は団柏谷に陣を張りながら、後唐の弱みにつけこんで末帝に対してしきりに息子の延寿に鎮州節度使のポストを授けるよう上奏していた。帝位すらも要求しかねない趙の意図に気づいていた末帝は、これを悦ばなかった。

進軍を求める矢のような催促が朝廷から届いても、趙はずるずると時日を引き延ばすばかりであった。その一方で、契丹の陣中に使者を送り、自分もまた契丹の援助を得て中国の皇帝となりたいという希望を伝えていた。趙徳鈞が提示した条件は、ただちに契丹軍とともに南下し都の洛陽を攻略した暁には、契丹と兄弟関係の盟約を結び、反乱を起こした石敬瑭には、これからも河東を鎮守させるというものであった。趙の条件は明らかに石敬瑭のそれに比べて遜色があったから、太宗が採用しなかったのは当然であった。

晋安寨で守っていた後唐の楊光遠らは軍中の糧食が尽きると、諸軍とともに契丹に降った。後唐政権の土台は大きく揺らいだ。ここにいたって、趙徳鈞も情勢の変化に身を任せるほかなす術がなくなり、延寿とともに契丹のもとに降った。耶律堯骨から皇帝に冊立された石敬瑭は、契丹兵とともに南下し、洛陽を陥《おとしい》れて後唐を滅ぼした。

趙徳鈞父子はそのまま契丹の領内に連行された。国母《こくぼ》の皇太后述律氏《じゅつりつし》（阿保機の妻）に見《まみ》えると、趙徳鈞は持参していた財宝の数々と幽州節度使管下の田宅リストを献上しようとした。

皇太后に、「幽州の田宅などすでにわれわれのものだ。どうしてまた献上を受ける必要があろうか」と言われて、趙徳鈞は俯《うつむ》いたまま応えることができなかった。現在の北京地区は、二度も契丹に差し出されたことがわかる。最初は沙陀出身の石敬瑭により、二度目は幽州人の趙徳鈞によってである。いずれも、幽州の地を手土産にして契丹から中国支配の保証を得ようとしていた。この時代、農耕地域と遊牧地域との境界線上に位置する幽州は、それほどに価値ある土地となっていた。

燕雲十六州割譲

九三八年十一月、契丹は年号を会同《かいどう》と改めた。後晋は、契丹の皇都臨潢府《りんこうふ》に使者を派遣して、創業の際に受けた援助に報いるために臣下を称し、あらためて燕雲十六州の図籍《ずせき》を太宗耶律堯骨に献上した。図籍、すなわち領内の地図と戸籍帳簿の献上は、十六州の契丹への割譲を意味する。これが、宋代まで続く、いわゆる燕雲十六州問題の始まりである。これ以後、燕雲十六州は正式に契丹の統治下に置かれることになった。太宗は、獲得した幽州をただちに南京幽都府《なんけいゆうとふ》に昇格させ、上京臨潢府の陪都《ばいと》（複都《ふくと》）とした。

このとき契丹に割譲された燕雲十六州とは、現在の北京市や河北省と山西省の北部の地域にあたる。十六州を列挙すれば、

幽州《ゆうしゅう》（北京城区）
薊州《けいしゅう》（天津市薊県）
瀛州《えいしゅう》（河北省河間市）
莫州《ばくしゅう》（河北省任邱市）

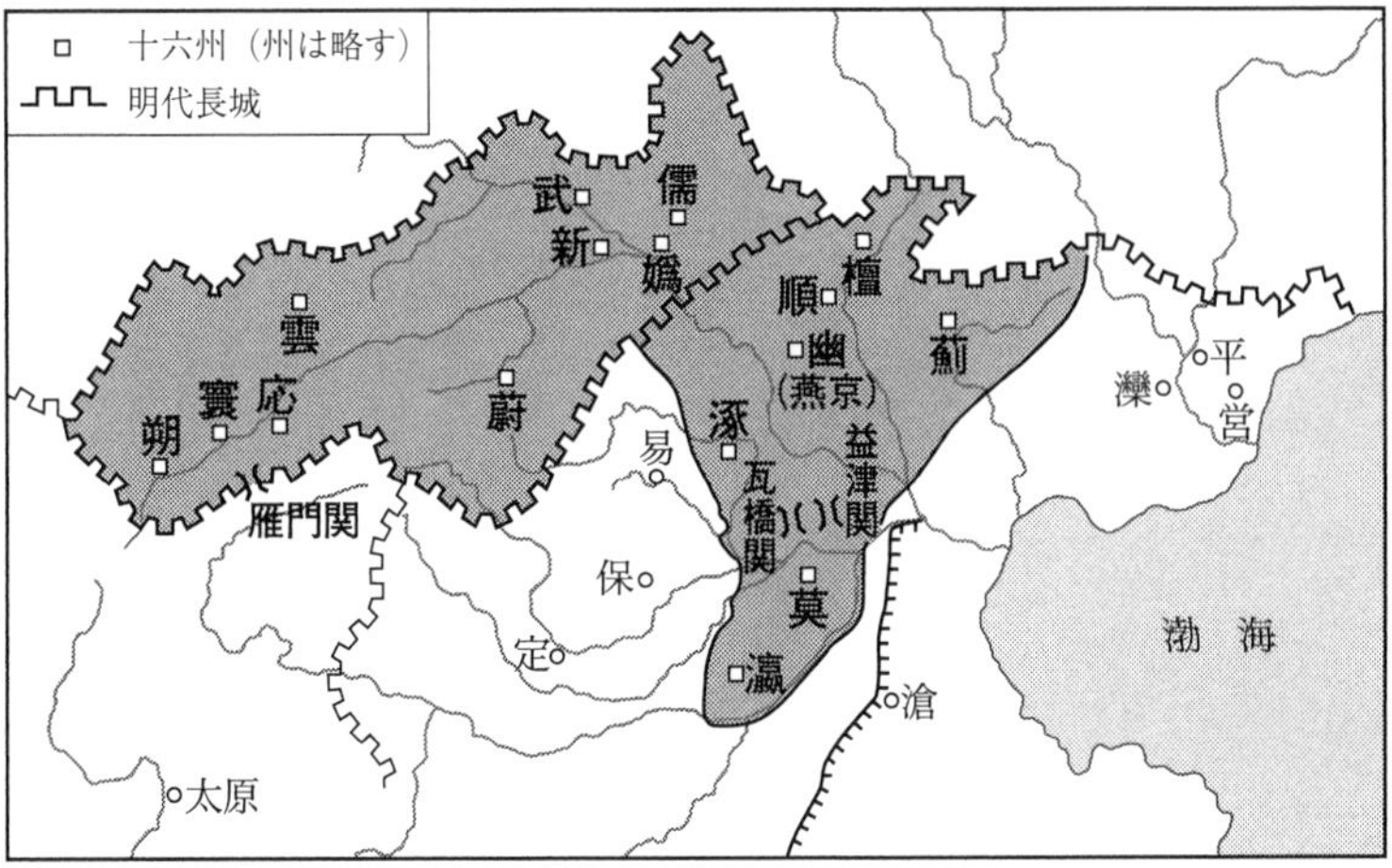

図版21　燕雲十六州図

涿州《たくしゅう》（河北省涿県）
檀州《だんしゅう》（北京市密雲区）
順　州《じゅんしゅう》（北京市順義区）
嬀州《きしゅう》（河北省張家口市懐来県）
儒州《じゅしゅう》（北京市延慶区）
新州《しんしゅう》（河北省張家口市涿鹿県）
武州《ぶしゅう》（河北省張家口市宣化区）
雲州《うんしゅう》（山西省大同市）
応州《おうしゅう》（山西省応県）
朔州《さくしゅう》（山西省朔県）
寰州《かんしゅう》（山西省朔県東北）
蔚州《うつしゅう》（河北省張家口市蔚県）

からなる。そのうち、幽州・檀州・順州・儒州の四州および嬀州の一部が、現在の北京市の市域にあたる。

　契丹国の南側の国境は、ここで一挙に滏陽河《ふようが》、易水、内長城のラインまで南下した。外長城のラインは、もはや中国の北の国境ではなくなった。これ以後、契丹が華北大平原に勢力を伸ばしたので、中原は、契丹をはじめとする北方からの遊牧勢力の軍事的脅威に直接曝されることになった。

長城内の営州・平州・灤州《らんしゅう》・景州（河北省衡水市景県）の地は、それ以前に放棄され、契丹の領土となっていた。石敬瑭が割譲したときの十六州と、のちに宋が失地回復をスローガンとした十六州とでは若干の出入りがある。なお、現在の北京地区を幽州の「幽」ではなく「燕」で代表させているのは、のちに遼が幽州を南京《なんけい》と昇格し、燕京《えんけい》と俗称したことに因る。

十六州を割譲した後晋の領域が沙陀族本拠の大同盆地から離れて華北平原に移ると、後晋政権は、漢人社会への傾斜を深めていった。本拠地に残る一族とのあいだに亀裂が生じた。太宗は、その亀裂に乗じて山西北部を席捲し、さらに大軍で南下し汴京《べんけい》に迫ると、後晋は無条件で開城してあっけなく滅んだ。九四七年正月、法駕《ほうが》を用意して崇元殿《すうげんでん》に御し、亡晋の百官らの朝賀を受けた。翌月、「大遼」と国号を改めて大赦し、「大同」と改元した。契丹から遼への国号変更は、中国王朝にみずからを位置づけようとするものであった。しかし、そのまま汴京に腰を据えて中国支配を目指したわけではなかった。しばらく河北の鎮州（河北省石家庄市）を「中京《ちゅうけい》」と改めて巡幸に備えよと近侍の臣に指示している。だが、当地の炎熱の気候で体調を崩したのであろうか、太宗は北帰する途中の欒城《らんじょう》県（河北省石家庄市）で容態が急変して歿した（『遼史』太宗本紀）。

結局、鎮州の中京構想は実現せずに終わった。太宗の命で汴京から上京《じょうけい》に運び込まれた唐朝や後晋の図籍・暦象・石経・明堂の刻漏・太常寺の楽譜・鹵簿《ろぼ》・鎧仗《がいじょう》などの典章や文物は、契丹国家にとって中国文化受容の原資となった。契丹に中国暦が伝えられたのはこのとき以来のことである。

第二次南北朝の始まり

北京地区の幽州は、第一章で述べたように、背後に燕山山脈を控え、西に太行山脈、東は渤海に臨む防衛上の要地で、古来、中原王朝にとって東北の重鎮としての役割を果たしてきた。とくに、北側の古長城と楡関《ゆかん》（のちの山海関《さんかいかん》）・松亭関《しょうていかん》・古北口《こほくこう》・居庸関《きょようかん》・紫金関《しきんかん》の五関の天険は、沃野千里の華北大平原を北方遊牧民の騎兵集団による蹂躙から守ってきた。

地形上からみると、幽州の北に位置する燕山山脈や軍都山《ぐんとさん》が漠北の草原に向かう最初のステップである。居庸関は天険と称されるものの、北口から南口までの部分は地形的には急激に降下しており、北方からの侵入には容易であるが、華北の防衛上からみると、はなはだ不利であった。このため居庸関の守りも、山後《さんご》（太行山脈北端の西北側）の諸州を押さえてその藩屏とすることが必須であった。なかでも、宣化や大同の位置はもっとも重要であった。

宣化や大同の北側に横たわる陰山山脈は、第二のステップをなした。この山脈の防衛線は、さらに北側のゴビ沙漠を藩籬《はんり》としていた。歴史上、漢や唐の盛時には、漠南と漠北のどちらも直接の控制下にあったから、北方民族の脅威はそれほど大きくならなかった。漠北に北方民族政権が割拠するようになってから、幽州は中原王朝を防衛する東北の重鎮として軍事的重要性を高めた。いったん第二ステップの陰山山脈の守りが失われると、北方民族からの侵攻に手こずるようになる。近世以後のように、両者が第一ステップの燕山山脈を境に争うまでになると、さらに阻止に苦しむことになる。

燕雲十六州の割譲は、こうした二つのステップからなる防衛ラインを一挙に失ったことを意味する。このため、最後の守りすら奪われた中原王朝は、北方民族と華北大平原で対峙せざるをえず、北宋のように契丹族や女真族《じょしん》の騎兵集団による脅威に直接曝されることになった。

十世紀唐末・五代以降、長城外の北方民族が軍事的優位に立ち、遼、金、元と相次いで政権を樹立し、二つのステップからなる防衛ラインを突破し、農耕地域と遊牧・狩猟地域との境界線上に近い現在の北京に都を移した結果、中原の漢人政権は長いあいだ江南に追いやられることになる。こうして中国本土には、愛宕《おたぎ》松男氏がつとに指摘したように、「第二次南北朝」ともいうべき南北分裂の政局がふたたび出現するようになった。

3　政治的中心地への道——遼の「南京」

中原振るわず

燕雲十六州は、このように軍事上きわめて重要であったから、後周や北宋の統治者たちは一度ならず、その奪回に大きな努力をはらった。

五代随一の名君とされる後周の柴栄《さいえい》（世宗《せいそう》）は、九五六（顕徳《けんとく》三）年に北伐の兵をおこして親征した。滏陽河《ふようが》、易水を越えて北上し、瀛州・莫州・易州をたちまち奪還したが、さらに北上を続けるあいだに、不幸にも疫病に感染して三十九歳の若さで亡くなった。彼が念願した燕雲十六州の奪回は挫折した。

北宋の趙光義《ちょうこうぎ》（太宗《たいそう》）も、九七九（太平興国《たいへいこうこく》四）年に契丹の衛星国家で山西の太原に本拠を置く北漢《ほくかん》（九五一〜九七九）を滅ぼした後、その勝利の余勢を駆って幽州を回復しようとした。文官の趙昌言《ちょうしょうげん》はこれに付和雷同して、「ここから幽州（燕京）を奪取するのは、熱した鏊《なべ》のなかで餅をひっくり返すように造作もないことです」と名前のとおりに威勢のいいことをまくしたてた。さすがに形勢を熟知していた大将軍の呼延賛《こえんさん》はこれに反駁して、「書生の言など信ずるに足りません。この餅をひっくり返すのは、ちと難しゅうございます」と率直に指摘した。

太宗は宋軍を鎮州に集結したあと、幽州まで北進したが、案の定、燕京城の攻略に手こずった。燕京城を三重に包囲し、穴を掘り地下から攻めようとする宋軍に対して、遼の将軍耶律隆運《やりつりゅううん》は全力で防衛にあたり、城内の漢人もこれに協力した。

宋軍は太原での戦い以来の疲れが残るうえに、援軍も続かなかった。これに対し、遼軍には耶《や》律斜軫《りつしゃしん》が大軍を率いて南下し加勢した。両軍は、現在の北京市西郊を流れる高梁河《こうりょうが》で激突し、宋軍が大敗を喫した。太宗は、九八五（雍熙《ようき》二）年にも北伐を試みたが、再度の失敗に終わった。

太宗の二度の北伐失敗後、宋と遼のあいだには白溝河《はくこうが》を境に南北に対峙する局面が形成された。白溝河は、太行山脈から東流した拒馬河《きょばが》が易水と合流し、保定《ほてい》をへて盧溝河《ろこうが》と合流し、最後は衛《えい》河《が》となって天津付近で渤海に注ぐ河川である。

これ以後、宋朝は契丹の南侵を阻止するために、いわゆる塘濼《とうらく》政策を進めた。この政策は、滄《そう》州《しゅう》の長官何《か》承矩《しょうく》の提案を採用したもので、河北南部一帯の河川網が縦横に走る自然地形を利用して堤防を築き水を蓄え、水田を開き水稲を栽培したり、ニレやヤナギを植えた。

宋の太宗と真宗《しんそう》の二代にわたって、この塘濼政策は続けられた。その結果、泥沽《でいこ》海口《かいこう》（天津市）から保州（河北省保定市）まで、河川網や水路と水田からなる「水の長城」が形成された。その水深はもっとも深いところで三メートル、浅いところでも一メートルはあって、契丹の騎馬兵の南下を阻止するのにある程度有効であった。河《か》北沿辺屯田使《ほくえんぺんとんでんし》に新たに任命された何承矩のもとで、屯田事業も成果があがり、保州を中心とする糧米の産出額が増加し、宋朝に大きな経済的利益をもたらした（『続資治通鑑長編』巻三四、『宋史』河渠志・塘濼）。

宋と遼のあいだでは、これ以後百年以上にわたって平和な状態が保たれた。もちろん、宋朝が後述する澶淵《せんえん》の盟《めい》を守って毎年大量の歳幣を遼に納めたことによるところが大きいが、こうした塘濼政策による緩衝地帯の設定も、功を奏したと言えよう。この平和の継続は、宋朝に経済的繁栄をもたらしただけではなく、唐末以来長期にわたって戦乱の下に置かれていた燕雲十六州地域の復興への足がかりをあたえるものであった。

在地住民からの視点

中原王朝の後晋から遼への燕雲十六州の割譲は、長城に沿った北辺防衛の要衝に住む在地の住民たちにどのような変化をもたらしたのであろうか。

　在地の住民からすれば、たしかにそれはいわば「一夜にして主《あるじ》を易《か》える」というような、まったく予期せぬ事態であったろう。しかし遼は、血みどろの戦闘の末に廃墟の城市を占領したというわけではなかった。逆に、労せずしてこれらの地域を新たに領土にくわえたわけで、中原王朝から遼への主権の平和的な移譲であった。このため、在地の住民たちは彼らの日常生活を一日として中断することなく続けることができたことであろう。

　また外山軍治《とやまぐんじ》氏がつとに指摘したように、在地の住民は軍事的に強力な契丹《キタイ》国家の支配下に入ることで、生命財産を保障されることになった。そのうえ、遼は中原王朝よりもプリミティヴな国家であったため、租税負担も比較的軽くてすんだ。契丹族と境を接してその侵寇《しんこう》に絶えず脅かされるのに比べれば、はるかに安穏な生活を営むことができたであろう。さらに、辺境地帯で生まれた士人たちにとって中央政府に出仕し微官を手にするよりも、容易に活躍し栄達しうる機会が提供されたことも指摘している。

　燕雲十六州をめぐっては、中原諸王朝と非漢人の遼・金政権とのあいだで長期にわたってくりひろげられた争奪戦にわれわれは目を奪われがちであるが、辺境に位置づけられた在地社会の安定と実利を切実に希求する在地の住民たちは、世代を経るとともに非漢人支配をも受容し、たくましく順応していったのもまた事実であった。

武将盧文進の軌跡

薊城や幽州における漢人と周辺諸族とのあいだで進んだ雑居と融合については、すでに前章で、第一次と第二次の民族融合の波として触れた。こうした動きはその後も進展していたが、唐末五代はさらに顕在化した時期であった。

ここでは、その典型的な事例として幽州出身の盧文進《ろぶんしん》を紹介しよう。盧は、もともと大燕皇帝を称した劉守光に仕えていた武将であった。李存勗（李克用の長子、後唐の荘宗）が幽州を攻めると、これに投降して寿州刺史を授かった。

当時、李存勗の弟で新州（張家口市涿鹿県）の団練使《だんれんし》となっていた李存矩《りそんく》は、山後地方の民をかき集めて軍を編制し、兄に援兵を送ろうとした。その軍が途中で反乱を起こし、存矩を殺害し、代わりに盧文進を擁立した。盧は、迫られてやむをえず反乱軍の首領となった。

その後、新州や武州（河北省張家口市宣化県）を攻めたものの、急ごしらえの軍で、やはり勝利することはできなかった。かえって幽州を鎮守する周徳威の追撃をうけて遼東に逃れ、契丹の耶律阿保機のもとに降《くだ》った。盧は長く北辺で敵将として活躍しており、その地形や攻防の要所について十分熟知していたから、契丹の中原進出にとってきわめて有利な条件を提供することになった。

阿保機は、その功労に報い盧を幽州兵馬留後《へいばりゅうご》に任命し、漢軍を統率して平州（河北省秦皇島市盧龍県）に寨を営ませたから、幽州周辺には、前述したように、後唐と契丹の二つの地方政権が併存することになった。

長城を境に、北方の契丹の騎兵は数十万を数え、かたや南側の後唐の防衛軍はせいぜい数万から十数万とされ、軍事力では形勢は逆転していた。契丹が優位に立つ一方で、後唐政権が受け身の立場に置かれるのは、盧文進の契丹への帰服以後に始まった。

盧の行動は、たしかに彼個人が選択したものである。この時期に進んだ漢人と非漢人とのあいだの相互交流の趨勢に順応したものであった。盧が契丹に帰服して以後、各地の士女を掠奪《りゃくだつ》して織物の仕事を教え込んだので、「中国で作るものはすべて備えることができるようになり、契丹が強盛となったのは、文進を得たからである」と、『旧五代史』盧文進伝では、彼ひとりの功績に帰している。しかし技術の伝達は、受け入れる側の社会にもその基盤がなければ難しい。相互の交流と融合の進展が、その基盤を形成しつつあったとみるべきであろう。

その後、李存勗は反乱に遭い、近臣の謀反によって殺害された。李克用の義児嗣源《しげん》（明宗《めいそう》）が即位し、平州に使者を派遣して盧文進に帰国をうながすと、盧は上表して多くの部将とともに一〇万の衆をしたがえ、車帳八〇〇〇乗を率いて後唐に戻った。石敬瑭が新たに後晋を開き、契丹とのあいだに友好関係が結ばれると、契丹に背反した過去をもつ盧は居心地が悪くなり、ついに南唐（九三七〜七五）に帰服した。

盧文進の諸政権を渡り歩いたその行動は、諸政権が対立拮抗するなかで、さまざまな連携が進む情勢に素直に対応したままでであった。盧の複雑な行動の軌跡のうちには、漢人と非漢人という対立の構図を超えて、諸勢力の垣根が低くなり流動化しつつあった当時の情勢を読み取ることができよう。

「南京」への昇格と五京制

遼は、唐の至徳《しとく》年間に始まる五京《ごけい》制や渤海の五京制にならった。遼の五京は、上京《じょうけい》、東京《とうけい》、南京《なんけい》、中京《ちゅうけい》、西京《せいけい》の五つを指している。遼は全国を五道に分け、五京を各道の首府に位置づけていることから、遼の五京制は五つの軍事・行政単位の中心とみるべきであろう。

契丹族の遼が後晋から燕雲十六州の地を獲得して多民族複合国家を形成すると、九三八（会同元）年十一月にその中心地の幽州（現在の北京）を五京のひとつ南京幽都府に昇格させた。同時に皇都《こうと》臨潢府《りんこうふ》は上京に、南京遼陽府は東京に改められた。シラ・ムレンに臨む

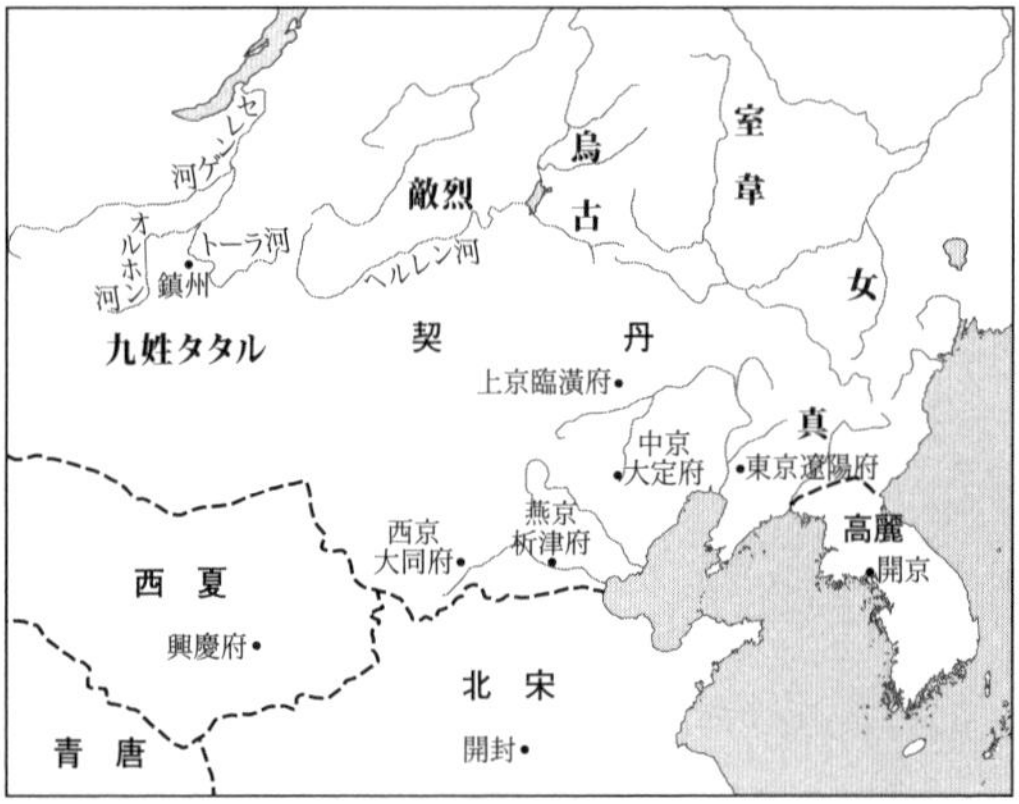

図版22　キタイ遼の五京

上京臨潢府は、元来「皇都」と呼ばれ、王朝を創設した九一八年以来の根拠地であった。九二八年に設定された東京遼陽府は、その二年前に滅ぼされた渤海の上京龍泉府の遺民が移住させられた居住区である。当初、南京と命名されていたが、のちに東京と改められ、高麗《こうらい》との交渉の拠点となった。

遊牧民としての生活習慣を強固に保持していた契丹族が本拠としたのは、あくまで上京臨潢府

（内モンゴル自治区巴林左翼旗林東鎮）であった。南京幽都府は宮殿も整備され、新たに獲得した漢人居住地域の中心として外交的機能も付与されており、五京のうちでも経済的にもっとも繁栄していた。とはいうものの、肝心の皇帝はここにたえず常駐して政務を執っていたわけではなかった。身についた遊牧民としての習性が抜けきれず、皇帝は定住よりも移動を好み、巡幸をくり返していたのである。中央政府もまた皇帝に付き従って移動したから、南京を遼朝の首都と見なすことはできない。

一〇一二（開泰元《かいたい》）年、第六代聖宗のときに府名の幽都府を析津府《せきしんふ》と改称した。燕京とも俗称された南京析津府（南京道）は、析津・宛平・昌平・潞・良郷・安次・永清・武清・香河・玉河・漷陰《かくいん》の一一県と順州・檀州・涿州・易州・薊州・景州の六刺史州からなっていた。南京析津府は後晋から獲得した漢人居住区域を統轄する中心としての役割と同時に、宋との交渉の拠点として外交的機能を有していた。

一〇〇七年に設けられた中京大定府《ちゅうけいだいていふ》は、同じく宋朝との対外交渉拠点であった。一〇四四年に設けられた西京大同府《さいけいだいどうふ》は、遼と同盟関係にあった西夏《せいか》との対外交渉拠点であった。

これらの五京のうち、長城外の草原地帯に設けられた上京・東京・中京は京城とはいえ、いたって粗末なものであった。これに対し長城内に設けられた南京のみは例外で、唐代以来の幽州城を整備して、京城としての風格を備えるようにした。

これらの五京の建設と運営には、幽州や薊州出身の漢人たちが活躍した。かつて幽州節度使となっていた劉仁恭とその息子守光の支配は暴虐で、契丹と国境を接する幽州や薊州の人びとのなかには、契丹領内に逃亡する者も多かったからである。

耶律阿保機も、隙に乗じては長城内に入り城市を攻略し、多数の漢人を捕虜として北に連れて帰った。これら漢人や渤海遺民によって、遼では五京のほかにも城郭都市が建設されるようになり、これらの都市を通じて農耕社会のさまざまな技術や文化が遼に伝達された。

二元統治体制

多民族複合国家となった遼は、契丹族を中心とする北方の遊牧民と漢人を始めとする南側の農耕民とでは、その統治システムを異にしており、二元統治の体制を採った。契丹族には、遊牧民族としての伝統を守らせ、部族制度を基盤とした統治をおこなった。漢人などの農耕民には、唐朝の州県制を適用した。前者には北面官を、後者には南面官を置いてそれぞれ統治させた。

こうした二元統治のシステムには、征服王朝として遼の特徴がよく反映されている。遼は農耕地域の燕雲十六州を獲得すると、国内の政治組織と経済面での重大な変化が生じた。契丹はほんらい遊牧と狩猟を主とした社会で、農耕社会を直接支配することは難しく、貢納や賦税を受け取ることで満足せざるをえなかった。

農耕地域に置かれた南面官や地方官の大部分は、漢人地主層から任命された。なかでも、韓・劉の両姓が燕京地区の有力宗族として知られている。幽州安次（河北省廊坊市）出身の韓延徽《かんえんき》はそのひとりである。韓の父夢殷《ぼういん》は、唐末に薊州・儒州・順州刺史を歴任した。劉守光政権から遼に使者として派遣された延徽は、そのまま太祖阿保機のもとに留め置かれ、城郭や坊市の建設に従事し、帰服した漢人の定着に努めた。一度、後唐に亡命したことがあったが、ふたたび遼の太祖のもとに戻った。遼の草創期に都城の造営や宮殿建設に力を発揮した延徽は、太宗のとき魯国《ろこく》公《こう》に封じられた（『遼史』韓延徽伝）。

聖宗の大攻勢

一〇〇四年、遼は宋朝に対し、突如として大規模な進攻を開始した。遼の年号でいえば統和《とうわ》二十二年、宋では景徳《けいとく》元年のことである。十年余り平静を保っていた南京は、戦闘ムードに包まれた。閏九月、遼軍は南京を出発し、十月に冀州《きしゅう》（河北省衡水市冀県）にいたり、十一月には、早くも黄河北岸の渡し場のある澶州《せんしゅう》（河南省濮陽市）にまで到達した。三〇万の人馬を動員した聖《せい》宗《そう》（耶律隆緒《やりつりゅうちょ》、文殊奴）の親征軍には、生母の承天《しょうてん》皇太后や大丞相《だいじょうしょう》の韓徳譲《かんとくじょう》まで加わっており、今回の親征が並々ならぬ決意をもっておこなわれたことを示すものであった。

　この親征が企てられた背景として、いくつかの要因が考えられる。ひとつには、遼の名将耶律《やりつ》休哥《きゅうか》の死後、聖宗の弟の耶律隆慶《やりつりゅうけい》が南京留守《なんけいりゅうしゅ》を担当していたことがある。好戦肌の隆慶は、宋朝の国境をしばしば侵犯したものの、宋朝が設けた塘濼のために騎兵の進入を阻まれ、はかばかしい戦果が挙がっていなかった。こうした局面を打開し、遼の優勢を確保することが焦眉の課題となっていたのである。若くして即位した聖宗に代わって長く政務をみてきた承天皇太后による大規模な進攻の決定には、まさに遼の面子《メンツ》がかかっていた。とはいえ、皇太后もすでに年老いており、厭戦の雰囲気も漂いはじめていた。

もうひとつの要因は経済的要因であり、おそらくこちらが主要たる要因であったろう。第五代景宗《けいそう》以後、契丹貴族層の奢侈《しゃし》化が進んで、伝統的な牧畜経済と南京周辺で生産される糧食や手工業産品だけでは、貴族層の奢侈需要を十分に満足させることができなくなっていた。そこで、宋朝に対し軍事的に圧力をかけて、国境地帯に榷場《かくじょう》（貿易場）を開かせようとしたと考えられる。

後晋が遼に毎年貢納を約束していた絹三〇万匹は、石敬瑭のあとを継いだ出帝《しゅってい》の代になると履行されなくなるなど、中原王朝との関係の変化により途絶えていた。宋朝が新たに樹立されると、遼は一貫して貿易を望んだが、宋側は厳しくこれを制限していた。このため、遼朝支配下の辺境の民は宋の領域内にひそかに潜入して密貿易をおこなっていた。

この段階では、遼初の財物の略奪を目的とした戦争から、政治や経済上の有利な交渉条件を引き出すために圧力をくわえる軍事行動へと変化していた。

澶淵の盟成る

三〇万の人馬を率いる遼軍に対し、宋側の河北の将領の大部分は籠城作戦を取ったので、遼軍は隙に乗じてたやすく澶州まで到達することができた。ただし、遼側もけっして順調に兵を進めたわけではなかった。澶州にいたったところで、大将蕭達凜《しょうたつりん》が流れ矢にあたって死亡するなどの傷手《いたで》を受けていた。

宋の首都汴梁《べんりょう》は、遼軍接近の報に接すると大混乱に陥った。副宰相の王欽若《おうきんじゃく》は、ひとまず天子を金陵《きんりょう》（江蘇省南京市）に移して善後策を立てることを主張した。同じく副宰相の陳堯叟《ちんぎょうそう》は天子を成都（四川省成都市）に移そうとした。第三代皇帝の真宗《しんそう》が事態を十分に把握しないなかで、宰相寇準《こうじゅん》はこれらに反対し、真宗の親征を強硬に主張した。宋軍が黄河のほとりまで達しても、真宗はすぐに河を渡ろうとはしなかった。寇準が侍衛軍を先頭に兵を進めると、尻ごみしていた真宗もやっと前線まで到着したので、宋軍の士気はおおいに上がり、遼軍の進攻を阻止することができた。

しかし、真宗はもともと戦闘を続ける気など毛頭なく、ただちに使者を派遣して、講和の交渉に入らせた。承天皇太后も攻略がうまく捗らないのをみて、講和に同意した。皇太后は、領土割譲の要求を出していたが、真宗は領土を割譲すれば体面を失い、後晋の石敬瑭の二の舞となるのを恐れ、金帛《きんぱく》での講和を決意した。これが、史上に有名な「澶淵《せんえん》の盟《めい》」である。

盟約は、以下の内容からなっていた。

①宋朝は遼に対し、歳幣として毎年銀一〇万両、絹二〇万匹を納める。
②両国の関係は、宋を兄とし、遼を弟とする兄弟の礼をとる。
③両国の国境は現状維持とする。

宋朝からすれば、要するにこの盟約の眼目は、銀一〇万両、絹二〇万匹の歳幣と引き替えに、瀛・莫二州の領有権を確保するところにあった。

大義名分のうえから、宋皇帝を兄、遼皇帝を弟として、いちおう宋の面目は保たれているが、その国書には、「大宋皇帝から大遼皇帝に致すの書」「大遼皇帝から大宋皇帝に致すの書」というように、両者まったく対等の関係となっている。

盟約がもたらしたもの

澶淵の盟の内容は、明らかに宋朝にとって不利なものであった。もっとも、毎年歳幣として遼に納められた銀一〇万両、絹二〇万匹は、宋の財政規模からすると、ほとんど問題にならない程度のものであった。

一方、契丹国家の遼にとって、これらは莫大な財貨であった。粟一斗が六銭とか八銭であった当時の遼国内の物価からみれば、瀛・莫二州からの税収どころか、燕雲二〇州全体の租税の数倍にあたる額であったという。これらの歳幣は遼の燕京（南京）に納められた。なお、盟約締結から三八年を経た一〇四二年以後には、銀二〇万両、絹三〇万匹に増額された。

この盟約は、遼と宋の軍事上の微妙なバランスのうえに成立していたと言えるかもしれない。遼は、経済力に勝る宋朝を滅ぼすことは容易ではなかった。宋も短期間のうちに幽州を回復するのもまた不可能であったからである。平和を金銭で取引したのは、経済的に豊かな宋朝だから可能であったとも言える。その軟弱な対外戦略は、批判されることも多い。一方、百年余りにわたって毎年遼に送られた銀や絹織物は、遼支配下の社会、とくに州県地域の経済発展を必ずしももたらさなかったという厳しい指摘もある。

しかし確実に言えるのは、この盟約が成立したことにより、宋と遼とのあいだには、百年以上にわたって平和な状態が続いたということである。この結果として、現在の北京地区にあたる遼の南京は、これ以後、発展時期を迎えることになった。

後晋の石敬瑭が燕雲十六州を契丹に割譲して以来、中原王朝は前述したように幽州南京に対して三度にわたって全面戦争をくり返していた。契丹もまた中原に連年進攻を続けていた。かかる状況下で、幽州は南京に昇格し陪都（複都）となっていたとは言え、軍事拠点としての性格をまだ色濃く残していた。長期的平和の出現は、そうした局面を終熄させ、聖宗の治世の後半になると、全面的な発展の形勢を迎えた。

盟約締結の翌年、宋朝は国境地帯の雄州《ゆうしゅう》や覇州《はしゅう》などに貿易場を置き、国境貿易を復活させた。その結果、南北の物資が遼の南京一帯にたえず流入して、この一帯は軍事拠点から財富の集結地へと性格を変えていった。南京転運使《てんうんし》などのような遼の財務機構が設置されるようになるのも、これ以後のことである。

遼南京の経済的繁栄と国際化

遼初の六、七十年のあいだは、南京一帯は土地が肥沃で、水源が豊富であったにもかかわらず、気候がより寒冷で農業生産の条件も劣る西の雲州（山西省大同市）や朔州（山西省朔州市）一帯に比べて経済上の発達は遅れていた。しかし、戦火が終息すると、経済的に優位性を発揮するようになった。

聖宗の太平《たいへい》年間（一〇二一～三一）には、文字どおり南京《なんけい》一帯は北京《ペキン》史上それまでにない経済的繁栄を見せるようになった。一〇二五（太平五）年秋、聖宗が南京に滞在した折、たまたま大豊作となったので、南京の民は競って皇帝のもとに土産品を献上した。帝は高齢者をもてなし鰥《かん》寡《か》（やもめと後家）に施しをあたえた。城内の六街は灯火で照らし出され、真昼のような明るさであったという。

房山雲居寺での刻経活動も、聖宗の時期から再開されている。遼朝の科挙も南京から始まった。遼では、太宗や景宗のとき科挙が一時的に実施されたこともあったが、聖宗の統和《とうわ》六（九八八）年以後、正式に実施され定制となった。

澶淵の盟が結ばれた翌年の夏に、宋が遼朝に対して皇太后の誕生日を祝う使節を派遣したのを皮切りに、双方の使節の往来がくり返されるようになった。正月や皇帝や皇太后・皇后の誕生日や逝去、即位には、すべて使節が派遣された。南京は、宋の使節を接待する重要な拠点となったので、碣石館を永平館に改めたり、城内の憫忠寺を両国の官員の会見場所とした。遼の皇帝もその場にやってきて高麗や日本、あるいは西域諸国からの使者と接見することもあった。こうした交流は海外の諸国にまで拡大するが、この地区ではかつてなかったことであった。

南京《なんけい》は、宋朝のみならず西夏《せいか》との外交交渉でも重要な拠点となった。聖宗に続く興宗《こうそう》・道宗《どうそう》の三代、百二十年間は遼の黄金時代とされるが、興宗や道宗の時期になると、遼の皇帝がここに来て国務を処理することも多くなった。漢文化を受け入れようとした契丹国家遼にとって、南京はその受容の進み具合を示すショーウィンドーの役割を果たしていた。

皇城前にはポロ競技場

遼の南京城は、唐代に節度使が置かれた幽州城をそのまま引き継いでいた。もともと都城建設の伝統をもたなかった遼の五京のうちでは、南京は最大かつもっとも繁栄した都市であった。『契丹国志』には「析津府戸口三十万」という数字もあるが、この数字はおそらく一一県からなる析津府全体の戸数であり、南京城内の人口については、残念ながら推定する手がかりは残されていない。

南京城の周囲は二七里とされ、地塹《ちざん》（城濠）が三重に設けられた（許亢宗『宣和《せんわ》乙巳《いつし》奉使金国行程録』）。城門はあわせて八門で、東は安東・迎春門、南は開陽・丹鳳門《たんほうもん》、西は顕西《けんせい》・清晋門、北は通天・拱辰門《きょうしんもん》と、四方に二門ずつ設けられていた。

大内《だいない》にあたる皇城は、京城の西南部分に置かれた。九四〇（会同《かいどう》三）年に、太宗耶律堯骨の南京行幸を契機に涼殿《りょうでん》が皇城の西南角に造営された。対角線上の東北角には燕角楼《えんかくろう》が設けられた。その地は、現在の広安門大街南側の南綫閣街《なんせんかくがい》や東の老君地《ろうくんち》にあたると推定されている。

南京の皇城は、「子城《しじょう》」とも呼ばれることが多かった。ただ、独立した空間としてあまり意識されていなかったせいか、皇城の周囲の里数については記録が残っていない。

皇城の正南は啓夏門《けいかもん》と呼ばれた。東側に宣和門《せんわもん》、南側には丹鳳門、西側には顕西門、北に子北《しほく》門《もん》が設けられていたが、もっぱら宣和門から出入して他の三門は通常開けることはなかったという（路振《ろしん》『乗軺録《じょうしょうろく》』）。大内には、元和殿《げんわでん》・仁政殿《じんせいでん》・洪政《こうせい》（武）殿《でん》などの諸殿が配置されていた。

城内には、唐以来の二六坊があり、各坊には門楼が設置され、その上部には坊名が大書してあった。前述したように、坊名の多くは唐代以来のものであった。城北に陸海の百貨を集積した市《いち》が設けられていたとあるが、これも唐代幽州以来の北市を引き継いだものであったろう。住民の

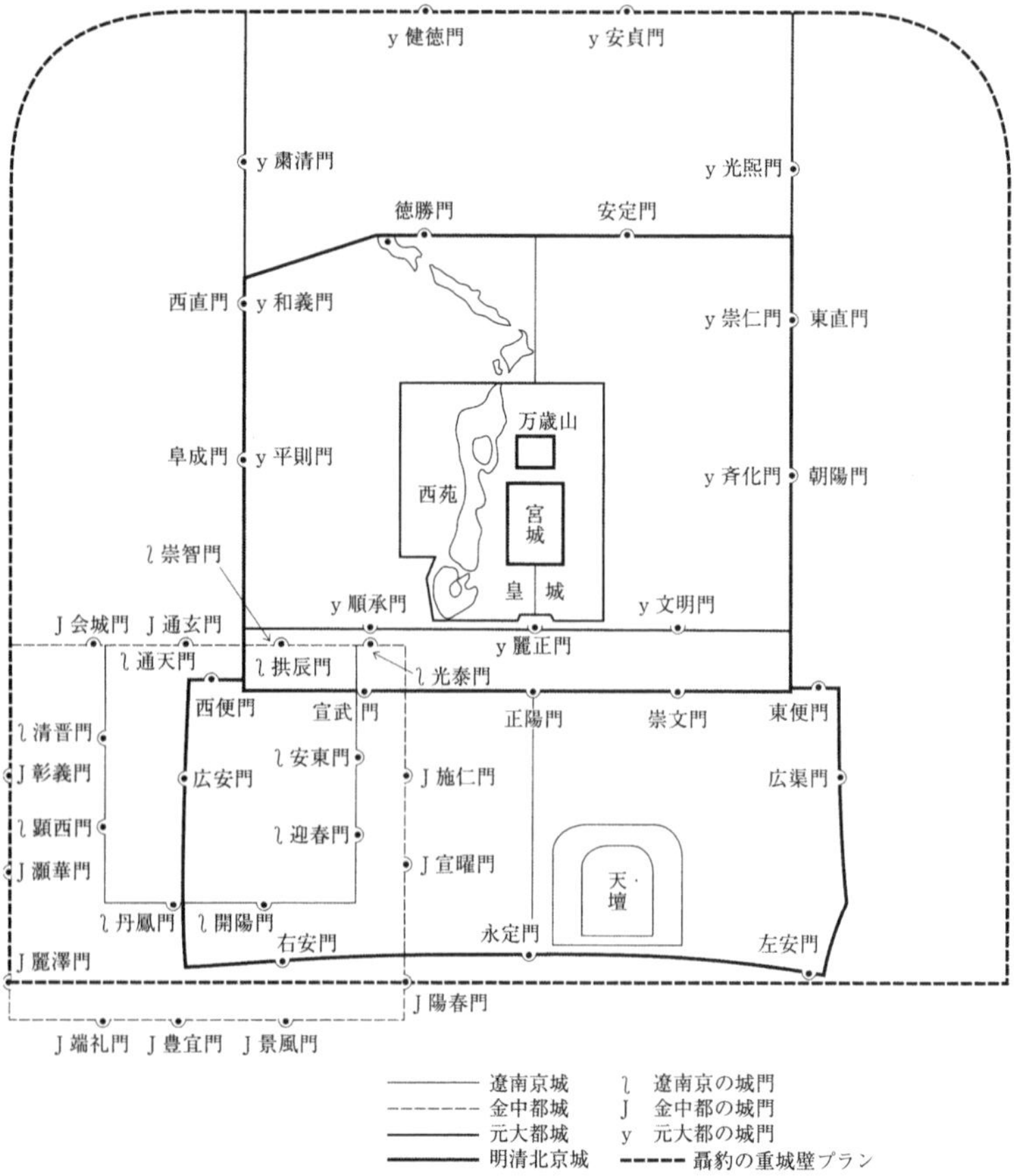

図版23　遼・金・元・明清時代の城壁と聶豹重城プラン

ほとんどは漢人の衣装を身につけていたが、なかには胡服をまとっていた契丹や渤海の婦女子も数多く見られた。

撃毬《げききゅう》と呼ばれたポロは、唐代にペルシアから中央アジアをへて中国に伝来した騎乗競技である。唐の都長安でもかなり流行したが、遼や金でもその流行は衰えず、遊牧民の契丹族は、乗馬の訓練も兼ねて盛んにこの競技をおこなっていた。

図版24　馬毬図 唐章懐太子墓壁画（部分）

競技は二チームに分かれ、それぞれが騎乗したまま長さ数尺の毬杖を持ち、ともにひとつのボールを争った。ボールは木製で拳大であった。このボールを味方のゴール内に先に入れれば勝ちとなるというルールであった。南京の皇城の南面には、この撃毬のためのかなり広い競技場が設けられていた。このため、競技場は閲兵式の場所としても用いられたほどであった。

遼代仏教盛行

遼は仏教を手厚く保護した。このため仏教の盛行は、同時代の北宋をはるかに上まわっていた。遼の五京のなかでも南京はとくに盛んで、北方に冠たりと言われていた。

元来、原始的な宗教しかもっていなかった契丹族が、部族的

図版25　広安門外の天寧寺塔

秩序から飛躍して新たな統合原理を獲得するうえで、普遍宗教としての仏教のもつ意義は絶大なるものがあった。この点は、鮮卑族北魏の場合と同様であった。遼代の都城で、仏寺が都市空間上重要な位置を占めていたのはその表れである。

遼の南京城内でもっとも著名な大刹は憫忠寺であった。唐の貞観年間の創建とされ、現在の宣武区にある法源寺がその末流であることは既述した。東城壁の迎春門内に設けられた憫忠寺は、南門の開陽門が閉ざされていたこともあり、官員や客商たちが必ず通るルートにあった。このため、仏教活動の中心にとどまらず、外交など政治活動の場としても利用された。遼の皇帝は、ここで仏事を営んだほか、外国からの使節に接見している。また、憫忠寺は遼代には仏典印刷のセンターでもあった。近年、山西省応《おう》県木塔から出土した遼代仏経「契丹蔵《きったんぞう》」の大部分は、ここで印刷されたものである。

現在、北京の中心部には遼代の建造物はほとんど残っていないが、唯一と言ってよいのが、旧外城の広安門外の天寧寺《てんねいじ》塔《とう》である。天寧寺の起源は古く、北魏の孝文帝《こうぶんてい》時代の光林寺《こうりんじ》にまでさかのぼるとされている。隋代に宏業寺《こうぎょうじ》と改められ、文帝のとき、舎利霊塔が建立された。唐の開元年間にはさらに天王寺と呼ばれるようになった。金代には大万安禅寺と改称されたが、元末に兵火に遭い焼失してしまった。明の宣徳《せんとく》年間にいたり天寧寺として再興された。

天寧寺塔自体は遼代に再建された。寺の伽藍《がらん》はすでに失われたが、磚造《せんぞう》で八角一三層の寺塔のみが遼代の仏教建築の典型的姿をいまに伝えている。塔の高さは五七・八メートルもあるが、密《みっ》檐《えん》式と呼ばれる簷《のき》を幾層にも積み重ねた形式と全体を包む磚のせいで、重量感にあふれた古塔である。塔身の壁面には、菩薩や天部などが丁寧に浮き彫りされている。かつては塔頂の宝珠や屋根は鍍金《めっき》され、各層の簷先には大小の風鐸《ふうたく》三四〇〇個が吊してあったというから、当初はより煌《きら》びやかで典雅な姿を呈していたことであろう。

遼代の天寧寺は南京城の西北部に位置し、城北の繁華な商業地区に隣接していたことから、南京城内に住む人びとにとってランドマークとしての役割を果たしていたはずである。しかし現在では、かつての伽藍は失われ、寺塔も宅地のなかに取り囲まれて間近までたどり着けなくなっている。

本章では、長いあいだ中原諸王朝の辺境の重鎮に位置づけられてきた現在の北京地区が、農耕民と遊牧民、漢人と非漢人とが交流する中心地へと、その性格を大きく変化させる動きを追ってきた。遼朝の治下では、五京制のもとまさに正反対の「南京」に位置づけられていた。北京が統一国家の首都に位置づけられる歴史過程において、燕雲十六州を獲得して在地社会の安定をもたらした契丹国家遼が果たした役割は、見逃せないものがあったと言えよう。

第四章

中都から大都へ

1　宋朝に格下げされた「燕山府」の混乱

女真族の興起

十二世紀のはじめ、中国東北部の北端に位置する松花江《しょうかこう》流域では、女真《じょしん》族が諸部を統一して興起した。ちょうど遼朝の最後の皇帝となる天祚帝《てんそてい》（在位一一〇一～二五）が即位した頃のことである。

中国東北部、いわゆる満洲《まんしゅう》（以下、マンチュリア）は、南部の遼東を中心とする平野部と東部から朝鮮半島北部に連なる森林地帯と西部の興安嶺《こうあんれい》山脈に広がる草原地帯との三つの地区に大きく区分できる。

南の平野部では早くから中国本土から漢人が進出して農耕を営み、森林地帯にはさまざまな狩猟民が、さらに草原地帯では主にモンゴル系の遊牧民が生活していた。シラ・ムレン流域に興起した契丹《キタイ》族の遼は、九二六（天顕《てんけん》元）年にマンチュリア東部から朝鮮半島北部、旧ソ連沿海州を支配していた渤海《ぼっかい》を滅ぼしたので、女真族も遼の支配下に入った。以後、遼の領土的支配に組み込まれ戸籍に入れられた女真族を「熟女真《じゅくじょしん》」と呼んだ。これに対し、森林地帯に残ったものを「生女真《せいじょしん》」と区別した。

英傑・完顔阿骨打の金建国

女真の諸部を統一したのは、生女真のうち、松花江の一支流の按出虎水《アルチカ》流域を本拠としていた完顔《ワンヤン》部であった。この流域は、狩猟のほか農耕によっても物資が得られる比較的豊かな地域で、良馬・砂金・真珠なども産出した。因みに、アルチカとは女真語で「黄金」を意味した。

完顔部の部族長となった阿骨打《アクダ》は、一一一四年に遼の支配から独立を図り、遼の榷場《かくじょう》（国境地帯の官立貿易場）が置かれた要地寧江州《ねいこう》（吉林《きつりん》省夫余県東方の石頭城子）を攻略した。翌年正月には皇帝に即位し、国号を「大金《だいきん》」とし、収国《しゅうこく》と建元した。

金では、女真人三〇〇戸を一謀克《ぼうこく》、一〇謀克を一猛安《もうあん》とする組織をつくり、平時は狩猟と農耕に従事させ、一朝事あるときには、その壮者を兵士とし、武器と兵糧を持参して戦闘に従事させる態勢がとられた。この組織は、女真に従来からあった軍事組織の単位を、このとき行政組織にまで拡大したものであった。猛安は、もともと女真語で「千」を意味する **ming-kan** の音訳で、千戸とも意訳された。

完顔部の阿骨打が遼の支配から独立を図ったのは、遼が生女真に対して様々な産物の貢納を命じており、これらの献上にあたって、遼の官吏や商人たちが誅求《ちゅうきゅう》と収奪をくり返していたからである。とくに重い負担となっていたのは「海東青鶻《かいとうせいこつ》」である。青鶻とは、キタイ王族や貴族が好んだ鷹狩りに用いられたハヤブサのことである。生女真は、海東、すなわち五国部《ごこくぶ》以東の境域に入って五国部人と争ってこれを手に入れなければならなかった。

金軍は、遼の北辺の中心地黄龍府《こうりゅうふ》（吉林省長春市農安県）を攻略したので、遼の天祚帝は、一七〇万の大軍を率いて討伐に向かったが、混同江《こんどうこう》（吉林省を流れる松花江の別名）の近くで大敗北を喫した。

金軍の進撃を恐れた天祚帝は、金と和議の交渉を進めた。交渉では、遼が兄、金が弟の兄弟関係を結ぶこと、遼が宋《そう》から得ている歳幣の銀二〇万両・絹三〇万匹の半分を金に提供するなどの条件が遼から示されていた。しかし、遼との交渉がはかどらないので、金の太祖は交渉を打ち切り、一一二〇（金の天輔《てんほ》四／宋の宣和《せんわ》二）年五月に遼の上京臨潢府《りんこうふ》を攻略した。

海上の盟

これに先立ち新興の金国優勢という情報を得ていた宋《そう》は、同年二月に使者を派遣し、金と同盟して遼を挟み撃ちにする密約を結んだ。このときの使者趙良嗣《ちょうりょうし》は、遼の支配下の地域を避けて山東から海路で金の朝廷に向かったので、「海上の盟《かいじょうのめい》」と呼ばれる。

話は、九年前にさかのぼる。宦官《かんがん》で軍人の童貫《どうかん》が、国情視察を名目に遼への使節の一員に加わって燕京に赴いたことがあった。童貫は盧溝河《ろこうが》あたりで代々遼の大族の家柄で燕京に住む馬植《ばしょく》から、女真の遼人への恨みは骨髄に達しているので宋は女真と協力して遼を挟み撃ちにしてはどうかと勧められた。戦争好きの童貫は、馬植をそのまま都の汴京開封《べんけいかいほう》まで連れて帰り、姓名を李良《りりょ》嗣《うし》と変え、徽宗《きそう》皇帝に謁見させた。念願の燕雲十六州を回復できると吹聴《ふいちょう》された徽宗《きそう》はすっかりその気になり、李良嗣にこんどは国姓の「趙」をあたえて秘書丞《ひしょじょう》とした（『宋史』姦臣伝）。

それから六年ほどたって、金の太祖阿骨打が遼軍を圧して遼東の地を占領したという情報が伝えられた。宋側は貿易交渉を装って海路使者を会寧府《かいねいふ》（黒龍江省哈爾濱《ハルビン》市阿城県白城）の阿骨打のもとに遣わしたところ、金からも使者が来たので、趙良嗣（かつての馬植）の派遣となったのである。

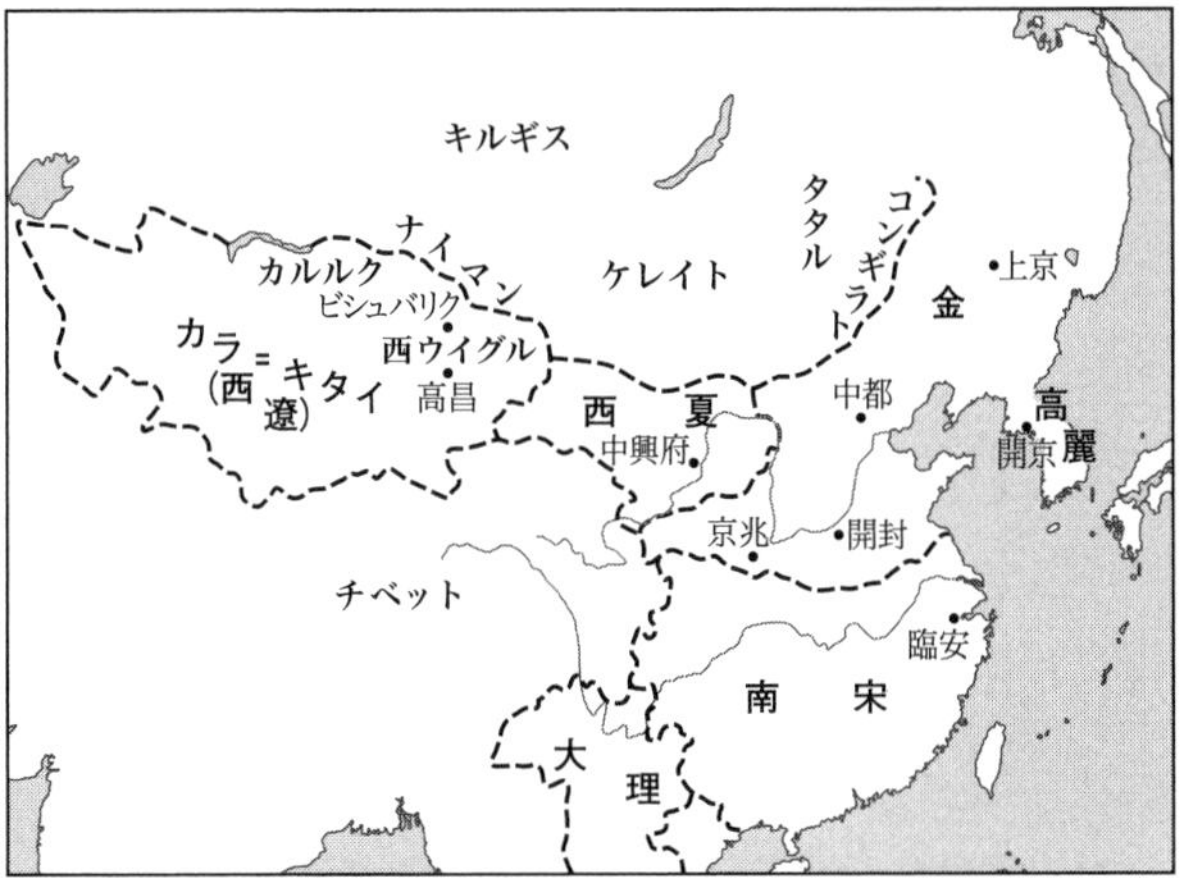

図版26　金の支配領域の拡大

盟約の内容は、金が遼朝の中京大定府《ちゅうけいだいていふ》を、宋が南《なん》京析津府《けいせきしんふ》をそれぞれ攻略し、長城ラインを国境とすること、作戦が成功すれば、燕雲十六州を宋朝に返し、宋はその見返りに毎年遼に送っていた歳幣の銀絹五〇万両匹を金にあたえるというものであった。

盟約にもとづき金は軍を進め、一一二二年正月に中京を陥れた。遼の天祚帝はこのとき燕京（南京）に滞在していたが、宗室（皇族）の耶律淳《やりつじゅん》をそこに留めて守らせ、みずからは西走して大同に逃れた。

中京陥落の報せをうけた宋は、あわてて宦官童貫に出兵を命じた。宋は、海上の盟を結んだ直後に、浙江《せっこう》地方で方臘《ほうろう》の乱が起こった。反乱指導者の方臘は漆園を営み、マニ教徒であったともいわれる。反乱の平定のために、宋朝は童貫の率いる一五万の軍隊をふり向けていた。結局、方臘の乱の平定には三年を要したので、遼への出兵は遅れた。

さて、中京を手に入れた金は、遼朝の領土をほとんど制圧する勢いであったが、宋との盟約を守って燕京周辺には軍隊を入れず、宋軍の到着を待った。五月になって、童貫率いる宋軍がようやく現在の天津に注ぐ白溝河にいたったが、緒戦で敗北して雄州（河北省保定市雄県）まで退いた。天祚帝が西に逃げたあとに残された燕京では、宗室の耶律大石《やりつたいせき》や漢人官僚李処温《りしよおん》らが主謀して人望のある耶律淳を皇帝に擁立した。これが天錫《てんしやく》皇帝で、天祚帝は湘陰王《しょういんおう》に降《くだ》された。しかし天錫皇帝はほどなく病死したので、妃の蕭氏《しょうし》を皇太后とし、天祚帝の次子秦王を迎えて皇帝に推戴することに決めた。

なお、明初に成立した長編白話小説『水滸伝《すいこでん》』は、ちょうどこの時期（宋の宣和年間）を時代背景としている。

金軍の燕京占領

七月に宋が再度兵を進めたときには、「常勝軍」を率いる郭薬師《かくやくし》が要地の涿州《たくしゅう》をもって遼から降服してきたおかげで、宋軍はやっとのことで良郷《りょうきょう》まで迫った。

郭薬師は、渤海鉄州（遼寧省営口市の東南）の出身で、相争う遼・宋・金の三国を渡り歩いた武将である。遼の燕王耶律淳が、遼東の飢民を召募して編成した部隊の頭目となった。この部隊は、女真に怨みをはらすという名目で「怨軍」と名づけられていた。その後、耶律淳が即位して天錫皇帝となると、常勝軍と改められ、郭薬師がこれを率いるようになった。天錫皇帝がほどなく死去すると、蕭幹《しょうかん》を首領とする契丹人官僚が実権を握ったので、郭薬師は部隊八〇〇〇名余りを引きつれて宋に寝返った（『宋史』郭薬師伝、『金史』郭薬師伝）。

宋軍と遼軍は、盧溝河（現在の永定河）をはさんで対峙していた。郭薬師は奇襲作戦を用いて迎春門を奪って燕京城に入り、陣を憫忠寺の前に張った。郭薬師は城内の人びとの降服を受け入れる一方で、契丹人を手当たりしだいに殺害した。蕭太后には使者を出して投降をうながした。郭の部隊は略奪をくり返し、少しも規律がなかった。午後に、蕭幹の率いる遼の主力部隊が城内に救援に戻ったので、郭はわずかばかりの兵とともに馬を捨て城壁にすがって脱走した。宋軍は、郭薬師の敗走を聞くと、おおいに恐懼して陣営に火を放って退散した。

燕京を回復できなかったため罪を獲ることを恐れた童貫は、秘密裏に金に使者を派遣して援軍を求めた。これをうけて十二月、金の太祖はいよいよ居庸関《きょようかん》と得勝口《とくしょうこう》の双方から南下した。蕭太后と耶律大石らは、古北口から辺外に脱出し、陰山山脈の夾山《きょうざん》に逃れていた天祚帝のもとに向かった。代わって金軍が南門から城内に無血開城で進入し、燕京を占領した。

遼の勢力が燕京から一掃されると、宋は盟約にある燕雲十六州の返還にくわえて、営州・平州・欒州《らんしゅう》を要求した。しかし、この三州はもともと後晋の石敬瑭が割譲した州県には含まれていなかった。これに対して、金は宋の出兵の遅れを非難して、燕京と山前の薊州・景州・檀州・順州・涿州・易州の六州のみをあたえた。

金の太祖は、宋がこれまで遼にあたえていた歳幣のほかに、燕京一帯の租税総額の六分の一にあたる銅銭一〇〇万緡《びん》を要求した（緡とは「ぜにさし」、すなわち銭の穴に通す細い縄のこと。一緡はおおむね一〇〇文)。そのうえ、金軍の手で燕京が攻略されたことを理由に、さらに兵糧二〇万石を差し出すことを求めた。何度かの交渉をへて、宋は金の要求を受け入れた。

金の太祖は、土地よりも人や財物を重視し、これらを女真の本拠地にもたらし、国力の充実を図ろうとしていた。燕京以下の土地の割譲に同意する一方で、長城以北の民を金に引き渡すように要求した。遼東人を中心に組織されていた常勝軍八〇〇〇戸余りも、当然引き渡しの対象となった。宋は常勝軍を金に引き渡す代わりに、燕京の人びとをあたえることを提案した。このため、旧燕京所属の州県で一五〇万貫以上の家業を有する富室(富裕戸)三万余戸が根こそぎ捕虜として関外に連れ去られた(『三朝北盟会編』政宣上帙)。

このとき、遼から金に降って中書令《ちゆうしよれい》の地位をあたえられていた左企弓《さききゆう》は、太祖に、「君王よ、燕を捐《す》つるの議を聴《ゆる》す莫《な》かれ、一寸の山河も一寸の金」という詩を献じて燕京を宋に割譲することに反対したが、聞き入れられなかった。左企弓は、八代前の後唐の頃から現在の燕京を家郷とする漢人官僚の家系であった。土地とそこに生きる人びとの双方がそろってこそ、在地社会の繁栄は維持される。燕京に代々住む漢人官僚であった左企弓が、宋朝への割譲に反対しているところに、在地社会の利害関心のありようがよく示されている(『金史』左企弓伝)。

一一二三(金の天輔七/宋の宣和五)年四月、金は燕京の城壁や敵楼など軍事施設を徹底的に破壊しつくし、城内の財貨を略奪し富裕民や工匠らを北へ連れ去った。代わって童貫らが燕京に入城したが、宋が手に入れたのは、破壊と略奪にさらされた空城にすぎなかった。それにもかかわらず、金との共同作戦を推進した童貫らは、燕京回復をみずからの手柄としておおいに宣伝した。

燕山府と張覚の悲劇

宋は燕京を燕山府《えんざんふ》と改め、文人官僚にすぎない王安中《おうあんちゅう》をその長官知府《ちふ》とした。当時の燕山府は、金軍の略奪をうけて極度に荒廃しており、少しも税収が見込めないばかりか、常勝軍と新たに駐屯した兵士を維持する軍糧として毎月一〇万石以上を必要とした。宋に降ったときの常勝軍は八五〇〇名ほどであったが、その後、浮浪者や奚・渤海・漢人の敗残兵を吸収してその兵士は五万人に膨れあがっていた。

これら兵士を養う食糧は、河北・山東・河東から運搬したので、一石を運搬するのに一〇石から二〇石を費やすことになった。このため、宰相王黼《おうふ》は、燕山への食糧輸送を名目にした免夫銭六二〇〇万緡を全国から徴収した。実際は、半額の三〇〇〇万緡が燕山府に投入されただけで、残りは朝廷の経費に充当したから、山東や河北の民衆の不満は高まる一方で、各地で反乱が頻発するようになった（『宋史』王黼伝）。連年の凶作が追い打ちをかけて大飢饉となり、「父母その子を食む」、すなわち死体を肩に担いで市場で紙標を挿《さしはさ》んで售《う》って食いつなぐありさまであった（『宣和乙巳奉使金国行程録』）。

一方、北方に拉致《らち》されることになった富裕民たちは、平州（河北省秦皇島市盧龍県）までたどり着くと、当地で長官となっていた張覚《ちょうかく》と共謀して金への反抗を企てた。

張覚は、もともと平州義豊出身の有力者で進士となり遼朝に仕えていたが、混乱に乗じて当地を占拠して金に降った。金は、平州を南京《なんけい》に昇格させると、張を長官に任命して平州留守《りゅうしゅ》としていた。

金に反旗をひるがえした張覚らは、意を決して宋朝に帰服した。金は知らせを得てただちに派兵したので、張はこれを避けて富裕民たちとともに燕山府に向かった。富裕民たちが郷里の燕山府に戻って目にしたのは、常勝軍に占拠された家屋と荒れはてた田畑であったから、ひどく落胆した。

金は、使者を派遣して知府王安中に張覚の引き渡しを求めた。金の仕打ちを恐れた王安中はやむをえず張を処刑し、その首と二人の息子たちを金に引き渡した。これには、燕山府の人びとはもちろん郭薬師すらおおいに憤慨し、人びとの心は宋朝から離反しはじめた（『宋史』王安中伝）。

靖康の変――徽宗と欽宗の北方拉致

金では病に倒れた太祖阿骨打に代わって弟の呉乞買《ウキマイ》（のちの太宗）が即位した。彼は山後地方の天祚帝の残存勢力を平らげたあとに、一一二五年十月、宋の盟約への背信行為を口実にして、大挙して南伐を開始した。宋は、歳幣、代税銭、賠償の兵糧提供と引き替えに、燕京以下六州の地を手に入れたのであるが、いっこうに約束を履行しようとしなかったからである。粘罕《ネカン》（宗翰）率いる西路軍が雲中（山西省大同市）から、太祖の息子斡離不《オリブ》（宗望）が東路軍を率いて燕山府に侵攻した。

宋は、郭薬師に命じて兵七万を引き連れて潞県《ろけん》（北京市通州区）で応戦させたものの大敗した。郭は燕山府に逃げ帰ると、こんどは宋朝から離反し、王安中に代わって燕山知府となった蔡靖《さいせい》を捕らえて斡離不に差し出した。これ以後、燕山府は、金軍の占領するところとなり、郭薬師を燕京留守に命じた。

燕京占領後、斡離不が率いる金軍は、常勝軍の先導により河北の諸城を次々と破って南下した。その報せに接した宋の徽宗は、皇位を皇太子に譲って勤王軍を全国から集めようとした。一一二六（金の天会《てんかい》四／宋の靖康《せいこう》元）年正月、斡離不の軍は汴京開封城を包囲した。宋に金五〇〇万両、銀五〇〇〇万両、牛馬一万匹、絹帛《けんぱく》（絹織物）一〇〇万匹の提供や中山・河間《かかん》・太原《たいげん》の三鎮二〇州の割譲などを約束させると、開封を包囲すること三十二日で燕京に引き上げた。

各地から勤王の軍が集まるにつれてしだいに元気を取り戻した宋は、三鎮の割譲を拒否した。八月、金軍は背盟の罪を問おうとしてふたたび南伐の軍をくり出した。大同から南下した粘罕の軍は太原を攻略し、河北方面を南下した斡離不の軍と合流して開封城を包囲すること四十日余り、閏十一月に汴京が陥落した。

宋は、黄河以北の地の割譲を提案して王朝の存続を求めようとした。金はこれを許さず、上皇の徽宗と皇帝欽宗《きんそう》および皇后、太子、諸大臣以下三〇〇〇人余りを捕虜として、北に連れ去った。このとき、金が要求した金銀や絹織物の醵出《きょしゅつ》額は、およそ実行不可能な数字であった。年が明けると、金軍は略奪を開始し、根こそぎ財貨をかき集めた。

宋帝の鹵簿《ろぼ》・法駕《ほうが》（皇帝の儀仗を備えた行列）の車馬および八宝《はっぽう》、九鼎《きゅうてい》、圭璧《けいへき》、渾天儀《こんてんぎ》、漏刻《ろうこく》などの珍宝や文物、それに秘閣の龍図閣《りゅうとかく》に収蔵されていた図書も北へもち去られた。このなかには、徽宗が蒐集した書画や骨董などの美術品も含まれていた。運ばれる途中で一部が散逸したほかは、ほとんどが燕京に放置されることになった。

開封は瓦礫《がれき》の山と化し、かつての繁栄をふたたび取り戻すことはなかった。ここにおいて、宋朝は太祖趙匡胤即位以来、一百六十八年間でいったん幕を閉じた。これを宋の年号をとって靖康の変と呼ぶ。

徽宗と欽宗らは、開封からはるかに離れた五国城《ごこくじょう》（黒龍江省哈爾濱市依蘭県付近）に拉致されていく途中、一時燕京に拘留され滞在している。燕京では、徽宗は延《え》寿寺《じゅじ》に、欽宗は憫忠寺にそれぞれ囚われの身となった。延寿寺は、宣武区の琉璃廠の東北にあった寺院であるが、早くに失われた。憫忠寺は、前述したように現在の法源寺の前身である。それからまもなく、徽宗と欽宗は中京をへて五国城に連れ去られ、そこで崩じた。

このほか、開封から捕虜となって連れ去られた多くの宋の宗室や官僚たち、および工匠や楽工たちも、大半は途中の燕京に留まることになった。彼らのもつ高い文化的水準と技芸は、のちに金朝治下での燕京の文化的発展に積極的な役割を果たすことになった。

金初の華北統治――傀儡政権の楚と斉

金は、華北に進出してからも引きつづき上京会寧府を都とした。燕山府を占領すると、平州に設けていた南京中書枢密院《ちゅうしょすうみついん》をここに移して、南京と改称した。しかし女真の統治者には、征服した地域を直接支配するだけの力はなかったから、南京に置かれた中書枢密院や行尚書省《こうしょうしょしょう》の運営は、すべて当地の漢人官僚の劉彦宗《りゅうげんそう》・時立愛《じりつあい》・韓企先《かんきせん》らに委ねられた。彼らが代わって税糧の徴収や軍丁の徴発にあたった。

金は、現在の河北、山東、山西方面において宋の残存勢力を掃討する一方で、漢地統治の経験のある漢人や契丹人の官僚を派遣して、新たに領土となった住民を宣撫した。燕京人の劉彦宗らの進言を容れて、いち早く科挙の門を開いたのは大きな成功であった。

しかし、その反面、金は占領した華北の漢族にも女真族の薙頭《ちとう》（剃髪）と辮髪《べんぱつ》を強要し、漢人の服装を禁止するなど、民族的抑圧政策をとった。辮髪や胡服を嫌った人びとのなかには、太行山脈中に逃げこんで、宋朝に通じようとした者もいた。

靖康の変により皇帝が北に拉致され汴京開封の朝廷は消滅したものの、宋の余力はまだ残っていた。金軍が撤退すると、欽宗の弟にあたる康王趙構《こうおうちょうこう》（のちの高宗《こうそう》）が一一二七（建炎《けんえん》元）年五月、南京応天府（河南省商丘《しょうきゅう》市）で即位し、宋朝（南宋）を再興した。

中国支配の難しさを思い知らされていた金の太宗呉乞買《ウキマイ》は、傀儡《かいらい》政権による漢人統治の方式に転換した。楚国《そこく》と斉国《せいこく》がそれである。

楚国は宋の高官張邦昌《ちょうほうしょう》を皇帝に据えて建国させたものの、金軍が撤退して北に戻るや張邦昌は宋のもとに降った。わずか三十日余りのことであった（『宋史』叛臣上）。

斉国は、一一三〇（金の天会八）年、宋の進士で済南府知府を務めた劉豫《りゅうよ》を皇帝とし、大名府《だいめいふ》（河南省邯鄲市）で即位させた。斉国は南宋と武力衝突をするたびに、金に救援を求めてくるありさまで、金が期待したほどの役割を果たさなかった（『宋史』劉豫伝）。太宗が死去し、代わって第三代の熙宗《きそう》（亶《たん》、合剌《ハラ》。在位一一三五〜四九）が即位した頃から、金は急速に中華世界を受容していく。一一三七年、金は傀儡政権の斉国を廃止していよいよ北中国の直接統治に乗り出した。

皇統の和議――岳飛と秦檜の対立

金は傀儡政権の維持に二度も失敗するなど、北中国の支配に試行錯誤をくり返していた。再興したばかりの南宋も、政権基盤を固める必要があったが、主戦派の岳飛《がくひ》と講和派の秦檜《しんかい》とのあいだで朝廷内の対立が続いていた。この間に、講和を主張する秦檜がしだいに高宗の信任をうけて政局を動かすようになった。

一一四一（金の皇統《こうとう》元／南宋の紹興《しょうこう》十一）年十一月、南宋の高宗と金の熙宗とのあいだで、講和が成立した。金の年号を使って「皇統の和議」と呼ばれる講和の内容は、

①国境は、淮水《わいすい》―大散関《だいさんかん》（陝西省《せんせい》鳳翔府《ほうしょうふ》）のラインとする
②宋から金に銀二五万両、絹二五万匹を歳幣として贈る
③宋の皇帝は金の皇帝に臣下の礼を取る
④徽宗の棺と高宗の生母韋《い》氏を宋に引き渡す

などから成っていた。

和平が成立すると、講和反対の先頭に立っていた岳飛は見せしめに処刑された。岳飛と秦檜の対立は、一般には「英雄」＝岳飛と「売国奴」＝秦檜という構図で語られることが多い。しかし講和が結ばれたのは、前述したように当時の南宋と金の実力が伯仲《はくちゅう》していたことを考慮すれば、当然の選択でもあった。漢人社会からの岳飛に対する過度の英雄視は、唐末以降いっそう顕著と

なる多民族社会形成の趨勢に照らしても問題が多い。さらに、近世中国において確立していく君主独裁制という方向性から見れば、朝廷による軍事権の掌握に抵抗しつづけた岳飛、かたや和平論を唱えつつ君主権を擁護しようとした秦檜と評価することも可能である。両者に貼られた先のレッテルは再考が必要であろう。

この講和によって、淮水―大散関のラインの国境線がほぼ確定された。国境線南側の南宋では、臨安《りんあん》杭州が空前の繁栄をみせていく。一方、北側の金は、淮水以北の土地と住民をその治下に入れただけでなく、宋帝に臣下の礼をとらせることになった。遼を滅ぼした前後に金はすでに西夏《せいか》や高麗《こうらい》国王にも臣礼をとらせていたから、ここに南宋も加わって、金は外交上東アジア世界に君臨する存在となった。

2　金の海陵王と「中都」遷都――はじめての帝国首都

完顔亮のクーデタ

金の第三代熙宗の即位当初に、宗室の勢力を制約して君主権を確立する方向が打ち出されたものの、なお徹底していなかった。朝政の実権を掌握していたのは、依然として太祖の息子たちの完顔宗幹《ワンヤンそうかん》（女真名は斡本《オベン》、以下同様）や完顔宗弼《そうひつ》（兀朮《ウジュ》）たちであった。彼らが相次いで亡くなると、熙宗朝は転機を迎えようとしていた。

一一四九（天徳《てんとく》元）年、完顔亮《りょう》（迪古乃《ディグナイ》）が熙宗を殺害して第四代の皇帝に即位した。クーデタで皇位を手に入れた彼は、十二年後にクーデタで部下に殺害され皇位を廃されたために、一般に海陵王《かいりょうおう》の名で呼ばれている。

海陵王は、太祖の庶長子で太宗と熙宗の二代にわたって内政を掌握した宗幹の次男である。太祖の嫡孫にあたる熙宗とは、いとこ同士であった。若くして中原攻略に従事して中京留守を務めるなど、実戦経験も豊富であった。宗弼の死後は平章政事《へいしょうせいじ》となり、半年のうちに右丞相《うじょうしょう》を拝命し都《と》元帥《げんすい》も兼ねて、熙宗朝の朝政を掌握するようになっていた。

一方、熙宗は皇統の和議が成立した頃から酒におぼれて政事を顧みなくなった。意に逆らう近親者や大臣をむやみに殺害しては人望を失っていたので、海陵王は、ひそかに同志を募って熙宗を謀殺し、帝位を奪った。ひとたび帝位に即《つ》くと、野心家で冷酷な性格の海陵王は、熙宗以上の暴虐ぶりを発揮し、自己に対立する宗室諸王や功臣の子孫を次々と殺害し、代わって腹心の部下たちを要職につけた。

燕京遷都、そして中都と改称

海陵王は、中原世界の中国文化に対して人一倍強い憧憬《しょうけい》をもっていた。即位したばかりの海陵王に、さっそく宦官梁漢臣《りょうかんしん》が、「燕京は古《いにしえ》より覇者の国で、中原に睨みを利かせられる場所で万世の基となります。陛下はよろしく燕京の大内《だいない》を整備して、時おり巡幸すべきかと思われます」

と勧めた。宋の内侍の経歴をもち中国の事情に詳しい梁は、海陵王の歓心を得ようとしたのである（『三朝北盟会編』炎興下帙、「煬王江上録」）。

海陵王自身は、巡幸にとどまらず燕京への遷都を考えていた。金の支配領域は、すでに南は淮水まで拡大していた。南の境界から遠く離れた、現在の黒龍江省にある上京会寧府では、都としてはあまりにも北方に偏り、拡大した領域の統治には十分に適応できなくなっていたからである。

一一五〇（天徳二）年、海陵王は臣下たちに遷都について意見を求めた。朝臣や士人たちも領域の真ん中に都を置くべきとして、遷都を支持した。翌年四月、海陵王は詔を発して燕京を都に定めた（『金史』海陵本紀）。ただし、その詔には、旧来の上京と新たに都とする燕京とを「貴ぶところは両京一体、宗社を万年に保たん」と述べるだけで、この時点では燕京遷都までを公にしてはいなかった（『建炎以来繋年要録』紹興《しょうこう》二十一年）。

一一五三（天徳五）年三月、宗室や文武百官を引き連れて燕京に赴いた海陵王は、燕京ではじめて天子の乗り物である法駕を備えるとともに、燕京の良家子女一三〇人余りを選んで後宮に充てた。また、内外に詔を発して遷都を公にして大赦し、貞元《ていげん》と改元した。燕京は「中都《ちゅうと》」と改められ、はじめて帝国の首都としての位置づけをあたえられることになった。

南に広がった領域の統治を進めるにあたり、女真族の故地上京の不便さは、都城の造営が始まった熙宗の頃からもすでに認識されていた。しかし、遷都という大事業を実現するには、非常な決断を要する。決断力を有する海陵王にしてはじめてこれが実現した。そのうえ、帝位の簒奪者《さんだつしゃ》となった海陵王にとって、宗室や諸王の勢力が根を下ろしている上京の地は、都としては決して好ましい場所ではなかった。

燕京に都を遷した以上、その名称を以前のままにできないと考えた海陵王は、燕京を中都に改めたほか、中京大定府（内モンゴル自治区赤峰市寧城県の西）を北京《ほくけい》に、東京《とうけい》遼陽府と西京《せいけい》大同府はそのまま東京と西京に、汴京開封府を南京《なんけい》と改めた。

燕京を中都に改めたのは、燕は春秋戦国時代の列国のひとつであり、京師《けいし》の名称にはふさわしくないと考えたからであった（『金史』地理志、中都路）。

上京会寧府では、遷都から数年をへた一一五七（正隆《せいりゆう》二）年に留守司《りゆうしゆし》が廃止された。旧宮殿や有力宗族の邸宅はことごとく壊して、その跡地を更地にし農地に改めるように命じられた。女真の故地に対して海陵王がとったこうした措置は、彼の中国化政策に対する強い決意を示しているが、遷都に批判的な宗室の有力者たちには格好の口実をあたえることになった。

部族封建制から君主独裁制へ

燕京遷都の理由としては、前述したように、皇統の和議が成立したことにより、淮水―大散関ラインをもって南宋と境を接し、金朝の領土が北中国の大半に及んだことが挙げられる。従来の上京のままでは、都があまりに北に偏りすぎてしまうというわけである。しかし、こうした都の空間的立地の問題だけならば、遼制にならって施行した五京制でも当面は切り抜けることができたかもしれない。

海陵王が遷都を断行した政治的背景として、この時期の女真族国家の金が北アジア的な部族封建制から中国的な君主独裁制へと向かう過渡期にあたっていたという点が重要である。金は初め、遼にならって女真の故地と漢地とを区別する二元統治の体制をとっていた。熙宗の即位した一一三五（天会《てんかい》十三）年には、宗室や諸王で構成される女真族固有の最高統治機関であった勃極烈《ボギレ》制が廃止された。代わって中書、門下、尚書の三省を設置し、国政のすべてを統轄する中央官庁とし、遼以来の二元統治体制からの脱却を図った。

熙宗につづいて君主権の確立を目指した海陵王は、さまざまな官制改革を実施した。即位の翌年一一五〇年十二月、これまで中原統治機関として南京開封府に置かれた行台尚書省《こうだいしょうしょしょう》を廃止して中央政府に統合し、都元帥府を枢密院《すうみついん》に改めた。一一五六（正隆《せいりゅう》元）年正月には、形骸化していた中書、門下の両省を廃止して尚書省のみで国政を取り仕切った。五月には中国的官制を大幅に導入した「正隆官制」を頒行《はんこう》した。

北アジア的な部族封建制から中国的な君主独裁制への過渡期を迎えていた金が、官僚制的集権システムに支えられた皇帝権を確立するにあたって、宗室や諸王の影響力の残る上京から燕京に遷都し、皇帝権と中国官制の機能する空間としての都城を新たに造営することは不可欠の前提となるものであった。

燕京城の拡張工事

遷都に先立って一一五〇年の冬に、遼以来の燕京（南京）城の拡張工事に着手した。翌年三月に宮城の建設も始まり、一一五二年冬には新しい宮殿が完成した（『大金国志』巻一三）。

これらの工事を進める中心となったのは、渤海人で尚書右丞《しょうしょゆうじょう》の張浩《ちょうこう》であった。張は太宗の命をうけて東京遼陽府の大内を改修するなど、都城建設の経験を積んでいた。ほかに、燕京留守《えんけいりゅうしゅ》の劉《りゅう》筈《かつ》、大名府尹《だいめいふいん》の盧《ろ》彦倫《げんりん》、同知興中尹《ちこうちゅういん》の蘇《そ》保《ほ》衡《こう》らが分担して工事の監督にあたった（『金史』張浩伝、蘇保衡伝）。宋の内侍で汴京の宮殿制度に通じていた梁漢臣や汴京で兵士の経歴をもつ孔彦舟《こうげんしゅう》も、実際の工事を担当した（『金史』孔彦舟伝）。工事に動員された民夫は八〇万人、兵士は四〇万人に達した。工期に迫られて工人を酷使したうえに疫病の発生も加わって、数えきれないほどの死者が出たという（范成大《はんせいだい》『攬轡録《らんひろく》』）。

金の中都城は、遼の燕京城の東、南、西の三面の城壁をそれぞれ拡張し、北城壁のみ遼の城壁をそのまま用いた。拡張工事のために用いる大量の黄土は、すべて涿州（北京市房山区）から運んできた。涿州から工事現場まで工人たちを一列に並べ、モッコを用いてリレー式で土砂を運んだというエピソードはよく知られている。

中都城の宮闕《きゅうけつ》制度は、北宋の汴京開封の皇宮制度を完全に模倣しようとした。そのため、工事は、張浩や孔彦舟らが部下の画工を開封に派遣して、建物を測量して図面を作成することから始まった。

海陵王の中都遷都の意義

中都遷都は、交通や物資輸送上の利便にとどまらず、女真族国家の金をめぐる当時の政治社会的情勢の然らしめるものであった。前述したように、金は北アジア的な部族封建制から中国的君主独裁制へと移行する過度期を迎えつつあった。遷都も、クーデタにより即位した海陵王が中央集権と君主独裁制の強化に向けて進めた一連の革新政策の一環であった。

海陵王による遷都の決定は、

①これ以後、近世中国において北方諸族が中国本土に本格的に腰を据えて統治を始める契機となった点

②北京史上からみても、首都としての北京の地位が確立する起点となった点

この二点で、画期的な意義を有している。

北京では、二〇〇三年に「建都八五〇周年」を紀念する各種行事がおこなわれた。中国内や台湾の研究者はもちろん、日本や欧米の研究者も参加した国際学術会議も開かれた。千年紀《ミレニアム》に比べれば八百五十年という数字がどれだけの意味をもつかは定かではない。とはいえ、その起点となった一一五三年（金の貞元元年）という年は、前述したように、たしかに北京が首都に選択された歴史を考えるうえで、記憶にとどめるべき価値をもっている。

このとき、北京は中原諸王朝の北方の重鎮から飛躍し、拡大しはじめた中華世界の中心として正式に位置づけられた。以来、金・元・明・清と続く王朝時代、さらには中華人民共和国成立以降現在にいたる四つの王朝とひとつの共和国の都としての歩みがスタートした。やはり中都遷都を選択したところに、海陵王の先見の明が示されていると言えよう。

とはいえ、海陵王の計略は、中都遷都にとどまっていたのではなかった。独裁権力を振るうようになった海陵王は、南宋攻略の野望を懐いてさらに宋の都汴京への遷都さえも計画した。まず

官員を派遣して、汴京の宮城の修理に取りかからせた。しかし、まもなく宮城内で大火がおこり、宮殿が灰燼《かいじん》に帰したので、汴京遷都計画はいったん立ち消えとなった。

そののち一一六一（正隆六）年九月、かねて左丞相張浩らに命じて汴京の宮殿建設に取りかかっていた海陵王は、汴京遷都を公然と進めるとともに、皇統の和議を破って南宋攻略の軍を発動した。

汴京の宮殿建設には、一本の大木を運搬する費用は二〇〇〇万銭、一台の車を牽《ひ》くのに五〇〇人を必要とした。あまねく金箔を貼り五彩の顔料で仕上げられた宮殿は、ひとつの宮殿を建てるだけでも、莫大な費用を費やしたが、それでも海陵王の気に入らなければ毀して造りなおさせるという浪費ぶりであった（『金史』海陵王本紀）。これに南伐のための過重な戦費調達も加わったから、怨嗟の声は全国に満ちあふれた。とりわけ対宋作戦の前線に駆り出された契丹人兵士のあいだでは不満が高まり、逃亡して北に帰る者が続出した。

世宗擁立のクーデタ

十月、曹国公《そうこくこう》で東京留守の完顔雍《よう》（烏禄《ウル》）が、東京遼陽の地で反乱兵士と渤海人豪族により皇帝に擁立された。金朝随一の名君といわれる世宗《せいそう》である。即位したばかりの世宗に、保守派の群臣たちの多くが故地の上京会寧府への行幸を勧めるなかで、世宗の舅にあたる参知政事《さんちせいじ》の李石《りせき》は、中都から天下に号令すべしと主張した。これで世宗も中都に向かうことを決意し、十二月に中都燕京に乗り込んだ（『金史』李石伝）。

長江の渡河作戦をみずから指揮していた海陵王は、クーデタによる世宗即位の報せをえていたが、なおも強引に対南宋作戦を継続して江南に兵を進めようとした。しかし、瓜洲渡《かしゅうと》（江蘇省揚州市）に船団を結集し、長江渡河を敢行しようとしたその日に、海陵王は揚州で部下の将領に殺害され、あえなく最期をとげた。

海陵王は没後、皇帝の廟号をあたえられず、煬王《ようおう》と謚《おくりな》された。クーデタで代わって即位した世宗は、海陵王の乱倫や淫蕩の悪行を暴きたて、のちに郡王海陵王の称号すら剝奪して庶人《しょじん》身分に下した。海陵王に対する悪評は、世宗と章宗《しょうそう》の二代でほぼ定着した。しかし、北京の歴史をふり返ったとき、中都を都に選択したその先見の明は、忘れてはならないものがある（蘇天爵《そてんしゃく》『慈渓《じけい》文稿《ぶんこう》』三史質疑）。

海陵王亮と世宗雍、ともにクーデタで権力を奪取した二人の皇帝によって、北京は金国の首都に選択されて整備されたという事実は重要である。こうした権力の奪取に続く遷都というシナリオは、モンゴル元朝のクビライ、明代の永楽帝《えいらくてい》の時代にもしばしばくり返されることになる。

中都城遺跡と水関遺構

現在の北京の都市空間に決定的な影響を及ぼした明清の北京城や元の大都城については、すでにたくさんの研究成果が発表されている。これに対して金の中都城については、これまであまり解明が進んでいなかった。しかし「建都八五〇周年」を境にして、文献研究と考古調査を結合した都城研究もしだいに成果があがってきた。ここでは、これらの研究成果もまじえて中都城について紹介しよう。

金の中都大興府は、中都城（大城）と内城（皇城）との二重構造からなっていた。遼の燕京（南京）城を拡張してでき上がった金の中都城は、周囲三五里と言われている。

中都城の周囲の長さについては、明初に大将軍の徐達《じょたつ》が元の大都を攻略した直後、中都城をそのまま受け継いだ元の南城を部下に測量させたときのデータが幸いに残されている。これによれば、周囲の長さ五三二八丈であった。宋尺を用いて換算すると、ほぼ三五里に相当する（『明太祖実録』巻三四）。

中都城の形状は正方形に近いが、東西が南北に比べてやや長かった。一九五〇年代の考古調査のデータによれば、西城壁四五三〇メートル、南城壁四七五〇メートル、東城壁四五一〇メートル、北城壁四九〇〇メートルで、合計一万八六九〇メートルであった。

四面の城壁には、それぞれ三つの城門が設けられていた。東城壁は施仁門《せじんもん》、宣曜門《せんようもん》、陽春門《ようしゅんもん》、南城壁は景風門《けいふうもん》、豊宜門《ほうぎもん》、端礼門《たんれいもん》、西城壁は麗沢門《れいたくもん》、顥華門《こうかもん》、彰義門《しょうぎもん》、北城壁は会城門《かいじょうもん》、通玄門《つうげんもん》、崇智門《すうちもん》の一二門であった。後述するように、中期以降、中都城の東北に隣接して造営された離宮万寧宮《ばんねいきゅう》に皇帝が毎年避暑に出かけるようになると、北城壁の東側に光泰門《こうたいもん》が開かれ、全部で一三門となった。

中都城の城壁は、明代後期にその大半部分が北京城の外城内に取り込まれて以降取り壊されたために、現在ではほとんど残っていない。西城壁遺址が豊台区高楼村に、南城壁遺址が同じく豊台区の万泉寺と鳳凰嘴《ほうおうし》にごくわずかだけ姿をとどめている。簡単な保護の手がくわえられているものの、往時を偲ぶには困難な状況にあった。

一九九〇年、豊台区右安門外玉林小区を流れる涼水河《りょうすいが》の北側五〇メートルのところで、金の中都城の水関遺址が発見された。その位置は、西北から中都城内に入る上水が都城の中軸線上に架かる龍津橋をへて東南流し、豊宜門と景風門とのあいだの南城壁をくぐって護城河に合流する場所にある。水関遺構は、全長四三・四メートルで、）（の形をした基礎部分がほぼ完全に残っていた。この水関遺構はそのままの形で保存され、二〇〇五年にはその場所に北京遼金城垣博物館が開館し、その遺構や遺物が公開されている。

中都の皇城

中都城内の皇城は、遼の燕京（南京）の子城（内城）部分を継承していた。皇城の周囲は九里三〇歩で、中都城のほぼ中央、やや西南寄りに皇城が位置する形となっていた。

図版27　金中都水関遺址全景

皇城には、宮城正南にあたる応天門《おうてんもん》のほか、東に宣華門《せんかもん》、西に玉華門《ぎょうかもん》、北に拱宸門《きょうしんもん》が設けられた。正殿は大安殿《たいあんでん》と呼ばれ、その北に正宮の仁政殿《じんせいでん》が配置されていた。仁政殿は、遼朝以来の宮殿をそのまま用いていた。宮殿の整備には、汴京から宮殿の門窓を解体して再利用したほかに、張浩らが真定府の潭《たん》園《えん》から木材を運んできた（『金史』張仲軻伝《ちょうちゅうか》）。

天津橋（龍津橋）から皇城の正南門にあたる宣陽門《せんようもん》に入ると、皇城内中央の東西両側を走る千《せん》歩廊《ぼろう》がある。千歩廊の東側には、太廟《たいびょう》、広武殿《こうぶでん》と常武殿《じょうぶでん》、高麗《こうらい》・西夏《せいか》の使節を接待する来寧宮《らいねいきゅう》が配置されていた。西側には、尚書省・六部《りくぶ》と宋朝からの使節を接待する会同館《かいどうかん》が配置された。太廟は「衍慶宮《えんけいきゅう》」とも呼ばれ、中都遷都後にはじめて建設された。広武殿と常武殿は、五月五日の端午の節句に拝天儀礼のあとに撃毬《げききゅう》（ポロ）や射柳《しゃりゅう》（柳の枝葉を標的にして弓の腕前を競う）がおこなわれる場所であった（『金史』礼志）。

この部分は隋唐以来の狭義の皇城にあたる。宮城の南側に皇城を配置する位置関係は、唐の長安城と共通している。皇城内に尚書省・六部と太廟を置いた点も、長安城と同様であるが、皇城に撃毬のための競技場を設けたのは独特であり、遼の燕京以来の競技（毬場）を継承したものであろう。

皇城の遺址は、現在の広安門外の濱河南路の東西附近に存する。一九五八年当時の調査によれば、皇城の東壁は、南綫閣街のやや東の南北直線上に、西壁は白雲観鉄道西大土堆の南から小紅廟村にいたる南北直線上に、南壁は鴨子橋以南の東西直線上に、北壁は白菜仔村北の東西延長線上にあった。その東隅は「老君地」と呼ばれていた。皇城の周囲の実測は、約五〇〇〇メートルであった。その当時は鴨子橋関帝廟以北から白菜仔村一帯には、建築遺址が一五〇〇メートル近く連続して列なっていたという。

金中都城内の皇城の位置は、元の大都城内の宮城の位置や明清の北京城内の宮城の位置と重なるわけではない。皇城の城周は約五〇〇〇メートルで、明清の宮城（紫禁城《しきんじょう》の城周、三四二〇メートル）よりは大きくなっている。明清の皇城の城周に比べれば、それでも半分ほどであるが、中都城のなかで皇城はかなりの広い空間を占めていた。

金国に使者として派遣された宋の周麟之《しゅうりんし》は、中都城内は宮禁の地が大半を占めて庶民の宅地がきわめて少ないという印象を記している。宋の汴京開封城との違いが窺え、興味深い。近世中国

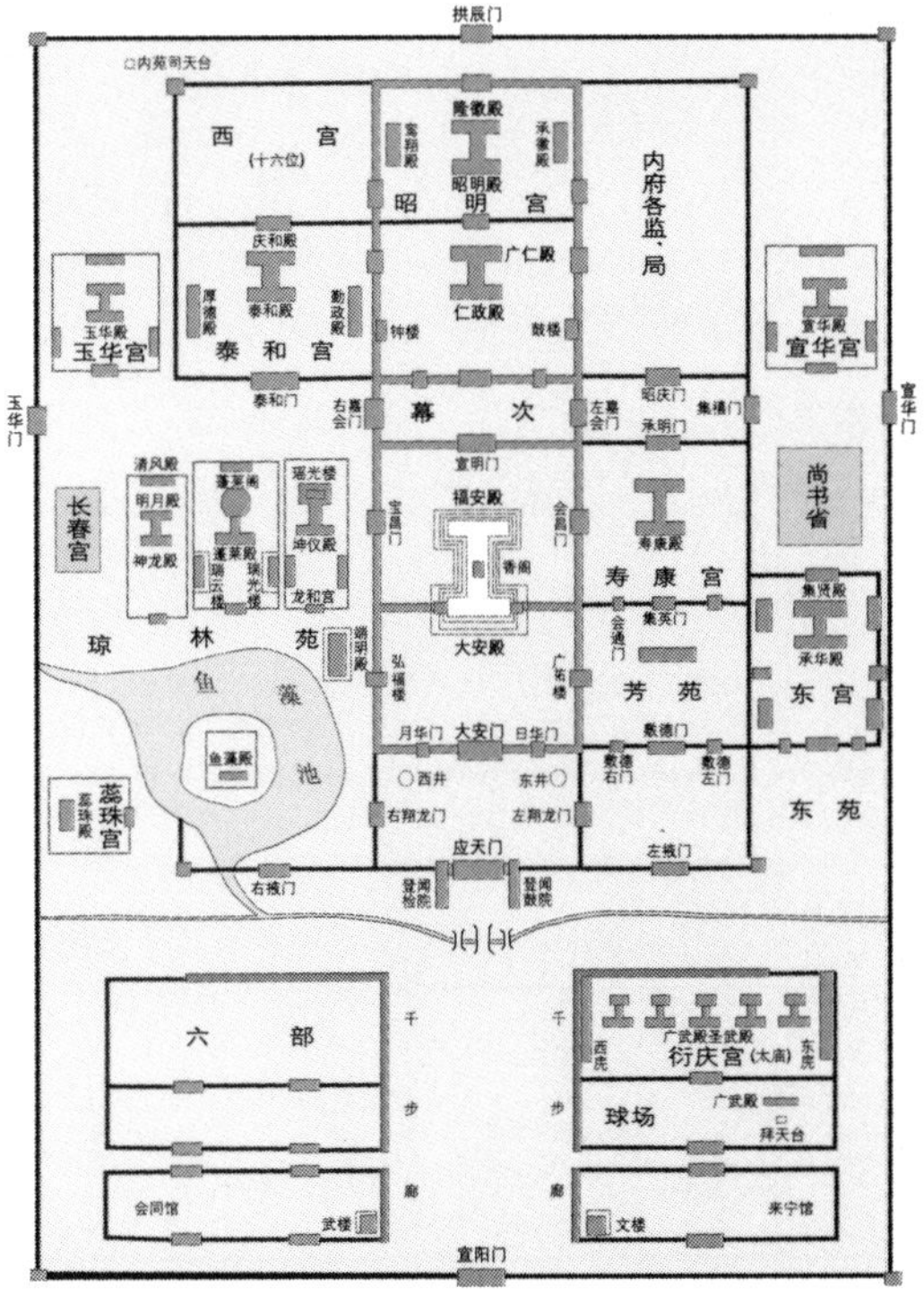

図版28　金中都皇城・宮城復原略図

において確立する皇帝権の強大化を先取りしたものと考えられる。

また皇城の宣陽門内の両側に設けられた千歩廊は、明清の北京城に特徴的な千歩廊の起源と考えられる点など、金中都の皇城は明清皇城の原型として位置づけることができる。

大安殿遺址と瓊華島の離宮

現在、金中都の宮殿を偲《しの》ばせる建物はまったく残っていない。しかし一九九〇年、道路改修工事にともない北京市文物研究所がおこなった考古調査で、宣武区の濱河路の両側から金中都の宮殿の建築基壇遺址が一三カ所見つかった。その遺址の分布状況は、南北に一〇〇〇メートルの範囲を超えていた。部分的な発掘により、応天門と大安門、大安殿などの位置が確定された。

二〇〇三年九月には、金中都の建都八五〇周年を紀念して、広安門外の濱河公園内にある大安殿遺址の東側の位置に「金宮殿古址」と記された標識塔が建てられた。この標識塔から西に進むこと数百メートル、白紙坊橋の西側にあった青年湖《せいねんこ》は、金の皇城の内苑にあたる魚藻池《ぎょそうち》遺址とされている。現在、青年湖はビル建設や宅地開発のあおりで見る影もないが、敷地内に残る小さな池がその名残をとどめている。

世宗は、中都城の東北郊外に大寧宮《だいねいきゅう》を建設した。九年余りの歳月が費やされて一一七九（大定《たいてい》十九）年に完成した。大寧宮は、高梁河水系の湖沼地帯を利用して造られた宏大な離宮である。その中心に位置したのが、現在の北海公園内にある瓊華島《けいかとう》である。そこには正殿の紫宸殿《ししんでん》などの建物が建てられていた。

大寧宮は、のちに寿寧宮《じゅねいきゅう》、寿安宮《じゅあんきゅう》などとしばしばその名を改めたが、最後は万寧宮《ばんねいきゅう》の名に落ち着いた。世宗の孫にあたる第六代の章宗《しょうそう》（完顔璟《けい》、麻達葛《マダガ》）は、金国歴代皇帝のなかでも、もっとも中国的教養を身につけた文化人で、書画の鑑識に秀でて、宋の徽宗に私淑していたほどであった。その一方で、毎年三月から九月にかけては避暑に中都城を抜け出し、この離宮で滞在することが多かった。後述するように、元の大都の都城プランは、この瓊華島の離宮万寧宮を中心にして設計されることになる。

マルコ・ポーロも渡った盧溝橋

章宗の時代に建設が始まった建造物で忘れてならないのは、北京の西南郊外二〇キロメートルの永定河《えいていが》（旧盧溝河《ろこうが》）に架かる石橋の盧溝橋である。即位後まもなく工事に着手し、三年後の一一九二（明昌《めいしょう》三）年に完成した。

図版29　金中都紀念闕のモニメント

完成当初は、広利橋《こうりきょう》と命名された。永定河は現在では干上がっていることが多いが、かつては水量も豊富で、都の建設に用いる木材を筏に組んで運搬するほどの河川であった。南方から上京する官僚や商人にとっては、最後に越えなければならない交通上の難所であった。都を去る人びとにとっては、惜別の場となった。

盧溝橋は、長さ二一二メートルの石橋を一一基のアーチ

図版30　盧溝運筏図（部分）

型の孔洞をもつ橋脚で支えている。橋脚部分は上流側が尖塔形で下流が方形の船形になっているのは、夏季に増水した激流が橋脚にあたえる衝撃を減らし、冬季は流氷を砕いて橋脚の破損を防止するための工夫である。

橋の両側には、高さ一・四メートル、漢白石《かんはくせき》（河北省石家庄特産の大理石）でできた望柱（欄干の石柱）が二八一本も建ち並び、望柱の頂部には獅子が彫られている。欄干の上にある大小の獅子を合わせると、その数は四九八個にも達するという。

橋の建設から百年余りをへて、イタリアのヴェネツィアからはるばる元朝治下の中国を訪れたかのマルコ・ポーロ（後述）もこの橋を渡った。『東方見聞録』のなかで「全く世界中どこを捜しても匹敵するもののないほどのみごとさ」であると絶賛して紹介したことから、西欧世界ではマルコ・ポーロブリッジとして知られている。八百年の風雪に耐えていまも当時の姿を屈強にとどめている石橋の盧溝橋は、橋梁建設における当時の技術水準の高さを示して余りある。

この橋のたもとで、一九三七（昭和十二）年七月七日に盧溝橋事件が勃発、日中両軍の衝突は日中戦争にエスカレートして、世界中に衝撃をあたえると同時に、わが国の命運をも大きく変えた。

中都城下の住民構成

現在の北京市に相当するのが、金の中都大興府である。大興府は、大興・宛平両県以下の一〇県と広陽鎮とで構成されている。大興府の一二〇七（泰和《たいわ》七）年の戸口統計は、二二万五五九二戸であった。金の大興府にほぼ相当する遼の析津府《せきしんふ》の場合の戸口は、一一県で約一〇万二〇〇〇戸であったから、遼から金にいたるあいだに戸口数が倍増していることになる。

こうした戸口数の増加は、自然増をそのまま反映したというわけではなく、金では遼に比べて王朝の戸口把握が強化された事情も考慮に入れる必要がある。とはいえ、金の場合、故地から中都への移住を奨励したことも大きい。海陵王の遷都後には、女真人からなる大量の猛安・謀克戸を中都に移した。各地からの中都への移住者には、張浩の要請をもとに十年間の期限をつけて傜《よう》役《えき》を免除するなどの移住奨励策を採用した。

中都の住民構成は相当に複雑であった。女真族は金国の支配民族であり、遷都後に宗室や諸王が大挙してここに移住させられた。圧倒的多数を占めていたのは、言うまでもなく漢族で、中央や地方の官僚機構でポストを得ていた。遼朝以来のキタイ人はすでに支配者として地位を失っていたものの、かなりの数が引きつづき活躍していた。ほかに奚人・渤海人・室韋《しつい》人も居住していたし、西方からのウイグル商人も活動していた。

興味深い点は、金朝の支配者たちが漢族のほかにキタイ人や奚人を含めて「漢人」としてとらえていたことである。金朝治下においては、諸族融合に向かう条件がいっそう整いつつあったのである。

3　クビライの「大都」建設

モンゴルの興起

十三世紀の初め、のちにモンゴル高原と呼ばれることになる北方の大草原の東北隅で、新たな動きが始まっていた。狩猟民のおもかげをまだ色濃くのこしたモンゴル部のなかから首領鉄木真《テムジン》が出て、ゴビ沙漠の北に割拠していたモンゴル系やテュルク系の遊牧集団を一挙にまとめつつあった。彼は、一二〇六年の春にオノン河の上流に広がる草原で大集会《クリルタイ》をひらいて即位式をあげると、チンギス・カンと号した。

それから五年後の一二一一（大安《だいあん》三）年、モンゴルは金国に向かって遠征を開始し、九月に中都郊外の居庸関《きょようかん》を攻略した。居庸関は、金の首都中都をまもる最大の要衝であったから、都の人びとを震撼させた。金は戒厳令をしいて必死に首都を防衛した。モンゴル軍による中都城攻略はすぐには成功せず、このときは河北、山西、内モンゴルの各地で金の官営牧場の群牧監《ぐんぼくかん》を襲撃し、大量の軍馬を略奪して草原に引き上げた。

貞祐の南遷

このモンゴルの侵攻をきっかけに、金の朝廷では支配集団が抱える内部矛盾が一気に顕在化した。一二一三（貞祐《ていゆう》元）年、五〇〇〇人の兵士を率いて中都城の北に駐屯していた将軍胡沙虎《クシャク》がクーデタを起こした（『金史』紇石烈執中）。北の通玄門と西の彰義門から城内に突入し、宣華門を破って皇城に入り、皇帝の衛紹王永済《えいしょうおうえいさい》（果縄《ガジエン》）を殺害して代わりに完顔珣《しゅん》（吾睹補《ウトゥブ》）を皇帝に立てた。これが第八代の宣宗《せんそう》である。

時を同じくして、チンギス・カンの率いるモンゴル軍が、ふたたび進攻してきた。河北の州県はのきなみ破られ、中都や通州以下の一一城を残すのみであった。翌年三月にチンギス・カンは中都の北の郊外に陣を張って威嚇した。金は皇女のほか、金帛、男女の子供五〇〇人、馬三〇〇〇匹を献上する条件でモンゴルに講和を求めてきた。これを受け取ったモンゴル軍は、陣を引き上げ居庸関から草原に戻った。

二カ月後の五月に、モンゴルの再来を恐れた宣宗は、都を汴京開封に移すことを決定した。中都では、右丞相兼都元帥の完顔承暉《しょうき》（女真名は福興《フシン》）が留守となって残り、皇太子の守忠を輔佐することになった（『金史』完顔承暉伝）。

だしぬけの遷都決定を知ったチンギス・カンは激怒し、講和を破棄してモンゴル軍をふたたび中国に進攻させた。モンゴル軍は、木華黎《ムカリ》を指揮官とする遼東攻略軍と、三摸合《サンガ》と契丹人の石抹明安《ジュルムートミンガン》を指揮官とする南進軍とに分かれて進攻した。

モンゴル軍の中都占拠

開封に向かう宣宗一行は、良郷（北京市房山区）までさしかかったところで、随行していた糺《きゅう》軍《ぐん》が突如として反旗をひるがえした。糺軍とは、契丹《キタイ》族を含む金国北辺の遊牧系からなる諸部族混成部隊で、これまで主に首都の防衛を担当していた。さらなる南への移住を好まぬ彼らは、敵のモンゴル軍に救いを求めたのである。

チンギス陣営内のキタイ軍団の耶律阿海《アハイ》・禿花《トハ》兄弟がこれに応えた。阿海と禿花の兄弟は遼の王族の家系であったが、祖父や父の代から金に仕えるようになった。金を見かぎってチンギス・カンのもとに馳せ参じると、股肱《ここう》の臣として活躍した。阿海や禿花をはじめとするキタイ軍団の勧めを受けたチンギス・カンは、軍事介入を決断した。六月、三摸合と石抹明安らに中都包囲を命じると、皇太子は早々と開封に逃がれた。

翌年一二一五年五月に中都留守を務める承暉が毒を仰いで自決すると、金軍は総崩れとなり、明安が入城して中都を占拠した。中都の宮殿には火が放たれ、府庫の財物は略奪され北へ運ばれた。当時、チンギス・カン自身は避暑のため灤河《らんが》上流に広がる草原の桓州《かんしゅう》に滞在したまま、動こうとしなかった。

モンゴルの支配下に入った中都は燕京と改められ、燕京路総管大興府が置かれた。しかし、チンギス・カンはここを拠点としてただちに南下して中原の農耕世界の征服に突き進んだわけではなかった。むしろ草原とオアシスの覇者となるべく、西方遠征に向かった。

カラ＝キタイに続いてホラズムを滅ぼした中央アジア遠征を終えると、息をつく間もなく西夏遠征に向かったが、一二二七年夏、野営中の六盤山で急逝した。クリルタイで後継者に選ばれたオゴデイ（太宗）は、拡大したモンゴル帝国の君主号としてモンゴル語で「カアン」の称号をはじめて用いたので、これ以後従来のカンと明確に区別して使われるようになった。

思いがけずモンゴルが金の中都を手に入れることになったその年、遼の王族出身で金に仕えていた左右司員外郎《いんがいろう》の耶律楚材《やりつそざい》が、チンギス・カンのもとに降《くだ》ってきた。博学で天文・地理・暦法など伝統的中国の学問に通じていた楚材は、チンギス・カンとオゴデイ（太宗）の二代にわたって重用され、モンゴルが中国経営を進めていくうえでおおいに活躍することになる。

中都をカン・バリクに

チンギス・カンの孫にあたる忽必烈《クビライ》（世祖《せいそ》）は、一二六〇年の第四代モンケ（憲宗《けんそう》）の死去から四年に及んだ末弟阿里不哥《アリクブケ》との帝位継承戦争を終えると、ユーラシアの遊牧地域と農耕地域の双方に基盤をもつ新型の国家建設に着手した。モンゴル史家の杉山正明氏によれば、その国家の基本構想とは、草原の軍事力、中華の経済力、さらにはムスリムの商業力という、ユーラシア史をつらぬく三つの歴史的伝統のうえに立ち、その三者を融合するものであったという。

帝位継承戦争の時期から、燕京―開平《かいへい》（現在の内モンゴル自治区シリンガル盟正藍旗の東、ドロン・ノール地区）を本拠地とするクビライの構想がすでに姿を現しはじめる。一二六三（中統《ちゅうとう》四）年五月、まず開平府を上都に昇格させた。ついで、アリクブケが上都に投降してくると、翌

図版31　元世祖クビライ肖像

年八月、燕京を「中都」と改めたうえで、至元《しげん》と改元した。

当初は、金以来の中都旧城を改造しようとした。しかしのちにこれを断念して、一二六六（至元三）年十二月に、中都城の北東郊外に新しい都カン・バリク（トルコ語でカアンの都の意味）の建設が計画された。この年は、結局実現をみなかったとはいえ統一クリルタイ（大集会）が予定されていたというから、この新しい都城の建設は、なによりもモンゴル世界に向けて当初計画されたものであったろう。

この時点では、クビライ政権は、中国式の国号「大元《だいげん》」をまだ名乗っていないし、南宋の併合もまだ実現していない。カン・バリクは、中国皇帝の都ではなくしてまさにモンゴル帝国のカアンの都であった。第二代のオゴデイが建設したカラコルムに代わる都として造られたのである。

建設の過程を見ると、一二六七年正月に新しい都城の城壁建設に着手するとともに、四月にはカアンのオルド（天幕群）を囲む宮城壁の設置に新たに取りかかり、翌年十月には完成している。

一二七一（至元八）年十一月に「大元」の国号が定められると、いよいよ中国王朝にふさわしい大内宮城の造営が始まり、一二七三年に正殿と寝殿にあたる大明殿《だいめいでん》と延春閣《えんしゅんかく》が完成した。これに先立ち一二七〇年二月には、建設中の中都を「大都《だいと》」と改めている。

一二七四年正月に、大内宮殿の完成にともない、クビライは正殿に御して皇太子・諸王や百官の朝賀を受けている。大都の外郭城（羅城《らじょう》）は、遅れて一二七六年にやっと完成している。

一二八三年に、旧城内の商店や官庁を大都に移転し、二年後には住民の移住規定も決められた。さらにクビライが崩御する前年の一二九三年には、江南からの物資を大都城内の積水潭《せきすいたん》に運び入れる運河「通恵河《つうけいが》」が開通して、大都はほぼ完成した。

クビライの燕京選択

クビライは、前述したように、一二六三年から翌年にかけての時期、遊牧地域のカラコルムから中国の農耕地域にモンゴル帝国の都を移そうと決意を固めた。農耕地域のなかでも、遊牧地域に接する金の中都が置かれた燕京地区が選ばれた。

クビライが燕京地区を首都に選んだ理由として、これまで以下のような理由が指摘されてきた。

①燕京地区は、十世紀初めから南北に分裂した中国のうち、北側の非漢人政権の中核都市に成長し、遼代には南京《なんけい》、金代には中都が営まれていたこと

②モンゴル政権が、この地を一二一五年以後に華北経営の最重要拠点として位置づけ、出先機関としての燕京行省《こうしょう》を設置していたこと

③モンゴリアと中国全体を包みこむ新型の政治的統一体を構想する場合、燕京地区はそのほぼ中央に位置し、地政上からみて最適であること

これに対して、杉山正明氏は、咸陽や長安など古代・中世と都が置かれた陝西の京兆《けいちょう》地区でも十分に可能性がありえたはずとしたうえで、クビライ新政権をめぐる特殊事情をより重視している。すなわち、一二六〇～六四年の帝国の内戦においてクビライ政権の母胎となったのは、モン

ゴル左翼のチンギス・カン諸弟王家、木華黎《ムカリ》を祖とするジャライル王家麾下《きか》の五投下《とうか》（ジャライル、マングト、ウルウト、コンギラト、イキレスの諸部族をいう）、それにクビライ自身の軍団の三大勢力であった。いずれも、ドロン・ノール（のちの上都）周辺から興安嶺一帯の内モンゴリアを根拠地としていたから、夏の都に上都を、冬の都に中都を選択するのはほとんど必然であったという。

杉山氏の所説は、モンゴル政権の内部事情からクビライが燕京地区を選択した背景を解明したものでとても興味深い。ただ前章と本章でたどってきたように、唐朝が滅亡した十世紀以来、燕京が置かれた現在の北京地区のもつ政治軍事的な重要性は明らかであった。モンゴル政権が中国の歴史的伝統から自由であったとはいえ、この段階で陝西のかつて長安が置かれた京兆地区を選択する余地は、もはや残されていなかったであろう。

瓊華島広寒殿の造営

大都の建設過程を考えるうえで注目されるのは、金の離宮万寧宮の中心に位置する瓊華島《けいかとう》の整備を真っ先におこなっている点である。瓊華島周辺は、クビライが一二六〇年以来冬営地として滞在したところであった。

一二六三（中統四）年三月、色目人《しきもくじん》の也黒迭児《エレデル》（亦黒迭児丁）が瓊華島の改修を提案したが、そのときクビライはすぐに許可をあたえなかった。しかし、まもなく広寒殿の再建工事に着手したらしい。翌年（一二六四）十月、クビライが高麗王に対面した「万寿山殿」とは、この再建された広寒殿のことである（『高麗史』元宗《げんそう》五年十月己未の条）。

一二六五年末、瀆山大玉海《とくざんだいぎょっかい》が完成して広寒殿内に置かれた。翌年四月には、玉座として五山珍《ござんちん》御榻《ぎょとう》が安置された。瀆山大玉海（俗称、玉甕《ぎょくおう》）とは、黒玉に鳥獣の浮き彫りをした巨大な酒甕で、酒三〇石余り（約二〇〇〇〇リットル）を容れるといわれている。元朝が滅ぶと行方不明となり、真武廟で漬物甕として用いられていたのを清の乾隆《けんりゅう》年間に見つけて、北海公園にある団城《だんじょう》内の承《しょう》光殿《こうでん》前の石亭に置かれるようになった。このように、瓊華島広寒殿は即位当初のクビライの接見や儀式の場として使われ、宮城が完成するまではもっとも重要な政治空間であった。

図版32　瓊華島万歳山（現在の北海白塔山）

皇帝の宮城とカアンの蕭墻

中都城の改修を断念して新たに建設された大都城は、宮城―蕭墻《しょうしょう》―外郭城の三重構造からなっていた。

宮城は、周囲六里三〇歩（約三四〇〇メートル）で、東西四八〇歩、南北六五〇歩と、長方形であった。その位置は外城の中央ではなく、かなり南寄りに位置していた。

宮城の周囲には、六つの門があった。南面の中央には崇天門《すうてんもん》、その東西に星拱門《せいきょうもん》と雲従門《うんじゅうもん》を設けた。東面には東華門、西面には西華門、北面には厚載門《こうさいもん》をそれぞれ設けた。崇天門は現在の紫禁城太和殿《たいわでん》の位置に、厚載門は景山公園少年宮の前にあった。

宮城内の主要な建築は、南の大明殿と北の延春閣である。正殿の大明殿では、即位や元旦など重要な慶事の儀式がおこなわれた。大明殿のなかに置かれた御榻には、皇帝の玉座のみならず皇后の玉座も並べられた。これは漢族とは異なるモンゴル族の伝統であった。

宮城の建設工事は、一二六六（至元三）年十二月に安粛公《あんしゆくこう》の張柔《ちようじゆう》や行工部尚書の段天祐《だんてんゆう》に命じておこなわれた。まず金口《きんこう》運河を開鑿《かいさく》して盧溝河の水を引きいれ、西山《せいざん》から建築資材の木材と漢白石を運ぶことから始まった。宮城壁は一二六八年十月にいったんでき上がっている。ただし、磚《レンガ》を積み高さ一一メートルもある宮城壁の整備は、その後も続けられて一二七二年三月に完成した。崇天門や東華門・西華門の諸門が設けられたのは、この年の五月のことである。大明殿は翌年一二七三年十月に落成した。

元の大都では、宮城全体を囲む蕭墻（いわゆる皇城）が設けられていた。蕭墻はすべて朱漆で塗られていたことから、俗に「紅門攔馬墻《こうもんらんばしよう》」と呼ばれ、その周囲は二〇里ほど（約一一キロメートル）であった。

蕭墻内には、太液池《たいえきち》を中心に、宮城、隆福宮《りゆうふくきゆう》、興聖宮《こうせいきゆう》の三大建築群が配置されていた。隆福宮は、もとは太子府として造られたが、のちに皇太后の居所となった。興聖宮は妃嬪《きひん》の居所である。

蕭墻の南面中央の門は霊星門《れいせいもん》で、大都城の正南門の麗正門《れいせいもん》までは、左右両側に七〇〇歩（約一・一キロメートル）に達する千歩廊が伸びていた。金の千歩廊は、宮城正門の前に置かれていたのを、元でははじめて蕭墻外に設け、皇帝の権威をより高める設計とした。広い蕭墻内は、天幕が設営される空間であり、きわめてモンゴル的色彩を残す空間であった。

蕭墻で囲われた空間は、大都城の中央南寄りに位置する。その東墻は現在の南北河沿いの西側に、西墻は皇城根《こうじょうこん》に、北墻は地安門の南に、南墻は東華門大街と西華門大街の南にあった。南墻中央の霊星門は現在の午門付近にあった。墻基の幅は約三メートルしかなかった。

宮城の外側を囲む蕭墻は、宮城完成当初には設置されていなかった。モンゴル諸王や宗室や外戚を一同に会する大朝会のときは、宮城の外側に墻壁がなかったためモンゴル兵士で取り囲み当直に備えていたが、一二九六（元貞《げんてい》二）年の時点までにでき上がった（『元史』兵志）。

外城の規模と城門・瓮城

大都の外城は「周囲六十里」とされている。一九七〇年代に中国科学院考古研究所と北京市文物管理処によって編成された元大都考古隊が実測したデータによれば、その周囲は、約二八・六キロメートルであった。

北城壁は六・七三キロメートル、東城壁は七・五九キロメートル、西城壁は七・六キロメートル、南城壁は六・六八キロメートルで、南北にやや長い方形を呈している。

外城壁は、版築《はんちく》と呼ばれる中国の伝統的築城法を用いた土城であった。その基底部は、幅二四メートル、高さは一六メートルに達していた。基底部幅と高さと頂上部幅の三者の比率は、三対二対一である。版築の際に、永定柱と呼ばれる縦柱と紝木《じんぼく》と呼ばれる横木をわたして、城壁の強度を高める工夫が施されていた。また城壁の外側部分には、馬面《ばめん》と呼ばれる長方形の張り出し部が等間隔で設けられており、壁下からの敵襲に備えていた。

大都の外城壁は、現在でも北城壁と西城壁北端の一部が一二キロメートルほど残されている。元大都城垣遺址公園として整備され、市民の憩いの場となっている。海淀区にある北京師範大学のキャンパス南側を走る学院南路を西に向かうと、西直門北大街と交差するところに、残存する西城壁の最南端部分が見えてくる。道路で切り取られたその断面は、かつての土城ではなく現在は煉瓦で包んで補修されているが、元の大都の外城壁の高さを実感できる場所となっている。

図版33　掘り出された和義門瓮城遺址

大都の外城の四隅には、角楼《かくろう》が建てられた。現在の東城区建国門の立体交差の西南側にある古観象台は、明清両朝の約五百四十年間、天文観測が続けられたところである。さまざまな天文観象の儀器が据えつけられたその場所は、もとは大都城の東南隅角楼の遺址であった。

外郭城の門は、あわせて一一門であった。東・南・西の城壁にそれぞれ三門、北城壁のみ二門を設けた。東城壁は、北から順に光熙門《こうきもん》、崇仁門《すうじんもん》、斉化門《せいかもん》の三門である。南城壁には、東に文明《ぶんめい》門《もん》、中央に麗正門《れいせいもん》、西に順承門《じゅんしょうもん》が置かれた。西城壁は、南から順に平則門《へいそくもん》、和義門《わぎもん》、粛清門《しゅくせいもん》の三門である。北城壁には、西に健徳門《けんとくもん》、東に安貞門《あんていもん》が設けられた。土城の外側は護城河を繞《めぐ》らしていたから、門外には当初木製の吊り橋が架けられていた。元代後期になり城門の守りを固めるために、瓮城《おうじょう》（城門の外側に突出して設けられた半円形または方形の城壁）に替えられた。城門楼と瓮城の外壁は、磚で包むようになった。

中華人民共和国が成立すると、一九六〇年代の都市計画にもとづいて明清時代の内城壁が撤去され、地上部分は環状線（二環《アルファン》）に生まれかわり、地下には地下鉄二号線が開通した。その過程で西直門の瓮城を撤去した際に、磚で包まれた元代の和義門の瓮城遺構がその下から現れた。城門の残存部分の高さは約二二メートル、門道の長さ九・五メートル、幅は四・六二メートルと堂々たる遺構であった。しかし、現在ではその遺構は跡形もなく撤去され、西直門橋の立体交差となっている。

大都の平面プラン

元の大都は、金の中都の東北郊外に新たに建設された都城である。建設予定地の地理的諸条件を十分考慮して、周到な用意のもとに設計された。まさに「大いなる都」にふさわしい。

都城プランの作成の中心的役割を果たしたのが、太保《たいほ》の劉秉忠《りゅうへいちゅう》であった（『元史』劉秉忠伝）。劉はすでに上都開平をも設計していた。その弟子の趙秉温《ちょうへいおん》も、劉に協力して宮殿の配置やその設計にあずかっている。

その平面プランは、一般に『周礼《しゅらい》』考工記、匠人営国の条の、「方《ほう》九里、旁《かたわら》三門、国中九経九緯、経涂《けいと》九軌、左祖右社、面朝後市」の記述にもとづいて、都城設計の理想を忠実に再現したとされている。しかし、大明殿や延春閣からなる宮城を蕭墻で囲む皇城の位置は、南に寄りすぎている。この点を問題にした杉山正明氏は、一二六〇年から六六年までの「燕京近郊」のクビライの冬営地を、カアンの私的な空間としてすっぽり囲いこんだのが大都皇城（蕭墻のこと――筆者）

であり、その位置選定と設計にあたっては、瓊華島をも含めた太液池周辺全体の囲いこみが最優先されたこと、単なる高梁河水系の利用という自然条件からだけではなく、モンゴル王権からの要請こそが主因となって破格の大都皇城が誕生したと指摘した。

これは、大都がモンゴルの組み立て式の移動行宮オルド（Orudu）の配置にもとづくという村田治郎氏の所説をさらに進めて、大都の平面プランに見られるモンゴル的要素を強調したものである。そのうえで、大都は、クビライが代表するモンゴル的側面と儒・仏兼通の謀臣劉秉忠を代表とする中国の伝統的な国都イメージ、さらに世界帝国の首都としての現実の要請とが合体して誕生したものと結論づけている。

実際の工事の監督にあたったのが、漢人の将軍張柔《ちょうじゅう》・張弘略《ちょうこうりゃく》父子、行工部《こうこうぶ》尚書の段貞《だんてい》、モンゴル人の野速不花《エスブカ》、女真人の高觿《こうけい》、およびアラビア人の也黒迭児《エレデル》らであった。なかでも、現場総監督として段貞（号、天祐）の果たした役割は抜きん出ていたことを明らかにしたのが渡辺健哉《けんや》氏である。当初から建設に従事しただけでなく、完成後は大都留守の任にあたるなど、長期にわたって城壁や宮殿、官庁、河道の維持と補修を担当した。

都城プランの中心点

大都の都城設計で注目すべき点は、都城プランの幾何学的中心点が設定されていたことである。この中心点は、そのものずばり中心台と呼ばれていた。中心台は、第二代成宗《せいそう》テムルの祠廟《しびょう》が置かれた大天寿万寧寺《だいてんじゅばんねいじ》（中心閣）の西側約二三メートルのところに広さ五・六アールの方形の台が設けられ、墻壁をめぐらしたなかには、正面南向きに石碑が建てられ、「中心之台」と刻まれていたという。

ただし厳密に言うと、この場所は南北の城壁から等距離にあったが、東西の城壁からは等距離ではなく、やや東寄りにあった。むしろ、現在の旧鼓楼大街に位置していた斉政楼《せいせいろう》（元代の鼓楼）のほうがより平面プランの中心に近い。この周辺には、都庁にあたる大都路総管府、治安をになう警巡院《けいじゅんいん》、金融業務を扱う宝鈔庫《ほうしょうこ》や倒鈔庫《とうしょうこ》、時を告げる鼓楼や鍾楼など、大都の住民の都市生活にかかわりの深い諸施設が林立していた。

その西側には、当時「海子《ハイズ》」と俗称された積水潭《せきすいたん》が、満面の水をたたえていた。積水潭に沿って西北にのびる斜街《しゃがい》は、船着き場であった。大運河の終着点の通州からは、都水監《とすいかん》の郭守敬《かくしゅけい》が開いた通恵河《つうけいが》によって積水潭と通じていた。南方から運ばれる物資を運ぶ漕運船は、通州で小型の艀《はしけ》に積み替え、大都の城内まで直接舟行して斜街に停泊することができた。

大都の都城プランでもうひとつ注意すべき点は、大都の中心台が王権の聖なる空間としての蕭墻のなかではなく、別の場所に置かれていたことである。蕭墻内の中心は、遷都当初は太液池内の瓊華島に置かれていた。瓊華島の山頂にある広寒殿は、前述したように、接見や儀式の会場として使用されていた。

一二七四（至元十一）年十月の宮城完成後は、当然のことながら、その会場は宮城内の大明殿に移ったことであろう。いずれにせよ、都城プラン全体の中心点と王権の空間である蕭墻内の中心とが一致していないことは、明の北京城に比較すると、都城プランとして整合性に欠けるとこ

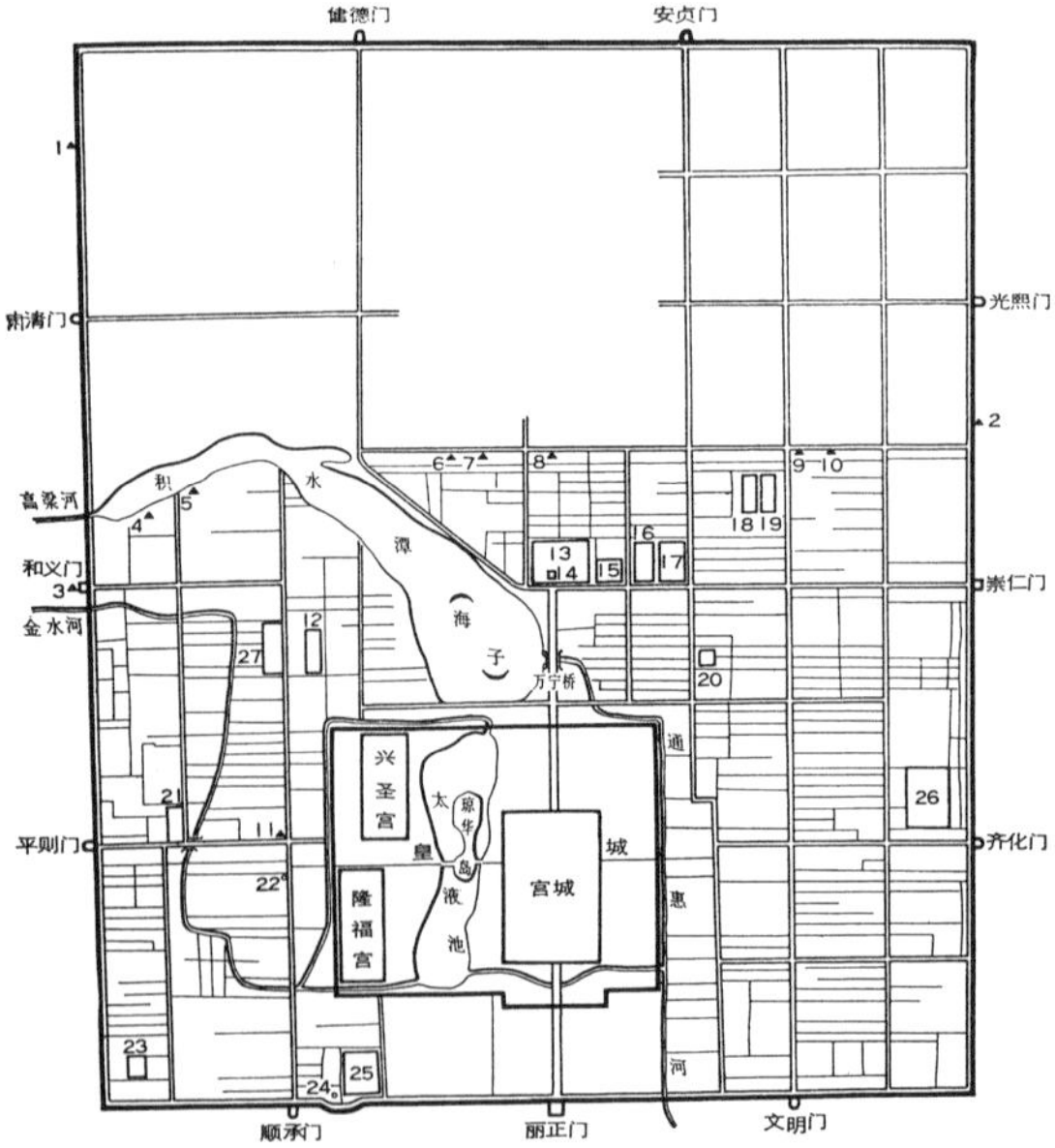

図版34　元大都略図（元大都考古隊）

ろがあるのは否めない。次章で後述するように、北京城の場合、都城の中心点の景山《けいざん》を南北に貫く中軸線上に、王権の空間である宮城や鼓楼・鐘楼が綺麗に並び、その延長上には、天壇までも並ぶことになるからである。

上海博物館の館長や復旦大学教授を歴任した歴史学者の楊寛《ようかん》氏がすでに指摘しているように、大都は、基本的には宮城を南に置き北に向かう「坐南向北」の配置を形成しており、その配置は南宋の臨安《りんあん》杭州城と一致している。しかし、これは臨安を模倣したというよりは、前述したように、新たに建設された都城が設計当初、北方に広がるモンゴル世界を強く意識していたからであろう。もちろん、元が南宋を併合し中国王朝としての性格を強めるにともない、千歩廊など「向南」への軌道修正が図られて、最終的には図版34に掲げるような大都の都城空間ができ上がったと考えられる。

グリッド・プランの街路

大都の街路は、城内をグリッド・プランにより碁盤の目状に区切り、相対する城門のあいだには、いずれも幅の広い大街が走っていた。その整然とした様子は、マルコ・ポーロも『東方見聞録』のなかで紹介して、これを賞賛している。

街路はどれも幅が広く一直線をなしていて端から端まで見通すことができるし、配置の具合もよく整備されているから、各城門に立てば相対する側の城門を遠望することもできる。（中略）このようにして都城内はすべて方形に区画されることあたかも碁盤のごとく、その美しさ、巧な配置ぶりに至ってはとうてい筆舌の及ぶところではない。（愛宕松男訳注『東方見聞録』1、平凡社東洋文庫、一九七〇年、二〇八頁）

とはいえ実際には、北城壁の城門は二つしか設けられていなかったために南北の街路が対応しない点や、積水潭に沿った斜街が城内中央に存在すること、さらには広い蕭墻の存在によって街路が分断されている点など、プランの整合性よりも現実が重視されている部分もある。

街路は、たしかに一定の規格にもとづいて建設されていた。大街が幅二四歩（約三六メートル）、その次のランクの小街は、その半分の幅一二歩であった。これらの街路のほかに、三八四の防火のための火巷《かこう》（小路）と二九の衚衕《フートン》（路地）が存在していた（『析津志輯佚《せきしんししゅういつ》』城池街市）。衚衕は、モンゴル語の井戸を意味するhuddugの音訳と考えられている。北京で明清時代以来、いまも多くの通りの名称として使われている「胡同《フートン》」は、この語に由来している。

大都には建設当初に五〇坊が設けられた。しかし、それぞれの坊は隋唐長安城のような坊墻で囲われた閉鎖的な空間であったわけではなく、街路によって区切られた居住区画にすぎなかった。

遊牧地域と農耕地域をまたぐ両都巡幸制

以上のように周到なプランのもとに造営された大都であったが、完成後にクビライがここを唯一の都に定めたわけではなかった。これまでと同様に、内モンゴルの金蓮川《きんれんせん》に広がる草原のなかの上都と華北の農耕地帯北端に位置する大都とのあいだを、皇室や官僚、軍団を引き連れ、夏と冬に時期を定めて季節移動をくり返す両都巡幸制を続けていた。

これは、夏営地から冬営地へと移動をくり返した遊牧民モンゴルの生業パターンを、権力掌握後も継続していたことを意味する。遊牧社会で形成されたモンゴルの軍事力を保持しつつ、農耕社会の豊かな経済力をも掌握するための有効な方法として取られたものであった。

大都に滞在したという冬期約三カ月のあいだも、クビライ以下の歴代のカアンたちはずっと大都城内に滞在しつづけることは珍しく、大都の東方にある狩場の柳林（北京市通州区の南二五キロメートル）に大天幕をしつらえ、狩りをして過ごすことが多かった。大都に滞在する場合も、中国式の豪華な宮殿ではなく、宮城や蕭墻内の空き地に天幕《ゲル》を張ってそこに寝泊まりしていた。

ユーラシアの東部で大都の建設が急速に進められていたあいだに、チンギス・カン以来のモンゴル帝国も大きな変貌を遂げていた。西北ユーラシアのジョチ家、中央アジアのチャガタイ家、西アジアのフレグ家も、それぞれ自立する態勢をととのえて、モンゴル帝国は、多元複合の連邦国家に変身した。その結果、東方のクビライの元朝政権は、遊牧地域のモンゴリアと農耕地域の中国本土との双方にまたがる国家となった。その両極性《ポラリテート》は、モンゴル草原に位置する上都と華北平原の北端に位置する大都とをカアンみずからが移動する両都巡幸制に象徴的に示されている。

城西の妙応寺白塔

現在の北京では、完成当時の頃の大都を偲ばせる建造物はほとんどが失われている。西城区の阜成門《ふせいもん》内にある妙応寺《みょうおうじ》の白塔は、その数少ない建造物のひとつであるので、ここで紹介しておこう。

妙応寺の位置は遼の燕京の北郊にあたり、道宗《どうそう》（涅鄰）のときにすでに仏塔が建てられたが、のちに戦火で焼失した。大都の建設が始まると、クビライは一二七一年に名匠阿尼哥《アニガ》をネパールより招聘《しょうへい》して、仏舎利塔の跡地に白塔を建造させた。

塔は八年余りの歳月を費やし、より荘厳華麗にでき上がった。さらに塔を中心に大伽藍が整備され、大聖寿万安寺《だいしょうじゅばんあんじ》と命名された。皇室の仏事や官僚の習儀の場となったほかチベット仏教の布教活動の中心となり、仏典のモンゴル語への翻訳印刷が盛んにおこなわれた。明代の天順《てんじゅん》元（一四五七）年にも改修がおこなわれており、このときに現在の妙応寺の名に改められた。

全体として黒ずんだ北京の町並みのあいだから遠望できる白塔の秀麗な姿と、塔のまわりに吊

図版35　妙応寺白塔

された三六個の風鐸《ふうたく》から時おりとどく美しい音色は、いまではすっかり古都北京の街並みのなかに溶けこんでいる。

一二七〇年代、新たに出現した東アジア世界の中心都市の大都（現在の北京）に向かって、はるばるヨーロッパから旅してきたイタリアの商人がいた。マルコ・ポーロである。

十三世紀は、ユーラシア大陸のほぼ全土をたちまちのうちに席捲したモンゴルのチンギス・カンの登場によって、これまで存在していた国境や宗教上の差異が取り除かれ、東西交渉や交流が飛躍的に増大し、ユーラシア大陸スケールでの世界史がはじめて可能になった時代であった。モンゴルの騎馬軍団による攻撃と支配は、ユーラシア各地の人びとを震撼させた。短期的には、さまざまな混乱に陥れることになった。しかし、その後にでき上がったモンゴルの「平和」（**Pax Mongolica**）は、この大陸を移動する使節や商人など、広範な旅行者にかつてない移動の自由と安全をもたらした。

厳密に言えば、マルコが、繁栄を誇っていたヴェネツィアを旅立ったのは一二七〇年のことであったから、まだ「大元」という王朝名は成立していなかったし、カン・バリク（カアンの都）とのちに西域人たちに呼ばれるようになる大都の建設も始まっていなかった。しかし、前述したように一二六四年には末弟アリクブケが降服し、帝位継承戦争が終結し、ユーラシアにはふたたび平和が訪れようとしていた。クビライは、戦後処理と内政整備に取りかかっていた。

そのクビライ・カアンにマルコが中央アジアをへてはじめて謁見するのは、一二七四（至元十一）年の半ばのことで、夏の都の上都においてであった。おそらくその数カ月後にはクビライにつきしたがって冬の都の大都を訪れたであろう。前述したように、これよりさき一二七一年には、クビライは国号を「大元」と定め、金以来の中都の東北に隣接して新たに大都の建設に着手し、一二七四年の元旦には宮城が完成し、正殿ではじめて朝賀をうけたばかりであった。したがって、マルコはまさに宮城ができ上がったばかりの大都を訪れたことになり、その印象は鮮烈であったろう。

その貴重な記録である『東方見聞録』には、大都の物質的豊富さについて、「世界中のどの都市に搬入される物貨よりもいっそう珍奇で高価な物品がより多量にもたらされ、売買される商品量も他の追随を許さないだけの巨額に達している」（前掲の愛宕松男訳注、1巻二四三頁）と記述している。生まれ故郷のヴェネツィアをはるかに上まわる繁栄ぶりに驚きを隠していない。世界の中心の大都に集まるこうした高価なモノと同様、さまざまな人びともここに集まってきたのであり、じつはマルコもそのひとりにすぎなかった。

第五章

華夷一統のために

1　漢族王朝の再興と北京遷都

元末紅巾の乱

モンゴル族による征服王朝として成立した元朝は、クビライのあとを継いだ成宗テムル以降も、放漫財政と皇位継承権の未確立という問題を清算できずにいた。このため、政権内部の権力闘争の激化と支配構造の腐敗にともない、十四世紀半ばにさしかかると、圧倒的多数を占める漢族に対する統治能力を急速に低下させた。チベット仏教寺院の濫設などにより、国家財政も極度に逼迫していた。元朝は、財政難を打開すべく紙幣（交鈔《こうしょう》）をますます大量に発行したため、貨幣価値が急速に下落し、民衆の生活はとどまるところを知らないインフレに苦しめられることになった。

経済の混乱は、元朝がとっていたモンゴル中心主義に対する民衆の根強い反感をあぶりださせる結果となった。とくに河南行省《かなんこうしょう》は、十世紀以来の北方民族の台頭により長期にわたり宋・金・モンゴル三国間の抗争の場となった結果、農地は荒廃し人口は流失して、民衆の生活がもっとも不安定な状況に追いこまれていた。ほかならぬこの地で、白蓮教《びゃくれんきょう》の教主韓山童《かんさんどう》が最初に反乱を企てることになる。蜂起する直前に山童は捕らえられて処刑されたが、反乱の火種はたちまち各地に広がっていった。

白蓮教は、南宋の白蓮宗に始まる仏教の一派で、マニ教（明教《みんきょう》）や弥勒仏《みろくぶつ》信仰と習合したものである。「弥勒仏が下生《げしょう》し、大小明王《みょうおう》が出世する」という教えにみられるように、現世を否定し来世を希求するメシア信仰で、社会の現状に不満をもつ人びとの心を捉え、秘密結社に転化する可能性を秘めていた。事実、しばしば異端邪教として弾圧されている。

元末に湖北《こほく》や河南・安徽《あんき》など諸地方におこった白蓮教徒の反乱軍は、いずれも頭に紅い布きれを巻いて仲間の目印としたことから「紅巾軍《こうきんぐん》」や「紅巾の賊」と呼ばれた。徐寿輝《じょじゅき》の勢力（西系紅巾軍）が湖北方面で天完《てんかん》国を樹立したのに続いて、一三五五（至正《しせい》十五）年二月、劉福通《りゅうふくつう》を首領とする一派（東系紅巾軍）は、韓山童の遺児林児《りんじ》を亳州《ごうしゅう》（安徽省亳州市）に迎えて皇帝に擁立し、「龍鳳《りゅうほう》」と年号を建てた。

小明王《しょうめいおう》と自称していた韓林児が、国号を「宋」として漢族政権を再興するというスローガンを鮮明にすると、紅巾軍の支配領域は華北・華中一帯に急速に広がりはじめた。紅巾の軍旗には、「虎賁《こほん》三千、ただちに幽燕の地に抵《いた》り、龍飛《りゅうひ》九十五、重ねて大宋の天を開く」というような民族主義的主張が掲げられていた。幽燕の地とは、言うまでもなく元朝の大都を指している。一三五八年五月には、宋朝の旧都の汴梁開封を占拠し、韓林児をふたたび迎えてここを新たに都と定めると、紅巾軍の活動は一気に高揚した。

上都の陥落

劉福通は、紅巾軍を三路に分けて北伐を命じた。西路軍には潼関《どうかん》を攻めて陝西《せんせい》に向かわせ、中路軍には山西・河北を攻め、さらに北上して上都に向かわせ、東路軍には山東から北上して大都攻略に向かわせた。

一三五八（至正十八）年二月、毛貴《もうき》の率いる東路軍は、清州・滄州の攻略に続いて海塩生産の要地である長蘆鎮《ちょうろちん》を占領した。このため、元朝は長蘆塩の産地を押さえられ、また重要な漕運ルートを切断され、財政的に大きな打撃を受けた。翌月には、薊州《けいしゅう》（天津市薊県）を陥れ、続いて元朝皇帝の春期の狩場として使われることの多かった柳林の行宮《あんぐう》を占拠した。さらに大都へと迫ったが、元軍の精鋭部隊の反撃にあって山東に引き返した。

その頃大都の朝廷では、「紅巾軍迫る」の報せにおおいに動揺を来たしていた。早々と漠北への避難や関中の長安への遷都を主張する廷臣も出てくる始末で、大都の死守を真剣に考える者は少数であった。

一方、関先生《かんせんせい》と破《は》頭潘《とうばん》の率いる中路軍は、太行山脈を越えて山西の陵川《りょうせん》、大同と北上した。十二月には上都の開平《かいへい》（内モンゴル自治区正藍旗《せいらんき》ドロン・ノール）を占拠すること七日間、宮殿に火を放って遼東に向かった。

ほぼ百年の繁栄を維持した夏の都の上都は、火災のため廃墟と化した。これまで皇帝が毎年おこなっていた両都巡幸制を続けることは困難となった。皮肉にも、大都はこの段階ではじめて首都となったと言えよう。残された大都に閉じこもらなければならなくなったモンゴルの支配層は、遅まきながら城壁による都城防禦に真剣に取り組み始めた。大都城の一一門に甕城《おうじよう》を新たに築き、万一に備えて吊り橋を設置させる詔が出されたのは、一三五九年十月のことであった。

朱元璋集団の登場

元朝による防衛体制がその弱体ぶりを露わにする一方、燎原の火のごとく勢力を拡大しはじめた紅巾軍の部将のなかに、のちの明朝創設者となる朱元璋《しゆげんしよう》がいた。朱元璋は、元朝も後半期を迎えた一三二八（元の天暦《てんれき》元）年、淮水流域の濠州《ごうしゆう》（安徽省蚌埠《ほうふ》市鳳陽《ほうよう》県）の貧農の家に生まれた。十七歳のとき、郷里を襲った疫病と飢饉のために両親や兄弟を相次いで失った。やむなく出家して皇覚寺《こうかくじ》に入り、見習いの小僧となった。そこでも食いつなげなくなると、托鉢《たくはつ》僧となり物乞い同然のような生活を送りながら、淮水流域の西部をさまよった。

この地域は、白蓮教徒の活動がもっとも活発だった地域のひとつであったから、この間に朱元璋は白蓮教団となんらかの接触をもったと考えられる。二十五歳のとき、郷里の濠州で郭子興《かくしこう》が紅巾軍を名乗って蜂起すると、一兵士として彼の軍隊に身を投じた。その後、たちまち頭角を現し、有力な部将にのし上がった。

しかし、紅巾軍が各地で略奪をほしいままにし、以前の「世直し」の理想を忘れ去っていくなかで、「江淮《こうわい》の子弟」を集めた朱元璋集団は、しだいに白蓮教を結合母体とする民衆反乱勢力と決別し、地主勢力との結びつきを強めていった。

明朝の成立

一三五六年、朱元璋が金陵《きんりょう》（江蘇省南京《ナンキン》市）を占領した前後に、浙東《せっとう》地主出身の劉基《りゅうき》や宋濂《そうれん》ら朱子学者の知識人が彼のもとに加わると、これらのブレーンから決定的な影響を受け、伝統的儒教理念にもとづく皇帝支配の立場に立つようになった。その後、朱元璋は最大のライバルであった湖北・江西の陳友諒《ちんゆうりょう》と蘇州を本拠とした張士誠《ちょうしせい》を破り、華中の穀倉地帯をすべてみずからの掌中に収めた。

張士誠の呉国《ごこく》を滅した翌年一三六八年正月、朱元璋は応天府《おうてんふ》（南京）で即位の儀式を挙行し、明朝《みんちょう》を創設した。しかしこの段階では、衰えたとはいえ北方の大都（現在の北京）にはまだ元朝が存在していた。このため、朱元璋が即位後予想される北伐戦争を強く意識していたことは、「洪武《こうぶ》」（おおいなる武力）という年号からも窺える。これ以後中国では「一世一元」となったので、後世、元号を冠して皇帝を呼ぶならわしが生まれ、朱元璋は太祖洪武帝（在位一三六八〜九八）と呼ばれる。

因みに、中国の皇帝（天子）を呼ぶには「武帝」や「孝文帝」などの諡号《しごう》と、「太祖」や「世祖」「仁宗」などの廟号《びょうごう》を用いる場合とがある。皇帝の称号を案出したのは、前述したように秦の始皇帝であり、以降は二世皇帝、三世皇帝と順に称するはずであったが、秦は二代で滅びた。古代には、簡単な美称の諡号が用いられたが、唐以降は異常に長い諡号が多くなったこともあり、たいてい二字で収まる廟号で呼ぶことが一般となった。しかし明朝においてこの一世一元の制が採られて以降は、元号を冠して皇帝を呼ぶことが便利であり定着した。わが国でも、一世一元を採用した明治以降は、同じく元号を冠して天皇を呼ぶことが可能になった。

徐達の大都占領

　一三六八年七月、大将軍徐達《じょたつ》らが率いる北伐軍が「胡虜《モンゴル》を駆逐し、中華を回復する」というスローガンのもとに元の大都に迫った。大都近郊の要地通州が明軍の手に落ちると、元の順帝《じゅんてい》は、淮王《わいおう》帖木児不花《テムルブカ》に監国《かんこく》を命じて大都城を守らせた。閏七月二十八日、順帝は皇宮の清寧殿《せいねいでん》に皇室の后妃や太子たちを集めて漠北への北帰行について相談している（『元史』順帝本紀）。宦官の趙伯顔不花《バヤンブカ》は、「世祖皇帝（クビライ）から授かった天下は、大都を死守してこそ守れるものです」と涙ながらに諫めたが、順帝はまったく聞く耳をもたなかった。もともと都城防衛という発想をもたないモンゴルからすれば、当然の選択であった。

　順帝以下の皇室は、その日の夜半に大都城北西の健徳門から抜け出し、居庸関を通って漠北に逃げのびた。徐達の率いる明軍は、八月二日に通州から大都に向かった。城壕を埋めて東の斉化《せいか》門から攻め入り、その日のうちに大都を占領した。大都は北平府《ほくへいふ》と改められた。

　北に逃れた元の皇室は、「北元《ほくげん》」と呼ばれる。その後も、明朝への反撃の機会を狙っていたから、徐達は大都接収後、ただちに大都城北側の城壁を二重にするなど防衛の強化を図った。

　引きつづき徐達らを遠征させ、元朝の残存勢力に壊滅的打撃をあたえたので、明帝国の領域は、現在の中国東北部やモンゴル高原南部にまで広がった。北伐と併行して、華南方面の作戦も順調

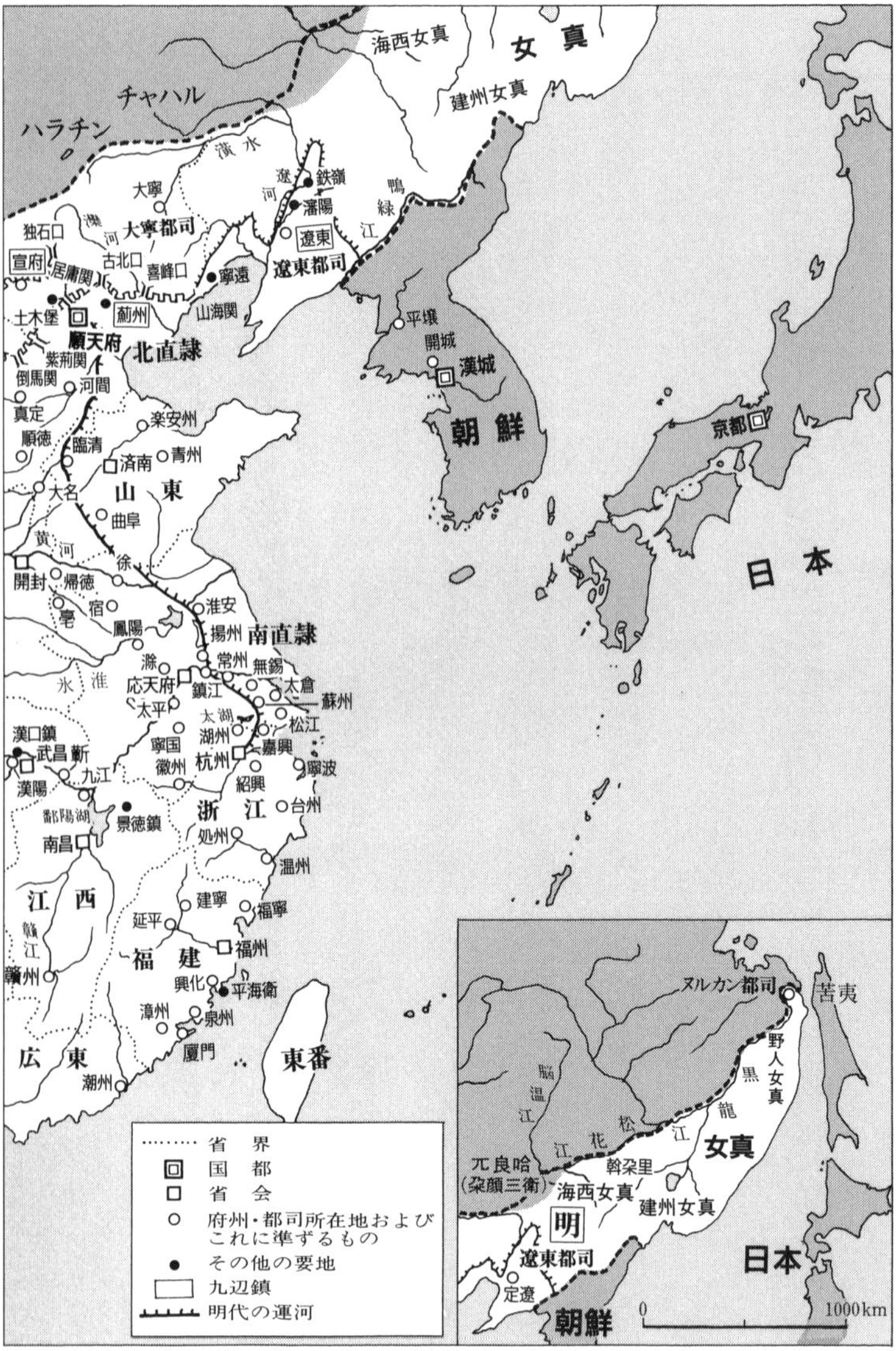

図版36　明代の中国東部

にすすみ、浙江・福建・広東・広西《こうせい》・四川・雲南《うんなん》をも平定した。こうして明朝創設者の朱元璋は、治世半ばにして元朝によって拡大された中華世界の大部分を受け継ぐことになった。これは、漢や唐の両帝国を上まわるもので、モンゴル元朝には及ばないものの、漢族王朝としてはかつてない大帝国を形成したことを意味している。

南北一体化の課題

中国本土は、ちょうど黄河と長江とのあいだを流れる淮水によって、地理的に北と南に分けることができる。年降水量一〇〇〇ミリメートルを境に、これを下まわる淮水以北は小麦・アワを中心とした畑作地帯であり、これを上まわる淮水以南は水稲を中心とした稲作地帯が広がる。

古代より黄河流域に統一国家を形成してきた中国では、三国・南北朝時代以降、長江以南の河《か》谷《こく》平野やデルタ地域の開発が進み、経済的重心がしだいに東南に移動しはじめた。五代以降北宋にいたる諸王朝の多くが、都を開封に定めたのも、こうした経済的重心の変化をふまえたものであった。

その後近世社会をむかえると、前述したように、長城外の北方民族が軍事的優位のもとに遼・金・元朝を樹立し、農耕地域と遊牧・狩猟地域との境界線上に近い現在の北京に都を移した。その結果、漢族政権は江南に追いやられ、「第二次南北朝」ともいうべき南北分裂の政局が、中国本土に再現していた。

唐王朝滅亡から数えれば、三百年以上にわたって続いたこうした分裂の形勢は、世祖クビライの率いる元朝政権によって領土的統一が成し遂げられた。しかし、元朝治下の九十年間にあっても、分裂時代の社会的実質はなおも温存されていた。このため、南北に引き裂かれた社会の統一の課題は、モンゴル支配に終止符を打った明朝にあらためて引き継がれることになった。南北の境界線上を流れる淮水のほとりで生まれた朱元璋は、まさにこの課題を引き受けるべき宿命を背負っていたと言えよう。

とはいえ、郷里の濠州から「江淮の子弟」と呼ばれる同郷集団とともに南下し、長江をわたって金陵南京に根拠地を置き権力を樹立した朱元璋政権は、建国当初「南人政権《なんじんせいけん》」としての性格を色濃くもっていた。

皇帝権力の強化は、専制権力自体が要請するものである。それは、建国功臣や江南の地主層に支えられた南人政権からの脱却によって可能となる。洪武帝がこの脱却を正当化するために掲げたのが前に述べた南北一体化という課題であった。

「中都」建設

一三六八年のはじめ、金陵において明朝を創設した洪武帝は、北伐を進める過程でその年の八月に金陵を「南京《なんけい》」とし開封を「北京《ほくけい》」とする両京制《りょうけいせい》の採用を決定した。このときの詔には、北京開封の宗廟や宮殿の建設についても追い追い着手するように指示していたが、実際に造営工事がおこなわれた形跡は残っていない。

これに対し、翌年の九月に洪武帝の郷里濠州を臨濠府《りんごうふ》に改称昇格し、そこに建設された都城の場合は、「中都」と命名され、まさに帝が南北一体化の課題の実現を強く意識していたことが端的に示されている。中都では、圜丘《えんきゅう》や社稷壇《しゃしょくだん》、太廟《たいびょう》など国家祭祀にかかわる施設の建設から始まり、中都城の建設など一連の都城造営工事がおこなわれ、王朝としてかなりの財力が費やされた。工事は、皇城の完成を目前にした一三七五（洪武八）年四月中都に巡幸した直後に、その中止を皇帝みずから決定するまで続けられていた。このため、鳳陽には現在でも午門遺址をはじめ多くの都城遺址が残されている。

このほか、検地による魚鱗図冊《ぎょりんずさつ》（土地台帳）・賦役黄冊《ふえきこうさつ》の作成や里甲《りこう》制施行とこれを基礎にした夏税《かぜい》・秋糧《しゅうりょう》の法や、江南出身者を華北地方の官吏に任用し、華北出身者を江南地方にというように本貫地を回避した「南北更調《なんぼくこうちょう》」の制にも、同様な一体化の志向を見いだすことができるであろう。

図版37　中都皇城の午門遺址

文武の二元統治

朱元璋は猜疑心の強さが尋常ではなく、やがて建国の功臣たちの粛清に乗り出した。まず一三七六年に「空印《くういん》の案」を起こして、地方官で慣例化していた不正規な文書行政を摘発した。一三八〇年には、「胡惟庸《こいよう》の獄」を発動して謀反を企てたことを理由に宰相（中書省左《ちゅうしょしょうさ》丞相《じょうしょう》）の胡惟庸を誅殺《ちゅうさつ》する。この疑獄事件では、一万五〇〇〇人余りが連座し誅殺されたという。以後、一三八五年「郭桓《かんかん》の案」、一三九〇年「李善長《りぜんちょう》の獄」、一三九三年「藍玉《らんぎょく》の獄」と疑獄事件は続くが、ほとんどすべてが洪武帝によるフレームアップであった。

これらの事件は、胡惟庸の獄後、中書省を廃止し六部《りくぶ》を皇帝の直属とし、大都督府《だいととくふ》を中・前・後・左・右の五都督府に改め軍事統帥権を分割したことから明らかなように、南人政権からの脱却と皇帝専制権力の強化を狙ったものであった。と同時に、元朝の武官重視の遺制を色濃く受け継いでいた明初の支配体制を文武二元統治体制に改める一方で、在地社会に残るモンゴル的慣習や経済的癒着の体質の一掃を、洪武帝は儒教的立場から意識的に追求していくことになる。

文武二元統治の体制は、一三七八年に完成した首都南京皇城の正門洪武門に続く千歩廊の両側に、文と武の中央官庁が、左右にきれいに分かれて配置されていることに端的に示されている。また地方行政では、六部―布政使司が統轄する行政系統の州県制と、五軍都督府―都指揮使司が統轄する軍政系統の衛所制とに大きく分かれていたことにも示されている。

洪武政治にみられる強い規範意識と時代錯誤ともいうべき国家統制の強化は、朱元璋個人の性格もさることながら、非漢人支配から脱却して漢人王朝を再興した明初社会全体が抱えていた困難性に由来するものでもあった。

諸王封建と南京＝京師体制

洪武帝は、王朝創設の翌年『祖訓録《そくんろく》』を編纂し、息子たちを諸王に封建する制度を設けた。南京を正式に京師《けいし》（首都）と定めた一三七八（洪武十一）年以降には、第二子の秦王《しんおう》樉《そう》以下、晋王《しんおう》棡《こう》・燕王棣《えんおうてい》が、西安・太原・北平（のちの北京）にそれぞれ王府を開いた。これ以後、成人に達した者を順次北辺や内地の要衝の地に分封した。洪武年間を通して、あわせて二五人の王が立てられた。

諸王の王府は、分封された都市内部に設けられていた。民事行政への関与は制限されていたものの、「護衛」と呼ばれる三〇〇〇から一万九〇〇〇人の兵力をもち、明朝を守る藩屏《はんぺい》としての軍事的役割を期待されていた。

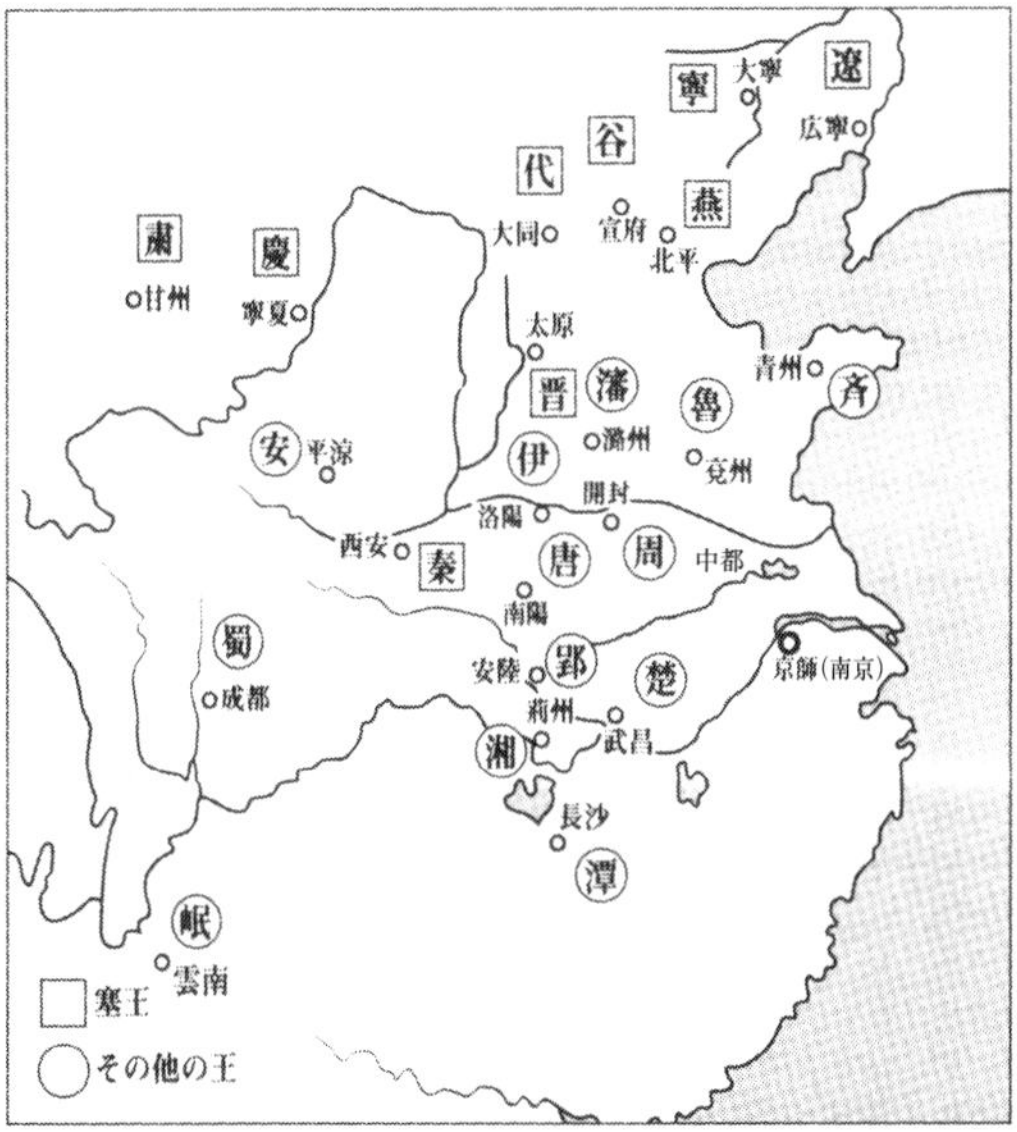

図版38　南京京師体制下の諸王配置図

こうして経済的先進地域の江南に政治の中心を置き、軍事的要衝の北辺に皇子たち諸王を配置するという南京＝京師体制が確立した。しかしながら一三九二年四月、長男の皇太子標《ひょう》が病で急死したために、洪武帝は王朝の命運を年若い皇太孫允炆《いんぶん》に託さざるをえなくなった。帝は従来にもまして血縁関係をもつ諸王たちに頼ることになった。これ以後、北辺防衛を三男の晋王や四男の燕王らに委ねていく。結果として、彼らは軍事的経験を積んでしだいに強力となっていき、のちに大きな禍根を残すことになる。

もともと、北辺から遠く離れた江南に政治の中心をおく南京＝京師体制にとって、北方への軍事力の重点配備は不可欠であった。ここに洪武帝の亡きあと、燕王による帝位簒奪《さんだつ》劇が演じられる理由があった。

「南北戦闘」としての靖難の役

一三九八（洪武三十一）年、洪武帝が崩じた。あとを継いだ朱允炆（建文帝《けんぶんてい》／恵宗《けいそう》）は、文官重視による中央集権化を進める一方で、側近である兵部《へいぶ》尚書の斉泰《せいたい》や太常卿同参軍国事《たいじょうけいどうさんぐんこくじ》の黄子澄《こうしちょう》の進言を容れて、叔父にあたる諸王たちに対して削藩（王府の取り潰し）という強硬方針を取った。

開封に王府を開いていた五男の周王橚《しゅうおうしゅく》が真っ先に削藩された。それを見た周王の同母兄の燕王棣は、いよいよ自分にも攻撃が及ぶと考えた。一三九九（建文元）年七月、燕王は挙兵する。燕王は「側近の奸臣が引き起こした皇室の艱難を靖《やす》んじる」という大義名分を掲げたことから、これを「靖難《せいなん》の役《えき》」という。三年に及ぶ戦闘の前半は華北の大平原を舞台に、後半は淮水流域を主戦場にして戦われた。一四〇二（建文四）年六月、南京城が陥落し、宮城内から火の手が上がって建文帝は没した。

靖難の役の性格については、中央集権化策と諸王分権制との自己矛盾、皇帝・文人官僚集団と親王・軍人集団との対立などを重視する見解も出されているが、詰まるところ朱家内部の皇帝権をめぐる骨肉の争いに淵源があった。ここでは、燕王側が強く意識していた「南北戦闘」（『明太宗実録』永楽五年七月乙卯《いつぼう》の条）として戦われた点に着目して考えてみたい。一親王にすぎない燕王が勝利した理由として、政府軍の度重なる戦略上の誤りにくわえて、ほんらい藩屏としての役割を果たすべき諸王府が、削藩政策への批判から建文帝に積極的な支援を送らなかったことなどが指摘されている。それ以上に、決起から数カ月、長城外の大寧都司《だいねいとし》（内モンゴル自治区赤峰市寧城県西）を攻略してようやく五軍の体制を確立した燕王軍は、当初からモンゴル騎兵を数多く抱えていたこと、すなわち北の遊牧世界の軍事力優位に支えられて戦闘を展開できた点に求めるべきであろう。

図版39　永楽帝肖像（部分）

洪武政治の継承か改変か

建文政権を倒した燕王朱棣は皇帝となった。明朝第三代、永楽帝《えいらくてい》（太宗《たいそう》、のちに成祖《せいそ》と改変、在位一四〇二～二四年）その人である。即位直後に永楽帝は、建文帝側に立って抵抗を続けた方孝孺《ほうこうじゅ》をはじめとする官僚とその一族に悪名高い殺戮をおこなっており、「壬午《じんご》殉難《じゅんなん》」として知られている。

その後、南京での政権基盤を着実に固めていくとともに、三年に及んだ戦乱で荒廃した北方の復興に意を注いだ。というのは、前述したように靖難の役は「南北戦闘」として戦われたため、役後にはあらためて南北の対立と格差が顕在化したからであった。永楽帝は、治世の大半をかけて洪武帝とは逆に、北から南北の一体化を進めていくことになる。

南京から北京への遷都は、永楽帝の時代に実現した。靖難の役で甥から帝位を簒奪した永楽帝は、新政権の正統性を主張すべく、太祖洪武帝の政治の継承を前面に掲げた。最初に建文政権のもとで削藩された周王・斉王・代王・岷王《びんおう》の爵位を復活させるとともに、改定されていた制度や官制をすべて旧に戻した。その一方で、これまでの首都南京から北京への遷都の準備に着手したのであった。

永楽帝が即位した時点は、洪武帝が金陵（のちの南京）において明朝を創設してから、すでに三十年以上を経過していた。さらにさかのぼって、元末の群雄のひとりとしてここに根拠地を置いた一三五六年以降を含めれば、半世紀近い歳月を経たことになる。

明朝創設当初の一時期「京師問題」をめぐる論議が存在したとはいえ、一三七八年に南京を正式に京師と定めて以降、すでに二十年が経過し、南京＝京師体制は定着しつつあった。くわえて、一三八一年頃から南京の鍾山《しょうざん》に建設が始まっていた皇帝陵（山陵）もほぼでき上がり、翌年九月には洪武帝の正妻馬皇后《ばこうごう》の梓宮《ひつぎ》が埋葬され、「孝陵《こうりょう》」と命名されていた。こうした諸事実を踏まえれば、この段階で永楽帝が新たに進めようとした北京遷都は、前に述べた太祖洪武帝を継承する施策とは異なり、洪武政治の改変を意味することは明らかである。

永楽帝による遷都プロジェクト

都城を他の地域に移す遷都は、歴代の中国王朝にあっても困難な事業であった。そのため、中国の諸王朝の例では、殷のような古代の都市国家や、中国本土への侵入とともに本拠地を南下させた非漢人政権の北魏や金などを別にすれば、王朝創設を契機に都を遷し、これを維持するのが通例であった。

これに対し、明の永楽遷都は、ひとつの王朝のなかで都を新たに移動した点で特別である。しかも、帝位を簒奪したがゆえにかえって洪武政治の継承を前面に掲げざるをえない永楽政権が遷都の準備を進めたところに、二重の難しさがあった。

ここでは、永楽の北京遷都を明朝最大のプロジェクトと位置づけ、北京造営の範囲を狭義の宮殿建設に限定することなく、関連するさまざまな建設工事や政治的事件を総体として捉え、遷都実現にいたる過程の全体像を四つの段階に分けて再構成してみよう。

その際、ヒトとモノの移動に注目してみたい。具体的には、ヒトの移動では、工事に動員された工匠や人夫のみならず、官僚や軍隊、さらにはそれらの頂点に立つ皇帝自身も、遷都以前から「巡狩《じゅんしゅ》（巡幸）」という名目で南京と北京とのあいだを移動した。モノの移動には、大木や磚瓦《レンガ》のような建設資材はもちろん、工匠や軍隊・官僚を養うに足る食糧、さらにはプロジェクトの最中に亡くなった永楽帝の正妻徐皇后《じょこうごう》の梓宮も含まれる。

一四〇三（永楽元）年正月十三日、南郊での儀式を終えたのちに決定した北平の北京への昇格によって南京応天府（京師＝首都）と北京順天府（行在＝副都）の両京体制が開始された。翌二月には、新たに北京留守行後軍都督府《こうこうこうぐんととくふ》や北京行部《こうぶ》が設置された。この後、一四二一年正月に北京遷都が実現するまで二十年近い歳月が費やされることになる。永楽帝自身はこの間、巡幸を理由に三度にわたって、北京に滞在している。

皇帝の巡幸期間中は、皇太子を首都南京に「監国《かんこく》」の名目で残し、政務をとらせた。したがって情報や物資としてのモノは、いったんは南京に集められ、あらためて北京に転送する体制がとられていた。

しかし、永楽帝の北京滞在中に何があったかに注目すると、第一次では陵墓天寿山《てんじゅざん》（現在の十三陵）の造営、第二次では西宮《せいきゅう》建設、第三次では奉天殿の完成による朝賀儀式の決定と、北京遷都が実現する過程でそれぞれ重要な決定が下されていたことがわかる。

帝はこれらの重要な決定を独断もしくはせいぜい扈従《こじゅう》した行在官や近侍の臣下に謀るだけで進めることができた。すなわち、北京巡幸という「装置」自体が、遷都プロジェクトのイニシアティヴを帝が確保するうえで、きわめて重要な役割を果たしていた。巡幸は単なるパレードなどではなかった。永楽帝みずからが北京で造営工事を推進していく、いわば「促進剤」だったのである。

①第一段階——南北両京体制の施行

両京体制においては、早い段階から皇帝の北京巡幸はすでにそのプログラムに入っていたとみてよい。にもかかわらず、すぐに実行に移せず、第一次巡幸までに五年以上かかったのは、南京に新たに乗り込んで即位した永楽帝にとって、その権力基盤を固めるのに一定の期間を必要としたからであった。

帝は即位直後に王妃徐氏を南京に呼び寄せて皇后に冊立《さくりつ》し、翌永楽元年には皇長孫瞻基《せんき》（のちの宣徳帝《せんとくてい》／宣宗《せんそう》）を呼び寄せた。さらに二年には、世子高熾《こうし》（のちの洪熙帝《こうきてい》／仁宗《じんそう》）と第二子の郡王高煦《こうく》を呼び寄せ、高熾を皇太子に、高煦を漢王《かんおう》に、第三子高燧《こうすい》を趙王《ちょうおう》にそれぞれ冊立した。世子を南京に迎えるのが一年以上も遅れたのは、北京の守りを固める必要とともに、永楽帝自身が皇太子の決定に頭を悩ませていたからであった。

ほんらいであれば、年長の世子高熾を皇太子に立てて当然であるが、帝には自分に似て軍事的才能のある第二子高煦に期待するところもあった。結局、世子を皇太子に立てることを決めたのは、帝が世子以上にその息子の皇長孫瞻基に期待を寄せていたからであった。

②第二段階――造営工事の開始と第一次巡幸

一四〇六年閏七月、文武群臣の提案により北京の宮殿建設が決定し、木材の調達が開始された。このとき決定した宮殿建設は、遷都のためではなく、あくまでも帝の巡幸に備えるという名目でおこなわれた。

木材調達のために派遣された地域は、四川、湖広、江西、浙江、山西などであった。一〇万人を動員して木材伐採がおこなわれた湖広地方では、弥勒教徒李法良《りほうりょう》が採木をめぐる民衆の不満を吸収して反乱を起こすなど混乱が生じていた。

木材の調達とともに全国の各種工匠に動員を命じ、翌年五月を期して北京で工事に従事させることになった。軍政系統では、在京の諸衛および河南・山東・陝西・山西都司と中都留守司・直《ちょく》隷《れい》各衛の軍士が、行政系統では、河南・山東・陝西・山西布政司《ふせいし》や直隷の鳳陽・淮安・揚州・廬《ろ》州《しゅう》・安慶《あんけい》・徐州・和州の民丁《みんてい》が動員された。

一四〇八年八月には、永楽帝は北京巡幸の時期を明年春と指示し、礼部に対して事前に実施要領を協議するように命じた。この時期に巡幸の決定がおこなわれたのは、前月四日に徐皇后の一周忌を終えたことが関係している。徐皇后の生前からすでに話題にのぼっていた巡幸の実現が、徐皇后の死により一周忌を迎えるまで先延ばしになっていた。

第一次巡幸では陵墓天寿山の造営に着手した。いわゆる「明十三陵」のひとつ、長陵《ちょうりょう》である。前年七月に徐皇后が死去すると、帝みずからも葬られることになる陵墓の地をどこに選定するかが焦眉の課題となった。永楽帝自身は早い段階から北京への遷都を構想していたから、陵墓予定地を、太祖の孝陵のある南京ではなく、新しい都北京の周辺に探し求めた。帝が北京に到着したのは一四〇九年三月のことで、到着後五十日余りで建設に着手したことから、陵墓建設が巡幸当初から予定されていた行動であることは明らかであろう。

③第三段階——第二次巡幸と西宮建設

天寿山の完成を目前にして、一四一二年三月に北京順天府を正《せい》四品から正三品衙門《がもん》に昇格し、南京応天府と同格にした。南京の孝陵とは別に北京に長陵が設けられる以上、北京の地位が南京と肩を並べるのは当然と考えられたのである。

また、徐皇后の梓宮を、南京から遠く離れた北京近郊の天寿山に葬送する準備に着手した。翌年正月十七日の早朝、南京で徐皇后の梓宮を移動する儀式が始まった。

ちょうどひと月後に、徐皇后の梓宮はでき上がったばかりの長陵に埋葬された。その頃南京では、永楽帝が北京に向けて第二次巡幸に出発した。南京から北京にいたる沿路でくりひろげられた皇后の梓宮葬送とこれに続く皇帝巡幸のパレードは、当時の人びとに一四〇九年に始まった北京巡幸が単なる「巡狩《じゅんしゅ》」にとどまらないことを印象づけた。

第二次巡幸中の一四一五年三月に実施された永楽乙未《いっぴ》科《か》の科挙は、明朝が北京で挙行した最初の会試《かいし》と殿試《でんし》であり、とりわけ周到な準備のもとに進められた。実施に先立ち合格者の進士に賜与する冠服五〇〇セットを造らせるなど、当初から合格者の大幅増が計画されていた。この殿試では、北京が文教の中心としての資格、すなわち文化的威信を十分に有していることを内外に印象づける必要があったからである。

合格発表後、永楽帝はこの科の合格者リストを永く後世に伝えるべく「進士題名碑」を北京の国子《こくし》監《かん》に建てるように指示した。ここに題名録が刻石されるのは元朝の仁宗（アユルバルワダ）のときに始まったならいである。最後に題名碑が建てられたのは元末の一三六六（至正二十六）年であったから、ちょうど半世紀ぶりのことであった。

永楽帝は、この巡幸で北京に滞在中の一四一六年八月、行在工部《あんざいこうぶ》に命じて西宮の建設に着手した。西宮は一時的な「視朝所《しちょうしょ》」として建設された。というのは、帝はこれまで洪武年間以来の旧燕王府を行在所に改造して滞在していたが、これを撤去して新たに宮殿を建設しようとしていたからである。したがって西宮建設は、その後に続く宮城建設の序幕といってよい。翌月、帝は西宮の工事が始まったのを見とどけると、第二次巡幸を終え南京に帰還した。工事は順調に進み、翌年四月に完成した。

④第四段階――宮城建設と最後の巡幸

じつは、北京滞在中の永楽帝には、一足先に南京に戻った漢王高煦の不穏な動きが知らされていた。漢王の行動に対し疑念を深めた帝は、南京への帰還を決意した。また、その半年前の一四一六年三月には、これまで北京居守《きょしゅ》の任にあった趙王高燧に対して河南彰徳《しょうとく》府への改封を命じていた。十一月に南京に還った永楽帝は、戸部《こぶ》に命じて漢王と趙王の禄米を一万石に減らした。これらの措置は、両王の処遇問題に決着をつけようとする帝の意志の表れであった。

十一月十五日には朝政の場で北京造営工事について正式に議論され、宮殿の建設が裁可された。この時点で、あらためて北京造営のことが議論されたのは、二度目の巡幸が実現し北京の地位はしだいに高まっていたとはいえ、重要な決定は首都の南京でなされるべきとまだ考えられていたからである。

一四一七年二月には、いよいよ宮殿建設を担当する繕工《ぜんこう》のポストが設けられ、泰寧侯陳珪《たいねいこうちんけい》がその長官に命じられた。陳はその後、北京行後軍都督府事の兼任をも命じられており、工事は引きつづき北京行後軍都督府を中心に進められた。

同年三月、永楽帝は南京を発して北京に向かう。そして二度と南京に戻ることはなかった。北京では六月に入っていよいよ奉天殿《ほうてんでん》と乾清宮《けんせいきゅう》の宮殿建設が始まり、一四二〇年末にいたり工事が完成する。宮殿の完成が目前に迫ったその年の九月、天文関係を掌る行在欽天監《きんてんかん》が明年正月元旦に、新たに完成する宮殿で朝賀の儀式を挙行することを上奏して裁可された。

ただちに、行在戸部尚書夏原吉《かげんきつ》を南京に派遣して皇太子を北京に呼び寄せる措置をとった。いわば、二焦点をもつ楕円のように、北京と南京の二つに分かれていた帝国の中心を一致させる試みが、まず一方の焦点として南京に残っていた皇太子から始まったわけである。十一月には、帝は明年新殿で朝賀を受ける旨の詔を全国に発した。

一四二一年元旦、計画どおり朝賀の儀式が完成したばかりの奉天殿で盛大に挙行された。早朝、永楽帝は儀式に先立ちみずから太廟に赴き徳祖《とくそ》（洪武帝の高祖父）以来太祖洪武帝までの五廟の太皇と太后の神主《しんしゅ》を奉安した。皇太子には、天地壇に昊天上帝《こうてんじょうてい》と厚土《こうど》皇地祇《こうちぎ》の神主を、皇太孫には、社稷壇《しゃしょくだん》に太社《たいしゃ》と太稷《たいしゃく》の神主をそれぞれ奉安させた。神主とは、儒教の葬礼で死者の官位・姓名を記した木牌で、仏教の位牌にあたる。

奉天殿での朝賀の儀式挙行でもって、北京遷都が実現した。奉天殿は宮城の主殿で、のちの太和殿にあたる。

いまや中央政府の機能はもちろん、あらゆるものがここに集められた。モンゴル元朝以来広がった中華と夷狄《いてき》の両世界を支配する明帝国の、名実ともに首都としての地位が北京に約束されるはずであった。しかし、事態は永楽帝の期待したとおりには進まなかった。

2　北京定都と嘉靖帝の都城改造

落雷による三殿焼失

北京遷都から数カ月後の四月八日、落雷によって完成したばかりの奉天殿以下の三殿が焼失した。

中国側の根本史料である『明太宗実録』には、禁忌《タブー》とされたためか落雷の事実に触れていない。しかし、朝賀の式典に参列した朝鮮やチムール王朝の使節の報告には、落雷が「正朝《せいちょう》の殿《でん》」である奉天殿を目がけ落ちたことが記されている。落雷は、三殿のなかでももっとも重要な奉天殿を直撃したことから、当時の人びとに「天譴《てんけん》」と受けとめられた。

もちろん落雷は、天の意を表すものではなく、単なる自然現象にすぎない。新築された奉天殿（のちの太和殿）の高さは三五メートルで、その北側に位置する景山の山頂四三メートルにほぼ匹敵する高さであった。華北平原のなかで考えたとき、天空に向かって屹立《きつりつ》する奉天殿は格好の標的となったであろう。雷は奉天殿に落ちるべくして落ちたのである。

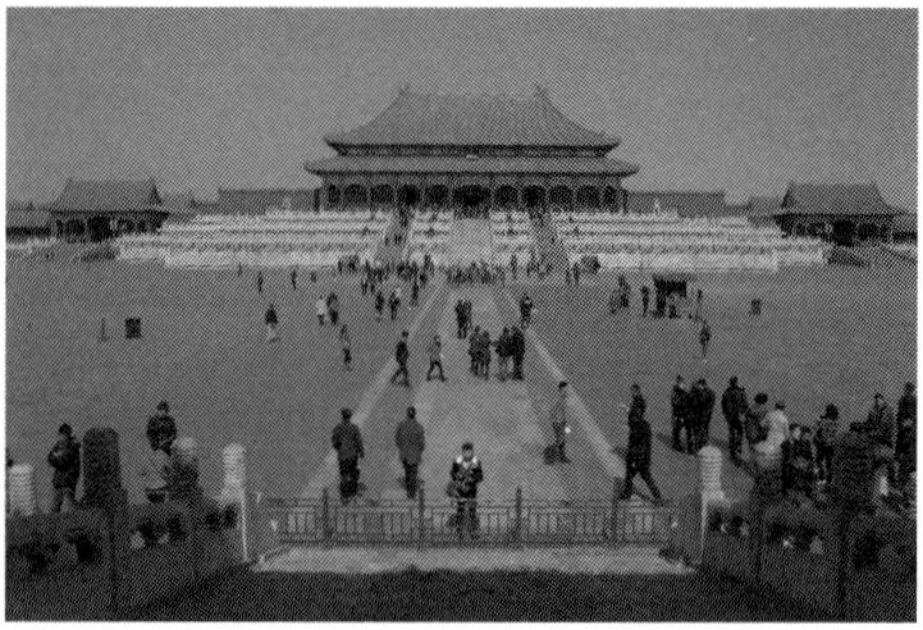

図版40　明の奉天殿を継承した清の太和殿

とはいえ、この三殿焼失を契機に遷都プロジェクトをめぐる問題点が一挙に噴き出した。被災した翌朝から一日をおいた十日に、永楽帝は文武の群臣に命じて天意を回《もど》すべく、被災の原因となったみずからの政治の至らぬ点を逐一指摘するよう勅諭を出した。勅を奉じて官僚たちから出された上奏の多くは、公然と北京遷都の不都合に言及していた。「奉勅陳言」というフォーマルな機会をあたえられて、遷都への批判が集中した。

翰林院侍講《かんりんいんじこう》鄒緝《すうしゅう》は、より直接的な表現で北京建設の問題点を摘出し、建設工事の停止、遷都したばかりの北京から一時南京への帰還を求めた。また遷都の不便を上奏したなかでもっとも過激であったとされる吏部《りぶ》主事蕭儀《しょうぎ》は、永楽帝の逆鱗《げきりん》に触れて投獄され、二年後に獄死した。宮廷内の動揺は、同月十七日に予定されていた帝の誕生日の祝賀行事を中止したことにも示されている。

十三日、帝は、天意に応えて二〇項目からなる民の不便や不急の負担を停止する詔を出した。内容を検討すると、そのなかには鄒緝らの提案の多くが取り入れられている。怱卒《そうそつ》に出された感のあるこの詔は、遷都をめぐる論議がこれ以上蒸しかえされるのを避け、早々と幕引きを図ろうとするものであった。『明実録』を見るかぎり、これ以後には遷都に対する批判が上がっていないのは、問題が解消されたわけではなく、永楽帝の在位中は、帝の強権の下で押さえつけられ、深く潜行していたためであった。

その後、動揺を振り払うかのように、永楽帝はモンゴル親征を、翌年から一四二四年まで毎年強行し、みずからの寿命を縮めていった。この時期、三殿焼失により遷都をめぐる国内的世論の動揺が表面化するなかで、帝が執拗に親征を継続したのは、その成功により、揺らぎはじめた華夷両世界の中心としての北京の地位に対して、あらためて確固とした正当性を付与しようとしたためであった。

南京還都の決定

はかばかしい戦果を挙げることなく終わった一四二四年のモンゴル親征の帰途、楡木川《ゆぼくせん》（内モンゴル自治区多倫県の西北）で永楽帝は崩じた。六十五歳の生涯であった。北京遷都の朝賀儀式を挙行してから、まだ三年しか経過していなかった。

代わって長男高熾が皇帝（洪熙帝《こうきてい》・仁宗《じんそう》）に即位すると、事態は急展開を見せた。新帝のもとで、すぐさま政治の刷新が図られ、南京還都《かんと》が計画されたからである。

一四二五（洪熙元）年三月二十八日に、洪熙帝は南京還都を正式に決定した。北京の中央官庁にはふたたび「行在《あんざい》」の二字がくわえられ、北京行部と北京行後軍都督府も復活した。四月四日には、帝は遷都以来荒廃の目立ちはじめていた南京皇城の修理を命じた。その翌日には、南京太《たい》監《かん》の王景弘《おうけいこう》に対して明年春と、南京への帰還の具体的時期が示された。

しかし、それから数日して、十一日に洪熙帝の容体が急変し、翌日、急逝した。その死は、南京還都の正式決定からわずか四十日余りで、帝の遺詔のなかにも南京還都のことが明言されていた。

洪熙帝が南京還都を決定するにいたる背景のひとつに、永楽遷都の時点では漕運など物流面での改善が未解決のままに残されていたことがあった。帝は、このために北京造営と外征に明け暮れた永楽晩年の政治の混乱を調整すべく、即位の詔で、「西洋」下りの宝船や、雲南や交趾《こうし》での金宝や香料の調達、各地に科派された課税の廃止を打ち出した。調整策は功を奏して、これが後世「仁宣《じんせん》の治《ち》」と称される理由となった。

しかし皮肉なことに、帝が意図していた南京還都にとっては、この調整策はマイナスに作用した。というのは、これらの調整策により、還都を期待する人びとの不満が一定程度吸収され、還都を求める輿《よ》論《ろん》の物的基礎を足元から切り崩しはじめたからである。

洪熙帝の死に際して、南京留守のため不在であった皇太子瞻基《せんき》が急遽《きゅうきょ》北京に戻って、即位した。宣徳帝《せんとくてい》（宣宗《せんそう》）である。帝は即位当初、張皇太后《ちょうこうたいごう》の後見のもと先帝の遺詔遵守を前面に打ち出したが、南京還都に関しては早い段階から軌道修正を図り、最終的には父親の南京還都の決定を反故《ほご》にし、北京で焼失した三殿再建の準備を進めていく。

当該時期の実録をひもとくかぎり、先帝の遺詔である南京還都決定の取り扱いをめぐって朝廷で正面から論議がなされた形跡はない。しかし、南京ではなく北京西北の天寿山に洪熙帝の献陵《けんりょう》を建設したのは、還都棚上げのための第一段階となった。

即位直後に起きた漢王高煦の「反乱」を平定した宣徳帝は、一四二八（宣徳三）年以降、南京皇城の修理工事を中止する一方、その年の八月に重臣を集めた会議をへて北京行部と行後軍都督府の廃止を決定する。これに先立ち五月に行在工部尚書李友直《りゅうちょく》らを四川や湖広に木材調達に派遣したのも、焼失した北京の三殿二宮を再建するためであった。

宣徳年間に営造工事を再開するにあたって、工事を担う軍匠の編成方法が問題となり、武功三衛が増設された。その当時、宮殿工事にあたった工匠は王長児ら一〇万八〇〇〇人以上で、ほかに動員された者も一〇〇万人にとどまらないと右都御史協理《きょうり》戎政《じゅうせい》鄭暁《ていぎょう》が指摘している（陳継儒《ちんけいじゅ》『見聞録』）。中央官庁では、まず行礼部が大明門の東側に建設された。最初に行在礼部が建設されたのは、重要な国家祭祀や内外の朝見に関係するためであった。

北京定都

宣徳帝は在位十年で若くして崩じ、子の朱祁鎮《きちん》が即位した。正統帝《せいとうてい》（英宗《えいそう》）である。一四三六（正統元）年末から翌年春にかけて、三殿二宮や京城九門の城楼および中央諸官庁の建設プランが作成された。

乾清宮の修復工事に続き、一四四〇年三月六日には、奉天・華蓋《かがい》・謹身《きんしん》三殿と坤寧宮《こんねいきゅう》の再建工事も始まった。翌年九月に三殿二宮が完成し、十月末日に帝は居を大内の乾清宮に移した。

翌十一月朔日、英宗は再建された奉天殿ではじめて群臣の朝賀の儀式に臨んだ。奉天殿で朝政がおこなわれるのは、一四二一年四月の三殿火災以後、「正朝」の場を焼け残った奉天門に移していたから二十年ぶりのことで、三殿焼失以来の北京の地位をめぐる動揺はこれにより最終的に清算されることとなった。これ以後、北京の諸官庁はもちろん個々人の官名からも「行在」の名称が取り除かれ、北京は名実ともに首都となった。

三殿二宮の再建後も、北京では中央官庁の建設ラッシュが続いた。これまで中央官庁は、行在礼部を除いて、永楽年間の巡幸時以来の旧官庁を使っていた。これらの建物の多くは元朝の大都以来の建物を利用したもので、諸官庁は城内に無秩序に散在していた。これを南京と同様に大明門の左右に集中させ、しかも文武の二大系統に振りわけて配置したので、都城の象徴性がより高まった。

宣徳から正統年間にかけて、三殿二宮の再建と併行して進められた北京城の首都空間整備によって、北京城の原型となった元の大都の都城プランは、装いを大きく変えようとしていた。このことは、とりもなおさず、モンゴルの遺風からの脱却、伝統的漢族王朝への純化を意味するであろう。都城という容器の変化は、そこで営まれる社会生活全般の変容をもたらさずにはいられないからである。

以上のように、南京から北京への首都移転問題を考えるにあたっては、南京と北京の両京体制創始（一四〇三）→北京遷都（一四二一）→南京還都（一四二五）→北京定都（一四四一）という一連の過程に着目する必要がある。元朝を北に追いやった漢族王朝の明朝にとって、モンゴルの世祖クビライが建設した大都に都を移すというのは、かなりの抵抗をともなっていたはずである。両京体制の創始から遷都までの約二十年と、遷都直後の動揺と南京還都の決定から北京定都までの約二十年、あわせて四十年にわたる長い歳月は、モンゴル的な要素を色濃くもつ大都を明朝社会が受け入れていく過程でもあった。

土木の変と于謙の北京防衛

モンゴルのオイラト部は、明朝と朝貢《ちょうこう》貿易関係をもち、伝統的に平和的な関係を維持していた。

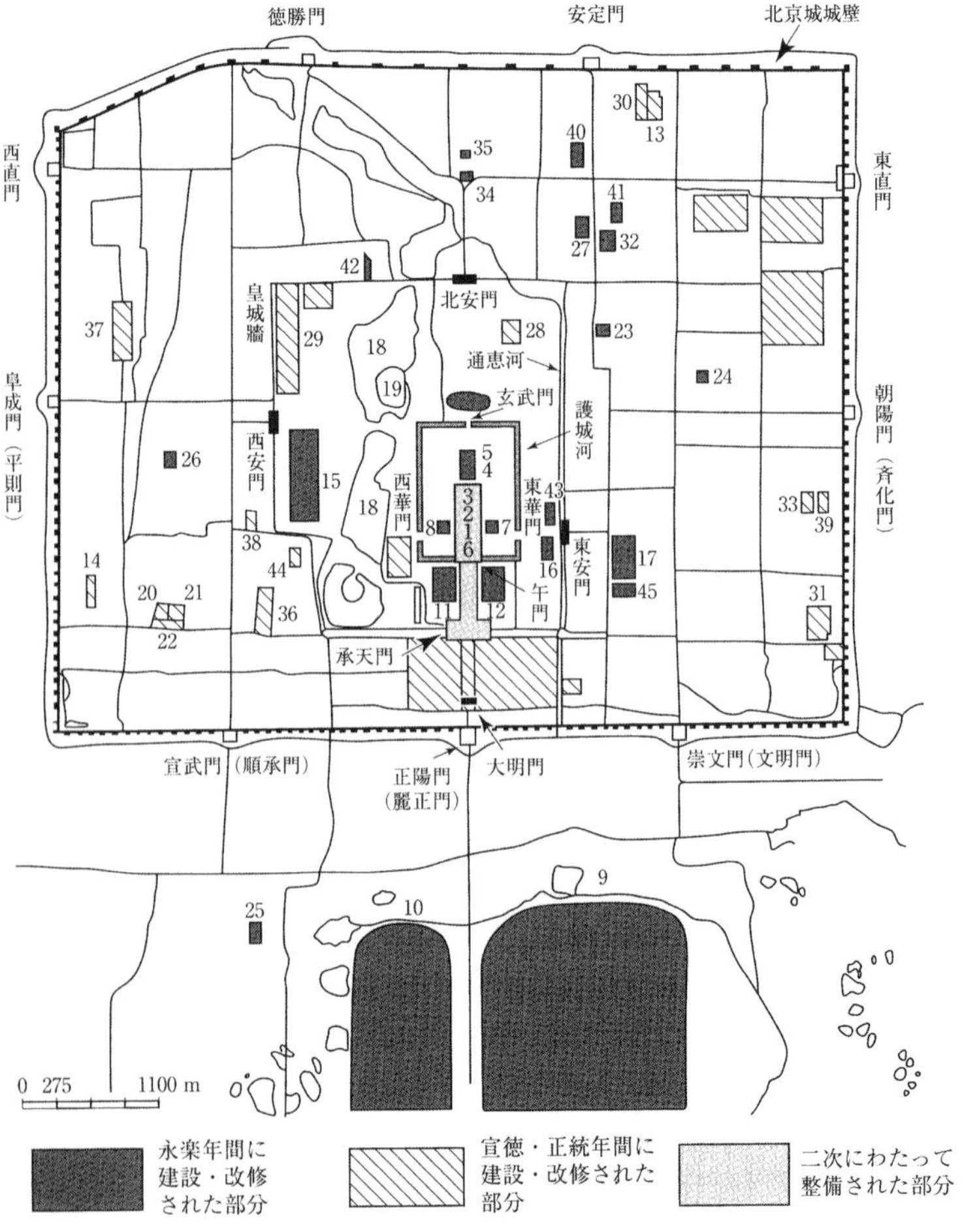

1 奉天殿　2 華蓋殿　3 謹身殿　4 乾清宮　5 坤寧宮　6 奉天門
7 文華殿　8 武英殿
9 天地壇　10 山川壇　11 社稷壇　12 太廟　13 孔子廟　14 都城隍廟
15 西宮　16 皇太孫宮　17 十王府　18 太液池　19 万歳山　20 刑部
21 都察院　22 大理寺　43 光禄寺　44 太僕寺　45 会同北館
23 中城兵馬司　24 東城兵馬司　25 南城兵馬司　26 西城兵馬司　27 北城兵馬司
28 司礼監　29 甲・乙・丙・丁・戊字, 承運・広盈・広恵・広積等庫　30 国子監
31 貢院　32 順天府学　33 京衛武学
34 鼓楼　35 鐘楼　36 慶寿寺　37 朝天宮　38 霊済宮　39 智化寺
40 順天府署　41 大興県署　42 宛平県署

図版41　明北京城図（1421-1449年）

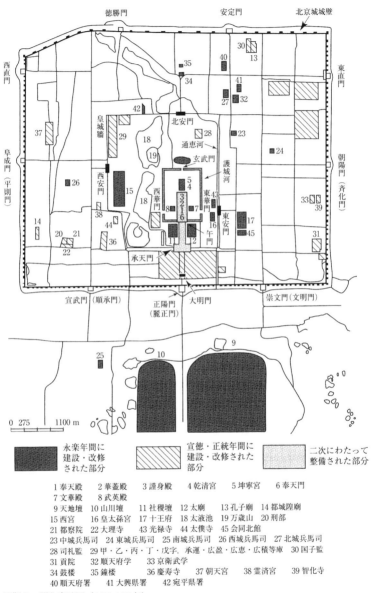

両国のあいだが決裂する原因となったのは、オイラトの朝貢使節の人数詐称問題の発覚である。英宗は、三〇〇〇人にものぼったその人数を厳しく制限して、オイラトにあたえられる回賜の額を大幅に削った。これに憤慨したオイラトの首長也先《エセン》は、長城を越えて大同に攻めてきた。英宗は、司礼監《しれいかん》太監王振《おうしん》の勧めでただちに親征した。

五〇万人と号したその親征軍がモンゴル軍に大敗、皇帝が拉致《らち》されたという報せが宮中に伝えられたのは、一四四九（正統十四）年八月十六日夜半のことである。

明軍は、なんら戦果を挙げることなく大同から戻る途中、北京の西北八〇キロメートルほどのところにある土木堡《どぼくほ》（河北省張家口《ちょうかこう》市懐来《かいらい》県の東）で、エセンが率いるモンゴル軍の急襲をうけた。王振は大混乱のうちに戦死し、英宗も捕虜になった。王朝にとってかつてない不名誉な事件は、「土木の変」と呼ばれる。

翌朝に宮城に集まってきた官僚たちにもこの敗報が少しずつ広まると、驚きと愁声がささやかれた。その後、満身創痍の兵士たちがほうほうの体《てい》で逃げ帰ってきたが、皇帝の消息はなおも不明であったから都の北京は大混乱に陥った。軍隊の大半は皇帝とともに出陣しており、戒厳体制を布《し》こうにも、北京には残された兵馬の数はわずか一〇万にも満たなかったからである。

首都防衛をめぐる十八日の朝議では、翰林院侍講の徐珵《じょてい》（のちに有貞と改名）のように南遷を提案する者も現れた。礼部尚書の胡濙《こえい》は、永楽帝以下三代に及ぶ陵墓の存在を挙げて首都防衛を主張した。兵部左侍郎《さじろう》の于謙《うけん》は、今後南遷を口にする者は斬りすてる、いまは速やかに全国から勤王の兵を集めて北京を死守することが緊要だと発言した。翰林院学士の陳循《ちんじゅん》をはじめ多くの者もこれに賛同し、北京の死守が決まった。

しかし孫皇太后《そんこうたいごう》の周辺では、それでも動揺は収まらなかったらしい。太監李永昌《りえいしょう》は、この北京には陵墓、太廟や宮殿にくわえて政府の太倉《たいそう》や財庫が備わっており、いったん南遷すれば、宋朝滅亡を招いた靖康の変の二の舞になると、皇太后を説得したという。

人心が動揺するなかにあって、南遷の議が大勢とならなかった背景には、宣徳・正統年間に進められた宮殿や城濠をはじめとする首都空間の整備のもつ意味が大きかったと考えられる。もともと臆病者とみられている宦官たちが、太監金英《きんえい》に代表されるように、徐珵の南遷の議に対し不快感を示したのも、そのためであったろう。

さらには、宣徳年間に進められた漕運制度における改善が、この時期の首都空間整備の物的基盤をなしていたと考えられる。洪熙帝による南京還都の決定という紆余曲折はあったにせよ、一四二一年の永楽遷都以来すでに三十年近い歳月が経過し、北京は首都としての実質を十分に備えつつあり、明朝は北京を軸に回転しはじめていた。

孫皇太后の令旨《れいし》により、九月、英宗正統帝の異母弟で郕王祁鈺《せいおうききょく》が新たに即位して景泰帝《けいたいてい》（代宗《だいそう》）となった。首都の死守を宣言した于謙は、残された軍隊をかき集め、北京城の守りをかためてエセンに侵攻する機会をあたえなかった。景泰帝から全幅の信頼をうけた于謙は、兵部尚書に昇格し、国政の全権を任された。于謙もよくその負託に応え、混乱した朝廷と軍隊の再建につとめた。

十月になると、エセンは明朝との賠償金交渉を優位に進めようとして、拉致した皇帝を擁して大同に侵攻してきた。紫荊関《しけいかん》を陥れて西直門外に陣を張り、五日間にわたって北京城を包囲した。于謙と都督石亨《せききょう》らは二二万の官軍で京城九門外に陣を張って奮戦し、エセン軍を撃退した。やむなくエセンは、一四五〇（景泰元）年九月、無条件で英宗を明に返してきた。土木の変に続くこうした危機を乗り越えて、北京の首都としての地位はさらに盤石なものとなった。

奪門の変とその後の于謙

英宗がエセンのもとから帰還すると、北京には皇太后の令旨により即位した景泰帝と帰還した上皇の英宗正統帝という二つの権力が存在することになった。両者は兄弟の間柄とはいえ、微妙な問題を生じるのは当然であった。

そこで、景泰帝は先手を打って英宗を宮城から追い出し、皇城内の南宮《なんぐう》（現在の南池子付近）に幽閉して外界との接触を断った。ついで皇太子に定められていた英宗の息子見深《けんしん》に代えて、自分の息子見済《けんさい》を皇太子に立てようとした。太子の廃立問題は、廷臣の会議に諮られた。一部に難色を示す者がいたものの、礼部尚書胡濙をはじめ、于謙や石亨など廷臣の多くは唯唯諾諾《いいだくだく》としてこれに賛成した。当時、外敵モンゴルの脅威を前にして王朝の存続が重視され、皇統の選択は二の次と考えられていたからである。

しかし皇太子に立てられたばかりの景泰帝のひとり息子見済は、翌年病で亡くなった。代わりの太子が決まらないうちに、景泰帝も重病にかかって政務を処理できなくなると、廷臣のなかには英宗の復辟《ふくへき》（再即位）をはかり、于謙を退けて権力を手にしようとする者が現れた。

図版42　玉泉山にある景泰陵

かねてから機会を窺っていた忠国公石亨は、徐有貞や宦官曹《そう》吉祥《きつしょう》らとともに一四五七（景泰八）年正月、ついにクーデタを起こした。石亨は長安門を開いて兵士一〇〇〇人を皇城内に潜入させるとともに、南宮の門を破って幽閉六年におよぶ英宗を救い出し、輿にのせて東華門から宮城内に入って英宗を奉天殿の玉座に登らせた。

夜明けとともに、朝見に参内《さんだい》した官僚たちは、ことの真相を知っておおいに驚いた。景泰帝が病床に伏し後継者も定まっていない以上、官僚たちは玉座に居座る英宗に向かって賀詞を奏上するほかなかった。一夜にしてふたたび帝位に戻ったこのクーデタは「奪門《だつもん》の変」と呼ばれる。

重病の景泰帝は、帝位を剥奪されたうえ西宮に幽閉されたが、まもなく亡くなった。景泰帝は、皇帝陵の天寿山（現在の明十三陵）ではなく玉泉山北麓の金山口《きんざんこう》（海淀区）に葬られた。それも皇陵ではなく「郕王墓」として葬られた。

于謙も即刻逮捕され、五日後に西市（西城区西四）で処刑された。妻子も辺地に流罪となり、家財はすべて没収された。しかし、于謙の財産は、帝から下賜された蟒衣《もうい》（四爪の龍を織り込んだ官服）や書籍のほかに、めぼしい家財はほとんどなかったという。

ふたたび帝位に戻った英宗は、年号を「天順《てんじゅん》」と改めた。しかし天順帝とは名ばかりで、英宗は性懲りもなく、土木の変を招いた元凶の王振の官爵を回復して彼の木像を彫らせては、追悼することに余念がなかった。クーデタを主謀した石亨や曹吉祥らは、相次いで謀反を企てたものの失敗し処刑されるなど、政情は安定しなかった。

英宗が崩じ、子の見深が即位すると（成化《せいか》帝《てい》・憲宗《けんそう》）は、奪門の変で失脚させられた関係者の名誉回復をおこなった。一四七五年には、叔父の景泰帝の帝号を復して景皇帝と改諡《かいし》し、郕王墓を皇陵に改めている。

釈放された于謙の長男冕《べん》が父の冤罪を上書したので、于謙の生前の官爵を復し名誉も回復された。于謙を祀る忠節祠は出身地杭州の西湖にあるものがよく知られているが、北京にも存在する。万暦《ばんれき》二十三年二月、同郷出身の太常寺少卿鍾化民《しょうけいしょうかみん》の奏請により、没収されていた崇文門《すうぶんもん》内の西《せい》裱褙《ひょうはい》胡同の故居が忠節祠に改められた。諡《おくりな》を「忠肅」と改め、祠のなかに于謙の塑像も建てられた（『明神宗実録』巻二八二、万暦二十三年二月己未《きび》）。この時期は、豊臣秀吉が「征明」の名のもと文禄の役を起こしたため明朝が朝鮮に援軍を派遣していた頃であった。ちょうど朝廷内で論争のすえ秀吉を日本国王に封じることが決まった日から六日後のことであった。秀吉が引き起こした戦争の脅威が、エセン軍に対する主戦論で王朝を守った于謙を顕彰する動きと結びついたのであろう。

その後、満洲人が新たに北京に乗り込んできた清初の順治《じゅんち》年間には、于謙の塑像は壊され祠も廃止された。しかし清末には再建されて、排外主義に立つ義和団《ぎわだん》がここに神壇を設けたこともあった。現在の于謙祠は建国門内大街の中紡大廈の真向かいに立つ華夏銀行隣の高層ビルの一角に

図版43　北京の故居跡に建てられた于謙祠

ある。周辺の再開発にあわせて修築工事がおこなわれ、二〇一七年に公開された。

概して、于謙は外敵の脅威から北京を守ったとして、漢族主義的立場から評価されてきた。そのため、于謙の評価も時代とともに漢人と非漢人とのあいだで揺れ動いてきた。都も南京と北京のあいだで南北に揺れ動いていたなかで、首都北京の死守が社稷を守ることだと身をもって示した于謙は、偏狭な民族主義的な感情からではなく、北京成立史の中にあらためて位置づけるべきであろう。

外藩からの即位と大礼の議

成化帝を継いだ孝宗弘治帝《こうそうこうちてい》（祐樘《ゆうとう》）は明朝中興の祖ともいわれる。しかし、その中興も続かず長子の武宗正徳帝《ぶそうせいとくてい》（厚照《こうしょう》）は淫乱と逸楽をきわめ、三十一歳の若さで亡くなった。その亡くなった場所は宮城内ではなく、皇城の西安門内に特別に造らせた豹房《ひょうぼう》と呼ばれる建物のなかであった。荒淫が過ぎた正徳帝には子がなく弟も夭折していたので、弘治帝の弟興献王祐杬《こうけんおうゆうげん》の子厚熜《こうそう》が外藩から世継ぎとして迎えられた。明朝第十一代の世宗嘉靖帝《せいそうかせいてい》（在位一五二一～六六）である。北京の歴史から見て、一時的にせよ中興の気運を感じさせたのは、永楽帝と同様に外藩から即位した嘉靖帝であった。

十五歳の嘉靖帝が湖北省の安陸州から北京に乗り込んで即位すると、朝廷ではたちまち「大礼《たいれい》の議」がおこった。嘉靖帝が実父の興献王をどのように処遇するかが礼制上の大問題となったのである。

官僚の多くが主張するように、嘉靖帝が弘治帝の子、正徳帝の弟というかたちをとって皇位を継承する以上、弘治帝を「皇考《こうこう》」（亡父）と呼び、興献王を皇叔父と呼ばなくてはならない。しかし、嘉靖帝の主張は単純化して言えば「やはり実父を優先したい」ということであって、興献王を皇考と呼ぶことを押し通した。

朝廷を揺るがしたこの大論争が一段落すると、嘉靖帝は宮城（紫禁城）外の太液池西側の西苑に籠もり道教に入れこんで政治を顧みなくなったことはよく知られている。しかし、礼制の改変にとどまらず、祭祀施設や宮殿、庭園を次々と建設して北京城の改造に取り組んだことは案外知られていない。

嘉靖帝が北京城の改造を試みたのは、いわゆる宮城の奥深くで生まれ育った守成の君ではなく、外部から北京城に乗り込んで即位した皇帝であったから可能であったのであろう。

図版44　明世宗坐像

天壇の完成

一五三〇（嘉靖九）年五月、京城の四方にそれぞれ郊壇《こうだん》を建てることが決定された。最初に正陽門外にある天地壇の大祀殿の南側に昊天上帝《こうてんじょうてい》を祭る天壇《てんだん》（圜丘壇《えんきゅうだん》）が完成した。また圜丘の儀式に用いる神位を収める皇穹宇《こうきゅうう》もその北側に建てられた。翌年には、皇地祇《こうちし》を祭る地《ち》壇《だん》（方沢壇《ほうたくだん》）を安定門外に新たに設置した。このほか、東郊には日壇（朝日壇）、西郊には月壇（夕月壇）を築いて四郊壇とした。

そもそも、北京の天地壇（大祀殿）は、永楽遷都にあわせて一四二〇（永楽十八）年十二月に完成した。天と地とを合祀した南京の大祀壇の規格を継承したものであった。これに対して嘉靖帝は、天壇と地壇をそれぞれ別に設けて天地分祀とし、天地壇の屋《おく》（覆い）を取りはずし露天祭祀を復活しようとした。これは、一三七七（洪武十）年以前の初制に戻ることであった。

一五四二年には、大祀殿を撤去した跡地に大享殿《たいきょうでん》を建設した。大享殿は屋をもつことから、当時は天子が祭祀をおこなう「明堂《めいどう》」の性格を有すると理解されており、清代の乾隆《けんりゅう》年間には祈年《きねん》殿《でん》と改称した。五穀豊穣を祈願する祈穀《きこく》の祭壇であり、そのため日照りの際には皇帝による雨乞いの儀式もおこなわれた。大理石を三層に築きあげた壇の上に大円殿を載せて藍色の屋根瓦で葺いた祈年殿は、誤って天壇と呼ばれることが多い。第一章で触れた梅原龍三郎の作品「雲中天壇」も、皇帝が天を祭る天壇（圜丘壇）ではなくこの祈年殿を描いたものだ。現在の公園となっている天壇の中心施設は、あらためて言うまでもなく、この祈年殿ではなくて圜丘壇である。漢白玉の大理石製の欄干で囲んだ三層円形の壇である。

このほかに嘉靖年間におこなわれた宮城と皇城内の主な工事としては、以下のものがある。

宮城内
崇先殿《すうせんでん》の建設（一五二七年）
慈寧宮の建設（一五三六年）
文華殿の改修（一五三六年）
養心殿の建設（一五三七年）
奉先殿の建設（一五三九年）
慈慶宮の建設（一五四〇年）

皇城内
先蚕壇《せんさんだん》の建設（一五三一年）
皇史《こうし》宬《せい》の建設（一五三四年）
大高玄殿の建設（一五四二年）
太廟の建設（一五四五年）
万寿宮の建設（一五六二年）

図版45　梅原龍三郎「雲中天壇」

崇先殿は皇室の祖廟、大高玄殿は皇室の道観、皇史宬は実録を収蔵する施設である。

そのほかに北京城内では、先農壇の天神・地祇二壇の建設（一五三〇年）、京師武学の移転（一五三六年）、焼失した北京都城隍廟の再建（一五四八年）などがある。さらに城外では、後述する外城建設や通恵河《つうけいが》（一五二八年）改修の大規模な工事が実施された。

嘉靖・万暦年間の三大殿再建

嘉靖帝のこうした祭壇や宮殿の改造癖にくわえて、一五五七（嘉靖三十六）年には奉天殿以下三大殿などが大火に見舞われた。永楽年間と同じように四月に奉天殿が落雷を受け、火災の被害は永楽のときを上まわるものとなった。たちまち華蓋殿や謹身殿にも燃え広がり、さらには奉天門、午門文武二楼や一五門なども延焼した。大火は一晩つづいて翌朝にようやく鎮火した。

翌年七月に奉天門が再建され、「大朝門《だいちょうもん》」と名を改めて、ひとまずここで朝政をおこなうようになった。二年後にようやく三大殿の再建工事が始まり、一五六二年九月に竣工した。このとき、嘉靖帝は避雷を願って雷神廟を建てるとともに、三殿の名称を皇極殿、中極殿、建極殿と改めた（『明史』輿服志・宮室制度）。

万暦年間に入ってからも、一五九六（万暦二十四）年三月に内廷の乾清、坤寧の二宮が焼失し、翌年六月には外朝の皇極門から出火し、皇極・中極・建極三殿も焼失した。乾清宮は一六〇二年二月に再建されたが、皇極殿以下三殿の工事はなかなか着手されなかった。十八年後の一六一五年にようやく再建工事を開始し、一六二七（天啓《てんけい》七）年八月に竣工した。再建に必要な大木は、永楽年間と同様にはるばる四川や湖広、貴州から運ばれてきた。現在の中和殿《ちゅうわでん》と保和殿《ほわでん》はこのときに再建された建物であるとされている。

内城九門の改造

ここで、明清以来北京の都城空間を構成する内城と外城について触れておこう。現在の北京市の中心部は「城区」と呼ばれ、かつての内城と外城の城壁によって囲まれていた区域は、東城区、西城区、崇文区、宣武区の四区からなっていた。二〇一〇年七月、これらの四城区は東城区と西城区の二大行政区域に合併・再編され、崇文区と宣武区が廃止された。

城壁は一九六〇年代末までに撤去されてしまったが、いまでも国家の中枢機能がすべてこのなかに集中しているのが首都北京の特徴である。この都城空間が確定するのは、永楽年間にでき上がった北京城（いわゆる内城）にくわえて重城《ちょうじょう》（いわゆる外城）が建設される嘉靖年間のことであった。

外城が建設されると内城と呼ばれることになる北京城は、東西約六六五〇メートル、南北約五三五〇メートルで、東西にやや長い方形となっている。城壁の周囲の長さは約二四キロメートルで、元の大都城の二八・六キロメートルに比べると縮小したが、より方形に近づいている。城内の面積も五一・四平方キロメートルから三六・六平方キロメートルと狭まった。

また、北京城には九つの城門が存在していた。南城壁には正陽門を中央にして東西に崇文門と宣武門《せんぶもん》を配置した。東城壁には東直門《とうちょくもん》と朝陽門《ちょうようもん》、西城壁には西直門《せいちょくもん》と阜成門《ふせいもん》を設けた。北城壁には安定門《あんていもん》と徳勝門《とくしょうもん》を設けた。

北京城は、洪武年間以来の北平城を一部拡張している。そもそも北平城は、元の大都城を継承したものであった。北城壁部分のみは、明初に大将軍徐達が大都を占領すると、指揮の華雲龍《かうんりゅう》に命じて旧城壁の南二・五キロメートルのところに新たに北城壁を築かせた。城内の積水潭に注ぐ引水渠の南岸に城壁を築いたために、北京城の西北角のみ直角ではなく斜角となった。

徐達がおこなった工事は、大都城を手に入れたばかりの明朝がモンゴルに対する軍事的防衛を

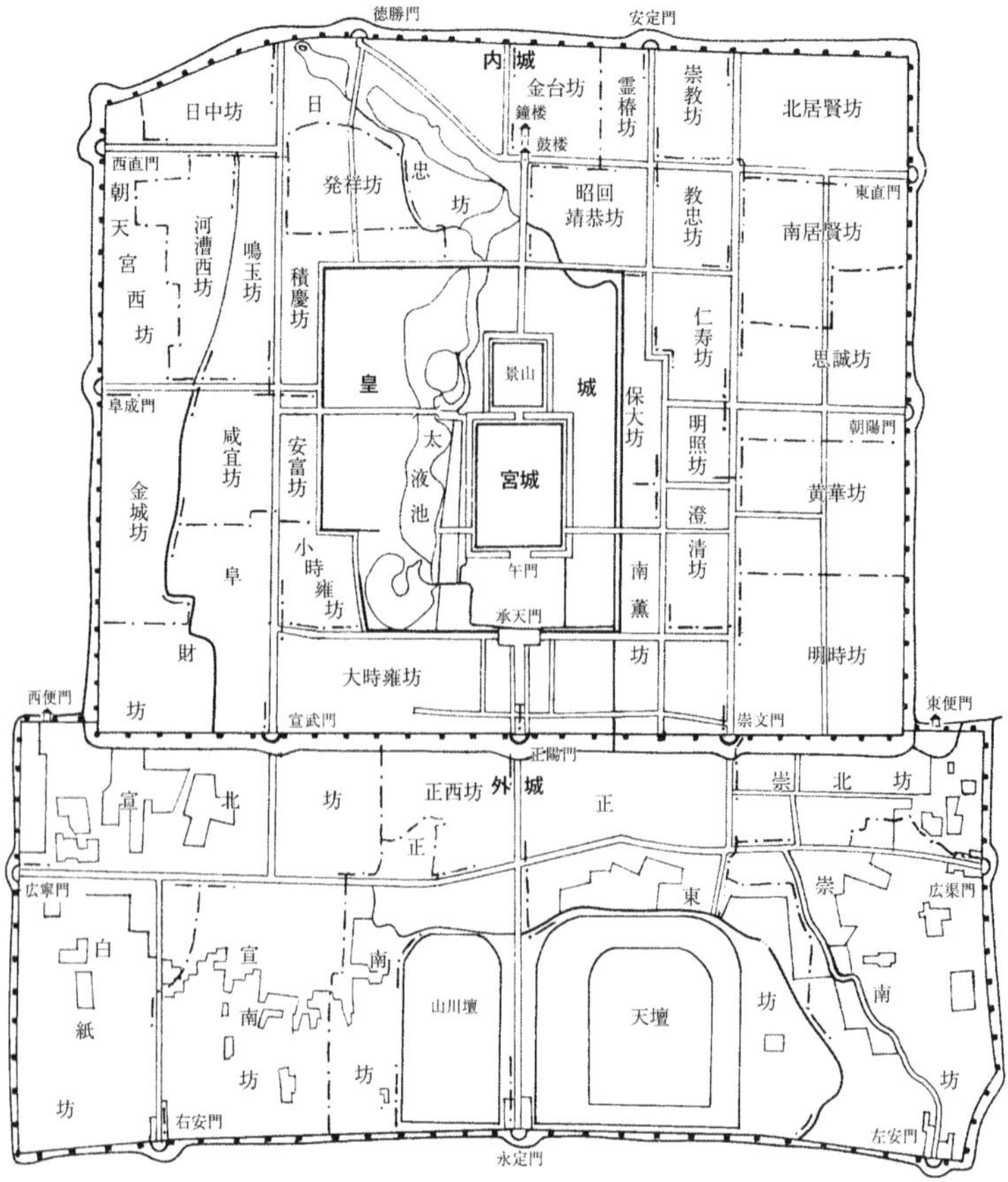

図版46　明代北京の内城と外城（万暦―崇禎年間）

強化するためにおこなったものであった。これにより、北平城の北側部分は旧城壁と新城壁とによって二重に守られることになった。北城壁に新たに設けられたのが安定門と徳勝門の二門である。この時期に、それまで版築で築かれていた土城を磚《せん》（煉瓦）で包む磚城化の工事も始まった。

永楽年間には北京城の拡張工事がおこなわれ、南城壁を南に一キロメートルほど移した。新たに設けられた南城壁の三門は、元の大都以来の麗正門《れいせいもん》、文明門《ぶんめいもん》、順承門《じゅんしょうもん》の門名がそのまま用いられた。東城壁の崇仁門《すうじんもん》は東直門に、西城壁の和義門《わぎもん》は西直門にそれぞれ改められた。

正統初年に瓮城（月城）や城楼の設置など大規模な城壁改修工事に着手し、北京定都に向けて動きだすと、南城壁の城門は正陽門、崇文門、宣武門と新たに命名された。また東城壁の斉化門《せいかもん》は朝陽門に、西城壁の平則門《へいそくもん》は阜成門に改められた。かくして、正統年間までに北京城の九門の門名はすべて一新された。九門の前に架かる城門橋も、木橋から石橋にすべて架けかえられた。

城壁の内部は土を版築で固め、その外側は下部に条石を置き、上部を磚で包んだ。城壁の高さは一一・四メートルで、雉堞《ちちょう》の高さ一・八メートルをあわせると一三・二メートルであった。城壁の基底部の幅は一九・八メートル、頂上部の幅は一六メートルであった。城壁の外側には、防禦力を強化するための設備である馬面（墩台《とんだい》）が一七二カ所に設けられていた。

外城七門の建設

明代の後半に入った一五五三（嘉靖三十二）年に、外城が新たに建設された。東西約七九五〇メートル、南北約三一〇〇メートルである。増設された外城の全長は一四キロメートル（二八里）で、その面積は二五・四平方キロメートルである。内城と外城を併せると、六二平方キロメートルの都城空間ができ上がった。

外城には七つの城門が配置された。南面の中央は永定門《えいていもん》、東に左安門、西に右安門が設けられた。東面には広渠門《こうきょもん》、西面には広寧門《こうねいもん》が、東北隅と西北隅には東便門と西便門が設けられた。城壁の高さは六・四メートルで、雉堞の高さ一・二メートルをあわせると、七・六メートルであった。城壁の基底部の幅は六・四メートル、頂上部の幅は四・四メートルであった。外城壁は内城壁に比べるとかなり小規模であった。

外城の建設は、一五五〇年八月にモンゴリアのタタール部の首長アルタンが古北口から長城内に侵入し、北京城を数日間にわたって包囲した事件（庚戌《こうじゅつ》の変）を契機に実現した。貨幣経済が浸透した明代中期を迎えると、北京城の城外部分にも商店や住居があふれ出していた。治安対策のうえでも、外城の必要性はすでに識者によって指摘されていた。成化《せいか》年間に、南京の制にならって、北京の城外に外郭城を築き、城外にあふれた居民を保護するように求めたことがあった。

モンゴル軍の包囲という軍事的脅威が露わとなって、外城建設に向けた動きが一気に進んだ。一五五三（嘉靖三十二）年閏三月から外城建設が始まった。当初は、内城の四周全体を外城（重城）ですっぽり包むという壮大な計画で、外城壁の全長は一二〇里に達すると見込まれていた。興味深いのは、兵部尚書聶　豹《じょうひょう》らが提案した「重城プラン」では、外城の形が一般的な方形ではなく、風水を考慮して前方後円の形に設計されていた点である（図版23）。その形は、おそらく北京天壇の外壝《がいしょう》（天地壇）と同様な形であったであろう。しかし、財源不足のため中途で内城の南面のみ包む工事に変更された。新たに築かれた外城の長さは一四キロメートルである。一五六四年六月には、永定門など七門にそれぞれ瓮城を増設する工事が完了して、外城もより壮麗さをくわえた。

明代後半以降、北京城の平面プランは方形から凸《とつ》字形に変形された。凸字形の北京城を、筆者は以前から墓石になぞらえて外城を台座（土台石）の形と説明していた。あるとき、外城部分を「帽子城」と俗に呼ぶことに関して、皇帝の冠と捉える老北京人《ラオベイジンレン》の北京史研究者の説明を見つけて、新鮮な驚きに打たれたことがある。北を上にして描く地図に見慣れている筆者からすれば、外城部分は土台石のように見えた。しかし外城はあとから付けくわえられたという点に着目すれば、冠や帽子の説明がふさわしいからである。しかも、中華世界の中心に暮らすだけあって北から南面する皇帝の眼差しを共有している点にも驚かされた。

失われた城壁

凸字形の北京城の内城壁と外城壁は、清代にもそのまま継承された。中華民国になって、環城鉄路の建設のために瓮城の撤去がおこなわれるようになったものの、中華人民共和国の建国にいたるまでは、城壁は六百年以上のあいだ修復をくり返しながら、ほぼそのままの形で残されてきた。

一九五〇年代に入って首都改造が始まると、城壁の存廃をめぐってさまざまな意見が対立するようになった。北京市当局は、首都建設の障害であるとして撤去を進めた。これに対し、清華大学教授で建築史家の梁思成《りようしせい》氏は、その歴史的価値を高く評価して保存を主張した。梁の提案では、護城河と城壁とを組み合わせて城壁を囲む緑地帯として公園化することが構想されていた。

外城壁は、一九五三年に取り壊しが始まり、五九年までにほぼ撤去された。そこでは交通の阻害など現実問題が重視された。一九五八年一月、広西でおこなわれた南寧会議で、毛沢東は北京の城壁撤去問題に言及してこれを政治問題化した。その後、内城壁の一部の取り壊しが始まったが、大規模な撤去作業がおこなわれたのは、文化大革命期のことであった。

図版47　明城墻遺址公園

現在、明清北京城の城壁と城門のうちで保存されているのは、内城正南の正陽門とその箭楼《せんろう》、北西の徳勝門の箭楼、東南角楼から西に北京駅まで伸びる城壁を保存した明城墻遺址《みんじょうしょういし》公園、西便門周辺の城壁の一部を保存した北京城城墻遺跡（公園）のみである。二〇〇五年には中軸線の保護計画に沿って、外城の正南門の永定門が復元された。もし、半世紀前まで残されていた北京城の城壁と城門の大半がいまも保存されていたとしたら、世界文化遺産として登録されたのは確実である。北京に数多い世界文化遺産リストにさらにひとつをくわえただけでなく、古都北京はより光彩を放ったことであろう。

3　近世東アジアの百万都市

北京システムの完成

太祖洪武帝が打ち立てた南京＝京師体制は、政治の中心と経済の重心との一致を特徴としていた。これに対し、永楽初年に始まった南京・北京の両京体制から北京遷都、さらには正統年間の北京定都以後にでき上がる「北京システム」は、政治の中心と経済の重心との分離に特徴をもっている。元朝の大都以来、南京を首都とした明初洪武・建文年間の過渡期をへて永楽帝が選択したこのシステムでは、政治の中心と経済の重心とが分離していたため、首都北京と穀倉地帯の江南デルタとを結びつける漕運制度に代表される国家的物流の整備を不可欠の前提としていた。

永楽帝の北京遷都は、洪武帝が強力に進めた中国本土の南北統一にとどまらず、中華と夷狄とを統合する「華夷一統《かいいっとう》」を実現することでもあった。華夷一統という表現自体は、すでに洪武帝の詔にも見えるが、農耕地域と遊牧・狩猟地域との境界線上に位置する境界都市北京への遷都は、かかる理念の実現に、より現実味をあたえたことであろう。

永楽年間には、モンゴル親征のほかに、鄭和《ていわ》の南海遠征、安南《あんなん》（ベトナム）出兵、亦失哈《イシハ》のシベリア探検など、内政を重視した洪武・建文年間とは異なり、外に向かった活動が目立つ。これらは、モンゴル元朝によって拡大された中華世界を継承しようとしたものであった。

もっとも、土木の変後、明朝の軍事力の弱体化が露呈しモンゴルが優位に立つようになると、こうした理念は軌道修正を迫られ、漢族王朝としての性格を強めていく。とはいえ、華夷一統の象徴性を付与された境界都市としての北京の特質は、次の清朝においても受け継がれる。

北京システムの選択は「内向きな」洪武・建文政権からの脱却を意味し、モンゴル元朝によって新たに拡大された中華世界を継承するために取られた戦略でもあった。これ以後、明朝は国家と社会の相補的乖離《かいり》を特徴とする近世中国社会の枠組みの完成に向かって舵を切ることになる。

鄭和の南海遠征と朝貢体制

北京遷都は、かつての元朝の大都をふたたび世界の中心にしようとするものであった。燕王としてここで青年時代を過ごした永楽帝は、元朝のクビライの後継者を意識していたところがある。積極的対外政策として、七回に及んだ鄭和の南海遠征（永楽帝在位中は六回派遣）と五度のモンゴル親征はとくに著名である。

鄭和が訪れた地域は、東南アジアから南アジア、西アジア、さらには遠くアフリカ東岸にまで及んでいる。『明史』巻三〇四によれば、チャンパ、ジャワ、カンボジア、パレンバン、シャム、カリカット、マラッカ、ボルネオ、スマトラ、コーチン、キーロン、ホルムズ、モガディシオ、マリンディ、ベンガル、メッカなど三十数カ国が挙げられている。「遠征」という名称からイメージされる武力進出とは反対に、これらの国々に明への朝貢を勧めることに主眼があった。鄭和の航海は、十五世紀末に始まるいわゆるヨーロッパの「大航海時代」をさかのぼること、ほぼ百年前のことであった。

宣徳年間以降は、財政的理由からこうした大規模な遠征は中止された。しかし鄭和の遠征によって明朝を中心とする朝貢体制が完成したという点からみて、その意義は重要である。この結果、恒常的な貿易圏が確立し、南宋以来急速に需要が増大した香辛料その他の南海物資の安定的供給が可能となった。

日明貿易と琉球王国

中国東南部の沿海地域は、元末以来倭寇《わこう》の被害に苦しんでいた。そのため洪武帝は日本に対し、海賊取り締まりを要求した。しかし当初、明側が正式な交渉相手としていたのは、北九州の太宰《だざい》府《ふ》にいた南朝方の征西将軍懐良《かねよし》親王であったから、その取り締まりは期待したようには進まなかった（明側の記録には「良懐」とある）。

一三九二年に南北朝の合一を実現し明朝との通交を模索していた室町幕府の三代将軍足利義満は、洪武帝に代わり孫の建文帝が即位すると、一四〇一年に久々に対明通交使節を派遣した。靖難の役の最中にあった建文帝は、これを受け入れて正使を派遣して詔書と大統暦《だいとうれき》を賜与した。建文帝の詔書が京都の義満のもとに届いたのは、同年八月のことである。この時点では、靖難の役に勝利した永楽帝が即位していたことから、これ以後、室町幕府は永楽新政権と交渉することになった。一方、永楽帝は帝位を簒奪した経緯から政権の正統性を内外に強く打ち出す必要があり、外国の首長に明朝への朝貢と臣礼を求めた。両者の利害が合致して、永楽帝は一四〇四（永楽二）年にあらためて義満（源道義《どうぎ》）を「日本国王」に冊封《さくほう》し、正式な朝貢関係が始まった。

両者が朝貢関係を結んだのは、それぞれの政権基盤を強化するほかに、元朝の滅亡や鎌倉幕府の衰退により、十四世紀以来東アジアの海域世界で活発化していた私貿易を禁止し、日明貿易を国家の統制のもとに置くことに狙いがあった。

当時、豊富な手工業製品と国際通貨としての銅銭を有していた中国の富を目指して、周辺諸国が主に第一次産品を朝貢し、貿易の利益にあずかるという体制ができ上がっていた。この体制のもとでは、琉球王国の役割は重要で、中国の民間人が海外渡航を禁じられていたために、代わって近世東アジアの海域世界の通商業務を担っていた。

ここにいう近世東アジアとは、地域的にはパミール高原の以東ユーラシア東側部分を指して使いたい。従来日本では一般的に「東アジア」という場合、中国を中心に朝鮮、日本、琉球、台湾など海域世界の国々や地域を指して使う場合が多かった。近年提唱されている「ユーラシア東方史」の広やかで多元的な視座に学び、モンゴルやチムールなどの内陸アジア、女真族の北アジア、さらには東南アジアをも含めて考えたい。というのは、これらの地域は、島国の日本以上に中国と密接な関係を有しており、こうした広大な地域空間を設定することにより、近世東アジア世界のこれまでになく拡大した空間的広がりのもつ意味と、そこを舞台にくりひろげられた緊密な交流の姿がより鮮明に浮かび上がってくるからである。

秀吉の北京遷都プラン

朝貢体制に示される世界観は、ヨーロッパ人を介して新しい兵器鉄砲と地理的知識とがもたらされるなかで、天下統一の動きが急速に進み、近世を迎えつつあった十六世紀末の日本においても基本的には変わることなく続いていた。

その具体例を、文禄《ぶんろく》・慶長《けいちょう》の役（中国では万暦《ばんれき》朝鮮の役、朝鮮では壬辰《イムジン》・丁酉倭乱《チョンユウウエラン》という）における豊臣秀吉が構想した日本国の北京遷都プランのなかに見いだすことができる。

秀吉が朝鮮を併合し、さらに明や天竺《てんじく》（インド）までも征服する意図を公表したのは、一五八五（天正《てんしょう》十三／明の万暦十三）年のこととされる。その二年後、九州薩摩の島津義久《しまづよしひさ》が降服して全国の統一が近づくと、いよいよ朝鮮への行動に着手した。一五九一年には朝鮮征討（征明）が発令され、翌一五九二（文禄元）年三月には、秀吉は肥前《ひぜん》の名護屋《なごや》城に本陣を置いた。これが文禄の役の始まりで、五月に小西行長《こにしゆきなが》が漢城（ソウル）に入り、六月に黒田長政が平壌（ピョンヤン）を攻略し、八月に明人沈惟敬《しんいけい》と小西との和議交渉と続いていった。

緒戦の勝利に気をよくした秀吉は、五月十八日に明朝征服後のプランをまとめ、甥の関白秀次《ひでつぐ》あてに朱印状を出している。その内容は、

①年内に秀吉の北京進駐
②翌年に「大唐関白」を秀次へ引き渡す
③後陽成天皇《ごようぜいてんのう》の北京移居（遷都）

④北京周辺の一〇カ国の内裏《だいり》御料所《ごりようしよ》進上と公家・大名への知行《ちぎよう》分与
⑤秀吉の寧波《ニンポー》駐在

などからなっていた（『尊経閣文庫所蔵文書』）。「大唐」とは明朝を指している。これは、日本国の北京遷都構想ともいうべきもので、あまりの突飛な内容に驚かざるをえない。

秀吉の周囲にはすでにヨーロッパ人の宣教師たちがおり、新しい地理的知識に接していたはずである。それにもかかわらず、「天皇を北京に、みずからは寧波に」という秀吉が描いたプランは、日明貿易が始まった永楽帝以来の北京を中心とする冊封《さくほう》体制の枠組みから一歩も出ておらず、その焼き直しにすぎなかった。

こうした秀吉の認識からも、十六世紀末においても近世東アジア世界の中心に位置していた北京の重要性をあらためて見いだすことができる。繁栄にようやく陰りが見えはじめたとはいうものの、明朝の首都北京は、東アジア世界の中心としての地位をまだ失っていなかった。

紫禁城午門の日本人俘虜

万暦朝鮮の役が終熄した一五九九（万暦二十七）年四月二十五日、紫禁城の正南門にあたる午門の前の広場に多くの日本人が俘虜《ふりよ》として献上されたことがあった。薊遼《けいりよう》総督邢玠《けいかい》から献上された俘虜の数は六一名。豊臣秀吉の命を受けて日本の各地からかき集められて出陣した日本の兵士たちであった（『万暦起居注』万暦二十七年四月二十二日）。

当時明朝の国内は、万暦「礦《こう》・税《せい》の禍《か》」の最中にあった。商税徴収と鉱山開発を名目に宦官が監督官として派遣され、これに反対する民衆反乱（民変）が発生するなど、全国の主要都市が混乱に巻き込まれていた時期である。それにもかかわらず、神宗《しんそう》万暦帝（翊鈞《よくきん》）は、皇極門（太和門）での毎日の常朝《じょうちょう》を長いあいだサボタージュしていたが、この日ばかりは午門楼に出御している。

門楼上の万暦帝からは、たったいま朝日が差しこみはじめたばかりの広場に跪《ひざまず》く多数の異国の兵士の姿が見えた。しかし、表情まで十分に読みとれるほどの距離ではなかった。刑部尚書が西市での公開処刑（棄死《きし》）を求める上奏をゆっくりと読み終えてひれ伏すと、万暦帝は「拿去《ナーチュウ》（引っ立てていけ）」と声を発した。この言葉が帝のそばにいる近臣から隣の者へ次々と伝えられた。最後に楼下の広場に整列する儀仗の兵士三六〇人ばかりがいっせいに「拿去」とくり返すと、その声が広場に反響して雷鳴のように轟いた。当日、皇極門入班を免じられた百官は、こぞって慶賀の上奏を提出した。

図版48　午門楼

朝鮮への出兵は、前述したように勝利の暁には後陽成天皇を北京に移居させるという計画に示されるように、日本国による大明国征服まで構想しており、秀吉の誇大妄想の産物以外のなにものでもなかった。あらためて言うまでもなく、直接の戦場となった朝鮮王朝がこの戦争で受けた被害は甚大で、朝鮮社会は極度に疲弊しその再建は容易なものではなかった。

一方、二度も朝鮮に大軍を送った明朝にとっても大きな傷手《いたで》だった。出兵による財政負担も一〇〇〇万両を超え、国家財政の窮乏を招き、王朝の衰退に拍車をかける一因となった。やがて満洲人の台頭、明清交替に示される東アジア世界の大きな秩序の変動がこれに続いて生じることになる。しかし、このとき広場で演出された熱狂のなかで、明朝の東北辺境に兆《きざ》していた不穏な情勢への不安はすぐさまかき消されてしまったのである。

百万都市北京

十七世紀初頭、明末の北京は、すでに一〇〇万人を超える都市人口を抱えていた。

中国で古くから残されている戸口統計は、一般に都市部と農村部の双方を含む県など行政区域全体の人口統計であって、都市部の人口だけに限定されるわけではない。また戸口統計は、課税対象としての田土《でんど》を所有する者を対象とした統計であり、土地をもたない多くの都市住民はこの統計から除外されており、都市人口の統計として利用することはできない。

しかし、幸い明末の北京には、満洲人ヌルハチによる遼陽《りょうよう》陥落の急報を得て布《し》かれた戒厳令下の一六二一（天啓元）年、五城兵馬司《ごじょうへいばし》が調査した保甲《ほこう》統計が残されている。五城兵馬司とは、北京城内外を東城・南城・西城・北城・中城に分け、盗賊や消火など治安維持を担当した官庁である。

この保甲統計は、州県の戸口統計とは異なり、都市部の人口統計として用いることができる。五城を合計した鋪《ほ》（番小屋）数は五二五カ所、世帯主数は一五万一一九〇戸で、保甲のリーダーとして甲長一万五一一九名が立てられた。

一戸の家族数を平均五人として計算すると、兵士を含めて保甲に編成された北京の人口は約七五万人。これに、国家から俸禄を受け保甲に編成されていなかった文官、武官、外戚、功臣、内官、胥吏などを一〇万人程度と推定。これらに家族をくわえて最低でも三〇万人以上と見積もれば、保甲統計の七五万人と合わせて一〇〇万人を超える計算となる。

北京の内城と外城をあわせた面積六二平方キロメートルに、周辺の関廂《かんしょう》部分をくわえても一〇〇平方キロメートルに満たない北京の都城空間に、一〇〇万人以上の人口が存在していたことになる。わが国の江戸が、百万都市として登場するのは十八世紀に入ってからである。北京は、人口規模からいっても、その当時近世東アジア世界の中心として存在していた。

「世界人」マッテオ・リッチ

アジアは、ウェスタン・インパクトによって近代世界のなかに無理やり引きずり込まれたと言われる。しかし近世期に始まるヨーロッパとアジアの実際の交渉は、当初から暴力的におこなわれたわけではなかった。ヨーロッパ人も当初は、明朝が東アジア世界を中心に築いていた朝貢体制をそのまま受け入れることによって、はじめて皇帝の許可を得て貿易や布教活動をおこなうことができたのであった。

ここでは、前述したマルコ・ポーロと並んで中国とのかかわりの深いもうひとりのイタリア人マッテオ・リッチ（一五五二〜一六一〇）を取り上げ、アジアにとどまらずヨーロッパを含めた世界における当時の北京の位置を考えてみたい。

イエズス会の宣教師のリッチが、インドのゴアを経由し、マカオから中国広東《カントン》の肇慶《ちょうけい》を訪れたのは一五八三（万暦十一）年のことであった。彼は、イエズス会士として明朝治下の中国内部に最初に定住した者のひとりであった（もうひとりはルッジェーリ神父）。

イエズス会東インド管区の巡察師で天正遣欧少年使節を計画したことで名高いアレッサンドロ・ヴァリニャーノ神父の指示にもとづき、漢語と中国文化を熱心に学びはじめていたリッチは、漢名を「利瑪竇《りまとう》」と名乗り、その地に住み布教活動を開始した。以来、韶州《しょうしゅう》、南昌、南京・蘇州での滞在をへて、一六〇一（万暦二十九）年に首都北京に永住する許可を皇帝から得た。その間十八年という長い歳月を要しているが、当時の明朝治下の中国を南から北にほぼ縦断したことになる。

その後、リッチの北京での布教活動は十年近くに及び、二度と本国に戻ることなく、一六一〇（万暦三十八）年、北京で神に捧げたその生涯を終えた。リッチは一代で中国におけるイエズス会の活動基盤を築きあげることに成功した。布教そのものよりも、主として自然科学上の知識（暦法・地理・数学）によって明朝の皇帝や官僚たちから信頼を得たことが大きかった。

じつは三年前の一五九八年にも、皇帝の誕生日を祝って異国の珍宝の自鳴鐘《じめいしょう》（時計）を献上するという名目でリッチは北京を訪れていた。このときは、不運にも前年に始まった万暦朝鮮の役のために首都も騒然としており、永住の許可が下りるどころではなかった。この珍宝の献上というスタイルこそが、リッチの布教活動が明の朝貢体制に組み込まれていたことを示している。

これより先、イエズス会士のフランシスコ・ザビエルが日本での布教活動中（一五四九〜五一）に中国での布教の必要を思い立ったのは、日本の知識人から次のような疑問を寄せられたからであったという。

もしもあなたの教える聖なる信仰がそれほど立派で、道理にかなったものならば、東方の諸王国のなかでもっともすぐれた知識をもつと見なされているチーナ王国（中国）がいまだに信仰を受け入れていないのはなぜですか。（平川祐弘《すけひろ》『マッテオ・リッチ伝』1、平凡社東洋文庫）

日本の法律や儀式がことごとく中国に起源をもち、その強い文化的影響下にあることは、滞在して日も浅い外国人ザビエルの目にも、すでにとまっていた。たしかに最初に中国を改宗させれば、広大な中国にとってもよいばかりではなく、同時に日本を改宗させるのも容易になると考え、急遽《きゆうきよ》ゴアに戻り中国布教の準備を始めた。一五五二年に広東近傍の上川島《じようせんとう》にいたり、そこから広東の省都広州に上陸しようとしたが失敗し、その年に亡くなっている。

さて、漢語をまったく駆使できなかった商人のマルコ・ポーロとは異なり、リッチは漢語を解し中国文化に謙虚に接しようと努めた。そして、ヨーロッパ人としてはじめて漢語で著述するという前代未聞の行為を成し遂げた。西欧の友情論をまとめた『交友論』（一五九五年）、教理問答書の『天主実義』（一六〇三年）、世界地図の『坤輿《こんよ》万国全図《ばんこくぜんず》』（一六〇二年）などがその代表作品である。

このことは、平川祐弘氏が指摘したように、西洋の文化と東洋の文化を一身に備えた最初の「世界人 uomo universale」の出現を意味している。この「世界人」が十七世紀初頭の北京においてはじめて現れ、そこに定住することになったのは、明朝の首都北京がその当時、世界の中心としての地位を保持していたからにほかならないであろう。ここに、宣教師の新しい知見に接していたとはいえ秀吉もまた足利義満以来の朝貢体制の枠組みから抜け出すことができないままに、世界の中心の明朝征服を夢想した一因があったと言えよう。

党学校のなかに眠るリッチ

一六一〇年四月（西暦五月十一日）、リッチが北京で亡くなると、その遺骸は彼自身が建てた宣武門内の天主堂（のちの南堂）に一時安置された。

当時、中国で客死した外国人伝教師はマカオに埋葬されるのが慣例であった。リッチ自身は、生前から北京に墓地を手に入れたいと希望していた。イエズス会士たちの努力の結果、ついに万暦帝から阜成門《ふせいもん》外二里溝（西城区車公庄六号）の地に柵欄《さくらん》墓地を欽賜《きんし》された。翌年四月にリッチの棺はここに移して埋葬された。以後、時憲暦《じけんれき》を完成したドイツ人のアダム・シャル（中国名、湯若望《とうじゃくぼう》）やベルギー人のフェルビースト（南懐仁《なんかいじん》）、円明園の設計や絵画で活躍したイタリア人のカスティリオーネ（郎世寧《ろうせいねい》）らも埋葬された。

清末までに、墓地の周囲には修道院、修女会、医院、育嬰堂《いくえいどう》、印刷廠、住宅などの教会機構が整備された。一九五〇年代に八三七基の墳墓を海淀区の西北旺郷に移したため、「明清伝教士墓地」と名づけられたこの柵欄墓地には、現在六三名の外国人伝教士の墓碑が保存されている。

かつてのイエズス会の教会施設は、一九五〇年代半ばに国家に接収されて北京市共産党委員会の党学校に改められた。そのため、いまでは共産主義思想を教育する党学校の中庭に、リッチの墓地と彼に続いた宣教師たちの墓碑が並ぶという奇妙な取り合わせとなっている。西洋と東洋の文化を一身に備えた最初の「世界人」リッチは、いま四百年の時をへて、安らかな眠りを得ているのであろうか。

第六章

拡大された中華帝国

1　明清交替

毛皮と人参

豊臣秀吉がみずから発動し、日本列島を巻き込んで強引に進めた朝鮮出兵は、彼自身の死をもって中止された。しかし戦乱が引き起こした波紋は、東アジア地域にしだいに大きく広がりはじめた。

当の日本では豊臣政権の没落を招き、新たに徳川幕府が開かれた。直接の戦場となった朝鮮王朝では戦禍のため国土が極度に荒廃し、東北で新たに台頭する満洲《マンジュ》人の支配を受け入れる契機となった。

宗主国の立場から参戦し、朝鮮に二度も大軍を送った明朝も、大きな痛手を被った。その財政負担は銀一〇〇〇万両を超え、国家財政の窮乏により王朝は衰退に向かって突き進むことになる。こうしたなかで、明朝の遼東方面の駐屯軍が朝鮮に振り向けられた結果、軍事的な空白状況に際会した女真《じょしん》は、台頭する絶好の機会を手にした。なお、女真を女直《じょちょく》とも書くのは、遼朝第七代興《こう》宗《そう》の諱《いみな》「宗真」を避ける避諱《ひき》の習慣による。

中国東北部の遼河《りょうが》と松花江《しょうかこう》を連ねるラインの東方にひらけたマンチュリアは、長白山《ちょうはくさん》を除いてはそれほど険しい山岳地帯や密林はなく、低い丘陵がどこまでも続いている。この地方は、ムギ、アワ、ヒエ、キビなどの耕作がおこなわれる天水《てんすい》農耕地帯である。副業として豚も古くから飼われていた。しかし、土地の生産力は低く農耕だけでは自給できず、狩猟採集が重要な生活手段となっていた。

狩猟採集といっても、素朴な自給自足のためではない。むしろ毛皮など国際交易のための特産品を手に入れることに主眼があった。松花江を下ってアムール川に入ると、シベリア特有の密林地帯タイガが広がり、テン、キツネ、リス、ミンクなど良質の毛皮が豊富に採れる。また長白山の原生林では、薬用の高価な朝鮮人参《ちょうせんにんじん》や食材のキクラゲ、キノコ、松の実などの山菜がたくさん採取できた。

これらの特産物は、奥地からリレー式で集落から集落へと運ばれて、遼河下流の瀋陽《しんよう》や遼陽《りようよう》など国境の都市に集積された。これらの国境都市は、その河口に発達したデルタ地帯にあり、漢人によって古くから灌漑農耕がおこなわれた。コメも生産されて豊かであったから、女真の商人たちを引き寄せていた。ここに集まった商品は、さらに西側の承徳《しょうとく》（のちの熱河行宮《ねつかあんぐう》）をへて、燕《えん》山《ざん》山脈を越えて華北平原北端の北京にまで運ばれた。この交易ルートを通じて、女真の民は、中国の織物、穀物、金属製品などを見返りとして手に入れたから、北京との結びつきは古くから強固であった。

建州衛の設置とイシハの調査

明朝成立後、洪武帝はモンゴル高原と朝鮮半島との連絡を絶って、北元《ほくげん》を包囲するため満洲に軍を送って占領した。のちに永楽帝となる燕王が北平に王府をあたえられたときから、女真との関係が始まった。前述したように靖難《せいなん》の役では、女真の兵士と大興安嶺《だいこうあんれい》東側のモンゴル兵は、燕王の軍隊に加わって参戦したので、永楽帝は即位後の一四〇三年十一月、内地にならって女真の地にも衛所制度を導入し、彼らを部族単位で衛所に組み入れた。ただ、内地の衛所とは異なり軍戸は組織されず、軍事的な義務も課されなかったので、区別して羈縻《きび》衛所と呼ばれる。

女真の首領阿哈出《アハチュ》（賜名、李誠善《りせいぜん》）は、吉林省近くに建州《けんしゅう》衛を設けて指揮使に任命された。また黒龍江省ハルビンの北方には兀者《ウジエ》衛を置いた。大興安嶺東側で農耕もおこなうモンゴル遊牧民には、朶顔《ドヤン》衛、泰寧《たいねい》衛、福余《フユル》衛の三衛を置いた。

女真の各衛は、当初遼東都指揮使司《とししきしし》に所属していた。一四一一（永楽九）年、永楽帝は宦官亦《イ》失哈《シハ》を派遣してアムール川流域を調査させた。イシハは官軍一〇〇〇人余りを率いて、その河口に奴児干《ヌルガン》都指揮使司を設置した。この地には、元代にすでに東征元帥府《とうせいげんすいふ》が置かれており、サハリンや北海道方面のアイヌなどとの交渉も担当していた。北方経営を活発化させた明朝は、ふたたび前進基地を設けたのである。

これらの事実は長いあいだ忘れ去られていたが、十九世紀後半、中国の地理学者曹廷杰《そうていけつ》がロシア国境付近を偵察した折にその地に建てられていた永寧寺《えいねいじ》碑《ひ》を見いだし紹介したことから、注目されるようになった。永寧寺は、都指揮使司の近くに建立された観音堂である。一八〇九（日本の文化六）年、樺太（現在のサハリン）から沿海州に渡ってこの地を訪れたわが国の間《ま》宮林蔵《みやりんぞう》も、『東韃《とうだつ》地方紀行』のなかでこれらの石碑の存在について触れている。

　土木の変後には、明朝は前述したようにモンゴリアへの進出を断念するが、満洲方面でも奴児干都指揮使司が廃止されるなど、国防の第一線は遼河下流の開原《かいげん》や瀋陽にまでしだいに後退した。

　しかし、明初に導入された衛所制度は、単なる軍事組織にとどまらず固有の管轄区域をもっていたから、女真の社会組織として存続した。明朝から世襲を許された衛所の指揮使、千戸、百戸などの官職は、明朝との国際貿易の特権を保障するものとなった。各衛の首領は、部下の女真の人びとが集めた商品をまとめて国境地帯の関門で開かれる定期市にもたらし、交易によって入手した物資を衛所にもちかえって部下に分配するのが主な仕事となった。

ヌルハチの登場

　これらの関門の主なものは、開原東北の鎮北関《ちんほくかん》と東南の広順関《こうじゅんかん》、瀋陽の東の撫順関《ぶじゅんかん》の三カ所であった。これらのうち、撫順関外に設けられたのが建州左衛《けんしゅうさえい》である。衛とは明朝からみた名称であり、女真からすれば、国際交易で結ばれたひとつの部族集団であり、ひとつの部族国家であった。この建州左衛から出現したのが、清朝の創設者となるヌルハチである。

　ヌルハチは明朝の遼東総兵官の李成梁《りせいりょう》の保護をうけて勢力を拡張し、一五八八年に建州三衛を統合した。ヌルハチの居城はフェアラ（遼寧省満族自治県永陵鎮の南）に置かれ、自然の地形を利用した山城であった。その後、他部族の居城を併合して着々と女真族の統一を進めていった。一六〇三年に、フェアラ城の北にあるヘトゥアラ（興京老城《こうけい》）に移った。

遼東鉄嶺衛《てつれい》で長年にわたって勢力を振るった武将李成梁は、もともと朝鮮から遼東地方に移住した高麗人《こうらい》の末裔といわれる。宮中の宦官と結託して毛皮や人参の交易の利益を独占していた。当時の明末社会は、十六世紀以来の東アジアの国際交易が活発化し、奢侈品を中心とした消費ブームがおこっていた。とくにテンの毛皮は、都の北京では厳寒期の早朝に勤務せねばならない官僚たちの耳覆いや防寒衣料として大量の需要があった。

ところが一六〇八（万暦三十六）年、明の朝廷内の勢力に変化があり、遼東の軍事権を握っていた李成梁が失脚した。このためヌルハチも国際交易の足場を失った。しかし、ヌルハチは軍事力で一六一三年にウラを併合し、一五年には海西女真のイェヘ部を除くすべての女真の統一に成功した。一六一六年正月、ハン位に即位する儀式を挙行して「後金《こうきん》」を創設し、年号を建てて「天命《てんめい》」とした。これはかつての金朝の復興を意味した。また、固有の文化を守るために、満洲文字を制定した。

民族名として使われるこの「満洲《マンジュ》」の呼称は、「文殊菩薩《もんじゅぼさつ》」を意味するサンスクリット語の「マンジュシリ」から来ているといわれている。文殊菩薩信仰は、女真族のなかに深く広まっており、ヌルハチは、文殊菩薩の化身と信じられ尊崇されていた。マンジュという言葉は、聡明なる者をも意味したが、これ以後、政治的に統合された女真族の自称として使われるようになった。

八旗制の創始

ヌルハチは、満洲語で「グサ」と呼ばれる八つの軍事組織を編制した。グサもそれまでの衛を母体としていた。これから出自する軍団はグサごとに色と縁取りのちがう軍旗を旗印にしていたので、漢語ではグサを旗と訳し、総称して八旗《はっき》と呼ばれた。

軍旗の色は、黄・白・紅・藍の四つで、これに縁取りのないものとあるものとがある。縁取りのないものを「正《せい》」、あるものを「鑲《じょう》」といった。正黄旗、鑲黄旗、正白旗、鑲白旗、正紅旗、鑲紅旗、正藍旗、鑲藍旗の八つの旗である。各旗（七五〇〇人）は五つのジャラン（参領）から構成されるが、これが衛の五千戸所に相当する。ジャランは五つのニル（矢の意味）から構成され、このニルが百戸所にあたる。戦争、狩猟、賦役などすべての公的負担には、各ニルが三〇〇人分の壮丁を出す義務を負っていた。

なお、ヌルハチは八旗制を創始したとはいえ、八つの旗をハン位にある彼が独占していたわけではない。ヌルハチやホンタイジの時期には、鑲黄と正黄の二旗、後述する順治帝《じゅんちてい》の時期以降は正白旗をくわえた三旗（上三旗）を領有していたにすぎない。他の五旗は皇族の諸王が掌握していたから、皇帝でさえ口出しできなかった。各旗は相互に独立しており、その所属する旗の王に忠誠を尽くすという構造になっていた。このように、ヌルハチの後金国は、八旗からなる部族連合国家であった。

八旗制度は清朝一代を通じて満洲人の社会組織の根本となった。のちに、八旗には満洲人だけでなくモンゴル人や漢人をも含むようになり、すべて二四旗となったが、種族にかかわらず八旗に属する人びとは「旗人《きじん》」と呼ばれ、生計をささえる旗地の付与、俸給の支給、法的保護など、種々の特権があたえられていた。

遼東進出から盛京の造営へ

李成梁の失脚以来、明朝との交易を円滑におこなえなくなったヌルハチは、明朝に対し先制攻撃に出る決意を固めた。一六一八（天命三／明の万暦四十八）年に「七大恨《しちだいこん》」という七カ条からなる明朝の罪状をあげて宣戦し、明軍の根拠地撫順《ぶじゅん》城を攻めてこれを奪取した。

思いもよらぬ敗北に驚いた明朝は、翌年三月、十数万という大軍を送って、ヌルハチの本拠地ヘトゥアラ興京を攻撃したが、撫順付近のサルフ山の会戦で逆に殲滅《せんめつ》されてしまった。このとき、朝鮮は秀吉が侵略してきた壬辰《じんしん》・丁酉倭乱《ていゆうわらん》におけるかつての援助に報いるべく一軍を派遣して明軍と共同作戦をとったが、戦わずしてヌルハチの軍門に降った。サルフの戦いは、後金国にとっても、明帝国にとっても、マンチュリアの帰趨《きすう》を決する天下分け目の戦いとなった。

この決戦に大勝を収めたヌルハチは、以後向かうところ敵なしというありさまであった。開原を奪い鉄嶺を陥れ、明帝国の防衛戦を突破するとともに、イェへ部族を討伐し、遼河以東の全域を掌中に収めるにいたった。この間、ヌルハチは撫順関により近いジャイフィヤン城（鉄背山《てっはいさん》）やサルフ城に一時的に都を遷《うつ》したが、いずれもフェアラ城と同様な山城であった。

引きつづき後金軍は瀋陽や遼陽を占領したため、明軍は遼河の西側への退去を余儀なくされた。

ヌルハチは、一六二一年三月に遼陽城を陥落させると、ただちに遼陽への遷都を決めている。遼陽には、すでに述べたように遼金時代には五京《ごけい》制のひとつの東京遼陽府《とうけい》が設けられ、その当時は渤海人が多数居住していた。明代には遼東都指揮使司のお膝元として、遼東地方で、もっとも大きな都市となっていた。

ヌルハチは明の遼陽城をそのまま用いているが、満洲人と漢人の居住区を区別するように命じている。漢人を北の小城内に強制移住させる一方で、満洲人は本城に住まわせ、宮殿の建設にも取りかかった。満洲人と漢人の居住区の区別は、のちに述べる入関後に北京城を満洲人の居住する内城と漢人の居住する外城とに区別した先例となるもので注目される。

遼陽遷都の決定から半年も経《た》たないうちに、次は遼陽の東を流れる太子河の右岸に新たな都、東京城を建設して翌年ここに移った。

一六二五（天命十）年には、さらに瀋陽へ遷都した。このとき以来、入関するまでの二十年のあいだここに都が置かれ、瀋陽は「盛京《せいけい》」と改称された。ヌルハチはただちに宮殿などの造営に取りかかったが、まもなく崩じたため、ヌルハチ自身はその完成を見ることはなかった。

大元伝国の璽あらわる

翌年正月を期して、ヌルハチは山海関《さんかいかん》に総攻撃をしかけたが、その前方に位置する寧遠城《ねいえん》（遼寧省錦州市）で、守将の袁崇煥《えんすうかん》の必死の防戦で退けられた。このとき、はじめて戦場に姿をあらわし威力を発揮したのが、イエズス会の宣教師の指導でつくられた西洋式大砲であった。

新兵器をまえに八旗の騎兵軍団は大きな損害をうけて退却を強いられた。ヌルハチにとっては、二十五歳で挙兵以来四十年余りにして、明朝との戦いではじめて経験する敗北であった。これ以後、彼は鬱々として楽しまず、八月に六十八歳で世を去った。

ヌルハチの八男のホンタイジがあとを嗣《つ》いで即位し、年号を「天聡《てんそう》」と改めた。スレ・ハン、のちの清朝第二代皇帝の太宗《たいそう》である。ホンタイジは、明帝国に本格的な攻勢を始めるに先立ち、背後の恐れとなる朝鮮を討伐した。ついで鉄壁の守りの山海関からの侵攻を避けて、兵をモンゴリアに進め、内モンゴルのチャハル部のリンダン・ハンを親征してこれを併合し、北方から中国本土を攻撃する作戦に出た。

リンダン・ハンの死後、その長子のエジェイは、部下を率いて甘粛省周辺で遊牧していたが、ヌルハチの第十四子のドルゴンの軍に捕らえられて、瀋陽に連行されてきた。このとき、エジェイは「大元伝国の璽《だいげんでんこくのじ》」なるものを携えており、これをホンタイジに献上した。「大元伝国の璽」とは、「制誥之宝《せいこうしほう》」の四字が刻まれた大印である。もともとは元朝の順帝《じゅんてい》が大都(現在の北京)から内モンゴルの応昌《おうしょう》に逃れたときに所持していたが、のちに行方が知れなくなっていた。アルタン・ハーンのときに偶然草原で見つかり、アルタンの子孫からリンダン・ハンの手をへて、いままたホンタイジのものとなった。このことは、後金国のホンタイジがモンゴル元朝の正統なる継承者となったことを意味した。

大清国の成立

こうして、マンチュリアとモンゴリアとを統合し、朝鮮を服属させたホンタイジは、一六三六年四月、あらためて帝位に即き、国号を「大清国《だいしん》」と改め、年号を「崇徳《すうとく》」と改元した。やがて中国全土を支配し、最後の中華帝国となる清朝がここに出現した。

太宗ホンタイジの治世には、明朝の中央官制にならって六部や内閣の前身となる内三院を設けて国家としての体裁を整えたほかに、蒙古衙門を改組して藩部を担当する理藩院を設置した。

一六二九（清の天聡《てんそう》三／明の崇禎《すうてい》二）年以来、北方から中国本土を衝《つ》くルートを確保したホンタイジは、みずから大軍を率いて出陣し、北京城を攻撃したほか、付近の諸都市を攻略しては財物や人びとを掠奪した。

大清国成立後も、一六三八年、一六四二年と別将を派遣して河北や山東の両省に侵攻した。ホンタイジにとって、圧倒的な財力を誇る大明帝国と果てしない戦闘を続けることは、決して好ましいことではなかったはずである。戦争遂行のために大軍を養いつづけることは、成立したばかりの女真国家にかなりの財政負担であった。しかも戦争状態の継続は、毛皮や人参など国際交易における収益をますます減少させていたからである。こうしたジレンマのなかで、この時期のホンタイジは、長期的な戦略もなしに中国本土に侵攻しては財物や人びとを略奪して、短期的な財政補塡を続けていた。

こうした膠着状態のなかで、一六四三年八月、太宗ホンタイジは盛京で急死した。諸王会議で後継者に選ばれたのは、ホンタイジの第九子で正皇后から生まれたフリンであった。即位当時、わずか六歳の世祖《せいそ》順治帝《じゅんちてい》である。

明清対峙のなかで、明朝の内部崩壊が確実に進行していた。この膠着《こうちゃく》状態を直接破ったのは、明末の民衆反乱であった。

流賊李自成

一六二七（天啓七）年、陝西《せんせい》省の延安《えんあん》地方を中心に大飢饉が発生した。澄城《ちょうじょう》県の飢えた民衆が地方官の過酷な徴税に抗議して蜂起し、知県を殺害するにいたった。これを契機に辺境地帯の辺鎮を守る兵士も反乱に加わったので、その勢力はまたたく間に山西省北部や中部にまで広がった。

反乱初期の指導者となった王嘉胤《おうかいん》の死後、その部下の李自成《りじせい》や張献忠《ちょうけんちゅう》らが部隊を引き継いだ。のちに明朝を滅亡させることになる李自成は、延安府米脂《べいし》県の出身で、駅伝の労役を担う駅卒に充てられていた。その地方の財政難から駅卒の人員が整理されたために、失業して反乱に身を投じた。

反乱軍は、一六三三（崇禎《すうてい》六）年冬に凍結しはじめたばかりの黄河を馬で渡って南下し陝西省南部に向かった。河南省をへて安徽省の中都《ちゅうと》鳳陽を陥れ、明朝の祖先の陵墓（明皇陵）に火を放って王朝への敵意を露わにした。これ以後、長江以北や陝西省北部を縦横に駆けめぐり、明朝と大規模な戦闘をくり返したため、流賊《りゅうぞく》の乱と呼ばれる。

李自成は、租税免除の政策を掲げて多くの民衆の支持を得る一方で、洛陽では在地社会との矛盾を深めていた王府の福王《ふくおう》（万暦帝の次男）を殺害した。一六四二（崇禎十五）年十二月、反乱軍は湖北省の要衝襄陽《じょうよう》を占領すると襄京《じょうけい》と改め、政権獲得の布石とした。一六四四年正月には、李自成は西安を西京《せいけい》と改め「大順《だいじゅん》」政権を樹立し、「永昌《えいしょう》」と年号を建てた。

北京城急襲

李自成は、翌月には西京を出発してふたたび黄河を渡って山西をへて北京に向かった。沿路の李自成軍への歓迎ぶりは、同時代人の顧炎武《こえんぶ》が、「国を挙げて混乱の最中にあり、尽《ことごと》くもって時雨の霈《めぐみ》となす」と記しているほどである（『明季実録《みんき》』）。明朝の精鋭部隊はたび重なる清軍の攻撃に備えて山海関方面にあったから、北京を守るのは留守部隊にすぎなかった。毅《き》宗《そう》崇禎帝（由《ゆう》検《けん》）は、二月「己を罪するの詔」を出して勤王の軍を募ったものの応ずる者はなかった。廷臣のあいだからも「南遷の議」が出されたものの、帝は「国君は社稷（王朝）と生死をともにするものだ」として、これを許さなかった（『明史』李邦華伝）。

反乱軍は、三月十五日には北京の守りの居庸関を攻略した。昌平《しょうへい》州にある王朝陵墓天寿山《てんじゅざん》の享《きょう》殿《でん》を荒らして火を放ったあと、翌日に北京に現れて、北京城北側にある土城《どじょう》で早くも明軍と対峙した。これ以前に、帝は長城外の遼西で清軍に備える呉三桂《ごさんけい》に檄《げき》を飛ばし、北京への援軍を促していた。呉三桂は二〇万の兵を移してやっと山海関に着いたばかりで、間に合わなかった。

十七日、北京城は李自成軍により完全に包囲された。崇禎帝は、全閣僚を召集して打開策を協議したが、誰ひとりとして発言する者はなかった。李自成は以前からスパイを城内に潜入させ、官員を買収し、宮廷の動きを最大もらさず把握していたから、これらの情報は筒抜けで、李自成

図版49　崇禎帝自縊の場所

のもとに逐一届いていた。北京城の西側の阜成門や広寧門に向けて李自成軍の攻撃が始まると、城外を守る明の三大営《さんだいえい》は総崩れとなった。

崇禎帝の最期

十八日、李自成は外城西門の広寧門に向かって陣取り、使者を差し向け帝位を譲るように要求したが、崇禎帝はこれを拒絶した。その夕刻、提督京営戎政《けいえいじゅうせい》の任にあった太監曹化淳《そうかじゅん》が彰義門（広寧門）を開くと、外城内に李自成軍が進入してただちに内城への猛攻撃が始まった。

北京城の守りが破られ大勢が決したことを悟った崇禎帝は、乾清宮《けんせいきゅう》で周皇后らと別れの盃を酌み交わした。太子と皇子たちを皇城外の外戚のもとに向かわせたのち、皇后に自害を勧めると、皇后は坤寧宮《こんねいきゅう》に戻り、ほどなくしてみずから首を縊《くく》って世を去った。それから十五歳になったばかりの長平公主を呼びよせて、「汝はなんの因果で皇帝の家などに生まれたのか」と嘆きながら、愛娘《まなむすめ》にみずから刃《やいば》を向けた。その手は震えて絶命するまでにいたらなかった。さらに寵愛する袁貴妃や妃嬪《ひひん》数人を斬りつけて殺した。

その後、帝は宦官王承恩《おうしょうおん》を呼びつけて脱出の策を練った。真夜中の三更（午前零時前後）、粗末な服に身をやつし王承恩の靴に履きかえた帝は、手に三眼銃《さんがんじゅう》（中国式火砲で、三つの銃管がある）

を持ち、数十名の宦官とともに東華門を出て近くの斉化門《せいかもん》（朝陽門のこと）にたどり着いた。門を守る宦官は門を開けるどころか、火砲と弓矢を向けてきた。そこで引き返して、城門を監守する成国公朱純臣《せいこくこうしゅじゅんしん》の邸宅を訪ねて門を開けさせようとしたが、朱は宴席のため外出中で会えなかった。結局、北の安定門に向かったものの、門は堅く閉ざされ開かなかった。そうこうしているうちに、空が白みはじめたので、やむなく宮中に戻るほかなかった。

明けて十九日、崇禎帝は早朝みずから前殿に御して非常用の鐘を鳴らし百官を召集せんとしたが、駆けつける者とていない。いよいよ追いつめられた帝は、宦官王承恩ひとりを従えて紫禁城を玄武門から抜け出し、万歳山《ばんざいさん》（現在の景山《けいざん》）に登り東側の寿皇亭《じゅこうてい》の槐樹の下で首を縊った。二百七十七年間に及んだ明王朝の最期にしては、なんともあっけない幕切れであった。

歓呼の声に迎えられた李自成軍

崇禎帝が万歳山で自殺をはかるに先立ち、前日に内城の徳勝門、朝陽門、阜成門、宣武門、正陽門などが次々と破られ、李自成軍がなだれを打って城内に進入した。

一夜明けた十九日朝には、城内の家々の門には、「永昌《えいしょう》元年、順天王万々歳」「新皇帝万々歳」というような李自成政権の樹立を期待する張り紙が貼られた。時々の権力に靡《なび》きやすい都びとの習性であろうか、それとも新たな支配者の出現に期待を寄せざるをえないほど、明末の政局は混迷の度合いをきわめていたというべきであろうか。

その日の昼に、反乱軍の指導者李自成が氈笠《せんりゅう》（フェルト製の編笠）と縹衣《ひょうい》（藍染め服）という出で立ちで烏駁《くろまだら》の馬にまたがり、精鋭部隊一〇〇騎余りを従えて徳勝門より入城してきた。

新たに北京城に入城した李自成軍が庶民層に好意的に迎えられたというのは、反乱軍が当初示した規律の良さがその一因であったらしい。李自成軍は、北京城を占拠したその日に、「大師《わが軍》が城内に臨んだら、すこしも犯してはならない。あえて民の財物を略奪する者がいたらただちに磔《はりつけ》にする」という告示を出していた。また街路には、「いつもどおりの開業。罷市《みせじまい》する者は斬（死刑）」の告示を出し、城内の秩序の混乱を最小限にとどめた（『国権』巻一〇〇）。

李自成は、大明門から入り承天門に進み、午門を通って宮城内の皇極殿に登った。紫禁城の新たな主となった李自成は、まず一万を超える宦官を宮中から一斉に追い出した。明末に膨大な数に膨れあがった宦官が王朝財政を蝕んでいたので、多くの人びとに好意的に受けとめられた。

つぎに内閣や六部《りくぶ》など中央官庁を組織する段になったが、農民を主体とした民衆反乱軍には、官僚組織を支える知識人が絶対的に不足していた。そこで、これまで明朝に仕えていた文武の官員に向けて、二十一日に宮廷で朝見《ちょうけん》の礼をおこなうという命令が下された。大順政権に仕えることを願う者はその能力に応じて採用する。郷里に帰ることを希望する者はこれを許し、抵抗して朝見の礼に出ない者は死刑に処すとしていた。

二十一日早朝、明朝の官僚三〇〇〇名余りが承天門の前に集まり、さきを争って大順政権への「授職名単《エントリーシート》」を投じていた。大順政権は、これらの官職希望者に対して、三品以上の大官は原則すべて採用せず、四品以下の官吏にかぎり罪状や汚職の事跡がないかを調べたうえで官職を授けた。このときポストを得た官僚は、わずか九二名にすぎなかった。

二十四日に、特権層の勲臣と外戚が見せしめに処刑された。李自成軍によって血祭りにあげられたのは、襄城伯《じょうじょうはく》の李国楨《りくにてい》、楊武侯《ようぶこう》の薛濂《せつれん》、嘉定伯《かていはく》の周奎《しゅうけい》、大学士の魏藻徳《ぎそうとく》らで、これを聞き知った北京の住民は喝采したという。

当面に必要となる軍事費（これを「餉《しょう》」という）の調達には、比餉鎮撫司《ひしょうちんぶし》を設け官階と資産に応じて大官僚と商人から銀両を取り立てる「追贓助餉《ついぞうじょしょう》」という方法が採用された。

その基準は、内閣は銀一〇万両、部院や錦衣衛《きんいえい》の長官は七万両、科道官《かどうかん》五万両、吏部侍郎三万両、翰林院《かんりんいん》の官は一万、六部の属官は数千両、外戚・勲臣は定額なしで、一般の郷紳《きょうしん》、富戸や大商人もその三割を没収された。

拷問による追贓の結果、約七〇〇〇万両の銀が短時日のうちにかき集められた。その内訳は、外戚と功臣が三割、宦官が三割、一般の官僚が二割、大商人が二割を占めたと言われる（『国権』巻四）。明末、首都北京に集積された富がどのような階層によって握られていたかが如実に示されている。

生粋の武人呉三桂

話はさかのぼるが、李自成軍が北京に迫るや、三月五日に崇禎帝は清軍に降《くだ》った洪承疇《こうしょうちゅう》に替わって山海関外の軍事拠点寧遠《ねいえん》を守っていた遼東総兵呉三桂を平西伯に封じて大権をあたえた。またその父襄《じょう》を、提督京営に起用して北京城の守りを固めた。

三桂は寧遠の守りを放棄し、急ぎ救援に向かった。十六日、ようやく山海関にたどり着いたが、関所を管理しているはずの太監高起潜《こうきせん》は任務を放棄して逃げていた。北京に急ぐ途中、都が陥落し崇禎帝や皇后が殉難したという悲報に接すると、三桂は白装束で部隊の前に現れ帝の逝去を弔い、李自成討伐を誓った。さらに昨日までの敵であった清軍を率いる睿親王《えいしんのう》多爾袞《ドルゴン》に書信を送り、領土割譲までもちかけて弔い合戦への協力を要請し、山海関に引き返した。

呉三桂が清軍と手を組もうとするのを知った李自成は、三桂に使者を送り清朝に対して共同行動をとるように提案したが、応じなかった。李自成は慌てて、すでに自軍に降っていた三桂の父、襄を脅迫して手紙を書かせ、息子の投降を説得させた。手紙を受けとった三桂は、「お父上がもはや明朝の忠臣でないのなら、私も孝行息子ではいられません」との返事をしたためた。その後、三桂は清軍に降伏し、女真の習俗である辮髪《べんぱつ》をたくわえて清朝の臣下の立場に立つ意志を表明した

呉三桂の先世は江南の揚州高郵《こうゆう》であったが、父親の襄の代までには山海関の北に隣接する寧遠前屯中後所に移り住み衛籍《えいせき》（州県とは別の軍事系統の衛所の戸籍）を有していた。襄は天啓二（一六二二）年壬戌科《じんじゅつか》の武進士に合格し、都指揮使に累官して寧遠を鎮守したというから、息子の三桂も万里の長城外で生まれ育った生粋の武人の出身であった。

錦州で清軍とともに戦った薊遼総督洪承疇や親族の総兵官祖《そ》大寿《たいじゅ》もすでに清軍に降っており、三桂は賊軍の李自成よりも、敵とはいえ満洲人の方にシンパシーを抱いていたのであろう。

明朝最後の頼みの綱であった勇将呉三桂が、あろうことか満洲人のドルゴンと手を組んで李自成討伐に突き進んだのは、愛妾陳円円《ちんえんえん》を流賊から奪い返すためであったという話は人口に膾炙《かいしゃ》し

ている。後世、愛人のために国を売った裏切り者とされた理由である。

北京城が陥落し、父の邸宅に残していた円円が李自成の部将劉宗敏《りゅうそうびん》に掠取されたことを知るや、「大丈夫《おとこたるもの》、妻妾を守れなくてどうして生きていけようぞ」と怒りを顕わにした。英雄色を好むというわけだが、どうもそれだけの理由ではなかったようだ。

崇禎帝の周皇后の父親周奎《しゅうけい》は、江南の蘇州出身であった。蘇州きっての名妓で、もちろん崑曲《こんきょく》（江南由来の伝統演劇）も得意の陳円円を、大金を積んで身請けすると、宮中に入れ皇后付きの女官にした。それは時局に苦悩する皇帝を慰めるためであったが、じつは皇后のライバルのほっそりとした美人の田貴妃に対する帝の寵愛を少しでも奪おうという父親の親心でもあった。

ところが崇禎帝はいっこうに円円に関心を示さない。しかたなく宮中から下げて周の自邸に囲っていた。詔を奉じていよいよ山海関に出鎮する三桂に周奎は餞《はなむけ》しようと、酒宴を催し女楽に円円を出演させた。その場で円円を見初めた三桂は、翌朝周奎に事情を打ち明け、聘礼に銀一〇〇〇両を用意して慌ただしく任務に赴いた。後日、外戚周奎が嫁入り道具を豪勢に整えて円円を襄宅に輿入れさせたのは、呉父子を最後の頼みの綱としたかったからであったが、その願いは叶わなかった（徐鼒《じょし》『小腆紀年《しょうてんきねん》附考』巻四）。

四十日天下

四月十二日、京城外に仇討ちを約束した呉三桂の榜文《ぼうぶん》（お触れ書き）が貼り出されると、都人も一時はひそかに素幘《そさく》（白い頭巾）を縫いはじめたという。

大慌ての李自成は、呉三桂とドルゴンとの連合軍を迎え撃つべく、二〇万の兵をみずから率いて東に向かった。軍中には崇禎帝の皇太子、永王、定王にくわえて三桂の父呉襄まで擁して、永平で決戦に挑んだものの大敗した。急遽《きゅうきょ》、北京に逃げ戻った李自成は、見せしめに襄を殺害してその首を城壁に懸けたうえに、家族三八人を皆殺しにしたから、三桂はますます李自成への憎悪を露わにし、その討伐を誓った。

三桂が清軍を先導して大挙し北京に迫るのを知った李自成は、二十九日、武英殿《ぶえいでん》でそそくさと皇帝即位の儀式を挙行した。翌日、李自成は新たな政治体制を打ち立てる間もなく、宮城内の金銀財宝をかき集め車に載せて運び出した。代わりに牧草を紫禁城に運び入れて宮殿に積み上げ、これに火を放って北京城の斉化門から退去して西京（西安）に向かった。

2　非漢人政権にして中国の正統王朝

ドルゴンが敷いたレール

四月三十日早朝、李自成が北京城から退去すると、その二日後の五月二日に清朝の摂政王《せっせいおう》ドルゴンが清軍を率いて朝陽門《ちょうようもん》から北京城内に入城してきた。ドルゴンは、ヌルハチの第十四子で、半年前に六歳で即位した幼主順治帝（フリン）の叔父にあたる。

紫禁城に進んで、宦官から御輦《ぎょれん》に乗ることを勧められたドルゴンは、いったんは辞退したものの御輦に乗せられて武英殿《ぶえいでん》に入り玉座にのぼると、明朝に仕えていた官僚たちからはドルゴンに対して「万歳《ワンスイ》」という呼び声が上がった。「万歳」は、ほんらい皇帝に対してのみ献げられるべきものであった。紫禁城の権威にすがろうとする者にとっては、玉座にのぼる者が漢人であろうとなかろうと、また皇帝であろうとなかろうと、強力な権力者であれば誰でもよかったのであろう。その紫禁城も、李自成の放った火によって大火が発生し、余燼《よじん》冷めやらぬなかにあった。

当初、北京城内では山海関を守っていた勇将呉三桂が明朝の太子を擁して戻ってくるという噂が伝えられていた。このため、文武の官僚たちは、数日前までは李自成にしっぽを振ったことをすっかり忘れたかのように、亡くなった崇禎帝の位牌を午門に設けて哭臨《こくりん》し、鹵簿《ろぼ》をととのえて朝陽門外まで太子を出迎えようとした。ところが、やってきたのは呉の軍隊ではなく、満洲人の衣服をまとい辮髪をたくわえた清軍の兵士たちであった。都の人びとは、一転してふたたび恐怖のどん底に陥れられる気がしたことであろう。

この日から始まった清朝による中国支配のレールは、最初に紫禁城に乗り込んだドルゴンによって敷かれた。当時、彼は三十三歳になったばかりであった。

「清朝は非漢人政権ではあるが、中国の正統王朝として明朝を継いだ」。これが基本方針であり、徹底させるべき言説であった。明は「流賊」李自成によって滅ぼされたのである、清朝は道義にもとづいてこの賊を伐《う》ち、その結果として後継の王朝となったという観点から、すべての政策が立案された。

これらの政策の立案には、大学士范文程《はんぶんてい》はじめ、入関以前から清朝に仕えていた漢人士大夫《したいふ》のブレーンたちが大きく関与していた。范文程は遼東瀋陽の出身で、宋の名臣范仲淹《はんちゅうえん》の後裔とされている。

最初に、明朝の内閣・六部・都察院《とさついん》など衙門《がもん》の官員の原官への復帰が命じられた。明朝の吏部左侍郎の沈惟炳《しんいへい》らの採用や大学士であった馮銓《ふうせん》を清内三院《ないさんいん》大学士に召すなど、満洲人貴族主導のもとに、満・漢官僚の共同統治による清朝政権を打ち立てた。

また漢人士大夫の支持を得るため、崇禎帝のために朝天宮《ちょうてんぐう》に位牌を設けて三日間喪に服すことや、懐宗端皇帝《かいそうたんこうてい》（のち、荘烈帝《そうれつてい》）と諡《おくりな》をおくること、明朝の陵墓（明十三陵）の保護や宗室の爵位保持、帰順官吏の昇級登用など、一連の政策を打ち出した。

七月十七日には、清朝の年号に変わった順治元年以降、遼餉《りょうしょう》・勦餉《そうしょう》・練餉《れんしょう》など正額以外のいっさいの臨時に加派された付加税や米豆の強制買付をことごとく蠲免《けんめん》（租税や課役の一部、あるいはすべてを免除すること）を命じた。これらは、明末に新たに設けられた税目であった。

周辺からのまなざし

この王朝交替は、周辺の国々ではどのように受け止められたのであろうか。「華夷変態《かいへんたい》」、すなわち中華から夷狄《いてき》に替わったという語はよく知られている。これは、「唐船風説書《とうせんふうせつがき》」に収められた『華夷変態』という書名に由来するものである。

編者の林春斎《はやししゅんさい》（林羅山《らざん》の第三子春勝《しゅんしょう》、号は鵞峯《がほう》）は、その序文の中で、「崇禎登天し、弘光《こうこう》（福王）虜に陥《おちい》り、唐（王）・魯（王）纔《わずか》に南隅を保つ、而《しか》して韃靼《だったん》中原を横行す。是《こ》れ、華の夷に変じるの態《てい》なり」と記した。中華の国が夷狄の国に様態を大きく変えたと捉えたのである。とはいえ、林がこう記したのは、清朝が入関してから三十年をへた一六七四（延宝《えんぽう》二）年のことである。しかも大陸から海を隔てて長崎に来港する福建の福州や漳州《しょうしゅう》の中国商人からの風説をもとにした観察であった。そのうえ、こうした理解のベースには、林羅山に始まる林家《りんけ》の儒学があり、それは朝鮮儒学の影響を強く受けていたであろう。

李朝の朝鮮は、明朝よりも早くに「夷狄」の清軍によって国土を蹂躙《じゅうりん》されていた。それも一六二七年（丁卯胡乱《ていぼうこらん》）と一六三六年（丙子胡乱《へいし》）の二度にわたってである。とくに後者では、屈辱的な「城下の盟《めい》」を強要され、清朝の藩属国となっていた。つまり「華夷変態」は、多分に朝鮮のメガネを通した情報収集だったのである。

しかし、目まぐるしい王朝交替劇に間近に接した人びとの認識は、これとは異なっていた。まずは、異邦人とはいえ東アジア世界特有の華夷意識からは自由であったイエズス会士に証言してもらうことにしよう。

明末に北京で活躍したマッテオ・リッチと同じくイタリア人のマルティノ・マルティニが著した『韃靼戦争記』には、北京に乗り込んできたドルゴンに対して「夷狄」と捉えるような民族差別観は見られない。それどころか、その優れた人格を高く評価しつつ、以下のように記している。

こうして戦争遂行の一切はかれ〔ドルゴン――引用者〕に任された。韃靼人〔満洲人のこと〕

が統治権を手中に収めたのにはとくにこの人に負うところが多い。かれは思慮と慎重さとにおいてばかりではなく、剛毅さと忠誠の点でも同様に断然すぐれていたからである。それ故に理智と思慮深さによって、チナ人（漢人）たちのうちでもっとも聡明な者たちをも嘆賞させたのであった。まったくのところ、かれはその愛想のよさと公正さによって、かれらを魅了したのであった。（マルティニ、一〇四〜五頁、矢沢利彦『西洋人の見た中国皇帝』五七頁より引用）

さらに、漢人たちのなかにも明朝に背《そむ》いて満洲人の清朝のもとに奔《はし》った者が多く出てきたことを指摘している。当時、「中華」の明朝と「夷狄」の清朝とは決して乗り越えられないものではなくなっていたのである。

直後に北京を訪れた日本人

じつは、この王朝交替の真っただ中にたまたま大陸に漂着し、その直後の北京を訪れた日本人たちがいた。

一六四四（寛永《かんえい》二十一）年四月、越前の三国湊《みくにみなと》を出港して蝦夷地《えぞち》の松前に赴こうとした越前商人竹内藤右衛門《たけうちとうえもん》らの一行五八人は、途中大風にあって漂流し、いわゆる「韃靼国」の地（現在のロシア領ポシェット湾あたり）に漂着した。その後、長白山を越えて盛京（瀋陽）をへて北京に送られた。北京に一年ほど滞在したのち、朝鮮を経由して二年後の六月に日本に戻った。生還者一五人のうち、国田兵衛門と宇野与三郎という者が幕府に供述したのが『韃靼漂流記』である。これによれば、御年八歳「韃靼総王」である順治帝に続けて、四名の臣下を挙げている。その筆頭のキウアンス（九王）こそ、摂政王ドルゴンにほかならない。

右のキウアンスは王の叔父にて御座候。年三十四五に見へ申候。細く痩《やせ》たる人には御座候。此人第一の臣下にて、上下共におそるる事歴々の衆も、直《ぢき》々物申事成不申候由に御座候。町の御通りの節見申候。町人其人其外も頭を地につけ罷在候。日本の者共は不便《ふびん》に思召候由にて御前ちかく度々被召出、御懇に被仰候。（園田一亀《かずき》『韃靼漂流記』一二一頁）

満洲人の上下の者も直に話しかけることも憚られるくらい畏れ多い存在で、街を通る折はみなが頭を地面につけ額《ぬか》ずくほどであった。しかし、漂流した日本人に対しては不憫に思われ、たびたび召し出して懇《ねんご》ろな言葉をかけられたという。彼らの供述のなかには、満洲人を「夷」と捉える感覚はどこにも見られない。それは豊臣から徳川へと同様に、「大明」から「韃靼」の清朝へという統治者の交替でしかなかった。

順治北京遷都

清軍が北京城を占領すると、まもなく盛京瀋陽から北京（燕京）への遷都が議論された。ヌルハチの最初の居城フェアラから始まって、遼東進出後の遼陽、瀋陽にいたるまで勢力拡大とともにたえず都を遷してきたことからすれば、当然の選択であった。

六月十一日、ドルゴンは、諸王、貝勒《ベイレ》（皇族）、大臣らと相談して北京への遷都を決定し、順治帝を迎えるべく使者を派遣した（『清世祖実録』巻五）。順治帝の一行は、八月二十日に盛京を出発してひと月ほどをかけて九月十九日には北京に到着し、北京城に入城した。正陽門から紫禁城に入った。十日後、明朝の太廟《たいびょう》の建物をそのまま使って、清朝の太祖・太宗等の神主を奉安した。

翌月の十月一日には、順治帝は南郊の圜丘《えんきゅう》（天壇《てんだん》）にいたり北京に都を定めたことを天地に祭告して、あらためて皇帝に即位した。順治帝にとっては、半年前の盛京でのそれに続く二度目の即位式であった。天壇に登った帝は、中華世界の皇帝への即位をあらためて天に告げるとともに、従来どおり大清の国号と順治紀元を用いることを表明した（『清世祖実録』巻九）。南郊での儀式には、明朝以来の天壇をそのまま使用している。遷都の祭告というよりは、中華の皇帝位の継承が重視されたと言える。同月十日には、順治帝は皇極門《こうぎょくもん》に出御し、即位の詔を全国に頒行《はんこう》した。

清朝が北京に都を遷したのは、言うまでもなく中国本土の統一的支配が計画されていたからである。前述したように、清朝の中国支配のレールを敷いたドルゴンの基本方針は、清朝は非漢人政権ではあるものの、中国の正統王朝として明朝を継いだというものであった。しかしながら、このことは、単に明朝に代わって中国歴代の王朝の地位を占めたことを意味するだけではない。入関前の一六三六年、ホンタイジは内モンゴルのチャハル部を平定し、満洲人はもちろんモンゴル人諸王や漢人武将の推戴を受けて、すでに大清皇帝に即位していた。

またこの時期に、その清朝の主力となる八旗も整備され、八旗満洲、八旗蒙古、八旗漢軍からなる多民族共生集団として装いを新たにしていた。この集団が、入関後には旗人として清朝の支配層を構成した。こうして形成されつつあった多民族複合国家にふさわしい都として北京が選択されたのである。それとともに、明代にすでに完成していた江南から北京への国家的物流システムをほぼそのまま受け継いだ。

薙髪令と衣冠の変更

満洲人の服装は、彼らほんらいの狩猟生活の必要性を反映していた。男子は、弓矢を射るのに便利な箭袖《つつそで》（俗称、馬蹄袖《ばていそで》）の袍褂《パオグア》（長衣）を着て、腰には布帯《ぬのおび》を締め、小刀など日用品を身につけていた。髪は、周囲の頭髪を剃り上げて、てっぺんに辮髪《べんぱつ》を留めていた。女子は長衫《チャンサン》を穿き、纏足《てんそく》はしていなかった。

こうした装束は、漢人のそれとは大きく異なっていた。清朝は、一六四四年に中国本土に進出すると、満洲人の装束を維持するとともに、漢人に対しても薙髪《ちはつ》（剃髪）と装束の変更を強制し、清朝への服属を示す証とした。

八旗軍を率いて五月に通州にいたると、ドルゴンは早くも薙髪令を発布したが、すぐに漢族の人びとの抵抗に遭遇した。三河県や昌平州では抗清闘争が引き起こされたので、ドルゴンは兵を派遣し鎮圧した（『清世祖実録』巻五）。まもなく京東地区でも反清闘争が起きたので、順天巡撫《じゅんぶ》を密雲に、薊州道巡按《じゅんあん》を遵化に駐在させて対処する一方、薙髪令をいったん弛《ゆる》めている。

しかし、江南の南京を平定した翌一六四五年六月には、あらためて男子を対象とする薙髪令を発して辮髪を強制した。北京城の内外では、十日以内にすべて文武衙門の官吏や知識人、庶民に剃髪を命じた（『清世祖実録』巻一七）。

辮髪とは違って衣冠や服飾の変更の場合は、経費がかかるためすぐには強制できなかった。そのため、北京城内外の軍民は、薙髪令よりは数カ月遅れてこれまでの漢人の衣冠（巾帽《きんぼう》）を禁止して満洲人の衣冠を着用するように命じられた（『清世祖実録』巻一九）。

ドルゴンの王宮

清初に摂政王として絶大な権力を振るったドルゴンの王府（邸宅）は、現在の故宮の東側にある南池子《ナンチーズ》大街に置かれていた。南池子大街は、明清時代では皇城内にあたっていた。清朝で皇城内に王府が設けられたのは、ドルゴンの睿親王府《えいしんのうふ》（老府）とアジゲ（ヌルハチ第十二子）の英親王府の二人だけであって、彼らの特別な地位をよく表している。

睿親王府が置かれた場所は皇城内東南隅にあたり、明代には「南内《なんない》（小南城）」と呼ばれていた。土木の変でオイラト軍に拉致《らち》された明の英宗が北京に帰還すると、そのまま幽閉されたのがこの南内であった。その後、敷地内に洪慶宮《こうけいきゅう》が設けられた。洪慶宮にはチベット仏教の財神嘛哈噶喇《マハーカーラ》（大黒天《だいこくてん》）を祀っていたが、明末に火災のため焼失した。

ドルゴンは、順治帝を盛京から北京に迎えて紫禁城の新たな主人とすると、みずからは小南城に居を移した。清初の著名な詩人呉偉業《ごいぎょう》は、ドルゴンの小南城にある睿親王府について、「七載の金縢《きんとう》は掌握に帰し、百僚の車馬は南城に会す」（『京師坊巷志稿』巻上、嘛哈噶喇廟）と詠《うた》っている。七年にわたり忠心事君の金縢《きんとう》の功で幼帝順治帝に代わり実権を握っていたドルゴンの王府は、まさに多くの官僚たちの集まる政治の中枢として機能していた。

一六五〇（順治七）年にドルゴンが病で死去すると、「義皇帝《ぎこうてい》」と追尊され、成宗《せいそう》という廟号まで贈られた。しかし、晩年のドルゴンには専横のふるまいがあったとされ、反ドルゴン派はその非をおおいに鳴らした。叔父を快く思わなかったのは順治帝も同じであり、ドルゴンは大逆などの罪により爵位を削られ、墓をあばかれて王府も没収された。一六九四（康熙《こうき》三十三）年になってふたたび嘛哈噶喇廟に戻され、乾隆《けんりゅう》年間に改修されて普度寺《ふどじ》と名を賜った。二〇〇一年に、普度寺大殿の慈済殿《じさいでん》が修復公開された。この大殿内には、二〇〇五年から北京税務博物館が一時開設されたことがあった。ドルゴンゆかりの地を探して訪れた際に、筆者はそのミスマッチに驚いた記憶がある。

順治帝の親政後に、死刑の判決をうけ自殺に追い込まれたアジゲも王府を没収された。東安門内大街の北にあったその英親王府は、光禄寺《こうろくじ》に改められた。その後は、皇城内に王府を設けることが禁じられた（『清世祖実録』巻一一六）。乾隆年間になってドルゴンの栄誉回復がなると、かれの子孫に爵位があたえられ、睿親王府はあらためて石大人胡同《フートン》（東城区外交部街）に設けられた。

江南の抵抗と南明政権

清朝の薙髪令は、江南では北方以上に激しい抵抗を受けた。江南の一部の県城や鎮市で読書人の一部や遊民（無頼《ぶらい》・奴僕《ぬぼく》）を含む地域住民による激しい抵抗が試みられた様子は、清末にその存在が知られるようになった『揚州十日記《ようしゅうじゅうじつき》』や『嘉定屠城紀略《かていとじょうきりゃく》』などに残されている。清朝はこれらの抵抗に手こずったものの、薙髪令を弛めることはなかった。

一方、明朝宗室の血筋を引く弘光帝《こうこうてい》（福王《ふくおう》、南京）、隆武帝《りゅうぶてい》（唐王《とうおう》、福州）、永暦帝《えいれきてい》（桂王《けいおう》、肇慶《ちょうけい》）、魯王《ろおう》（紹興《しょうこう》）らを擁立した「南明《なんみん》」と総称される反清政権が各地に樹立され、抵抗を続けた。しかしこれも、緬甸《ミャンマー》で捕らえられた永暦帝の殺害や、魯王をささえた鄭成功《ていせいこう》が亡くなる一六六二（康熙元）年を境に終熄《しゅうそく》に向かった。大局的にみれば、清朝の支配は急速に確立していった。

清朝が流賊や南明政権を平定するにあたって八旗兵とともに活躍したのは、漢人将兵であった。なかでも、前述した呉三桂や耿仲明《こうちゅうめい》、尚可喜《しょうかき》ら漢人武将の功績はめざましかった。彼らはいずれも明朝に仕えていたが、清朝が入関する過程で清朝の軍門にいち早く降った有力軍閥であった。

三藩の乱と台湾攻略

南方の平定がほぼ終わると、平西王《へいせいおう》呉三桂は雲南に、平南王《へいなんおう》尚可喜は広東に、靖南王《せいなんおう》耿仲明のあとを継いだ耿継茂《こうけいも》は福建に駐留して藩王となった。中央から別に地方官が派遣されており、彼らはほんらい民政への関与を制限されていたが、特別軍管区の長として軍事・財政など大きな権限をあたえられていたため絶大な権力を誇っていた。

一六七三（康熙十二）年、すでに七十歳を越えた平南王の尚可喜が広東から撤藩し、郷里の遼東に戻って余生を送ることを皇帝に願い出ると、これが認められた。他の二藩も釣り合いのうえから、これにならって撤藩を申し出たところ、靖南王耿精忠《こうせいちゅう》（継茂の子）にもすぐに許可がおりた。

入関の際の功績を過信していた三桂は、当然慰留されると期待していた。朝廷では慰留と許可の両論が対立し、なかなか決着しなかった。少壮気鋭の聖祖康熙帝（在位一六六一～一七二二）は、撤藩を許可する決断を下した。思惑ちがいとなった三桂は、ついに反旗をひるがえした。三藩《さんぱん》の乱である。

辮髪を改め、漢人風の冠服に戻した三桂は、「反清復明」を旗印にした。たちまちのうちに雲南・貴州両省を収め、破竹の勢いで湖南省に進出した。三桂の檄をうけて、耿精忠や陝西提督《せんせいていとく》の王輔臣《おうほしん》をはじめ各地で呼応する勢力が現れて、一時は中国の西南半分を席捲する大反乱となった。

図版50　読書する康熙帝

三藩の乱は、明清交替後の中国本土の情勢を注視していた東アジアの周辺諸地域にも大きな動揺をもたらした。ホンタイジに滅ぼされた北元皇帝の正統子孫リンダン・ハンの血統を継ぐ内モンゴルのチャハル部のブルニは、清朝に叛《そむ》き自立する動きに出た。チベットは、三桂に代わって和議による調停を申し入れる一方で、西北辺境を脅かした。ベトナムの莫元清《ばくげんせい》は、黎朝《れいちょう》に対抗して三桂軍を援助した。朝鮮の李朝では、東アジアを揺るがす時局への対応をめぐって国論が沸騰する始末であった。

しかし反乱軍は、緒戦で華々しい攻勢を見せたものの、長くは続かなかった。還暦をすぎていた呉三桂は南方を押さえるだけで満足し、積極的に北京を攻略しようとはしなかった。いったん国号を「大周《だいしゅう》」とし皇帝を称したものの、まもなく死去したので、反乱軍の求心力を失って急速に弱体化した。

一方、清朝側は弱冠二十歳となったばかりの青年康熙帝の指揮のもとで、八旗のみならず明軍を改変した緑営《りょくえい》の漢人武将が活躍した。宣教師フェルビーストに命じて造らせた大砲が威力を発揮した。こうして形勢は逆転しはじめ、清軍はついに雲南を攻略して、一六八一年に八年に及んだ三藩の乱を平定した。

三藩の乱平定によって中国本土の支配を確立した清朝は、いよいよ海峡を越えて台湾攻略に取りかかった。台湾は、もともとマレー・ポリネシア系の高山族《こうざんぞく》（高砂族《たかさごぞく》）がすむ土地であった。一五六七（隆慶《りゅうけい》元）年、明の海禁が解かれると、福建の商船や日本の朱印船、さらにはヨーロッパ人もこの島に立ち寄るようになり、オランダ人がここを最初に植民地として経営しはじめた。

漢人の父と日本人の母から生まれた鄭成功《ていせいこう》は、台湾からオランダ人を駆逐してここに本拠をおき、南明政権への支援を続けていた。鄭成功が三十九歳で病死すると、長子の鄭経《ていけい》があとを継いだ。三藩の乱がおこると、対岸の廈門《アモイ》を奪回するなど一時活躍したこともあった。その鄭経も亡くなると、没後の混乱に乗じて清朝は、一六八三年、台湾を占領して福建省所属とした。台湾は、このときはじめて清朝の領土となった。

内モンゴルの併合による盟旗制度の創設

西南の三藩の乱平定に続いて、康熙帝は内モンゴルのチャハル親王家を滅ぼし、北方の支配を固めた。長城近辺のチャハル部のリンダン・ハンは、すでに述べたように北元の皇帝を継承する正統な子孫であった。その長子エジェイは、ホンタイジが大清皇帝の位に即いたとき、モンゴルの代表として皇帝推戴の名義人の筆頭に名をつらねていた。このため、チャハル家の家長には代々親王の爵位があたえられ、清の皇女との婚姻が許されるなど特別に優遇されていた。

しかし康熙帝は、チャハル家の当主アブナイの親王の爵位を剝奪して瀋陽に監禁すると、アブナイと清の皇女とのあいだに生まれた長子ブルニを代わりに親王に擁立した。内モンゴルの諸部族をチャハル家のもとから切り離して清朝に直属させようとしたのである。

ところが、三藩の乱の最中にブルニは、清朝に叛いて自立する動きに出た。しかしこれに呼応したのはチャハル家と分家の関係にあるナイマン部だけで、他のモンゴル諸部はことごとく清朝側に荷担し、ブルニを追いつめて射殺した。この報せが北京に届くと、康熙帝は瀋陽に監禁中のアブナイを絞殺させたので、チャハル家の血統はここで途絶えた。チャハル部は解体され、八旗に編入されることになった。

こうして漠南の内モンゴルは部族統合の中心を失い、完全に清朝の統制下に入った。内モンゴルが現在中国の一部を構成しているのは、このときのブルニの悲劇とその後の内モンゴルの王公貴族たちが選択した清朝服属の歴史が一因となっている。

清朝は、十七世紀に内モンゴル統治のために従来の部を地域的にいくつかの旗に分割し、旗を行政・軍事の単位とした。さらに旗を統制させる組織として盟を設けて盟旗《めいき》制度を創設した。これにより内モンゴル二四部は解体されて六盟四九旗となった。王公貴族は属民と土地に対する支配権をあたえられてジャサク（旗長）となった。

盟旗制度の確立は、清朝中央のモンゴルに対する統制を強め、京師北京と内モンゴル地区との関係をより緊密なものにした。同時に、旗の境界画定によりモンゴル各部の牧地は固定化されて、その結果、各部族間の牧地の争奪によって発生する紛争が減少した。のちに清朝は漠北や漠西を併合するにともない、内モンゴルで有効な盟旗制度をモンゴル全体にも広げた。

ドロン・ノール会盟

十七世紀の初め、外モンゴルではハルハ部が優勢で、東にセツェン・ハン家、中央にトシェート・ハン家、西にジャサクト・ハン家とに大きく分かれていた。さらに西方にオイラト系のジュンガル部が位置していた。

ガルダンが登場して強力となったジュンガル部は、もとチョロース部から分かれている。このチョロース（綽羅斯）こそ、土木の変で明の英宗を生け捕りにしたエセン・ハンにまでさかのぼる部族であったから、エセンの没後二百年余りにしてその子孫がふたたび中央アジアに大遊牧帝国を築きはじめたことになる。

チベットの第五世ダライラマの支持をとりつけ、東トルキスタンを併合していたガルダンは、一六八八年に東に向かってハルハ部に壊滅的な打撃をあたえた。ハルハの三王家はことごとく内モンゴルに亡命した。このとき、ハルハ部はその部族会議では北のロシアにつくべきか、それとも南の清朝と結ぶべきか意見が分かれたが、結局、清朝に保護を求めた。

康熙帝は、これら数十万にのぼる亡命モンゴル人のために、内モンゴルにそれぞれの牧地を指定して家畜をあたえ、穀物を長城以南から運んで救済につとめた。一六九一年五月には、長城外のドロン・ノールでハルハ部との会盟がおこなわれた。ドロン・ノールは北京の真北約三五〇キロメートルの地にあり、元朝の上都の故地である。この会盟は、ハルハの王公たちが康熙帝を外モンゴルのハーンとして推戴したことを意味した。

一方、外モンゴルを掌中に収めたガルダンは、いよいよ大軍を率いて内モンゴルに南下してきた。康熙帝はみずからゴビ砂漠を越える親征をおこない、ガルダンを滅ぼした。

清朝とジュンガルとの関係は、ガルダン滅亡以来二十年ちかく平和が続いていたが、その後ふたたび関係が悪化してきたので、高宗乾隆帝《こうそうけんりゅうてい》（弘暦《こうれき》、在位一七三五〜九五）はふたたびジュンガルを討ち、一七五九年、ジュンガル草原と東トルキスタンを清朝の領域にくわえ、新疆省《しんきょうしょう》と名づけた。この年が大清帝国の領土が最大版図に拡大した年で、今日の中華人民共和国の領域もこれとほぼ重なる。

年班で賑わう京師

清朝治下の北京は、満洲人や漢人はもちろん、藩部のモンゴル人やチベット人なども多数集《つど》い

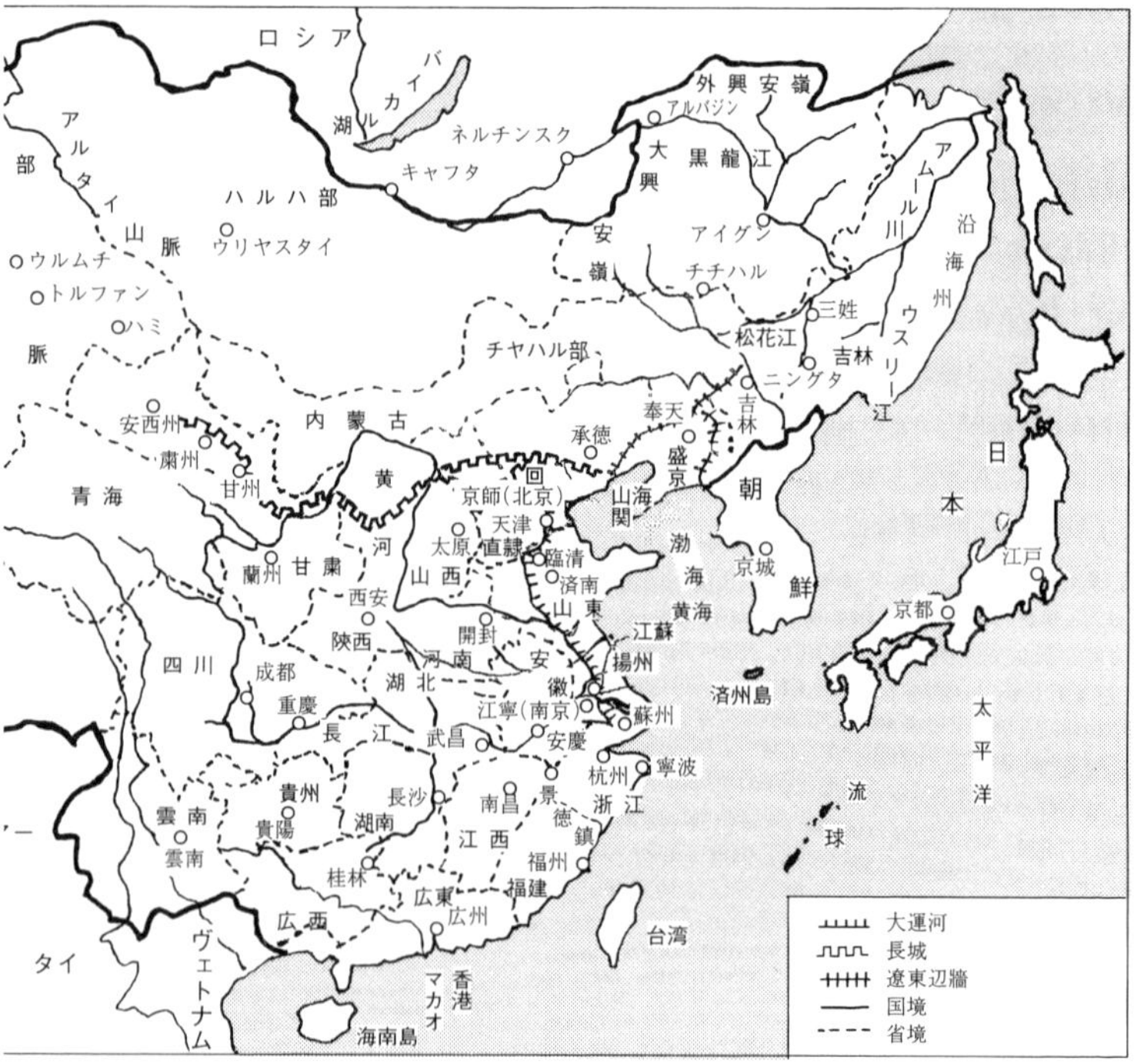

あう都会となった。ここでは、清朝において盛んとなった年《ねん》班《はん》（参勤交代）制度を取り上げて、その一端を見てみよう。

年班の制度とは、内・外モンゴル、新疆、チベットなど藩部の王公貴族が、はるばる都の北京まで順番に上京してきて、皇帝に朝賀をおこなうことを定めた制度である。その年に朝賀の順番にあたった者が「年班」と呼ばれた。

この制度は、モンゴルの王公たちが年節の元旦に来朝した慣習から始まり、他の藩部《はんぶ》にも広まっていった。乾隆年間にその制度が整えられた。年班のため北京に訪れる時期

図版51　大清帝国の拡大

は、毎年十二月十五日以後、二十五日以前と定められた。

　藩部の王公貴族のほか、チベットのラマ僧や四川など少数民族地区の土司《どし》の首長による年班もおこなわれた。年班で来朝した者は、宮廷や離宮で催される宴会に参加することを許されたほか、路費や賞賜を支給されるなど優遇された。

　年節に来朝したモンゴル王公は、歳除（大晦日）に一度の宴、新正（元日）に二度の宴を賜り、さらに五旗王府が宴席を設けた（光緒『大清会典事例』巻九九〇）。除夕（除夜）の宴は、紫禁城内の保和殿でおこなわれた。殿内に入座できるのは、モンゴルやチベットなどから年班のためにやってきた者のほか、満洲王公や八旗の一・二品の武官のみで、殿外の丹陛上にはタイジ（貴族）および侍衛の席が設けられた。皇帝は保和殿の後門から出入りした。宴では、モンゴル茶（酪茶）がふるまわれたという。

　新年の宴は三日におこなわれ、康熙年間は西苑の豊沢園《ほうたくえん》に大きな幄次《あくじ》（テント）を設けた。乾隆年間に中海の紫光閣《しこうかく》が落成すると、ここで宴が開かれるようになった（『養吉斎叢録』巻一五）。

　正月十五日上元節《じょうげんせつ》の宴には、藩部から来京した年班の使者が招待されたが、朝鮮、琉球、南《なん》掌《しょう》（ラオス）、暹羅《せんら》（タイ）からやってきた陪臣たちが招待されることもあった。この宴は、乾隆年間になると円明園の正大光明殿で挙行された。

年班のほかに、モンゴル王公タイジが毎年北京にきて指示を伺う聴事の制度もあった。毎年北京にやってくる内外モンゴルの王公貴族の数は、一万六〇〇〇人余りに達したと推算されている。

ダライラマとの関係

入関前から、満洲族とモンゴル族との連盟に成功していた清朝は、チベットのダライラマ五世（ガワン・ロサン・ギャツォ）の宗教的権威を通じて、モンゴル・チベット統治集団との連携をさらに強めようとした。

ダライラマの称号は、十六世紀モンゴルを統一したアルタン・ハンが、一五七八年にチベット仏教のゲルク派（黄帽派）に改宗した際に、観音菩薩の化身とされていたソェナム・ギャツォにあたえた称号である。この称号は、大海を意味するモンゴル語のダライと、上師を意味するチベット語のラマからなる。

ソェナム・ギャツォは、はじめてダライラマの称号をあたえられたのであるが、彼が住職をつとめたデプン寺では三代目なので、一般に第三世ダライラマと数えている。以後、彼の転生者が代々この称号で呼ばれるようになった。アルタン・ハンの改宗を契機に、修行を重視する密教のチベット仏教が、モンゴル全域に広まった。

一六四二年、ダライラマ五世は、全チベットを平定したオイラトのホシュート部族長のグーシ・ハンから全チベットの教主に推戴される。さらにダライラマ五世は、清朝から再三北京に招かれた結果、一六五二（順治九）年末にはじめて北京を訪れた。順治帝は北京に着いたばかりのダライラマに外城郊外の南苑《なんえん》で接見した。その後元旦を挟んで二カ月ほど北京に滞在しているあいだに、太和殿で三回の宴を設けて接見した。これに先立ち、清朝は安定門外の普静禅林《ふせいぜんりん》に黄寺《こうじ》を建設して、ダライラマの北京での滞在先とした。

清朝は、ダライラマを正式に冊封《さくほう》し、満・漢・蒙《モンゴル》・蔵《チベット》の四つの文字を刻んだ金印を授けた。以後歴代のダライラマは、清朝の冊封を受けるのが通例となった。これにより、元明以来のチベットとの交流を復活させた清朝は、モンゴルとの連携をより強め、ゲルク派のほうはチベット仏教における宗教上の絶対的優位をより確かなものにした。

以上のように、清朝時代の北京は、われわれが考える以上に藩部、とりわけモンゴルやチベットとの関係が深く、これらの地域との交流は密接であり、草原と焼香の匂いのする都会であった。それは、明末の北京に比べてもいっそう顕著なものがあったであろう。

農耕世界と遊牧世界にまたがる一統の都

これまで見てきたように、十二世紀以降の中国では、金の海陵王《かいりようおう》の遷都、モンゴルのクビライの遷都、明の永楽帝の遷都、清の順治帝の遷都、そして中華民国から中華人民共和国まで、しばしば北京の選択がくり返されている。それゆえ、近世中国のマクロな政治史の展開は、漢族を含めて周辺の諸族がそれぞれの根拠地で政権を樹立し、その余勢を駆って現在の北京にまで馳せ上り、そこに政治的中心を移す過程と言い換えることさえできる。

わが国の戦国時代に各地の有力な武将たちが先を争って京都への「上洛《じょうらく》」を試みたのは、そこにみずからの軍事的権力とは異なる権威、足利将軍や天皇が存在したからであった。

それでは、近世中国の場合、北京に都を遷すことにどのような意味があったのであろうか。遷都したところで、新たに獲られるものは何もなかった。というのは、遷都をおこなった首領たちは、すでにカアンや皇帝を称しており、権力と権威のいずれもすでに掌中に収めていたからである。もちろん、権力獲得にいたるさまざまな経緯から、それぞれの政権基盤にまだ弱さを抱えていたけれども。

北京に首都を遷す意味、それはただひとつ、農耕世界と遊牧世界との両世界にひろがった、拡大された中華世界に君臨できるという地政学的事実、それこそがもっとも重要であった。

3　タタール・シティとチャイニーズ・シティ

日本人が観察した天安門金水橋

ここでふたたび『韃靼漂流記』をもとに、明清交替直後の北京内城の様子を見てみよう。

大明の北京の王城は、日本道六里四方程も御座候。北京の人申候は大明の道積りにて申候。総廻りは国境に築申候石垣の如くにて候。我等共北京へ参候時と、又朝鮮へ参り候時と、王城の両方を通申候。何方も此通りのよし申候。口には石垣丸くくり抜、上に門矢倉を立、総廻りに石火矢を仕掛け申候処御座候。六里四方の真中に、二十四町四方程に堀をほり廻り、其中に御殿の数ことの外多く見へ申候。瓦は五色にて薬をかけ、光かがやき、四方に門四口御座候。口口《くちぐち》我等共見物仕候。大手の御門には、大成石橋五つ並て置申候。橋柱のゆきげた踏板らんかん、いづれも石にて、欄干には龍を彫付申候。橋を並て、五つ掛候事、何のためにて候と尋候へば、正月其外御礼日の時橋一つ二つにては、人込合候て不成候よし申候。其中一つの橋は、大王行幸のとき御渡り候橋にて候と申候。残り三方の御門には、石橋三つ宛懸申候。

（『韃靼漂流記』一四六頁）

図版52　民国初の天安門外金水橋

二四町四方ほどの堀（濠）とは、紫禁城（宮城）の周囲を囲む筒子《とうし》河《が》のことである。二四町（一町＝三六〇尺／約一〇九メートル）は、メートル法に換算すると約二・六キロメートル。紫禁城周囲の実測三・四キロメートルに比べるとやや短いが、それほどかけ離れているとは言えまい。

また、天安門外の外金水橋の様子を詳しく描いている。橋桁、踏み板、欄干のすべてが漢白石《かんはくせき》でできた美しい金水橋を実見した方も多いであろう。五本の橋の使いかたについての説明もおおむね正確である。興味深いのは、ドルゴンの邸宅もあった皇城内にまで立ち入っていることである。さすがに紫禁城内部には入っていないが、午門・東華門・西華門・玄武門の四門はすべて見物させてもらったようだ。

城内の町屋や商店については、

> 町屋も不残《のこらず》瓦葺にて候。物商売《もののあきない》の所は、日本の借店の如くに仕、家主は引居り申候。又《また》左様《さよう》に無之処《これなきところ》も御座候。商物共万沢山《よろずたくさん》御座候。富貴《ふうき》結構に見申候事、韃靼の都〔盛京――引用者〕とは殊の外違ひ申候。（同書一四七～八頁）

とあり、町屋もすべて瓦葺きであるのに驚く一方で、物売りの店は日本の借家と変わらないとしている。明清交替直後とはいえ、さまざまな商品があふれてにぎやかな北京城内の様子を伝えており貴重である。

内城と外城の住み分け

清朝は、北京に進駐した五月二日の翌日からただちに家屋と土地の接収に着手している。明の宮城と皇城はほぼそのままにして、内城を皇城守衛の八旗駐屯地にするために、ドルゴンはこの日、内城内に住む漢人に対し、三日以内に南城または他の地方に移住するよう命じている。しかしこのときは、その命令がそれほど徹底して実施されたわけではなく、八旗の兵営から離れたところに住む漢人はそのまま内城に残っていたらしい。

その後五月十一日、ドルゴンは、ふたたび五城の東城・西城・北城・中城すべてを接収して八旗の営地に設定し、南城を漢族の居住地とする命令を出した（『諛聞続筆《しょうぶんぞくひつ》』巻一）。六月十日には、官民の房屋を圏占《けんせん》された戸主には三年の賦税を免除し、その同居人には一年の賦税を免除する措置をとった。まず東城・中城・西城から移転が始まり、南城・北城と続いた（『清世祖実録』巻九）。

一六四八（順治五）年八月には、京城内で漢人と満洲人とが雑居し両者のあいだで争いが絶えないことから、漢人の官民や商人をすべて南城に移す諭旨《ゆし》があらためて出された。例外として、八旗のもとに進んで身を寄せた投充《とうじゆう》漢人は移住の対象からはずされていた。引っ越しを余儀なくされた漢人の家屋は、解体移転する場合と売却する場合があったが、家房の間《けん》数に応じて毎間銀四両を戸部《こぶ》より支給することを定めている（『清世祖実録』巻四〇、四一）。

内城内には、その中央に位置する皇城を取り囲み護衛するように八旗を配置した。北側には正黄旗（徳勝門内）と鑲黄旗（安定門内）を、東側には正白旗（東直門内）と鑲白旗（朝陽門内）を、南には正藍旗（崇文門内）と鑲藍旗（宣武門内）を、西には正紅旗（西直門内）と鑲紅旗（阜成門内）を置いた。色に注目すると、北は黄色、東は白色、西は紅色、南は藍色となり、よく知られている青龍・朱雀・白虎・玄武の四神に示される配色と方位とは一致していない。

これは、「五徳兼全、五行幷用《ごぎょう》」の説（五行相勝説《そうしょうせつ》）に依拠しているからである。北に正と鑲との両黄旗が位置するのは、「土（黄）を取りて水に勝つ」からで、東に両白旗が位置するのは、「金（白）を取りて木に勝つ」からである。同様に、南に両藍旗が位置するのは、「水（黒）を取りて火に勝つ」からで、西に両紅旗が位置するのは、「火（赤）を取りて、金に勝つ」からであるという。

大規模な圏地

清朝が北京を占領し、さらに盛京から遷都するにともない、遼東から北京とその周辺に大量の満洲人が新たに乗り込んできた。谷井陽子氏の研究によれば、成年男子（八旗旗丁《きてい》）だけで二、三〇万と推定している。これにその家族と奴僕を含めれば、五〇万人を超える規模の移住者を新たに迎えたことになるであろう。清朝にとって早急にこれらの満洲人の生活基盤をつくり上げることが当面の最重要課題となった。

そこで、清朝は一六四四年十二月、漢人官僚で順天巡按の柳寅東《りゅういんとう》の提案をうけて、北京の周辺で「圏地《けんち》」と呼ばれる大規模な土地の没収をおこない、旗地に設定した（『清世祖実録』巻一二）。清初順治年間に旗地が設定された範囲は、北京周囲五〇〇里内（現在の北京市・天津市と河北省の北半分に相当）に及んでいる。

旗地の設定過程は、まず「無主の荒地」とされた明の皇族・外戚・宦官等の土地を没収する、つぎに「有主の民地」を没収して代替地をあたえる、さらに痩せた旗地を肥沃な土地に交換するなど、いくつかの段階をへておこなわれた。

北京の周囲では、あわせて約一五万九〇〇〇頃《けい》（一頃＝一〇〇畝《ほ》）の土地が圏地の対象となり、実際に耕作する漢人から取り上げられた。その内訳は、皇室荘田五七〇〇余頃、諸王宗室荘田一万三三〇〇余頃、八旗の荘丁地は一四万一一二六余頃であった。

当初、八旗の壮丁《そうてい》ひとりに支給された土地（老圏地）は四二畝で、免税地として優遇され、漢人に売り渡すことが禁じられていた。一方、土地を取り上げられた漢人の所有者や小作人は生計の手段を奪われたので、満洲人のもとに身を寄せて奴僕となるか、それとも流民となるか、残された道はなかった。

北京城附郭《ふかく》の宛平《えんぺい》・大興《たいこう》両県にかぎってみても、圏占された土地は五八〇〇余頃で両県の土地総額の八〇パーセントにのぼっており、北京地区の社会生産や経済発展に深刻な影響を及ぼすことになった。こうした大規模な圏地は、その後江南の平定などにより清朝の版図が拡大しても、北京以外の地域では実施されていない。したがって順治年間、清朝は都の周囲の北京地区に、もっとも過酷な占領政策をとったと言わざるをえない。

旗人の町と漢人の街

清代の北京城内では、前述したように、皇城を取り囲む内城から漢人を強制退去させ支配層の旗人の居住区に指定した結果、外城は内城から追いやられた漢人の官僚や商人の居住するダウンタウンとなった。（『清世祖実録』巻四〇、順治五年八月辛亥《しんがい》の条）。このため西洋人は、内城をタタール・シティ（the Tartar City）、外城をチャイニーズ・シティ（the Chinese City）と呼んで区別した。

内城と外城との住み分けは、これまでの北京の歴史にかつてなかったものである。そもそも、外城が築かれたのは十六世紀半ばのことであるから、一世紀をへて迎えた大きな変化であった。

現在の北京は、内城と外城の二つの城壁が撤去されてからすでに半世紀近い歳月が経《た》っているが、いまでも内城部分と外城部分とでは、街の雰囲気がまるで違う。外観上からみても、内城の街路が碁盤の目状に区画されているのに対して、外城は前門《チエンメン》（正陽門）から放射線状に街路が延びているものが多い。これらは、城外に市街地がしだいに広がっていた元明以来の遺制である。しかし、内城が官庁街と屋敷町、外城が下町という雰囲気の違いは、清朝が強制して二百年以上も続けられた「内城は征服者の八旗の満洲人、外城は被征服者の漢人」という住み分けの結果に由来している。

北京城の外城が城壁で囲まれるようになったのは、すでに述べたように十六世紀後半、明末は嘉靖《かせい》年間のことであった。北京城の城外に広がった市街地を、モンゴルの襲来に備えてとりあえず南側部分を囲んだのが外城であった。

外城の南部は三里河《さんりが》の旧河道にあたっており、全体的に言って外城部分は内城部分に比べて地勢が低かった。そのため、内城の雨水が地勢の低い外城に流れこんで浸水しやすく、宅地として

図版53　正陽門外護城河周辺の賑わい（「皇都積勝図巻」部分）

適していたわけではなかった。外城で囲まれた部分にも、明末にはまだ有力者の花園や菜園、墓地などがかなり広がっていた。清初に外城は漢人の居住区に指定されることになったが、開発のための余地がかなり残っていた。

正陽門大街の賑わいと元明以来の商業地の変遷

清代にまず商業地区として空前の繁栄を見せるのは、正陽門・崇文門・宣武門外の地区である。前述したように、内城から漢人が閉め出されたことから、明代以来の店舗や市肆《しし》を受け継いで、旗人の住む内城にも近いこの地区が商業の中心となったのは当然であった。とりわけ大柵欄《だいさくらん》のあたりは、正陽門外でもっとも有名な商業区で、乾隆年間には、この界隈にはびっしりと富商大賈《ふしょうたいこ》の店が並ぶようになった。なかでも、薬店の同仁堂《どうじんどう》や恒豊号《こうほうごう》の緞子《どんす》店《てん》、醤園《ジャンユアン》（味噌醤油屋）の六必《ろくひつ》居《きょ》はその代表であった。

北京城内の商業地の変遷をたどると、南下の趨勢を指摘できる。元代の大都では皇城の北門の北安門と鼓楼とを結ぶ鼓《こ》楼下《ろうか》大街《たいがい》が中心的商業地区であり、『周礼《しゅらい》』考工記の「面朝後市」のモデルとも合致していた。江南からの物資を運ぶ南北大運河の最終区間にあたる通恵河《つうけいが》の終着点の海子（積水潭《せきすいたん》と什刹海《じゅうさつかい》）東岸の水辺に沿って走る斜街には、貸倉庫業を営む官店塌房《とうぼう》が多く設置されていた。

明代になると通恵河の運河としての機能が低下し、海子までつながらなくなった。そのため東の朝陽門と南の崇文門が、江南から物資の搬入ルートとして重要性が高まった。北京遷都後の明朝前期では、皇城の東西に位置する東四牌楼《とうしはいろう》と西四牌楼《せいしはいろう》界隈が中心として位置づけられた。とりわけ、明照坊《めいしようぼう》と澄清坊《ちようせいぼう》とのあいだに挟まれた灯市街《とうしがい》西端の上角頭《じようかくとう》と東端の下角頭《かかくとう》の周辺に店舗や倉庫が並んでいた。

明末の北京では、幸いなことに鋪戸《ほこ》と呼ばれる店舗を開く都市工業者の東城・西城・南城・北城・中城を併せた五城各坊ごとの戸数を示す詳細な統計が残されている（『宛署雑記《えんしよざつき》』巻一三）。これらの鋪戸は、資本力により上上則・上中則・上下則・中上則・中中則・中下則・下上則・下中則・下下則の九ランクに区分され、各官庁が必要とする物品を調達する徭役に当てられていた。これらの徭役を一五八八（万暦十六）年に貨幣により銀納化するに際して作成された統計である。

これによれば、五城のうちでも、中城と南城の各坊に商工業者の店舗が多く存在していたこと、とくに大時雍坊《だいじようぼう》・南薫坊《なんくんぼう》・正東坊《せいとうぼう》・正西坊《せいせいぼう》が置かれていた正陽門をあいだに挟む崇文門から宣武門までの城壁の両側に沿った区域に集中していたことが判明する。現在、前門《チエンメン》の名で知られる繁華な街区が商業的中心となるのは、明末以来のことであった。

しかし、明清交替をへて内城から漢人が閉め出されただけでなく、店舗を開く鋪戸の営業も旗人には禁じられたので、商業地の南下の趨勢はいっそう進み、外城が商工業の中心となっていった。

会館の林立する外城

北京の外城は、全国各地から集まる漢人士大夫や商人、職人たちの会館《かいかん》が次々と建設されるようになった。外城内には、清代にあわせて四〇〇カ所に近い大小の会館が建設されていた。そのうち明代にまでさかのぼるのは数少なく、雍正《ようせい》や乾隆《けんりゅう》年間に建設されたものが多かった。会館の設備はさまざまであったが、宿泊施設や倉庫はもちろん、祭祀施設や劇台が備えられていた。

会館は、一種の地域性をもった同郷組織である。会館を創建する目的は、異郷の地にあって同郷出身者が親睦を深めることにあった。毎年の年節や毎月一日と十五日に同郷の者が一堂に会して始祖を祭り、会食や観劇を楽しんだ。会館は省レヴェルの省館、府レヴェルの郡館、県レヴェルの県館など、それぞれのレヴェルで設立された。

北京の場合、全会館数のうち八六パーセントは、士大夫が北京に上京して科挙を受験する際の宿泊と食事を提供するために設立された、いわゆる試館《しかん》であった。それ以外の五〇余りの会館は、各地から在京商人が同郷や同業ごとに設立した組合で、公所《こうしょ》や公会《こうかい》とも呼ばれた。

外城の住人のなかには、イスラーム教徒の回族《かいぞく》も含まれていた。広安門内にあるイスラーム寺院の牛街礼拝寺《ぎゅうがいれいはいじ》は遼の統和《とうわ》年間の創建とされ、明代正統《せいとう》七（一四四二）年に重建されているから、北京地区への定住が元末明初以前までさかのぼるのは確実である。彼らは主に飲食業を経営し、前門外や宣武門外で商売を始めた。

民衆娯楽地帯――天橋

正陽門から外城を真南に伸びるのが都のメインストリートの正陽門大街《せいようもんたいがい》で、さらに南に向かうと永定門大街《えいていもんたいがい》に接する。二つの大街の境、珠市口《しゅしこう》の南に三梁四欄からなる漢白石で築かれた石橋があった。天橋《てんきょう》である。永定門大街の東側には天壇、西側には先農壇が置かれ、明清両代の皇帝が祭天の国家儀礼を挙行する際に必ず通ることから、この名が付けられた。橋の東を流れる溝は東溝沿《こうえん》、西が西溝沿で、東西併せて俗に「龍鬚溝《ロンスウゴウ》」と呼ばれていた。

天橋界隈は、掘っ建ての芝居小屋や露店が混在し、食物を売る屋台や雑技雑芸を演じる人びとでにぎわった。日中戦争期に戦争の行方を憂えながらも、古都北京の魅力に取り憑《つ》かれた臼井《うすい》武夫は、「北京唯一の民衆娯楽地帯」と表現して、その様子を『北京追想――城壁ありしころ』のなかで以下のように活写している。

> 小屋がけと言っても満足なものは少なく、大方は天幕張りに、ガタガタの床几が並んでいるだけであり、露店市も、地面に汚い布切れを敷き、その上にありとあらゆる品物、食物以外には満足な品物はほとんどないと言ってよいであろう。錆《さ》びた釘や切れそうもない刃物、玉のない眼鏡などは未だましな方である。一体に誰が買って行くかと怪しまれる様な屑物が多く並んでいる。(同書、一二九～三〇頁)

さらに、芝居のほかに、坤書場《コンシユウチャン》（女性歌唱、落子館ともいう）、評書《ピンシユウ》（講談）、相声《シャンション》（落語）、変戯《ピエンシー》法《ファ》（手品）、口技《コウヂ》（ものまね）、清唱《チンチャン》（芝居の一節）、拉大片《ラアダーピエン》（覗きからくり）など、さまざまな技芸を挙げている。

天橋の盛衰

天橋の周辺には、元明の頃から窮漢市《きゅうかんいち》（貧民マーケット）が立ったともいうが、詳しくはわからない。その賑わいは清初康熙《こうき》以来のことであろう。それまで内城の東華門で催されていた灯市が正陽門外天橋以西の霊佑宮《れいゆうきゅう》に移ると、この地が一躍賑わいをみせるようになった。

乾隆年間に橋の南側の空き地に池沼（河泊）を掘って周囲に柳を植え、池沼の水を橋下に流したことから、天橋界隈は緑柳紅蓮の水辺にカラフルに彩った画舫《がぼう》が映え、文人も集まる景勝地となった。さらに、北側の東西には酒楼や茶店が林立するまでになった。

嘉慶《かけい》十八（一八一三）年十二月に、泥土で塞がった池沼六カ所を欽天監《きんてんかん》が埋め戻すことを提案した。風水に詳しい堪輿家《かんよか》も祭祀をおこなう神聖な場所は平坦であるべきだと主張したので、埋め立てが決まった（『清仁宗実録』巻二八〇）。周囲の景観は一変し、石橋だけが残った。その後、清朝の国家財源がしだいに枯渇しはじめると、紫禁城を囲む護城河の水を集めて正陽門橋をへて通州の潞河《ろが》に注ぐ水脈を塞き止めたせいだと、事情通から非難を浴びせられたこともあった。

のちに天橋界隈が前述したように戯園や茶館が建ち並び、民間の芸人たちが集まる場所として名を馳せるようになるのは、民国元（一九一二）年、春節に人びとで賑わう廠甸《しょうてん》の周囲を街道に改造して以後のことである。縁日の廟会《びょうかい》は天橋西方の香廠《こうしょう》に一時移され、戯《ぎ》棚《ほう》（芝居小屋）もそこに移っていった。翌年、北京城内に電車を通すため、正陽門甕城内の東西荷《か》包巷《ほうこう》の商民たちを立ち退かせ、新たに天橋の西に市場を設けた。さらに先農壇の東側に池沼を掘って水心亭を建て、近くに駅を設けたことから交通の便も得て、老北京人が集う一大娯楽スポットとなったのである。

一九〇六（光緒《こうしょ》三十二）年、正陽門から永定門にいたる街路の敷石を取り除いて砂利道に改修した際に石橋まで撤去された。その後、一九三四（民国二十三）年に正陽門大街から永定門までの道路を拡張したので、わずかに残る欄干も撤去されてしまい、橋の位置すら定かでなくなった。一九四〇年秋にはじめて北京の土を踏んだという臼井武夫も、前掲書のなかで、「その橋の存否はわからない」と記さざるをえなかった。

宣南地区の士人たち

外城のなかでも宣武門南側、いわゆる宣南地区は、清代には全国から北京に集まる士人たちが聚住する区域となった。これも、清初に北京を訪れた漢人の名士たちが、紫禁城に近い内城ではなく、外城に住まざるをえなかったことに関係している。

順治《じゅんち》年間、銭謙益《せんけんえき》とともに「江左《こうさ》三大家」として知られる呉偉業と龔鼎孳《きょうていじ》は、もっとも早くここに滞在した詩壇の大家であった。順治帝の知遇をうけ「当今の才子」と評価された龔鼎孳は宣武門の東側に香厳斎《こうげんさい》という書室を構えており、全国の文人がこの門下に集まっていた。呉偉業も、虎坊橋北の魏染胡同に寓居を構えていた。浙江海塩の出身で歴史家として著名な談遷《だんせん》も順治十年代前半、史料収集のため北京を訪れ、騾馬市の近くに一時滞在している。

北京大興県生まれの歴史家孫承澤《そんしょうたく》は、清朝に一時仕えたものの退休後は、北京の歴史についての著作『春明夢餘録《しゅんめいむよろく》』と『天府広記《てんぷこうき》』を相次いでまとめた。その執筆は、琉璃廠《リウリーチャン》の西南の章家橋の「孫公園」でおこなわれた。

同じく海北寺街には、中和殿大学士兼吏部尚書の金之俊《きんししゅん》の寓居があり、著名な「古藤書屋《ことうしょおく》」があった。康熙初年には、御史の何元英《かげんえい》が引きつづきここに住み、「丹台書屋《たんたいしょおく》」とその名を改めた。一六七九（康熙十八）年に、齢五十を超えて博学鴻儒科《はくがくこうじゅ》で翰林院のポストを得た著名な学者朱彝尊《しゅいそん》は、浙江出身であった。南書房《なんしょぼう》に当直するようになると、内城の皇城の近くに住居を賜った。のちに外城の宣武門外に移り、古藤書屋に借家住まいをしている。ここで、心血を注いで一六〇〇種を上まわる古籍から北京に関わる史料を収集整理して『日下旧聞《じっかきゅうぶん》』を完成させた。この古藤書屋は、宣南地区に移り住んだ士人たちが集い、文学や学術を語り合う場所となっていた。

文化街琉璃廠の形成

古都北京を代表する文化街として挙げられるのは、宣武区の琉璃廠《リユウリーチャン》である。清末には書籍、書画、骨董、印章、文具、眼鏡や煙管《キセル》の日用品にいたるまで、さまざまな店がところ狭しと並んでいた。しかし、ここが文化街として知られるようになるのは、古都北京の歴史からみればそれほど古くはない。ここまで述べてきたように清代、琉璃廠のある外城が漢人の街に定められてからのことである。

琉璃廠は、その名のとおり元代には宮中で用いる琉璃瓦を焼くための窯が置かれていたところである。明代永楽年間に北京の宮殿建設が始まると、琉璃廠の規模は拡大され、宮中から派遣された宦官がこれを統轄した。清代にもその生産が続けられていたが、乾隆年間に西山《せいざん》（門頭溝区琉璃渠）に琉璃窯を移転した。その後は、琉璃廠の地名だけがここに残った（孫殿起《そんでんき》『琉璃廠小志』）。

北京の書店は、明代では大明門《だいめいもん》の東側、礼部門外や拱宸門《きょうしんもん》の西側に多く設けられていた。全国から郷試《きょうし》の合格者、挙人《きょじん》を集めておこなわれる会試《かいし》の際には、東城明時坊の貢院《こういん》の前に臨時に書店が並んだ。東城の灯市口や西城の都城隍廟《とじょうこうびょう》などの廟会でも書籍市が開かれた。しかし清初には、内城に漢人が住めなくなったため

図版54　修復された都城隍廟

に、外城の広安門内の慈仁寺《じじんじ》（のちの報国寺）に書籍市が移りはじめた。

因みに、金城坊にある都城隍廟は元朝の一二七〇（至元《しげん》七）年に創建された由緒ある北京の城《じょう》隍神《こうしん》（都市神）を祀る廟で廟会にかぎらず賑わっていたが、現代の金融街に林立するビルの一角に廟の後殿のみがかつての姿を留めている。

琉璃廠が書店街としてその名を馳せるようになるのは、一六七九（康熙十八）年、ここに書籍市が移ってからで、とりわけ一七七三（乾隆三十八）年、乾隆帝の文化事業として知られている『四庫全書《しこぜんしょ》』編纂のために四庫館をここに開設して以後のことである。出版業が盛んな江蘇や浙

江、福建をはじめとして全国各地の書商が北京に集まり、ここに書肆《しょし》を開くようになった。

宣武門の南には多くの文人たちが住んでいたから、書籍のみならず書画・骨董や文具を扱う店も軒を並べるようになった。ことに、琉璃廠にある火神廟の廟会が開かれる縁日の正月元旦から十五日までは、露店が多く並び、大道芸人も得意の演技を披露するなどしてたいへんな賑わいとなった。

内城で育まれた普通語

北京地区は、唐末五代の「燕雲十六州」にまでさかのぼれば明らかなように、山西地方と密接な関係にあり、北京の土語（土着の言葉）も山西方言圏に属していたと考えられている。しかし清代以降、山東方言の影響を強く受けるようになったのは、明清交替にともなう遼東からの満洲人の大量移住が関係している。

遼寧省の遼河デルタの地は、金末の戦乱で無人の地と化したので、モンゴル人は平壌を中心とする高麗《こうらい》の民をここに移して定住させた。明代になってこの地方に遼東都司《りょうとうとし》が設置されたが、山東都指揮使司の管轄下にあったために山東地方とのかかわりが深く、山東方言の漢語が通用していた。

女真族を統一して後金国を創設したヌルハチは、一六二一年に遼河デルタ一帯を占領した。あとを嗣いだホンタイジは、ここに満洲人・モンゴル人・漢人を統合した国家の形成を目指した。これが清朝の原型となったことについてはすでに触れた。岡田英弘《ひでひろ》氏が指摘するように、その漢人は元朝以来の高麗系の住民が漢化したもので、三つの種族の共通言語として用いられたのは、やはり山東方言であった。

一六四四年の清朝の入関とともに、北京の内城に入居した満・蒙・漢の旗人たちは、彼らの共通言語である満洲語と山東方言のチャンポンの言語を話しつづけた。これがいわゆる「北京官《ペキンかん》話《わ》」である。内城で育まれたこの北京官話は、北京の朝廷から任命されてきた官僚が用いたものであったため、「役人ことば」の意味で、英語ではマンダリン（Mandarin）と訳された。

一九一一年の辛亥《しんがい》革命で清朝が倒れると、北京官話のなかでも満洲語が廃絶されたあとに残された山東方言を基礎とする漢語の要素が、いわゆる北京方言となった。これが、中華民国時代の「国語《グオユイ》」、現在の中国の普通話《プートンホア》の基礎となったのである。

第七章

皇帝の住まなくなった紫禁城

1　紫禁城――外朝と内廷

通称で呼ばれる紫禁城

「紫禁城《しきんじょう》」の名で知られている北京の故宮は、明と清の両王朝にわたって用いられた宮城である。元朝の大都《だいと》でも、ほぼ同じ敷地に宮城が置かれていたが、明の永楽帝《えいらくてい》が北京遷都にあたってやや南側に移して全面的に建て替えているから、やはり明清両王朝の宮城というべきである。

南北九六一メートル、東西七五三メートルの長方形で、その面積は約七二万三六〇〇平方メートルを占める。その周囲は、高さ約八メートル、全長約三・四キロメートルの城壁で囲まれている。城壁の四隅には角楼を設け、その外側には、幅約五〇メートル、深さ六メートルほどの筒子《とうし》河《が》と呼ばれる護城河《ごじょうが》をめぐらし、宮城を守っている。

四面の城壁には、それぞれ一門のみ、あわせて四つの門が設けられている。南の正門は午門《ごもん》、北は神武門《しんぶもん》と呼ばれている。神武門は、清初まで玄武門《げんぶもん》と呼ばれていたが、清朝第四代康熙帝の諱「玄燁《げんよう》」を避けて改名された。東西はそれぞれ東華門《とうかもん》、西華門《せいかもん》と呼ぶ。

故宮には、明清両王朝を通じて二四人の皇帝が暮らしていた。明朝では、第三代永楽帝以降、十四人あわせて一五代の皇帝がこの宮城の主《あるじ》となった（奪門の変により復辟《ふくへき》した英宗《えいそう》は第六代と第八代を兼ねる）。清朝でも、同じく第三代目の順治帝《じゅんちてい》以降、一〇人の皇帝がその主となった。

あまり知られていないが、明清王朝の最高権力者である皇帝たちが歴代暮らした居所を指して「紫禁城」と呼ぶのは、明代後期に始まる通称に由来している。正式名称は宮城であり、明初には前代の元朝を踏襲して皇城《こうじょう》と呼ぶことが多かった。紫禁城という名称が使用されるようになったのは、故宮博物院古建部の李燮平《りしょうへい》氏が指摘するように明代嘉靖《かせい》年間（一五二二〜六六）のことであろう。

中国古代の天文思想では、北極星を取り囲む一五の星からなる紫微垣《しびえん》（紫微宮）が天帝の居所と考えられていた。嘉靖帝が尊崇した道教の最高神でもある天帝の居所紫微垣になぞらえて、城壁をめぐらし警戒厳重な禁地の宮城をこう呼ぶようになったと考えられる。この呼称は、明末になって一般に用いられるようになった。

焼失と再建とをくり返す

現在の紫禁城を見学すると、太和殿《たいわでん》をはじめ多くの建築の案内板には、きまって「一四二〇（永楽十八）年建成」というような説明が書かれている。十五世紀初めの建物ということで、日本でいえば室町幕府の第八代将軍足利義政《あしかがよしまさ》が造営した京都の銀閣寺よりも古い木造建築ということになる。

しかし実際には、紫禁城は度重なる火災により焼失と再建とをくり返してきた。明朝を滅ぼした李自成が四十日余り北京城に君臨したのち、清朝の軍が迫ると紫禁城に火を放って逃走したことは前章で述べた。このとき、紫禁城内の宮殿建築などが被った損害は大きく、明の永楽年間の創建以来、現在にいたるまでの六百年に近い紫禁城の歴史のなかでも最大規模となった。

このときの紫禁城の被害について明確な文献的記載は残されていないものの、外朝の皇極殿《こうぎょくでん》と中極殿《ちゅうぎょくでん》や内廷の乾清宮《けんせいきゅう》と坤寧宮《こんねいきゅう》、乾清門、東西六宮と慈寧宮《じねいきゅう》、慈慶宮《じけいきゅう》、仁寿宮《じんじゅきゅう》、さらには文華殿《ぶんかでん》、養心殿《ようしんでん》、奉先殿《ほうせんでん》などの諸殿が軒並み焼失したとされている。幸いにして焼失を免れたのは、わずかに皇極門（清では太和門）、武英殿《ぶえいでん》や建極殿《けんきょくでん》（清では保和殿《ほうわでん》）、後苑（清では御花園《ぎょかえん》）の欽安殿《きんあんでん》、西南角の南薫殿《なんくんでん》や西北角の英華殿《えいかでん》のみであった。このため清初の順治年間には、焼け残った皇極門を臨時の常朝《じょうちょう》の場として使わざるをえなかったほどであった。

中国の歴史学界では、文革が収束する一九八〇年代初めまで歴代の農民反乱についての研究が盛んにおこなわれており、李自成は王朝を倒した革命的農民反乱軍の「領袖《りょうしゅう》」としてもちあげられていた。しかし、李が追いつめられた末に犯した紫禁城に対する文化財破壊行為については、その当時は不思議なことにまったく論及されることはなかった。

清朝の再建工事

順治遷都後、焼失した紫禁城宮殿の再建工事が進められた。清朝による再建工事は、おおよそ三つの段階に分けられる。

順治元年にはじまる第一段階（一六四四〜五七）では、朝儀の復活、皇帝や皇后、妃嬪の居所の再建を中心に進められた。外朝では、午門・天安門（明では承天門《しょうてんもん》）・太和門・太和殿・中和殿、内廷では、乾清宮・坤寧宮、東三宮・西三宮が再建整備された。このときは、明代の宮殿の規模と制度に照らして簡朴を旨とする再建がなされており、重要な変更はおこなわれていなかった。

康熙帝の即位当時は、国政多難なうえに三藩《さんぱん》の乱も加わったから、工事は一時中断されていた。康熙二十年代からやっと第二段階（一六八三～九五）の再建工事が始まった。太和殿や乾清宮・坤寧宮、奉先殿・文華殿・養心殿の諸殿、咸安宮《かんあんきゅう》・寧寿宮《ねいじゅきゅう》・東西六宮、毓慶宮《いくけいきゅう》など、大規模な再建工事がおこなわれた。この時点にいたって、紫禁城の宮殿建築群は、明朝の規模と配置をほぼ回復した。上駟院《じょうしいん》や内務府など、皇室服務のための建物も新たに設置された。

第三段階となる乾隆年間（一七三六～九五）には、経済状況がいっそう好転していたから、明代の宮城規模の回復にとどまらず、前代を上まわる改造工事や豪華絢爛たる装飾がほどこされるようになった。この時期には、重華宮《ちょうかきゅう》・建福宮《けんぷくきゅう》・寧寿宮の改造、寿康宮《じゅこうきゅう》・寿安宮《じゅあんきゅう》・雨《う》花《か》閣《かく》・文淵《ぶんえん》閣《かく》の新築、景山《けいざん》における五亭の新築や寿皇殿の移築などがおこなわれた。

乾隆以後になると、紫禁城内の宮殿建築の増改築はかなり少なくなり、補修工事が大半となる。財政事情が悪化した清末には、その補修工事すらままならなくなったのが実情であった。

清朝は、右の三つの紫禁城再建過程において、明朝以来の宮殿の規模と配置を改変することなく踏襲し、そのままに再建した。この事実は、

①十五世紀段階で伝統中国の宮殿建築の様式がすでに完成の域に達していたこと

②新たな中国の支配者となった満洲《マンジュ》人王朝の清朝が、伝統中国の文化をそのまま継承せざるをえなかったこと

を示している。③紫禁城自体が個々の王朝を超える存在となったこと

モンゴル元朝以来の皇城空間

北京の故宮を訪れる私たちは、世界文化遺産に登録されてほぼそのままに残る宮城部分だけでもその広さに驚かされる。しかし明清時代の皇帝は、宮城の広さに数倍する皇城の空間を占有していた。

宮城を中央にして周囲を取り囲んだ広大な空間が皇城である。その周囲は約一〇・五キロメートルで、高さ六メートルほどの朱色の城壁をめぐらしていた。皇城には六門が設けられ、正南門は天安門、北は地安門、東は東安門、西は西安門といい、皇城の南にT字形に張り出した部分の左右には、長安左門と長安右門、長廊部分の南門には大清門《だいしんもん》が設けられていた。明朝では、大清門は大明門《だいめいもん》、天安門は承天門、地安門は北安門と呼ばれていた。

皇城墻壁の撤去は、末代皇帝《ラスト・エンペラー》として知られている宣統帝溥儀《せんとうていふぎ》が、退位後も居座っていた紫禁城から追い払われた一九二四年の直後から始まった。現在では、天安門の両側に墻壁の一部が残っているにすぎない。東は現在の北京飯店まで、西は中南海にいたるまでの部分である。これ以外の墻壁はほとんどが撤去され、東西の「黄《こう》(皇)城根《じょうこん》」という地名が残っているだけであった。二〇〇一年九月に、東皇城根の南北街に沿った墻壁跡地が皇城根遺址公園として整備されたおかげで、皇城の存在はだいぶ認知されるようになった。

図版55　明皇城東安門遺址

皇城内には、中心に位置する宮城のほかに、その南側には太廟《たいびょう》（現在の労働人民文化宮）と社《しゃ》稷壇《しょくだん》（現在の中山《ちゅうざん》公園）が置かれていた。いずれも中華の伝統にもとづく聖なる祭祀空間で、『周《しゅ》礼《らい》』考工記に見える「祖《そ》を左にし社《しゃ》を右にする」の記述どおり、左右すなわち東西に設けられた。

皇城のなかで大きな空間を占めたのは、太液池《たいえきち》と呼ばれる水辺の空間で、たえず満々と水をたたえていた。太液池は、北海、中海、南海の部分に大きく分かれ、太液池の西側には西宮《せいきゅう》、宮城の北側には景山（明では万歳山《ばんざいさん》）など庭園空間が配されている。

とくにその西側にある西宮と呼ばれた広大な空間は、元朝の大都以来の蕭墻《しょうしょう》（俗称は、紅門攔馬墻《こうもんらんばしょう》）部分を引き継いだものである。中華の伝統というよりは、水辺空間を重視するモンゴル的な庭園空間であった。

宮城壁と皇城壁という二重の城壁で護られ、中華の伝統にもとづく宮城空間とモンゴルに由来する皇城空間という二つの空間を占有していたのが、明清両朝の皇帝であった。それは、モンゴル元朝以来の「拡大された中華」を統治する皇帝にふさわしい居住空間であった。

天安門周辺の官庁街の整備

明代の北京では、中央の重要官庁は皇城正南の承天門から大明門に伸びる千歩廊の両側に、刑部を除く五部の文官系統の官庁と五軍都督府などの武官系統の官庁がそれぞれ東西に配置されていた。これは、文武の二元統治の体制を目指して洪武帝が創建した南京城の規格を継承したものである。

清代では、承天門の名称を天安門に、大明門の名称を大清門に改めた以外は、その名称をほぼ踏襲している。重要官庁は依然として千歩廊の東西両側に置かれた。

東側部分は、明代の官庁配置をそのまま踏襲し、前列に宗人府《そうじんふ》・吏部《りぶ》・戸部《こぶ》・礼部《れいぶ》、後列に兵《へい》部《ぶ》・工部《こうぶ》・鴻臚寺《こうろじ》・欽天監《きんてんかん》・太医院《たいいいん》・翰林院《かんりんいん》などを配置した。

西側部分は、八旗制《はっきせい》を中核に据える清朝では、明朝と軍事制度が異なるために大きく改変された。明代に前列に置かれていた五軍都督府の官庁は廃棄され、のちに居民の胡同《フートン》となった。後列に新たに鑾儀衛《らんぎえい》を置いた。太常寺《たいじょうじ》はそのままで、廃止された錦衣衛《きんいえい》の代わりに、明代では宣武門内長安街の西に置かれていた都察院《とさついん》・刑部《けいぶ》・大理寺《だいりじ》の三法司を配置した。

まずは外朝に入ってみよう

紫禁城内は、南側の外朝と北側の内廷とに分けられる。外朝は、天下の主宰者である皇帝がみずから政務を処理し大典を挙行する公的空間、これに対して内廷は、皇帝やその家族が居住する私的空間と、建設当初は明確に区別されていた。

前述したように、清朝は漢族王朝の明朝が創建した宮城内の宮殿などの建物の規模と配置を、大きな変更をくわえることなくそっくりそのまま継承した。しかし仔細にみると、文化的伝統や

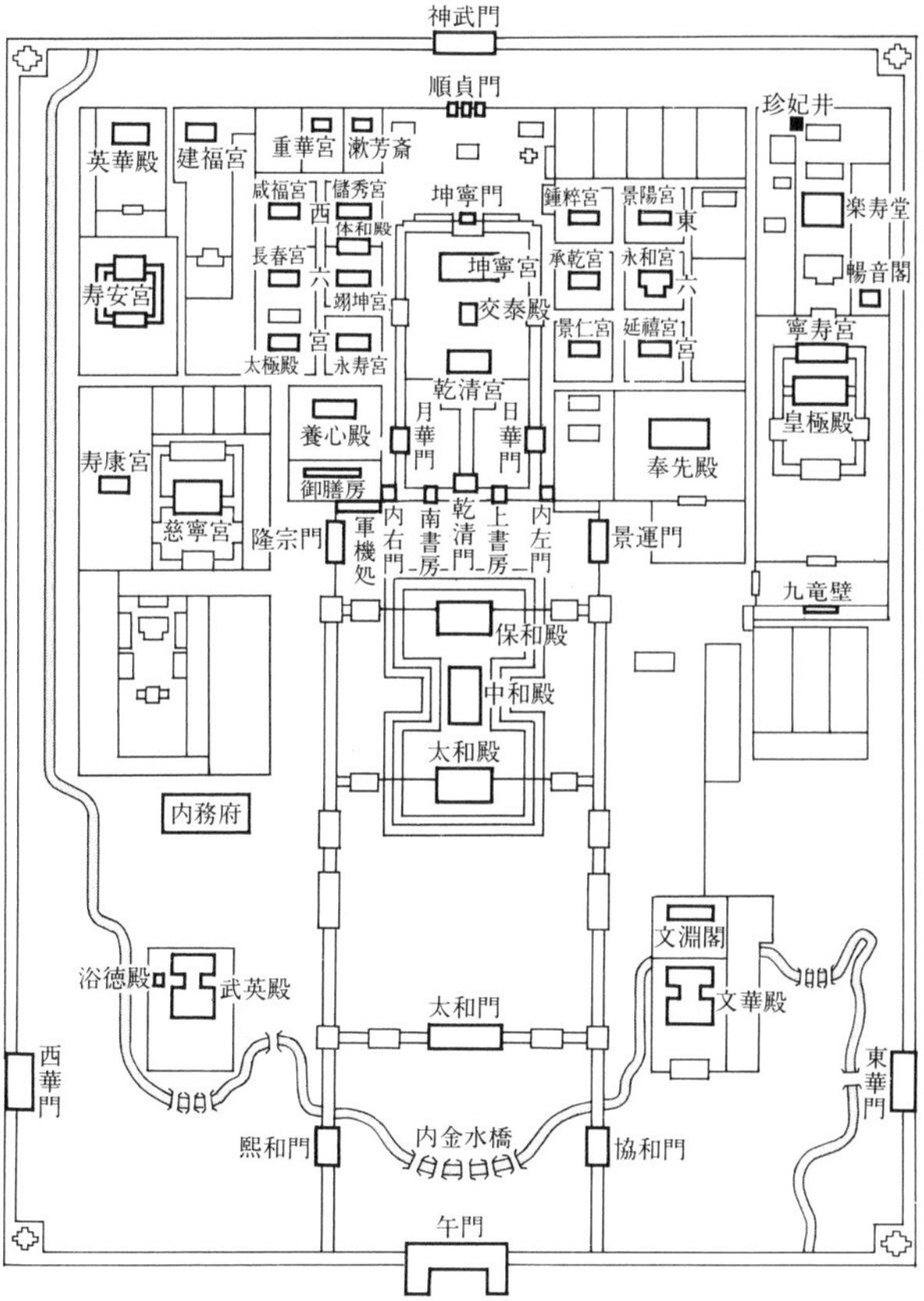

図版56　清朝の紫禁城平面図

風俗、習慣の違いから、建物の使い方という点では変更せざるをえなかった。

ここからは、紫禁城内の中軸線上に位置する建物を中心に、明朝と清朝における使い方のちがいに注目しながら紹介することにしたい。

外朝の主な建築物は、紫禁城の中軸線上に位置する太和殿・中和殿・保和殿の前三殿を中央に、その東西に配置された文華殿と武英殿などからなる。

まず宮廷政治の表舞台として取り上げるのは、紫禁城の正門にあたる午門とこの外朝部分である。現在の紫禁城の前三殿は、清朝になってから再建されたもので、それぞれの宮殿の名称も清初順治年間に改められたが、基本は明朝の規模と配置を受け継いでいる。

皇帝の権威を可視化する空間——午門

天安門から入り北に進み、端門《たんもん》をすぎて正面にみえる朱塗りの城墻《じょうしょう》と門楼《もんろう》が、午門である。南に向かって凹字形をしており、城墻の高さは一二メートル、門楼の高さは三八メートルである。正面の門楼は紫禁城でいちばん高い建物で、ここに近づく者は誰でもが、その一段と高い城墻と門楼に取り囲まれて威圧されたであろう。

城墻の正面中央に三門、左右に二門、あわせて五つの門が設けられている。その上に載る五つの門楼は、鳳凰が翼を広げた姿に似ていることから五鳳楼《ごほうろう》と呼ばれた。正面の楼閣内には皇帝がすわる玉座が据えつけられていた。その左右にあるのが鐘楼と鼓楼で、皇帝が出御する折には鐘や太鼓が一斉に打ち鳴らされた。その前方東側には文楼、西側には武楼が配され、文官と武官との双方に立脚する皇帝権力を象徴している。
広場の地面から十数メートルの高さに設けられた玉座は、そのまま皇帝の権威の高さをあらわすものであった。皇帝は正面中央の門楼のなかに設けられた玉座に出御し、ここから広場に整列する官僚や儀仗兵たちを見下ろした。儀式に参列した王朝の官僚たちは、皇帝の権威とともに中華帝国の威光を共有したに違いない。

午門の前の広場では、毎年十月一日には新しい暦が頒布された。頒暦は、皇帝が中華世界の「時」をも支配することを象徴していた。

現在のカレンダー発売日よりも早い頒暦の日取りは、拡大された中華世界の人びとに新しい年の暦を周知させるために必要な期間であった。都の欽天監《きんてんかん》が刊行した暦の発行部数は膨大で、明代宣徳《せんとく》年間（一四二六～三五）には五九万本を超えていたという記録も残っている。とはいえ、欽天監ですべてを印刷して各地に送ったわけではなく、北京から送られた暦をもとに各地で印刷するという方法が用いられていた。清朝では、翌年の暦を欽天監が推算作成して進呈すると、ただちに印刷作業に入り、初夏には全国各地に送られた。各布政司ではその様式に依拠して刊刻し、十月の頒暦の日を迎えた。

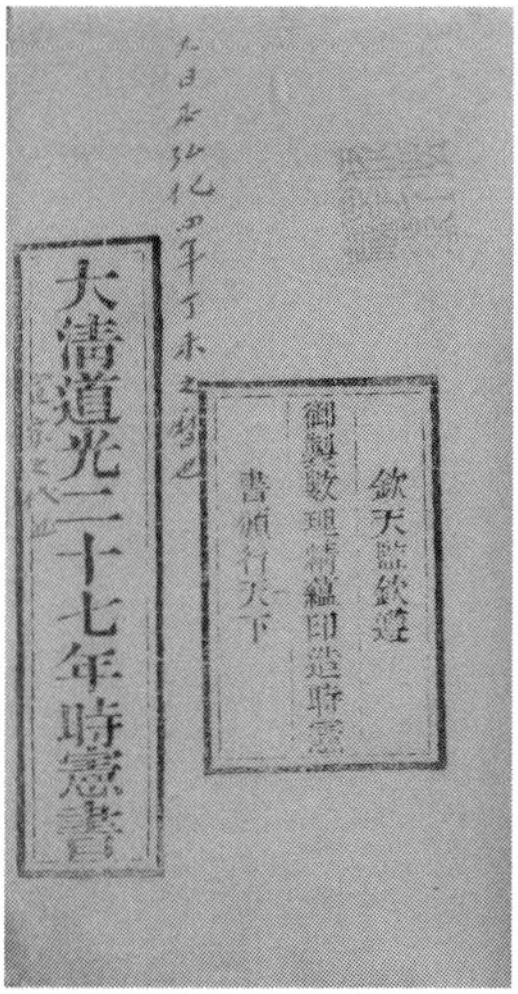

図版57　琉球に頒暦された清道光二十七年時憲書

遠征の際の出陣式や凱旋して俘虜《ふりょ》（捕虜）を献上する儀式がおこなわれたのも、この広場であった。清の高宗《こうそう》乾隆帝の治世は、たぐいまれな盛世の時代として知られている。すでに前章で述べたように領土拡張の時代でもあり、現在の中国の領域がこの時代にほぼ確定した。一七五五（乾隆二十）年、ジュンガル部の平定にあたり、羅卜藏丹津《ロブサンダンジン》と達瓦斉汗《ダワチハン》が俘虜として捕らえられ北京に護送されてくると、六月と十月にこの場で献俘式が盛大に挙行された。半年もたたないあいだに二度も献俘の儀式がおこなわれるのはかつてなかったことであった。

明朝の午門では、官僚に対する残酷な体罰刑として知られる廷杖《ていじょう》が執行されることもあった。放埒《ほうらつ》で知られる武宗正徳帝《ぶそうせいとくてい》は、江南地方への巡幸に反対した官僚一三〇名を次々と棍棒で叩かせ、一一名にのぼる死者を出した。

日明貿易がおこなわれていた一五四〇（嘉靖十九）年の三月には、わが国の五山僧の周良策彦《しゅうりょうさくげん》が、遣明使節の副使として正使とともに宮城に参内し、常朝の列に加わったことを入明記録の『初渡集《しょとしゅう》』に書き残している。これによれば、早朝四時ころ、明朝側通訳の大通事に案内されて東側の長安左門から入り、外金水河の石橋を渡り、承天門、端門をへて午門の広場にいたってい る。しかしこの日、嘉靖帝は午門に出御しなかったから、策彦らはここで官員の号令にあわせて五跪三扣頭《ごきさんこうとう》の拝礼をおこなっただけであった。その後、茶飯の接待を賜わり、御道の両側に並ぶ六頭の象を目にして、ふたたび長安左門から出て八時頃に鴻臚寺にいたっている。皇帝が実際に出御しようがしまいが、朝貢国の使節である策彦らは、玉座のある方向に向かって拝礼をしなければならなかったのである。

外朝の正門――太和門

午門をすぎて、正面にみえるのが太和門である。この門をくぐると、いよいよ紫禁城の中央に位置する太和殿・中和殿・保和殿の三大殿である。

太和門はこの三大殿の正門にあたり、紫禁城最大の宮門である。皇帝が紫禁城から外出する際には、内廷からここまでは輿《こし》に担がれてきて、ここで手押し車の鑾輦《らんれん》に乗り換えて出かけた。

午門と太和門とのあいだの広場は、二万六〇〇〇平方メートルで、内金水河が西から東へと蛇行して流れ、その上には白い大理石（漢白玉）でできた五つの虹橋が架かっている。明朝ではこの門は奉天門と呼ばれていた。第五章で述べたように、落雷による三殿焼失直後から正統年間に再建されるまで、一時期焼け残った奉天門で臣下の上奏を受理し、政務を処理したこともあった。

また明朝を滅ぼした反乱軍の李自成は、清朝が山海関《さんかいかん》から北京に迫ってくると、前述したように紫禁城に火を放って逃走した。それから半年後に紫禁城に入った清朝の順治帝は、一六四四（順治《じゅんち》元）年十月に詔を全国に発し、北京への遷都を宣言し中国支配を本格化した。このとき聴政の場として用いられたのが、焼け残っていたこの門（当時の名称は皇極門）であった。

朝政の場――太和殿

さて、太和・中和・保和の三大殿は、高さ八メートルの基壇の上に建っている。この基壇は、三層からなることから三台と呼ばれる。基壇の前面に位置する太和殿は、二重の檐《ひさし》をもつ壮麗な建物である。屋根には黄色の琉璃瓦を葺いている。高さは三五メートル、東西の間口は六六メートルあり、中国の木造建築のなかで最大のものである。

殿内中央の奥まったところに、木彫の衝立を背に皇帝がすわる玉座が置かれている。その上には、春・冬には黒貂《くろてん》の毛皮、夏・秋には黄龍をあしらった綾絹の敷きものが敷かれていた。玉座の両側にある六本の金柱は燦然《さんぜん》と輝き、目を奪われる。天井には、とぐろを巻く龍が浮き彫りされて銀色の宝珠を口に銜《くわ》えている。

図版58　太和殿庭の品級山

基壇の下の庭は丹墀《たんち》と呼ばれる。中央の御道の左右には銅製の「品級山」が七二個置かれていた（正従の一品から九品までの一八段階が東西に二列）。品級山は大典挙行の際、文武百官が皇帝に向かって礼をおこなう位置を示す目印である。参内した官僚はその品級にしたがって整列した。

太和殿は、ほんらい皇帝にとってもっとも重要な朝政と大典をおこなう場であった。朝政には大朝《だいちょう》と常朝《じょうちょう》がある。大朝とは、元旦、冬至、万寿聖節（皇帝の誕生日）の三大節の朝見のことで、常朝とは通常の朝見をいう。清代の常朝は、毎月五日、十五日、二十五日におこなわれることになっていた。大典とは、皇帝即位、大婚礼、皇后冊立などの重要な式典をいう。

太和殿は、明朝前半には奉天殿と呼ばれていたことからも明らかなように、「天の子」である皇帝が支配の正当性を賦与される神聖な空間であった。都を南京から北京に遷した明の永楽帝の時代のこと、一四二一（永楽十九）年正月元旦に、完成したばかりのこの殿で朝賀の儀式が盛大に執りおこなわれて遷都が実現したことは既述した。

このようにきわめて神聖かつ重要な場であった太和殿も、清朝になると、その性格を変えていった。というのは、順治帝のあとを継いだ康熙帝が、一六六七（康熙六）年に親政を契機にして朝政の場を外朝と内廷の境にある乾清門の広場に移したからである。朝政の場を外朝から内廷との境に移したのは、形式的儀礼を排して実際の政務を優先したからである。これ以後、雍正帝《ようせいてい》、乾隆帝と続く三代の治世のあいだに、中国の君主独裁体制は完成の域に達した。一方、宮廷政治の表舞台の中心であった太和殿は、主に大典を挙行する場となり、より儀礼的な空間に純化していった。

中和殿と保和殿

太和殿の後ろに位置する正方形の小殿が中和殿である。明朝前半には華蓋殿《かがいでん》、後半には中極殿と呼ばれた。この殿は、太和殿で各種の儀式を執りおこなうにあたり内廷から出御した皇帝が、その準備のために一時休息する場所であった。儀式に先立ち、ここで祝詞が奏上された。十年に一度編纂される玉牒《ぎょくちょう》（皇室の系譜）の上呈式もこの場でおこなわれた。

三大殿のなかでいちばん奥に位置するのが保和殿である。明代前半には謹身殿、後半には建極殿と呼ばれた。清代、ここでは毎年大晦日と一月十五日に外藩のモンゴル王公や朝鮮の使臣らを招いて大宴会が催された。その宴では、太祖ヌルハチの武勇を偲ぶ宮中劇が演じられた。また先代の皇帝の実録や聖訓が完成すると、それらの上呈式もおこなわれた。

保和殿は、皇帝が臨席しておこなわれる殿試《でんし》の会場であったことでもよく知られている。しかし、ここでおこなわれるようになるのは、一七八九（乾隆五十四）年以後のこと、それまでは明朝以来、太和殿の殿前でおこなわれていた。

春とはいえ、試験がおこなわれた三月初め（新暦では四月）の北京の朝はまだかなり寒い。吹きさらしの殿前では、筆や硯の墨汁も凍りつくほどであった。一七二三（雍正元）年の殿試では、寒さを避けるために太和殿内に会場を移し、さらに暖をとる炉火《いろりび》が支給された。これは、みずからも毎朝四時には起きて政務に励んだという雍正帝《ようせいてい》ならではの特別な配慮であった。

試験の際の悪条件は、寒さばかりではない。清初には受験者に机すら用意されず、立ちながら答案をしたためたというから、まさに苦行に近い。超エリート官僚の切符を手にするのも、なかなか辛いものがあった。そのような次第で保和殿に試験会場が移されるにいたるのだが、ついでに付け加えれば、伝臚《でんろ》と呼ばれる殿試の合格発表は、以前どおり太和殿でおこなわれていた。

さらに進んで内廷へ――乾清門

保和殿からさらに北に進むと、乾清門に往きあたる。門の両側が塀で仕切られている。この門をくぐると、内廷である。

内廷の中軸線上には、乾清宮・交泰殿《こうたいでん》・坤寧宮《こんねいきゅう》のいわゆる後三宮が並んでいる。後三宮の東西両側には、東六宮と西六宮が位置し、妃嬪《ひひん》や宮女の居所となっていた。坤寧宮をさらに北に進むと、御花園《ぎょかえん》（明では後苑《こうえん》）をへて宮城北門の神武門にいたる。

御花園は、宮城内では珍しく樹木が多く生い茂る宮廷庭園である。園内中央に位置する欽安殿には、宮城鎮火の守り神として玄天上帝《げんてんじょうてい》を祀っていた。

外朝の前三殿は明朝と清朝とのあいだにしばしばその名を変えたが、内廷の後三宮は明代以来まったく変わっていない。しかし機能の面では大きな改変があった。

外朝と内廷との区別が厳格であった明朝では、皇極殿（清では保和殿）と乾清門とのあいだには雲台門《うんだいもん》が位置し、外朝と内廷とは塀で仕切られていたようである。故宮博物院の創設時点からその保護に長年携わった中国古建築学者の単士元《ぜんしげん》氏が指摘するように、乾清門は内廷に入る正門にすぎなかった。清朝になると、この塀が取り除かれ、南北の幅五〇メートル、東西の長さ二〇〇メートルの広場に生まれ変わって、ここがいわゆる「御門聴政」の場となった。明朝では外朝の奉天門でおこなわれた聴政が、清朝では内廷入口の乾清門前に移ったのである。

この広場の東側には、モンゴル王公値房《ちぼう》、九卿朝房、外奏事《がいそうじ》処《しょ》、散秩大臣値班処《ちはんしょ》、文武大臣侍《たい》漏所《ろうしょ》、侍衛値宿房《じえいちしゅくぼう》が置かれた。西側には、軍機《ぐんき》処《しょ》値房、内務府《ないむふ》大臣値房などが置かれた。値房とは当直室のことである。さらに東端の景運門《けいうんもん》内の南側には、宗室や王公の上奏を扱う奏事《そうじ》待漏値《たいろうち》所《しょ》が、西端の隆宗門《りゅうそうもん》内の南側には、満・漢文書の翻訳にあたった軍機章京《ぐんきしょうけい》値房が置かれた。

奏事によって進められる文書行政に関与するさまざまな官僚の当直室を周囲に集中させたこの空間は、皇帝が常時内廷のなかに起居していたとすれば、きわめて機能的な空間となっていたことであろう。しかし、実際には、後述するように清朝の皇帝が紫禁城に滞在する期間はあまり多くなく、この機能的に設計された空間も十分に使いこなされていたわけではなかったようだ。

ヴェールを外した乾清宮

乾清宮は皇帝の正宮で、ほんらい皇帝の居住する日常空間であった。永楽帝以後の明朝歴代の皇帝たちは、多くここで暮らした。ただし第十二代の嘉靖帝は例外で、大内《だいない》での生活を嫌って太液池の西側の西苑《せいえん》に移り住み、二十年近く乾清宮に戻ろうとしなかった。その晩年、危篤となるや瀕死の容態の帝は大急ぎで乾清宮に運び込まれ、そこで最期を迎えた。明朝では、皇帝は内廷の乾清宮に起居すべきものと定まっていたからである。すでに述べたように、明朝最後の皇帝となった崇禎帝《すうていてい》も、この乾清宮で周皇后や袁妃らと杯を酌み交わして今生《こんじょう》の別れを告げた。

清朝においても、順治帝や康熙帝のときは、乾清宮を日常の居所にしていた。しかし第五代の雍正帝（世宗《せいそう》）が即位すると、後述するように、西側のより狭い養心殿に引っ越してしまった。これ以後、正宮の乾清宮ではなく養心殿が歴代皇帝の起居の場となった。

皇帝が恒常的に住まなくなった乾清宮のほうは、皇帝が日常的に王公や大臣と引見したり宴会を催したりする場所となった。康熙帝は、一七二二（康熙六十一）年正月二日と五日にみずからの長寿を祝うため「千叟宴《せんそうえん》」を開いて、退職者を含む六十五歳以上の八旗官員六八〇名と漢人の文武官員三四〇名を、それぞれ紫禁城奥深くの乾清宮に招いている（『清世祖実録』巻二九六）。ときには、ポルトガルなど外国の使節をここで引見することもあった。清朝では、乾清宮は明朝とは異なりヴェールを外したかのように開かれていたと言わざるをえない。

乾清宮の内には、北京に入城した最初の皇帝順治帝の御筆による「正大光明」の扁額が掲げてあった。皇位の継承問題に悩まされた雍正帝は、「太子密建《たいしみっけん》の法」を立て、みずからの後継者となる皇子の名前をひそかに記して錦の匣《はこ》に入れ、その額の後ろにおいた。雍正帝にとって、内廷の乾清宮はみずからの選択によって帝位の継承者が決まることを王公や大臣にアピールする場になっていたのである。そのため、乾清宮は正大光明殿と呼ばれていた。

満洲人の祭祀と道教——坤寧宮、交泰殿

坤寧宮は皇后の正宮で、明朝では皇后の居住する空間であった。清初にこれを継承したが、一六五五（順治十二）年、盛京瀋陽にある清寧宮にならって改修し、満洲族ほんらいの信仰にもとづくシャーマンによる祭祀をおこなう場所となった。

祭祀には毎日の朝祭・夕祭のほか、正月や春秋の三回の大祭など多くの祭祀の種類があった。内部には大鍋が三つ設置され、シャーマンは神歌を朗誦しつつ踊り、犠牲のブタを神に捧げた。大祭のときには、皇族や大臣をここに集めて神に捧げた祭肉をわけて食することもおこなわれた。また、大きなオンドル（炕《カン》）をしつらえた東暖閣《とうだんかく》は、皇后との大婚を迎えた皇帝がしばらく暮らす部屋（洞房《どうぼう》）となった。

乾清宮と坤寧宮とのあいだに位置する交泰殿は、明の嘉靖年間に新たに建設された建物である。道教を崇信した嘉靖帝は、天を象《かたど》った乾清宮と地を象る坤寧宮との中間に「天地交泰の義」を意味する交泰殿を建てたのである。

図版59　景山からの故宮眺望

清朝では、殿内に皇后の宝座が設けられ、皇后の誕生日にはここで慶祝の礼を受けた。清朝歴代皇帝の宝璽《ほうじ》や大婚の際に皇后に賜った宝冊が収蔵されていた。順治帝が明末における宦官の跋扈《ばっこ》の弊害をふまえて「内官が政事に干預《かんよ》するのを許さない」と戒めた鉄牌も、ここに立てられていたという。

終のすみかの養心殿

雍正帝《ようせいてい》以後、紫禁城内における皇帝の執務室兼寝室となったのが、西六宮南側の養心殿である。紫禁城の中軸線上に並ぶ前三殿や後三宮の大型の建築群の見学を終えて西側の養心殿にまわると、清朝皇帝たちの終《つい》のすみかとなった空間が意外に狭かったことに驚かされる。

養心殿は、もとは明代に建てられた建物である。清朝では、順治帝が一時居住し、ここで亡くなった。康熙年間には内廷の造辦処《ぞうべんしょ》として使われたが、雍正帝の即位後に、皇帝の寝宮と日常の執務室に改修され、殿内の中央に玉座を設けて大臣との接見の場となった。西暖閣《せいだんかく》は皇帝の起居した部屋で、ときに大臣もここに召された。さらに西の部屋は、乾隆帝《けんりゅうてい》が書聖の王羲之《おうぎし》・王献《おうけん》之《し》・王珣《おうじゅん》の字帖を収蔵した「三希堂」である。東暖閣は、同治《どうち》年間以後に大臣を召見する場所となった。西太后《せいたいごう》（慈禧皇太后《じきこうたいごう》）が、いわゆる「垂簾聴政《すいれんちょうせい》」をおこなったのもここである。養心殿の後ろは皇帝の寝室となっていた。

清朝による紫禁城の改変として、実用性を重視し、皇帝自身の生活の快適さを追求したと言われている。養心殿などは、宮殿・寝室・書斎を一体化しており、明朝と比較すれば確かに実用性が追求されている。

また、景山などを含む皇城全体の改造の特徴としては、北京城の中軸線がより強調された。景山五峰の中峰に万春亭を新たに建設したのがそれである。ここに登れば、前に紫禁城を俯瞰《ふかん》し、後ろに鼓楼・鐘楼を遠望できる。その一方で、明朝に比べて左右対称の建物配置を一部で崩している点がみられるのは、紫禁城内の改変と同様に、より実際にあわせたからであろう。

2　拡大された中華世界の三つの中心

西郊の離宮建設

明朝から清朝の時期にいたる紫禁城の機能変化を丹念に見ていくと、紫禁城自体の権威が高まる一方で、その機能の比重がしだいに低下したという印象が残る。当時「門禁《もんきん》」と呼ばれる出入管理体制が整備されていくにもかかわらず、その主《あるじ》である皇帝がしだいに宮城である紫禁城内で暮らすことが少なくなるのである。その手始めは、清初の北京城郊外の離宮建設である。

北京城から西北に一五キロメートルほど離れた郊外に皇家の園林を建設し、皇帝がそこにしばしば訪れるようになるのは清代以来の新しい動きである。そもそも明朝の皇帝たちの多くは、永楽帝と宣徳帝のような王朝創設期の皇帝や第十一代武宗正徳帝のような例外を除いて、北京城から出ることは珍しかった。放埒荒淫《ほうらつこういん》で知られる正徳帝は、「天性睿智《えいち》」とも言われるから、宮殿奥深くで帝位の重圧に耐えられなくなっての問題行動であったかも知れない。

北京の西郊の西山・香山《こうざん》・玉泉山《ぎょくせんざん》一帯は、扇状地のため泉水が湧き出て山紫《さんし》水明《すいめい》の地となっていたことから、金代《きんだい》に早くも行宮《あんぐう》が置かれた。しかし明代までは、寺院の庭園や有力者の別荘が営まれていたにすぎなかった。

清代に入って、皇帝の離宮として整備されるようになった。まず康熙年間に暢春園《ちょうしゅんえん》や静明園《せいめいえん》（玉泉山内）が建設された。雍正年間には円明園《えんめいえん》の整備が始まった。乾隆年間には、西郊の昆明《こんめい》湖《こ》の拡張による水利開発と併行して、さらに大規模な園林整備がおこなわれた。静宜園《せいぎえん》（香山内）や清漪園《せいいえん》（頤和園《いわえん》の前身）などが建設拡張された。これらは三山五園と呼ばれた。三山は、万寿山（頤和園内）、玉泉山、香山を指し、五園は、暢春園、円明園、静明園、静宜園、静漪園を指している。

雍正年間には、内城の西直門と徳勝門から暢春門にいたるまでの石道整備に加えて、街路樹として九二九七本の柳を植えさせている。

皇帝とその家族が、城内の塵埃《じんあい》と暑さを避けて毎年西郊の離宮で長い期間をすごすようになると、高官たちの中にも日々随班する必要から、付近に私園や居宅を購入する者が現れた。また、皇帝を警護する八旗の軍校たちの営房も周囲に設置されて、西郊一帯は北京城外のもうひとつの政治的中心となっていった。

「十全老人」の眼差し

清朝の版図は、満洲人の故地の中国東北部、漢人が住む中国本土、モンゴル・チベット・ウイグルなどの諸族が住む藩部《はんぶ》の三つの領域から構成されていた。その規模は、乾隆年間に最大規模に達した。一七九二（乾隆五十七）年、八十二歳の乾隆帝は、現在のネパール地方のグルカを平定すると「十全記《じゅうぜんき》」を記《しる》して、みずからの治世のあいだに一〇回の大遠征をおこない、すべて勝利を収めたと武功を誇った。以後、「十全老人」と号して、満・漢・蒙・蔵の四つの字体でその平定紀念碑を建立させた。

図版60　乾隆帝朝服像

その一〇回とは、ジュンガル部、大小金川（四川省西北境）、グルカがそれぞれ二回、回部《かいぶ》（天山南路地域）、台湾、緬甸《めんでん》（ビルマ）、安南（ベトナム）がそれぞれ一回である。これらの遠征が、実際はすべて成功を収めたわけではないが、乾隆帝の眼差しが、藩部やその周辺に向けられていたことを雄弁に示している。満・蒙・漢・蔵・回の五族に代表される多数の民族をうちに含む拡大された中華世界を実際に統治することは、歴代の中国皇帝もなしえなかったことであるとした。

満洲語を最上段にし、チベット語・モンゴル語・ウイグル語・漢語を配して対照させた辞典『御製五《ぎょせいご》体清文鑑《たいしんぶんかん》』の編纂は、その統治の実現を象徴するものであった。拡大された中華世界に君臨する王朝となった清朝は、結果として、首都の北京以外にも、いくつかの中心地を維持せざるをえなくなったのである。

図版61　瀋陽故宮の大政殿

満洲人の古都――盛京瀋陽

ここで、北京以外に清朝にとって重要な中心地を紹介する。

ひとつは、盛京瀋陽《せいけいしんよう》である。すでに触れたように、盛京はヌルハチが一六二五（天命《てんめい》十）年以降、入関を果たすまでの都であった。入関後も清朝はここを陪都《ばいと》（副都）とし、六部《りくぶ》のうち吏部を除いた五部を設けて、満洲人の官吏をここに置きつづけた。宮殿もほぼそのままのかたちで維持されたが、乾隆年間になって大規模な改修がおこなわれた。

康熙帝以来、雍正帝を除く乾隆帝、嘉慶帝《かけいてい》（仁宗《じんそう》）、道光帝《どうこうてい》（宣宗《せんそう》）までの歴代の皇帝は、あわせて一〇回東巡して新賓《しんぴん》（遼寧省撫順市）にある永陵《えいりょう》（ヌルハチの祖先の陵墓）、瀋陽にある福陵《ふくりょう》（東陵、ヌルハチの陵墓）と昭陵《しょうりょう》（北陵、ホンタイジの陵墓）を謁陵祭祀した。その折に盛京の宮殿に駐蹕《ちゅうひつ》して、ここで種々の典礼を挙行している。副都の盛京には、満洲人の伝統と結束を維持する象徴的な意味が込められていたのである。

チベット仏教の祝祭空間としての熱河行宮

もうひとつの中心地が、承徳《しょうとく》の熱河行宮《ねつかあんぐう》（避暑山荘）である。北京の東北二五〇キロメートル、古北口《こほくこう》を出て長城外に位置する承徳の避暑山荘は、一七〇三（康熙四十二）年から五年の歳月をかけて建設された。康熙帝とのかかわりは、十年ほど前に熱河湯泉を訪れたことに始まる。乾隆年間にもさらに大規模な整備がおこなわれた。

熱河行宮は周囲八キロメートルの敷地を有し、数多い清朝の行宮のなかでも最大の面積を誇った。この地に行宮を設け周辺の諸族を集めてさまざまな活動を挙行したり、政務を処理したりする場所に選択されたのは、まずもって地理的理由からであった。

すなわち、北京からはそれほど離れておらず、ほぼその日のうちに北京からの情報が届く距離にあること、清朝の故地の遼陽や瀋陽への入口にあたること、北はモンゴル高原に接し、青海《せいかい》や西北地域にも連なっており、格好の位置を占めているからである。古くは、東胡《とうこ》・烏桓《うがん》・鮮卑《せんぴ》・奚《けい》・契丹《キタイ》の諸民族が興亡した地で、付近には、金元代には興州《こうしゅう》、明代に興州衛が置かれていた。

さらに直接的な要因としては、熱河北方のモンゴル草原に木蘭囲場《ムーランいじょう》（河北省承徳市囲場満族蒙古族自治県）が設けられていたことが挙げられる。ムーランは、満洲語で鹿狩りを意味する。この囲場は、もともと内モンゴルの喀喇沁《ハラチン》・敖漢《アオハン》・翁牛特《オングート》諸部族の牧地であった。

一六八一年、清朝はこれらの諸部の王公からこの地の献上を受けて狩場とし、巻狩りや軍事演

図版62　熱河行宮の大蒙古宴

習をおこなった。囲場が設けられた時期は、南方の三藩の乱を平定して、いよいよ北方の辺境を守るべく、ロシアの侵略に対処する準備をはじめた重要な時期であった。木蘭囲場に近い承徳に避暑山荘ができ上がると、康熙帝《こうきてい》は毎年秋の狩猟期に長期間この地に滞在するようになった。熱河行宮には、モンゴル族やチベット族、ウイグル族の王公にとどまらず、朝鮮や東南アジアの朝貢使節も定期的に訪れていた。

乾隆年間になると、熱河行宮を取りまく山腹に壮大なチベット仏教寺院群、外八廟《がいはちびょう》が建設された。なかでも、ラサのポタラ宮殿に模して建造された「普陀宗乗之廟《ふだそうじょうのびょう》」は、ダライラマの権威を体現していた。因みに、外八廟の「外」とは、長城内にある北京の八大寺廟（隆福寺《りゅうふくじ》・護《ご》国寺《こくじ》・妙《みょう》応寺《おうじ》・普渡寺《ふとじ》・雍和宮《ようわきゅう》・白雲観《はくうんかん》・蟠桃宮《はんとうきゅう》・東嶽廟《とうがくびょう》）に対して付けられたという。

一七八〇（乾隆四十五）年の夏、熱河行宮ではチベットからパンチェンラマ六世を迎えて仏教祝典がおこなわれていた。朝鮮の朴趾源《ぼくしげん》は、朝貢使節の随員としてここを訪れ、その仏教祝典に参列した。朝鮮使節の一行も、他のモンゴル族と同様に、乾隆帝ではなくパンチェンラマへの拝礼を命じられた。そのとき、朱子学を奉じる朝鮮の儒教的知識人が抱いた違和感については、平野聡氏が『熱河《ねっか》日記《にっき》』をもとに詳しく明らかにしている。

くり返すが、清朝皇帝は、中華世界の皇帝と内陸アジア世界のハーンという二つの顔をもっていた。大清帝国は、明朝以来の伝統的中華世界のみならず、モンゴル帝国以来の遊牧世界をも継承していたからである。熱河行宮は、モンゴル帝国によって拡大された内陸アジア世界の中心として、北京の紫禁城とは異なる役割を果たしていたのである。

あいまいとなる内外の区分

清朝の皇帝が形式的儀礼よりも実質をより重視したため、皇帝の居所に近い内廷の乾清門が聴政の場となったことや、養心殿が執務室兼寝室となったことはすでに述べた。こうした措置は、清初には勤勉な皇帝が続いたこともあって、皇帝政治の実務効率を上げるうえではプラスにはたらいたと言えよう。

しかし、ほんらい皇帝の私的な空間であった内廷で政治がおこなわれ、宮廷政治の表舞台であった外朝がもっぱら大典を挙行する儀礼の場としてしか使われなくなるなど、伝統的な宮城内の外朝と内廷との区分を不分明にした点は否めない。概して、明朝では外朝と内廷との区分が厳格であった。これに対し、清朝ではその区分はあいまいとなったが、これは内外の区別が漢人ほど厳格ではない満洲人の家族制度にも一因があろう。

宮城内外の区分が不分明化しただけではない。都城の内外の区分も同様であったほんらい都城内の奥深く紫禁城に住まうべき皇帝は、都城郊外の離宮や長城外の行宮で多くの時を過ごし、そこで政務を執るようになった。清朝後半以後には、前述した乾清門での聴政も少なくなり、西北郊外の頤和園などで政務を執ることがますます多くなった。

皇帝にとってより快適な空間が選択され、宮廷政治の表舞台であった外朝の午門や太和殿がほんらいの機能を果たさなくなり、紫禁城が有していた昔日の威光を失いかけたとき、それは中華帝国の衰退の始まりとなった。

晩年の康熙帝の紫禁城不在

清朝の紫禁城は前述したように、明朝の規模と配置を踏襲して再建された。しかし、ほんらい皇帝の居所であるべき紫禁城は、清朝になってその機能の面で大きな変化が生じていた。

これにくわえて、清朝の皇帝は北京城内の紫禁城よりも西郊の離宮や熱河行宮に滞在することが多くなり、紫禁城自体の空洞化が進んだ。その空洞化の淵源は、早くも康熙帝の時代から始まっていた。

康熙帝に画家として仕えたイタリア人宣教師マッテオ・リパ（馬国賢）は、康熙帝の晩年の日常生活について、以下のように記している。

わたしはいつも朝がたに参内するようになりました。（ある日）皇帝のところから使いが来て、暢春園《ちゅうしゅんえん》と呼ぶ別荘に（この使いと）同行するように命ぜられました。この別荘は、北京からわれわれのイタリア・マイル（一マイルは一五〇〇メートル弱）で三マイル離れたところにあり、陛下は何度も行ったり来たりなさって、ここに年に約五カ月滞在なさいます。これと同じか、あるいはもっと多くの時間を韃靼（熱河の避暑山荘を指す）、および二つの他の場所で過ごされます。その一つは鹿狩りをなさるところであり、もう一つは魚を取ったり、鴨を猟したりするために出かけられるある沼です。こういうわけですから、王宮（紫禁城）には、毎年十五日以上逗留なさることはありません。時にはもっと少ないこともあり、それさえも実施されないこともあります。というのは、滞在わずか一日になることもあるからです。

（矢沢利彦『西洋人の見た中国皇帝』一一五〜六頁）

紫禁城の滞在は、一年間にわずか一日というから驚きである。晩年の康熙帝は、一年の大半を北京城郊外や長城外の熱河で過ごしていた。リパのいう他の二つの場所とは、さきに述べた熱河行宮北方のモンゴル草原にある狩場のムーラン囲場と北京城南郊の「南海子」のことである。

晩年の康熙帝が紫禁城を長期間不在にしていた様子は、中国側の史料である『康熙《こうき》起居注《ききょちゅう》』によっても確認できる。ここでは一七一四（康熙五十三）年の例で見てみよう。康熙帝は、元旦を紫禁城内で過ごしたあと、早くも二日には郊外の暢春園に居を移し、五日までそこに滞在した。その後、四月十九日までは、紫禁城と暢春園とのあいだを何度か行き来している。

四月二十日に暢春園を出発して、五月一日に長城外の熱河行宮の避暑山荘に駐蹕《ちゅうひつ》して以後、九月二十八日に暢春園に戻るまで五カ月ほど北京を留守にしている。その後も、帝は暢春園と紫禁城とのあいだの行き来をくり返している。十一月十八日、ふたたび承徳に向けて巡幸に出発し、十二月十三日と十四日の両日のあいだ熱河行宮に滞在したあとは、二十一日に暢春園に立ち寄り、四日後の二十五日、紫禁城に戻った。

熱河行宮へは一年に二度訪れ、あわせて一〇二日間その周辺で滞在している。もっとも頻繁に訪れている西郊の暢春園には、のべ一二五日間も滞在宿泊している。皇帝の日常政務の「聴政」は、紫禁城内ではなく暢春園内の澹寧居《たんねいきょ》で主におこなわれていたのである。

このため、康熙帝が紫禁城に宿泊したのは一年でわずか二二日間にすぎない。元旦節に紫禁城内坤寧宮の堂子で諸王以下を率いておこなう満洲人祭祀や、漢人伝統の天壇（圜丘《えんきゅう》）で親祭する天地祭祀儀礼の前後に、紫禁城に立ち寄っているというのが実態であった。

離宮でも政務に励んだ雍正帝

宮崎市定氏によって独裁君主の典型としてはじめて紹介された雍正帝は、清朝歴代の皇帝のなかでは確かに皇帝の職務に専念した特別な君主であった。

その雍正帝も、皇子の時代一時住んでいたことのある円明園を即位後整備し、時々そこに出かけている。一七二六（雍正四）年正月、円明園に滞在した日のこと、勤政殿で待っていても部院や八旗官僚の誰一人も上奏する者がなかった。「おまえたちは、朕が円明園に居るのは安逸を図ろうと欲するからと忖度《そんたく》して奏事を省略したのか。朕は郊外の水辺が城内に比べて清浄だからここにいるのだ。日々の政務の処理は、宮中と異なることはない。ひとときも暇をもてあそんだことはないぞ」と大学士らに諭した（『世宗憲皇帝宝訓』）。

ここには、離宮円明園でも紫禁城と変わることなく政務に励もうとする雍正帝の強い決意が示されている。しかし、その日誰も上奏する者がいなかったことから窺えるように、すべての京官を引き連れて行くことができない以上、離宮滞在時は紫禁城の中とまったく同じというわけにはいかなかったであろう。

マカートニーの熱河行宮謁見

清朝の繁栄に翳《かげ》りが見えはじめた一七九三（乾隆五十八）年、イギリスから派遣された使節マカートニーの一行は、貿易の拡大と国交の樹立を求めて清朝との外交交渉に臨んだ。彼らが乾隆帝に最初に接見した場所は、北京の紫禁城内ではなかった。長城外にある熱河行宮の天幕（包《パオ》）のなかにおいてであった。熱河での謁見は、清朝側が希望したものであった。乾隆帝は、例年避暑のためにここで数カ月を過ごしていたからである。

実際の交渉も、熱河や北京郊外の円明園で続けられた。しかし最後は、威厳を有する紫禁城の「装置」としての重要性に気づいたのであろう。一行が北京を去る直前の八月にイギリス国王あての勅書を授けるにあたり、マカートニーを紫禁城の太和殿まで一度だけ参内させている。この手続きを清朝側が最後に認めたのは、イギリスが求める対等の外交としてではなく、伝統的な朝貢の枠組みで扱おうとする意志の表れであったろう。このときには、イギリス側が望む対等外交の要求は退けられ、「外夷」として扱う清朝側の意図が貫かれたかに見えた。しかし、そこまでの交渉が紫禁城外で続けられてきたことで、伝統的中華世界の中心性を体現していた紫禁城に君臨する皇帝の権威も揺らいでいたことにまでは気づく者はいなかった。

嘉慶帝狙われる

一八〇三（嘉慶八）年閏二月二十日の早朝、紫禁城北門の神武門内で轎《かご》に乗る嘉慶帝に向かって短刀を手にした一人の暴漢が襲いかかった。皇帝の轎が順貞門《じゅんていもん》に着いたところで、脇から猛烈な勢いで襲撃してきたが、これに気づいた帝は急いで門のなかに入ったので危うく難を逃れた。順貞門は、神武門から南に入った最初の門で、その奥が欽安殿と御花園である。

神武門内の東西両側で守衛する一〇〇名を超える侍衛兵たちは、突然のできごとに呆気《あっけ》に取られていた。皇帝の側にいた御前大臣の定親王綿恩《ていしんのうミエンエン》や乾清門侍衛丹巴多爾済《ダンパドルジ》ら六名だけが重大な事態に気づいて、これを阻止しようと進み出た。

嘉慶帝が逃げ隠れた後も、暴漢は短刀を左右に振りかざして暴れまわった。ダンパドルジを三カ所刺して傷つけ、さらにミエンエンの上着の袖を切り裂いたものの、衆寡敵せず力尽きて取り押さえられた。

暴漢の名は陳徳《ちんとく》、北京に住む四十七歳の男であった。その場には、彼の二人の息子のうち、十五歳になった長男禄児《ルアル》をともなっていた。二日後の二十二日におこなわれる天子の農耕奨励儀式の「親耕藉田《しんこうせきでん》」を前にした斎戒のために、嘉慶帝が久しぶりに円明園から紫禁城に入ることを街路の修復作業から知った陳は、東華門から紫禁城内に潜入した。東西牌楼をくぐり西夾道《せいきょうどう》を通って神武門にまで近づき、西廂房の南山墻の陰に潜んで皇帝を待ち伏せしていたのであった。

陳徳が捕らえられたのち、嘉慶帝はただちに軍機大臣に刑部と合同で厳重に取り調べさせたうえ上奏するよう命じた。皇帝が紫禁城内で暴漢に襲われるというのは、前代未聞の出来事であった。

このため、その首謀者の有無や背後関係について徹底した調査がおこなわれた。尋問は四日間、昼夜にわたって執拗に続けられたものの、背後関係の存在は何も出ず、単独の犯行であることが明らかとなった。

嘉慶帝は平静を装いつつ、「今回の事件は狂犬にかまれたようなものだから、律にもとづいて処罰せよ」と指示した。結局、二十四日に陳徳はただちに凌遅処死《りょうちしょし》の刑とし、息子の禄児《ルアル》と対児《ドイアル》も絞首刑とするという聖旨が伝えられた。公開処刑場の外城菜市口においてもっとも残酷な刑として知られるその処刑に臨んでも、陳は縦容自若《しょうようじじゃく》として恐れる様子はなかったという。

犯人は内務府で働いていた

供述によれば、陳徳は鑲黄旗人松年《ソンニエン》の家に典売《てんばい》(質物としての売買)された奴婢を父母にして、一七五七(乾隆二十二)年に北京で生まれた。生後まもなく海防同知《かいぼうどうち》(州の補佐官)として赴任する主人に従って父母と一緒に山東の青州府に移り住んだ。父母の死後、三十一歳のときに北京に戻ってきた。侍衛宗室や内務府《ないむふ》に勤める官人の家で使役された。とくに乾隆末年から嘉慶初にかけては、鑲黄旗包衣《ボーイ》(召使)管領の常索《チャンス》につき従って内務府で働いていたとき、恒常的に宮中に出入りしていたので、紫禁城内の様子や門禁についても詳しかった。

その後、都に戻った粤海関《えつかいかん》監督の王姓の家人孟明の家でコック(厨役《ちゅうえき》)となった。その年の二月に妻に病気で先立たれてからは鬱《ふさ》ぎがちとなり、酒に走るようになって孟家を解雇された。嘉慶帝を襲った理由も、生活苦によるもので、現状への不満から反抗意識が生まれたのであった。『軍機処上諭檔《じょうゆとう》』を用いて明清檔案《とうあん》研究者の張書才氏が明らかにしたように、陳徳の犯行は従来漠然と言われてきたような天理教（白蓮教系の宗教秘密結社）とのかかわりはまったく見られない。むしろ、次に述べる同じく北京人の天理教徒の林清《りんせい》は、単独犯の陳のこの行動に刺激されて紫禁城侵入を企てたと言えよう。

父の康熙帝の治世の年数に遠慮して、在位六十二年で息子に譲位した乾隆帝が、一七九九（嘉慶四）年に養心殿で崩じた。嘉慶帝の親政がいよいよ始まると、乾隆末以来、権勢を振るっていた和珅《わしん》を断罪した。長い治世でゆるんだ綱紀粛正が狙いであったが、膝元の宮廷内のゆるみすら立て直せなくなっていた。陳徳の事件は、紫禁城がもはや厳重に警護られた空間、すなわち「禁城」ではなくなりつつあることを暴露することになった。

天理教徒林清の事件

陳徳の不祥事の十年後には、天理教徒の林清ら七二人が紫禁城に侵入するという前代未聞の事件も発生した。

林清は、河南省滑県《かつけん》の天理教のリーダー李文成《りぶんせい》と共謀して紫禁城占拠を計画した。企てが事前に漏れて李が地元の知県に捕らえられたため、残された林清は、前もって行商人に扮し北京城内に潜入させていた仲間たちに命じて、予定していた九月十五日に反乱に決起した。白昼、東華門と西華門の二手に分かれて紫禁城に侵入を試みたのである。

まず祝現・屈五らが率いる三〇人たらずの賊の一隊のうち、太監劉得財の手引きで東華門から入ろうとした者が、たまたま石炭売りと道を争った。賊の一人が片肌脱いで刃《やいば》を露《あら》わにして脅したところを門番の官兵がこれに気づいた。門番が急ぎ扉を閉じはじめたので、賊は刃を振りかざし大声で叫びながら乱入した。門内に侵入した陳爽ら十数人は西に進んでなんとか熙和門《きわもん》まで到達したが、護軍統領率いる官兵に阻止され捕らえられた。劉はほかの二人を引き連れ、蒼震門内に入り遺恨のある宦官を殺そうとしたが、逆に捕らえられた。

天理教徒の高広福は城楼に登り、白布で頭を包み腰から白牌旗を出して広げた。旗には「大明天順」「順天保民」と書いてあり、雉堞《ちちょう》のあいだから呼びかけた。鎮国公奕灝《えきこう》が弓を引きしぼって射ると、賊徒は城楼から墜落した。

残りの李五・宋進財らが率いる四〇人余りが菜市口《さいしこう》に集合し、柿の担ぎ売りに扮して西華門をみなで突破すると、すぐさま尚衣監《しょういかん》に赴いて宦官数人を殺害した。その後、隆宗門《りゅうそうもん》に進んだものの護軍統領の官兵が即座に景運門《けいうんもん》を閉ざしたため、隆宗門外にとり残された。うち五、六人が御膳房の垣根を越えて、内右門《ないゆうもん》の西大墻によじ登り北に進んでいった。向かうは皇后が住まう儲《ちょ》秀宮《しゅうきゅう》である。

皇次子の活躍

その日、覚羅《かくら》公宝興《こうほうこう》は上書房《じょうしょぼう》の当直を終えて退出するところで、賊が刀を振りまわしているのを見かけ、ただちに景運門を閉ざすよう命じた。そして、たまたま乾清門東側の上書房で読書中の皇次子旻寧《びんねい》（のちの道光帝《どうこうてい》）に急を報せた。皇次子は落ち着き払って禁城の四門から官兵を入れて賊を捕らえるよう指示し、そばの者には鳥槍《ちょうそう》（銃）をもってこさせた。皇次子は城墻上の人影に気づくと銃で賊二人を狙撃するなどして侵入を阻止した。墻壁を越えられずにいた陳文魁らは、隆宗門に火を放ったものの、事件を聞きつけた成親王《せいしんのう》（乾隆帝の第一一子）らが侍衛を引き連れ、鎮国公奕灝《えきこう》は火器営の官兵を率いて神武門より救護に駆けつけた。陳らは西華門に退却したところで捕縛された。

成親王が護軍統領らに命じて紫禁城四門の警備態勢をようやく立て直したのは、初更の戌《いぬ》の刻（午後八時頃）であった。深夜、太監張泰は東華門に潜んでいたところを捕らえられ、宦官が天理教徒と内通していたことが暴露された。十七日、黄村の宋家荘の自宅で待機していた首謀者の林清も歩軍統領の官兵に逮捕された。

事件の報せが届く

熱河行宮から北京に戻る途中の嘉慶帝一行が、事件を報せる皇次子らの上奏に接したのは、翌十六日白澗《はくかん》行宮まで到達したときであった。上奏の末尾には皇后は無事であることが記してあった。読み終えた帝は涙を流しながら、突然の事件に驚きを隠せずにいた。

近侍の者には、帝を奉じて盛京に避難することを言い出す者もいた。大学士董誥《とうこう》が、「それでは反乱者たちを勢いづけるだけです。（午門で）献俘式《けんふしき》をおこなわねばなりません」と述べて回《かい》鑾《らん》を力説した。午後に儀親王《ぎしんのう》（乾隆帝の第八子）から賊徒が平定されたという奏摺《そうしょう》が届くと、帝は即刻北京に向かうことを決定した。

嘉慶帝が北京に帰還したのは、事件から四日後の十九日のことであった。乾清宮に入るや、ただちに「己を罪するの詔」を発した。

以上の事件の詳細な経緯は、昭槤《しょうれん》『嘯亭雑録《しょうていざつろく》』によるものである。礼親王昭槤はみずからも事件の鎮圧に加わり、その見聞をまとめたもので史料的価値がある。その末尾で、一人の妄庸な男子にすぎない林清が、この泰平の世に不逞《ふてい》の輩を集めて禁城を襲撃し不軌《ふき》（謀反）を謀ったのは、「いたって愚かと謂うべし」と断言している。この書がまとめられたのは一八一五（嘉慶二十）年頃のことである。もちろん昭槤は二十五年後にアヘン戦争によって泰平の世が破られるとは知る由もなかった。

紫禁城警護の緩み

とはいえ、厳重な守りの紫禁城にやすやすと多数の賊徒の侵入を許したのは、宦官の内通者が存在したからであった。くわえて、事件当日嘉慶帝は熱河行宮巡幸中のことで、紫禁城の警備自体が疎かになっていたこともその一因であろう。

明末にも、「三案」のひとつに、暴漢が紫禁城内の皇太子が暮らす慈恵宮に棍棒を持って押し入り、皇太子の暗殺を企てた「挺撃《ていげき》の案」がよく知られている。ただ、侵入者はわずか一人のみで、宦官に取り押さえられたから、「門禁」の態勢は清代後半ほどには弛緩していなかった。

そもそも、明の北京城では宮城と皇城のいずれも禁地となっていたが、清では宮城（紫禁城）のみ禁地で、ドルゴンの王府が皇城の南池子大街に置かれていたことに示されるように皇城内は厳格に守衛されてはいないという大きな違いがあった。

嘉慶帝がこの事件を深刻に受け止めたのは事実であるが、九月二十一日には、早くも紫禁城から円明園に居を移して軍機大臣らに命じて真っ先に円明園の警護の強化を協議させた。宮墻を高くすることや護衛兵の増員が議論されたが、これに反対したのが考証学者として著名な王念孫《おうねんそん》の息子で、のちに工部尚書となる王引之《おういんし》であった（『郎潜紀聞《ろうせんきぶん》』初筆巻四）。その後、「稽査京城内外章程」が定められ、兵員増強による紫禁城内外や京城九門の取締強化、順天府下の五城管轄地域での保甲編成、各城の営汛《えいじん》や司坊での夜間巡回の励行などを実施した。

二十三日、嘉慶帝はみずから林清らを尋問したのち、凌遅処死の刑を宣告し、その首級を直隷・河北・山東の天理教徒の活動が盛んな地方で引きまわすように命じた。しかし、その後も帝は円明園や熱河行宮に出かけて紫禁城を不在にすることをやめることはなかった。それから七年後の一八二〇（嘉慶二十五）年夏、帝は熱河行宮滞在中に亡くなった。

代わって即位したのが、林清事件で宮中に忍びこんだ賊徒二人を狙撃する大手柄を挙げた皇次子、すなわち道光帝《どうこうてい》である。

この即位は、前もって皇位継承者が明らかとなっている「立皇太子」の制とは異なり、清朝独自の皇位継承制度である「太子《たいし》密建《みっけん》の法」によるものである。雍正帝以来、後継の皇子の名前を記した紙を小箱に封じて、紫禁城内の乾清宮の玉座の正面に掛けられた「正大光明」の扁額の後ろに隠していたことは前に述べた。

太子密建によるとはいえ、嘉慶帝は生前その小箱を熱河行宮まで持参していたというから、この点でも紫禁城乾清宮の空洞化は明らかである。また林清事件直後に、小箱の中の紙に書かれていた名前を、あるいは他の皇子から皇次子に書き換えた可能性も否定できない。天理教徒の紫禁城侵入事件は、剛毅果断な皇次子道光帝の即位をもたらし、君主独裁制を強めたと言えるかもしれない。

3　円明園炎上

アヘン戦争と南京条約

道光帝が林則徐《りんそくじょ》を広州に派遣し、アヘンの取り締まりを強化したことに端を発したアヘン戦争は、イギリス海軍の圧勝に終わった。一八四二（道光二十二）年に南京条約が締結され、香港島の割譲、上海・寧波《ニンポー》・福州・廈門《アモイ》・広州五港の開港、公行《コホン》（貿易特許商人）の廃止、賠償金の支払いなどを認めた。さらに翌年には、領事裁判権、協定関税、最恵国待遇も付加されたと世界史の教科書で教わるように、清朝は不平等条約のもとで欧米列強主導の国際関係に組み込まれた。現在の中国もこれをもって「古代」（前近代）から近代への時代区分にしているほどである。

しかし、北京の清朝政府の対応は、これまでと同様に旧態依然としたものであった。条約締結の影響が、長江以北の華北社会にまですぐさま及んだわけではなかったからである。北京を中心に見れば、これから述べる第二次アヘン戦争こそが、変貌の幕開けとなった。

第二次アヘン戦争始まる

広東の客家《ハッカ》出身の洪秀全《こうしゅうぜん》がキリスト教の影響を受けて上帝会《じょうていかい》を組織した。一八五一（咸豊《かんぽう》元）年には、広西省桂平《けいへい》県金田村《きんでんそん》で反乱を起こし、みずから「天王《てんおう》」と名乗り太平天国と称した。影響は急速に拡大して、一八五三年には南京を占領し、「天京《てんけい》」と名づけた。清朝がその制圧に苦しむなかの一八五六年十月、イギリス船籍とされるアヘン密輸船アロー号が広州の海珠島付近に碇泊中に清朝官憲の臨検を受け、英国国旗が引きずり降ろされるという事件が起きた。いわゆるアロー号事件である。

イギリスは、この事件を理由に派兵を決定した。同じ年、隣の広西省ではフランス人宣教師が死刑に処せられていたため、フランスもこれを口実にして遠征軍の派遣を決めた。翌年末、英仏の連合軍は広州を攻撃し、第二次アヘン戦争が始まった。さらに北上して天津まで兵を進めた。英仏連合軍の近代的な軍事力の前に、清朝は一八五八年、英仏にオブザーバーの米露をくわえた四カ国とのあいだに天津条約を結ばざるをえなかった。

英仏軍は天津条約にもとづき北京でその批准書交換をおこなうため、翌年の六月に渤海湾にやってきた。ところが、天津にいたる白河（海河）には、船の遡上を妨げる障害物が置かれていた。

障害物を除去してさかのぼろうとしたところ、防衛を任された欽差大臣《きんさだいじん》でモンゴル族出身の勇将である僧格林沁《サンゴリンチン》が、大沽《タークー》の砲台から砲撃し、英仏の軍艦一二隻を撃破して大勝を収めた。

咸豊帝の熱河退却

一八六〇年八月、英仏軍がふたたび渤海湾に現れ、大沽の砲台を落として天津に到達、さらには通州まで白河を遡上して清朝側と最後の詰めの交渉を続けたが、埒《らち》があかなかった。この過程で、九月十八日にサンゴリンチンは交渉にあたっていた英国のパークス領事を含む英仏人四〇名余りを捕らえて捕虜として北京に送った。

これに先立ち、九月十一日、英仏軍の先発隊三〇〇〇名が楊村《ようそん》（天津市武清区楊村鎮）に到達したという報せが届くと、翌日、咸豊帝《かんぽうてい》は人心を鎮めて守りを固めるべく、ただちに予定していた（熱河）巡幸の準備を「親征の挙」に変更する諭旨を出した。それにもかかわらず、二十一日、北京に近い八里橋でのサンゴリンチンの敗報が伝えられると、帝は翌日には東に向かって親征するどころか、早々と皇長子や后妃、側近をともなって、円明園から密雲《みつうん》行宮をへて燕山山脈のむこうの熱河に退却した。あとを託して北京防衛を任されたのが、かねてから対外強硬論を主張していた弟の恭親王奕訢《えききん》であった。

円明園の略奪

十月五日、英仏軍が北京城に迫ったので、戒厳令が布《し》かれた。内城北城壁の安定門と徳勝門を

図版63　破壊されたままの円明園の西洋建築

挟んで両軍対峙する中、清朝は停戦交渉にもちこもうとしていた。英仏連合軍は、早くも北京城郊外の黄寺や黒寺をへて円明園に侵入し、主のいなくなった離宮を思うがままに蹂躙《じゅうりん》し、略奪を開始した。

円明園は、前述したように、乾隆帝以後、歴代皇帝がそこに長期間滞在し、私生活を楽しむ空間として利用されていた。しかも、書画・骨董品そして金銀財宝など、皇室の貴重なコレクションがここに収められていた。英仏軍の略奪は徹底しており、動かせる物はすべて奪い去り、大きすぎて動かせない物はその場で破壊したという。とりわけ、このときの仏軍の略奪は激しかったと言われている。円明園内の長春宮には、ベルサイユ宮殿を模して造った噴水や建築が破壊されたまままいまも残されている。

十月十八日、捕虜となった自軍の殺害に対する懲罰として、円明園に火を放つように命じたのは英国の全権大使エルギンであった。じつは大略奪の跡を隠すためであったろう。主にも見捨てられた円明園と三山（万寿山・玉泉山・香山）の諸宮殿は、三日にわたり紅蓮《ぐれん》の炎に包まれた。

「祺祥」から「同治」へ

咸豊帝は、その後ふたたび北京に戻ることなく、翌一八六一年の八月、巡幸先の熱河行宮で病死した。帝の遺言にもとづき、数えで六歳の皇長子載淳《さいじゅん》を皇太子に立て、宗室の粛順《しゅくじゅん》らに輔弼《ほひつ》させることが決まった。

十一月五日に、咸豊帝の梓宮《しきゅう》（ひつぎ）が北京に移され、徳勝門を通って啓運門で大輿から小輿、さらに舁《よ》に替えて乾清宮に担ぎ入れられた。咸豊帝の梓宮が北京に戻るや、八日に幼帝の生母と恭親王奕訢とが結託して政変を起こして、粛順を処刑した。生母は葉赫那拉《イエホナラ》氏の出身で懿貴《いき》妃《ひ》と称していた、のちの西太后（一八三五～一九〇八）である。

十一日、皇太子の載淳は太和殿に御して皇帝に即位し、百官の朝賀を受けた。明年元旦をもって「同治《どうち》」とするという詔が天下に頒布された。穆宗《ぼくそう》同治帝（在位一八六二～七四）である。

年号ははじめ「祺祥《きしょう》」と建元されていたが、二字の意味が重複しているという理由で四日前に「同治」に変更されていた。「同《とも》に治める」ということは、皇帝独裁の否定の幕が上がることを意味した。二日前の九日には、内閣に対して、聖旨を降すべき上奏は、先に両皇太后の「慈覧」に呈するという諭旨が出されていた。こうして西太后の垂簾聴政が始まった。

北京条約の締結

北京に残っていた奕訢が、ロシアの調停のもと英仏と交渉にあたり結んだのが北京条約である。その内容は、一八五八年の天津条約を追認補強するものであった。外国使節の北京駐在がこれによりはじめて実現した。条約は、英仏の要求により十月に北京城内の礼部で締結された。礼部衙門は、天安門から南に伸びる千歩廊の先端、大清門内の東側に位置する。列強の勢力が都城北京の中枢部まで到達したことを象徴するものであった。礼部衙門の東側に伸びる東交民巷《とうこうみんこう》に列強各国の公使館が続々と設置されて、後述する義和団戦争の舞台となるのは、四十年ほどのちのことである。

北京条約を結んだのは、戦争当事国の英仏に加えて、オブザーバーの米露の四カ国であった。またこの条約では、天津条約にはなかった天津開港の条項が新たに加えられた。「自由貿易」を標榜する外国勢力が都のお膝元にまで進出することを清朝は認めざるをえなかったのである。

公使館の開設に対応するため、一八六一年、外国の事務を扱う総理各国事務衙門（略称、総理《そうり》衙門《がもん》）を新設した。これまで、外国の事務は、清朝では六部のうちの礼部と理藩院《りはんいん》の管轄であった。新たに各部から次官クラスの侍郎《じろう》一〇名前後を集めて組織されたが、専任の官庁というわけではなかった。そのトップは、皇族の恭親王奕訢であった。

日清修好条規と副島種臣の皇帝謁見

明治維新後には、日本も条約交渉国に加わった。一八七〇（明治三）年の外務大丞《がいむたいじよう》柳原前光《やなぎわらさきみつ》による予備交渉に続き、翌年には大蔵卿伊達宗城《だてむねなり》が全権として派遣され条約交渉にあたった。伊達ら一行は天津で李鴻章《りこうしよう》と交渉したのち、北京の総理各国事務衙門を訪問し、奕訢らと面会した。近代日本の外交使節が、清朝の都北京入りを果たしたのは、これが最初の事例となった。

清朝がはじめて条約原案を示し、これをもとに交渉が進められ、一八七一年九月に調印されたのが日清修好条規《につしんしゆうこうじようき》である。その相互に刑事案件を除く領事裁判権の承認、相互開港と最低の海関税率など、対等な内容からなっていた。しかし、日本はこれに不満で、一八七三（明治六／同治十二）年四月にようやく批准した。また、互いの首都に大臣を派遣駐在させることも、このとき定められた。

同治帝も成長し、親政を開始した（実権は西太后が握ってはいたが）。この時期を「同治中興《どうちちゆうこう》」と称することがある。露独米英仏の五カ国公使が皇帝に謁見して、慶賀の気持ちを伝えたいと願い出た。総理衙門はこれを認めるべきと上申したが、反対意見も根強かった。結局、謁見許可の上諭が出され、具体的な儀礼は双方の協議に委ねられた。協議の結果、伝統的な三跪九扣頭《さんききゆうこうとう》の礼ではなく、鞠躬《きくきゆう》の礼（起立のまま上半身だけを曲げる敬礼）でおこなうことになった。

そこに、日清修好条規の批准書交換を終えたばかりの外務卿副島種臣《そえじまたねおみ》が国書を携え北京にやってきた。特命全権大使の副島は、各国公使より地位が上だと主張し、列強に先んじて新しい方式で清朝皇帝に謁見した最初の人物となった。

会見の場は、紫禁城外の西苑（現在の中南海）であった。紫禁城という空間でおこなわれるべき朝貢儀礼をもはや維持できなくなったとき、その場として選ばれたのは、現在でも中国を訪れる国賓の会見の場に使われる、中南海の紫光閣《しこうかく》だったのである。

日清戦争の勃発

一八七〇年代半ばにさしかかると、清朝ではふたたび対外的緊張が高まりはじめた。これまで朝貢国と認識していた周辺諸国に、列強が圧力をかけて清朝からの切り離しを図ったからである。中央アジアでは、コーカンド＝ハン国などイスラーム教の国々がロシアの支配下に入った。東南アジアでは、清仏戦争後に講和を急ぐ清朝はベトナムに対するフランスの保護権を認めた。東アジアでは、十七世紀初頭の島津氏の侵攻以来、その支配下に置かれるとともに、明清両朝に朝貢を続けて両属関係を維持していた琉球王国を、明治政府は一八七二（明治五）年に廃止し琉球藩を設置して日本の領土とした。一八七九年には、清朝への朝貢停止を命じて沖縄県の設置を強行した（琉球処分）。

朝鮮に対する支配を強めようとする清朝と、旧来の清への服属関係から朝鮮を切り離そうとする日本とのあいだで、しばしば激しい緊張関係が生じた。日本は、江華島《こうかとう》事件をきっかけに朝鮮に迫り、領事裁判権を含む日朝修好条規《にっちょうしゅうこうじょうき》を締結した。一八九四年、東学《とうがく》の乱（甲午《こうご》農民戦争）がおこると、清と日本はともに朝鮮半島に派兵し、日清戦争が始まった。勝利した日本は、一八九五（明治二十八）年四月、下関条約の締結により、

①清朝の宗属関係の破棄による朝鮮の独立承認
②遼東半島、台湾、澎湖《ほうこ》列島の割譲
③賠償金二億両の支払い
④片務的最恵国待遇の付与

などを獲得した。

この下関条約交渉の直前の同年一月十四日、日本は以前から沖縄県知事より上申のあった尖閣《せんかく》列島（釣魚《ちょうぎょ》諸島）を「無主の地」として、その領有を閣議決定した。

頤和園の完成

日清戦争に先立って始まったのが、鉄道と頤和園《いわえん》建設である。北京で最初に鉄道が敷設されたのは、皇城内の紫光鉄道であった。一八八八（光緒十四）年、西苑三海の洋務工程を進める中で西太后が建設した。その路線は、南は中海の瀛秀門《えいしゅうもん》外の瀛秀公園汽車駅から、紫光閣をへて北海の北門を出て南門に入り、西岸に沿って極楽世界から東に折れ、鏡清斎前の鏡清斎汽車駅までである。全長はわずか二キロほど、客車は大金を支払ってドイツから購入した。六両編成で、西太后が乗る車両の車窓のカーテンは黄色の綢《つむぎ》、宗室や外戚の車窓は紅色、王公大臣の車窓は藍色と色分けされて華麗さを極めたものであった。しかし、風水を信じる西太后は、汽車の鳴らす汽笛が紫禁城内の気脈に悪影響を及ぼすとして、機関車による牽引ではなく車両ごとに四人の宦官に綱で曳かせたという。

この鉄道は、八カ国連合軍によって破壊されるまでの十二年間しか運行されなかった。北洋通商大臣の李鴻章が、進まない鉄道事業の起死回生策として敷設を勧めたことにより実現したものであった。石炭などの物資や旅客ではなく、最高権力者を運ぶためのものであったところに、西太后が推進した「洋務《ようむ》」の限界が端的に示されている。

英仏の連合軍による北京侵攻で、円明園などとともに焼き払われた清漪園《せいいえん》は廃墟のままとなっていた。その跡地を改修して頤和園の建設を決定したのが、一八八八年三月のことである。西太后が海軍の増強費用銀三〇〇〇両を流用して完成させた結果、日清戦争敗北の一因となったこと

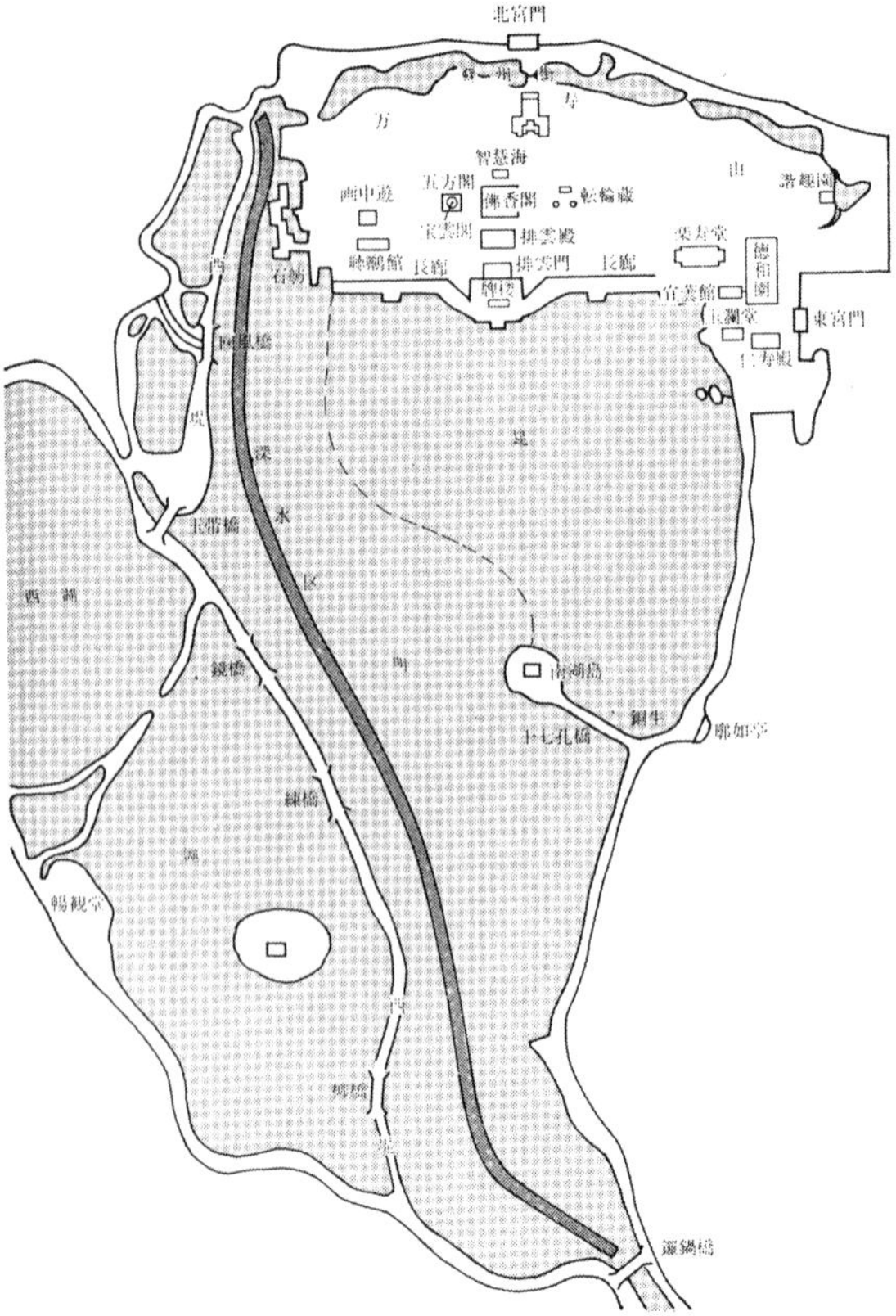

図版64　頤和園略図

はよく知られている。その工事は一八九四年六月に竣工したとされるが、実際には日清戦争の最中も続けられ、一八九五年にほぼ完成した。

　頤和園の総面積は約二九〇ヘクタールと広大で、その四分の三が昆明湖を主とした水辺の空間からなる。季節の変化に富む庭園であるが、夏期の格好の避暑地となった。以後、光緒帝は西太后を奉じてここに滞在し、一年の三分の二を過ごすようになった。そのため光緒年間の宮廷政治の舞台は、この頤和園東側の正殿にあたる仁寿殿《じんじゅでん》を中心にくりひろげられることになる。

その西側の玉瀾堂《ぎょくらんどう》が光緒帝の便殿と居室であり、その後ろにある宜《ぎ》雲館《うんかん》が光緒帝の后妃の後宮にあたる。西太后の居宮の楽寿堂《らくじゅどう》はその奥に配置されていた。近くの徳和園には、三層の舞台がある大戯楼と観劇席をもつ頤楽殿が設けられた。

西太后の還暦祝典と戊戌変法

日清戦争の敗北は、知識人に大きな衝撃をあたえ清朝の威信を揺るがすものとなったが、清朝皇室はそれほど深刻に受け止めようとはしなかった。一八九四（光緒二十）年十一月七日は西太后が還暦を迎える誕生日で、二年前から慶典処が設立されて準備が進められた。

当初、頤和園で百官の朝賀を受けたのち、内城の西直門や紫禁城の西華門から大内に入るパレードが計画された。城外三二段、城内二八段、併せて六〇段に区分し、行幸ルートの両側には、龍棚・龍楼・戯台などを設け、その費用は一段銀四万両、合計して二四〇万両を見込むという豪華なものであった。戦争の敗報が伝えられると、宮中内での祝典に変更されたものの、すでに事前の準備はあらかた済んでいたため、約一〇〇〇万両を使い果たしたという。この額は、当時の歳入の六分の一に相当するものであった。

日清戦争の敗北にショックを受けたのは、科挙を受験し官僚を目指した中国知識人たちであった。下関条約が結ばれた一八九五（光緒二十一）年五月、受験のため北京に上京した挙人の康有《こうゆう》為《い》と梁啓超《りようけいちよう》は一八省の挙人一三〇〇余人と連名で上書した。条約締結を拒否し、遷都と富国強兵のための変法を求めたものの、このときは光緒帝までは届かなかった。しかし、「公車上書《こうしやじようしよ》」と呼ばれるその文書は、六〇三名の連署を得て公刊されたので、広く読まれることになった。康が変法改革のモデルとしたのは、日本の明治維新であった。

この時期、電信による情報伝達が迅速化し、新聞や雑誌の刊行が活発化した。読書人の政治結社としての「学会」が組織された。康らは若手官僚を集めて強学会を組織した。この学会は出版部門を持ち、梁啓超を編集主任として『中外紀聞《ちゆうがいきぶん》』を発行し、外国事情の紹介に努めた。

じつは光緒帝も改革の必要性に関心と理解を示していたので、一八九八（光緒二十四）年一月、康は詔に応じて変法の総合的プランを提出した。六月十一日、帝は康有為ら維新派の主張を受け入れ、変法を宣布した。憲法制定や国会開設などの制度改革、京師大学堂（北京大学の前身）など新しい人材養成機関の設置という改革案が一連の上諭として出された。後の世にいう「戊戌《ぼじゆつ》変法」がかくして始まろうとしていた。

百日維新の挫折

光緒帝が急速に進めようとした改革を、旧来の官僚層や皇族たちがすぐさま受け入れることは難しかった。官界は混乱し、不満を抱く者の多くが西太后のもとに集まった。西太后はふたたび政務に関与し、帝の側で変法を推進していた翁同龢《おうどうわ》を罷免し、栄禄《えいろく》を直隷総督兼北洋大臣《ほくようだいじん》に任命して北洋三軍を統轄させた。

帝もこれに対抗して、袁世凱《えんせいがい》を頤和園の玉瀾堂に召見し、兵部侍郎のポストを用意して支援を求めた。袁は天津に戻ると、これを栄禄に密告した。九月十九日、この内容を慶親王奕劻《けいしんおうえききょう》から知らされた西太后は、すぐさま頤和園から皇城内の西苑に戻る。翌日には折から清国訪問中の伊藤博文と北京駐在日本公使の光緒帝への表敬訪問が予定されていた。西太后はその様子を注意深くうかがっていた。

二十日の西苑謹政殿でおこなわれた会見では、帝は明治維新以来の近代化に果たした伊藤の役割を称賛したうえで、清朝の改革に対し忌憚のない助言を求めた。会見後には慶親王が主催する饗応の宴も開かれた。

その夜半に、西太后は帝を紫禁城外の南海の瀛台《えいだい》にある涵元殿《かんげんでん》に幽閉し、「訓政」を宣言した。坐南朝北のその建物は帝を幽閉する場所にふさわしいと考えたのであろう。このクーデタが戊戌政変で、変法派の官僚たちを逮捕処刑した。リーダーの康有為と梁啓超は、日本公使館の手引きにより日本に亡命し辛うじて難を逃れた。戊戌変法は、わずか三カ月で幕を閉じたことから「百日維新」とも呼ばれる。

キリスト教の内地布教と義和団の台頭

第六章で触れたように、明末の中国ではイエズス会士が活躍していたが、カトリック（天主教）の布教活動自体が認められたのは一八四六（道光二十六）年のことである。相前後してプロテスタント（基督教）の布教も許可された。しかしその活動が許された場所は、欧米列強の開港場内に限定されていた。

第二次アヘン戦争後の天津・北京条約で、ようやく宣教師の内地における布教が承認された。これ以後、宣教師が内地に入り布教活動を始めたり教会を設置したりすると、キリスト教信者と一般民衆とのあいだのトラブルや宣教師に対する不信感から、反キリスト教運動（仇教案《きゅうきょうあん》）が頻発した。キリスト教会側は、北京の外交ルートを通じて解決を図ったので、事態は外交問題にまで発展した。とりわけ、一八九八（光緒二十四）年以降、急激に外国勢力の進出にさらされた華北では、排外感情が高まっていた。

『水滸伝』の舞台ともなった山東地方は、もともと任俠の気風が強い土地柄であった。しかも西部の大運河沿いの地域は、体力を頼みとする運送業従事者が活躍する場であった。戊戌変法の前後は、旱魃や黄河の氾濫など天災にくわえ、大運河輸送の衰退で失業者が増大し、人びとの暮らしはますます苦しく、社会不安がつのっていた。

山東省西部では、武術と呪術の訓練によって砲弾をもはね除ける不死身の身体をつくるという武術結社「大刀会《たいとうかい》」の活動が活発化し、キリスト教信者と非信者とのあいだの争いに介入して、信者を攻撃するようになった。一八九七年十一月には、河南省境に近い鉅野県《きょやけん》でドイツ人神父二人が殺害され、それが原因でドイツ海軍の膠州湾《こうしゅうわん》占領と租借にまで発展した。

直隷省（現在の河北省）に近い西北の冠県《かんけん》では、村廟の土地をめぐって村民とキリスト教徒とのあいだの訴訟が長期化していた。条約上の特権に守られたキリスト教徒側が訴訟に勝利すると、村民たちは「十八魁《かい》」「梅花拳《ばいかけん》」などと呼ばれる武術集団に身を投じ、仇教運動（反キリスト教の排外運動）に突き進むようなった。

彼らは、拳法・武術・土俗宗教を結束の紐帯としており、「義気の和合《わごう》」という意味をこめて、「義和拳」と名乗った。その本質は秘密結社とかわるところがなかったが、清朝の取り締まりから逃れるため「扶清滅洋《ふしんめつよう》」のスローガンを掲げるようになった。一八九九年、山東巡撫《じゅんぶ》に赴任した毓賢《いくけん》は、義和拳を団練として公認した。義和団がキリスト教会に対する襲撃事件や鉄道・電線への破壊行為を各地で引き起こして官憲の取り締まりの対象となると「拳匪《けんぴ》」とされ、欧米人からはボクサーと恐れられるようになる。

列強の出兵

フランスとドイツは、清朝に義和団の取り締まりと地方長官の更迭を求めた。代わって山東巡撫となったのは、当時もっとも近代式の軍隊を擁していた袁世凱《えんせいがい》であった。袁は義和団との対決を避けて、巧妙にも山東省から直隷省に押し出す策を取ったので、義和団は天津や北京に姿を現すようになった。都では歩軍統領《ほぐんとうりょう》にその取り締まりが命じられた。

一九〇〇年五月下旬になると、列強各国の公使会議が北京で開かれ、総理衙門に義和団の取り締まりを共同で勧告した。清朝は、甘粛提督の董福祥《とうふくしょう》に命じて官兵を北京に入城させた。義和団は、北京城からわずか七〇キロの順天府西南の中心地涿州《たくしゅう》城を占拠した。ついで琉璃《るり》河《が》・長辛店・盧溝橋・豊台などの鉄道を破壊し、停車場を襲撃して数名の外国人を負傷させたという情報が伝わると、危機感をつのらせた各国公使は総理衙門に公使館護衛兵の招致を通告した。月末には英仏露米伊日の護衛兵三〇〇余名が北京に到着した。

さらに六月十日、イギリスのシーモア海軍中将は列強の増援部隊二〇〇〇名を率いて天津から北京に向かったが、義和団により鉄道が破壊されていたため予定どおり到着できなかった。天津・北京間の電信も不通となるなか、部隊を北京駅で迎えるべく出かけた日本公使館の書記生杉山彬《あきら》が外城の永定門外で清朝官兵に殺害されるという事件が起きた。当時列強各国の公使館が集まる東交民巷地区に緊張が走った。

北京籠城

その頃、清朝の朝廷内では、西太后をはじめ義和団を支持する勢力がしだいに優勢となりつつあった。北京周辺の村々から義和団数十人が一団となって城内に続々と集結するようになった。姚家井（西城陶然亭周辺）や跑馬庁一帯で、義和団員とキリスト教民とが衝突し、多数の死者が出たが、清朝側は義和団が内城内に進入するのを黙認した。

十六日には、一万人に膨れあがった義和団民が皇城内の北堂（西什庫《せいじゅうこ》教堂）に襲撃を開始した。北京四天主堂のひとつ北堂は、もともと中南海の西側の紫光閣付近にあった。その後、蚕池口に改築、さらに一八八七（光緒十三）年に西安門内の西什庫に移して新築されたカトリック教堂であった。敷地には、聖堂や司教館、学校や孤児院、作業場などが置かれていた。襲撃を受けて、教堂の関係者にくわえて義和団の排撃を逃れて駆けこんだ三〇〇〇人余りの清国キリスト教徒が籠城を続けることになった。これを守る兵士は、仏伊海軍陸戦隊員四〇名のみであった。外部との連絡も全く絶たれ、恐怖と飢えに耐えながら連合国軍の北京入城までの二カ月を持ちこたえていくことになる。

北堂襲撃の一週間前に頤和園から紫禁城に戻っていた西太后は、この日、同じく皇城内の中南海にある儀鸞殿《ぎらんでん》で御前会議を召集した。会議は四日間にわたって開かれたものの、容易に結論が出なかった。英仏独墺伊露米日の八カ国連合軍が大沽《ターク－》砲台を攻撃すると、十九日には開戦派の西太后が主導して列強に宣戦布告を通牒《つうちょう》し、二十四時間以内に公使館区域から外国人立ち退きを要求した。

翌二十日、義和団に代わって清朝の官兵が公使館区域を攻撃しはじめた。その日、総理衙門から帰る途中のドイツ公使フォン・ケテラーが崇文門大街で殺害された。二十一日には、皇帝は宣戦布告の上諭を発した。清軍は外国公使館区域の包囲を続けた。狂気に満ちた義和団員と清朝官兵は、近代外交の象徴ともいえる公使館地区を包囲し、そこに籠城した外交官やその関係者約八〇〇人を五十五日間にわたって恐怖のどん底に陥れることになる。

天津では、八カ国連合軍は清朝軍と義和団との抵抗を受けて手間取ったが、ようやく天津を占領し、北京を目指して進軍を開始した。七月末までに日本軍第五師団が広島から天津に到着すると、列国の中で日本軍は最大の兵力を有することになり、八月六日に開かれた各国指揮官会議では、翌日から始まる行軍は日露英の順序とすることが決まった。

八月十四日、日本軍は朝陽門と東直門に砲撃をくわえて猛攻したが、昼間は突破できなかった。夜陰《やいん》に乗じて朝陽門の門扉を爆破して突入した。露軍は東便門を破壊すると、福島少将率いる歩兵第一一聯隊は崇文門を通って公使館の救援に向かった。英軍は米軍とともに広渠門を攻撃した。城内のキリスト教徒が内応して門扉を開き突入に成功した。午後三時には、いち早く公使館に到達していた。同夜には北京城のほとんどが陥落した。翌日には、日本軍の第五師団の各部隊も入城し、各国公使区域の包囲がすべて解かれて籠城は終わった。

歩兵中佐として公使館の籠城戦を指揮した柴五郎の講演「北京籠城」には、翌十六日の紫禁城占拠の様子が述べられている。

翌十六日には英兵といっしょになって、北御河橋の北すなわち籠城中敵が砲を備えたところの、宮城（皇城のこと――引用者）の紅壁に穴を明けてはいり、東安門に至り、ここにいた第四十二聯隊兵一中隊ばかりを率い、宮城壁の内側より、地安門に至り、昨晩ここにおいてきた二大隊中の一大隊といっしょになって、近辺の支那兵を追い払い、紫禁城の神武門を押さえました。この時には、露、仏、英などの兵も、ほとんど同時にこのあたりに入り来たりて、はなはだ混雑であるのみならず、ややもすると間違って衝突でも起こりそうでありました。わが兵は機敏に働いて、他国兵に先だって西華門をも占領しました。ただし宮城の南門すなわち正門だけは、十四日すでに米兵が占領いたしたれば、これだけはわが手に押さえることができませんでした。すなわち紫禁城の四門中南門は米、東・西・北の三門は日本で占領したのであります。（柴五郎述『北京籠城他』一〇〇頁）

柴五郎は一八五九（安政六）年に会津藩士の家に生まれ、戊辰戦争をへて斗南藩《となんはん》転封後、青森県給仕から身を起こした。陸軍幼年学校、士官学校に進み、一八九九（明治三十二）年に砲兵中佐となった。その後北京公使館付武官に命じられ、籠城戦に遭遇することになったのであった。包囲が解かれた翌日早朝からは、敗残兵の掃討と紫禁城の占拠に従事した。紫禁城占領後は、日本軍は皇城西北の北堂に向かった。十六日までに北堂の囲みも解放された。柴はその講演の終わりに、上述のように紫禁城占拠の様子を淡々と付け加えているのは、彼自身もまた戊辰戦争で「亡国」の悲哀を経験していたからであったろう。

図版65　午門に向かって行進する連合国軍の隊列

西太后の蒙塵

八月十五日未明、西太后は光緒帝を人質にして、北京の皇城から脱出逃亡し、途中頤和園に立ち寄り、山西省の太原に向かった。さらに古都の西安に逃げのびた。都に取り残されて絶望した清朝高官とその家族の自決が相次いだ。体仁閣《たいじんかく》大学士徐桐《じよどう》、前礼部左侍郎景善《けいぜん》、国子監祭酒熙《き》現元《げんげん》と王懿栄《おういえい》など多数にのぼり、その家族も含めると一八〇〇人に及んだという。北京城の落城と皇帝の不在は、亡国と意識した人びとがいたことを示している。

指揮命令系統が消滅した清軍と義和団の潰兵は、略奪と暴行をくり返した。公使館救援の目的を達成した各国の連合軍は、その後は一致した行動が取れなかった。列強各国軍は、先を争って戦利品の略奪と報復措置として北京城を殺戮の場に変えた。

軍紀が厳しいと言われた日本軍も例外ではなかった。この点は、『万朝報』の幸徳秋水らが一九〇二年に「北清分捕の怪聞」として五〇回にわたって連載告発し、有名な「馬蹄銀《ばていぎん》事件」となって世を騒がしたことを、中国近代史研究者の小林一美《かずみ》氏がまとめている。この告発記事は、一般兵士や国民の投書による「内部告発」によるものだったのではないかと推測している。中には正確ではない投書もあり、先に触れた柴五郎中佐に関する記事の場合は全面取り消しをおこない、逆に、柴は清廉潔白なる日本軍人の鑑と太鼓判を押したことも紹介している。

その後、十月十七日に連合軍総司令官ヴァルダゼー元帥が北京に到着し、西太后の冬期間寝宮として建てられた西苑の儀鸞殿《ぎらんでん》（第一次）に統帥本部を置いた。十二月には北京を管理する委員会が組織され、各国の協議による北京城占領が始まった。

終　章

廃墟からの再生

1　北京最後の日

ピエール・ロチの北京滞在

『秋の日本』や『お菊さん』の作品により日本でも知られているフランス人作家ピエール・ロチ（本名ルイ・マリー＝ジュリアン・ヴィオー）は、『北京最後の日』を一九〇二年に出版している。

海軍中佐であったロチは、フランス極東派遣艦隊の旗艦ルドゥタブル号に乗り込み、一九〇〇年八月、シェルブールを出港、十月に渤海湾《ぼっかいわん》の大沽《ターク－》に到達した。ここで小護衛艦のベンガリ号に乗り換え、北京に向かうことになった。前章で述べた八カ国連合軍による北京制圧から二カ月後のことである。

北京には、最初十月十八日から三十日まで滞在した。二度目の滞在は、翌年四月十九日から五月五日までであった。この晩秋と晩春の二度の北京滞在を手記としてまとめたのが『北京最後の日』である。

この滞在記が貴重なのは、義和団《ぎわだん》事件直後の北京の様子を観察し克明に記録しているからだけではない。ロチの北京での宿泊先には、皇城内北海にある西太后《せいたいごう》の居所、濠濮澗《ごうぼくかん》の一室があてがわれるという幸運に恵まれたからである。濠濮澗は、江南の名園を好んだ乾隆帝《けんりゅうてい》が建てた庭園である。しかもアカデミー・フランセーズ会員に選ばれていたロチは、フランス軍派遣部隊の長官ヴォイロン将軍の格別な配慮によって、そこからほど近い団城内にある亭《あずまや》の一室を特別に書斎として用意された。

あらためて言うまでもなく、北京の街も皇城内も、かつて経験したことがなかった戦闘による破壊と殺掠の傷跡がまだ生々しく残っていた。滞在記には、いたるところで放置された死体とそれを咥《くわ》えて引きずり出そうとする野犬の描写が登場する。皇城内や北京の街で体験した混沌と緊張の日々を整理し克明に手記に残すことができたのは、そのための格好の書斎が用意されたおかげであったろう。

はじめて訪れた北京の印象

北京の公使館区に籠城する人びとが解放されたのは、一九〇〇年八月十四日。フランス艦隊が中国に着いたのは、それから遅れることひと月余りの九月二十四日のことであった。提督ポチエ海軍中将は、麾下《きか》の参謀本部付第一副官の地位にあったロチをわざわざ戦火さめやらぬ北京のフランス公使館の使者に仕立ててくれた。これにより、特別待遇で北京に向けて旅することができたのである。

皇城内に十日も滞在し、逃げずにまだ残っていた宦官《かんがん》の案内で、紫禁城はもちろん、皇城内の太廟、親蚕殿、西什庫《せいじゅうこ》、北堂の内部までも訪れている。ロチは戦争直後の混乱のなかではあったが、ヨーロッパ人最初の現地調査者となったのである。

図版66　連合軍に焼毀された朝陽門箭楼

ロチたち一行は、廃墟と化した天津から汽車で出発、楊村《ようそん》まで北上すると、鉄路のレールは無残にも剝ぎ取られており、やむなくジャンクに乗り換えて白河《はくが》を北上した。廃墟と死体でさながら幽霊都市となった通州《つうしゅう》からは、馬車で北京に向かった。晩秋の荒涼とした平原を黄砂の砂塵を舞い上げながら、初霜にやられて赤茶けた高粱《コウリヤン》畑と、略奪され見捨てられて動くものは何も見えない村々を目にしながら進む。

前ぶれもなく突如として巨大な城壁が現れると、北京だ。その城壁に穿《うが》たれた門前で、全身毛で覆われたモンゴル駱駝《らくだ》一〇頭の隊列が次々と出てくるのをやり過ごしたのちに、ようやくくぐり抜けた。その城門について、ロチはこう記している。

われわれはいまや、どこもかしこも頑丈な分厚い構造の、トンネルのように深い、二重三重の城門に到着した。城門には、黒い城壁の上にそそり立つ、意表を突く黒い大きな塔、奇妙に反りかえった屋根の下には銃眼のついた五層の塔がのっている。（船岡末利訳書、五九頁）

ロチは城門の名を記していないものの、通州から朝陽門《ちょうようもん》までは石道が整備され幹線ルートとなっていたことから判断して、朝陽門に違いない。「五層の塔」とは、五層の屋根ではなく、瓮城《おうじょう》の外門である五階建ての箭楼《せんろう》のことである。その門から北京の内城に入った。

廃墟また廃墟

城門のばかでかい丸天井の下を通って、「残骸と灰の国」に踏みこんで目にした最初の印象を次のように記している。

青いぼろをまとい、寒さに震えながら片隅に坐っているみすぼらしい乞食、来る道中すでに見た死体を食いあさる犬、それがすべてだ。壁の内も外も静寂と孤独、崩壊のあとの廃墟また廃墟。

残骸と灰の国、とりわけ破壊された家屋があった場所、街路があった場所の敷石の上に、無数に散らばる灰色の小さな同じ形をした煉瓦。

戦火と機関銃によって軽やかな昔の建物が木端微塵にされたあと、——こまごました破片だけが残ったまち——金色の木工細工を施した低い家並みのまち北京は、小さなこんな灰色の煉瓦材だけでできていたのだ。（同訳書、六〇頁）

「崩壊のあとの廃墟また廃墟」、この第一印象をもってロチ一行は、もっとも長く執拗な戦闘がくりひろげられた列強の各国公使館の所在地タタール地区からこの都市に入っていった。内城、すなわち欧米人がタタール・シティと呼んだ八旗人の住む街は、八カ国連合軍により報復として徹底的に破壊されていた。この内城自体を北京《ペキン》そのものと解して、ロチはその滞在記に「北京最後の日」と名づけたのである。

天壇を訪れる

ロチは内城東南部のフランス公使館がある東交民巷《とうこうみんこう》の各国公使館区に着いた。爆破されたその公使館の副領事の居館で一夜を過ごしたのち、幸運にも皇城内の団城に居を移し十日余りを過ごすという特別待遇を用意されることになる。北京到着の翌日、皇城内に移るのに先立ち、ロチは早速南郊に位置する天壇《てんだん》見物に出かけた。

北京の地図を見ると、寺院の中で最大のこの天壇は、ここから五、六粁《キロ》のところにある。そしてそれは二重の壁に囲まれ、樹齢百年以上の樹木が生える庭園の中央に建っているらしい。今回の事件が起こる前まで、この場所は立入禁止で、皇帝だけが長期にわたる潔斎と儀式準備をしたあと、年に一度願掛けにここを訪れ、一週間閉じこもったのである。（同訳書、六九～七〇頁）

圜丘《えんきゅう》のある天壇はあらためて言うまでもなく、天子が天を祀る最重要な国家祭祀の聖地である。天朝の民ですら立ち入りが禁じられた空間であった。ロチも指摘するように、義和団事件以後、「夷狄」のヨーロッパ人も内部に足を踏み入れ、自由に闊歩《かっぽ》できるようになったのだから、真っ先に見物に出かけたのも当然であろう。

ただ、天壇の苑内に入って、おそらく最初に目にしたであろう古木の槐樹を、「樹齢百年以上」と見積もったのはあまりにも短すぎる。第五章で述べたように、天壇は清朝《しんちょう》の創建ではない。明朝《みんちょう》の天地壇にまでさかのぼり、永楽《えいらく》北京遷都に先立つ一四二〇年に完成していたから、優に四百年以上の歳月を経過している。

チャイニーズ・シティに溢れる活気

天壇に向かう途中で、ロチたちは外城の内部にも足を踏み入れた。


そこへ行くには先ず廃墟と焼け跡を脱出し、われわれが今いる《黄城》をあとに、怖るべき壁、巨大な城門をくぐって《中国城》に踏み入らなければならない。

壁に囲まれたこれら二つの城市は、北京を形成する二つの並列する広大な四辺形の土地で、一方のタタール城市は、もう一つの城壁に囲まれた、明日から私が居住する《黄城》をその中央に包含する。(同訳書、七〇頁)

「南郊」とも簡称されるように、天壇はもともと城外にあったが、明末に外城壁の中に取り込まれた。チャイニーズ・シティとヨーロッパ人が呼んだ外城は、旗人以外の漢人たちが主に住む街である。天壇を訪れるために入った外城では、ロチは内城とはまったく違った印象を抱いた。

境界の城壁を通り過ぎ《中国城》が城門の巨大なアーチから現われると、驚いたことには、これまでは死の都市と見えた北京を貫通する、昔のままの活気に満ちた華麗な大通りが目の前にひらけた。金箔と極彩色、空に聳える千変万化の怪物の思いがけない突然の出現である。それに、騒音、音楽、そして人声。この生活、この喧騒、この中国式華美は、われわれにとってなんと想像を絶した不可解なものであることか！　この世界とわれわれの世界との差異は、なんと大きいのだろう！（同訳書、七〇頁）。

チャイニーズ・シティではタタール・シティと対照的に、昔のままの活気に満ちた、喧騒に包まれきらびやかな大通りが目の前に広がっていた。まるで八カ国連合軍による制圧がなかったかのような騒音、音楽、そして人声に、ロチは驚きを隠せなかった。

フランス軍戦勝祝賀の夜会

翌年四月、ロチはふたたび北京を訪れることになった。皇城内の不慮の火災で亡くなったドイツ派遣軍の参謀長シュバルツホフ将軍の葬儀に、ポチエ提督の名代として参列するためである。半年ぶりの北京は、前回とは異なり、晩春の北京であった。そのあいだに、清朝皇帝の陵墓西《せい》陵《りょう》（河北省保定市易県の永寧山）にも訪れている。

それからふたたび北京に戻ると、ロチは連合軍司令部主催の戦勝祝賀会に招待されたため、なお数日北京に留まることになった。その会の責任者は、このたびの北京訪問で友人となったばかりのマルシャン大佐であった。彼《マルシャン》は一八八九年、コンゴから蒸気船で川を遡上し、ナイル河畔のスーダンのファショダ村まで達する中央アフリカ探検を敢行したことで知られていた。

夜会は、皇城の奥深い北海団城《だんじょう》の承光殿《しょうこうでん》で開催された。しかし、五〇〇〇人の男性の踊り手と一〇人たらずの女性しか集められなかった。舞踏会の最後を飾る舞踊《コティヨン》が終わり、招待客が次々と散会しはじめた。時計が午前一時をまわったところで、ロチは帰路につくと、「どうでした、あなたのご印象は?」とマルシャン大佐から訊ねられた。

図版67　北海団城の承光殿

ロチは、この晩の夜会の印象について、思っているとおりのことを伝えた。「この世のものとは思えぬ背景の中で、すばらしく風変わりだった」と。

しかし大佐は、その夜いつになく沈んでいた。そして二人はその片言の会話で理解し合い、多くを語ろうとはしなかった。

いささか脱線するが、「すばらしく風変わり」というロチの印象の念頭にあったのは、おそらく同じアジアにある東京の鹿鳴館の夜会であったろう。ロチははじめて日本を訪れたとき、一八八五(明治十八)年の天長節(天皇誕生日)に際して、外務卿井上馨《かおる》が催した夜会に招待されて、「非常に陽気な非常に美しい祝宴であった」と、かつて『秋の日本』(一八八九年)に収められた「江戸の舞踏会」のなかで記しているからである。

とはいえ、ロチは鹿鳴館の建物について、「そのものは美しいものではない。ヨーロッパふうの建築で、出来たてで、真っ白で、真新しくて、いやはや、われわれの国の温泉町の娯楽場《カジノ》に似ている」と酷評している。その設計は、イギリスから来たお雇い外国人のジョサイア・コンドルによるものであるが、所詮にわか仕立ての和風西洋建築であることを鋭い観察眼で見抜いていた。

これに対して、その晩の戦勝祝賀夜会の会場となった北京の団城主殿は、明朝以来の承光殿であり、古くは元朝の儀天殿《きてんでん》の跡地に建てられたという古い来歴があった。

タタール・シティの「最後」

大理石の敷石が踵《かかと》の下で小さな澄んだ音を、深まる静寂の中に響かせているあいだ、二人はほとんど言葉を交わさずに、お互いの気持ちを伝え合っていた。その瞬間に二人がともに感じている特別な感情について、ロチはこう記している。

われわれの感じでは、この夜会は北京の崩壊に、つまり一つの世界の崩壊に、決定的に捧げられたものだった。たとえ何が起ころうとも、驚くべきアジアの宮廷が再生する可能性はほとんどあるまい。北京は終わった。その名声は地に堕《お》ち、その神秘は明るみに出された。

（同訳書、二六三頁）

ロチはこの間の北京滞在の出来事をふり返りながら、その印象を「一つの世界の崩壊」と表現し、その神秘が明るみに出されることで、その名声は地に堕ちたと断言した。

ロチの目はタタール・シティに注がれていた。もちろんロチも、北京城がタタール・シティとチャイニーズ・シティからなることを知っていた。最初の北京訪問の翌日、天壇見物に出かけて外城内で見た印象から明らかなように、チャイニーズ・シティの北京は、義和団事件後もかつての活気を残していたと述べている。最後を迎えたのは、皇城を取り囲むタタール・シティであり、すなわち内城で守られた八旗人清朝の宮廷であった。それから十年、ロチの断言どおりに、清朝は滅んだ。

北京議定書の締結

以下では、連合軍による北京制圧で瀕死の状態となった清朝の倒壊までの十年余りと中華民国期を大急ぎでたどることにしたい。

一九〇一年九月、連合軍を派遣した八カ国にベルギー・オランダ・スペインを加えた一一カ国が清朝政府と結んだ北京議定書《ペキンぎていしょ》（辛丑和約《しんちゅうわやく》）が締結された。交渉は、列強内での調整ののち、清朝との正式交渉には、両広総督李鴻章《りょうこうそうとくりこうしょう》と慶親王奕劻《けいしんおうえききょう》が全権をあたえられて担当した。清朝は、公使館区域攻撃を国際法上違犯と認めて、賠償金の支払いに応ぜざるをえなかった。その額は金貨建てで四億五〇〇〇万両、三十九年間の利子を含めると九億八〇〇〇万両の賠償金が課された。また事件の首謀者として、排外派の中心人物毓賢《いくけん》や董福祥《とうふくしょう》らの死刑や流罪を決めた。

列強の外交官やキリスト教徒が籠城した東交民巷は公使館区域とされ、清国人には居住権があたえられず、公使館警察の管理下に置かれ、列強は護衛兵を常駐させる権利を獲得した。新たに確定された公使館区は、東は崇文門《すうぶんもん》大街から西は宗人府《そうじんふ》・吏部《りぶ》・戸部《こぶ》・礼部《れいぶ》（現在の国家博物館）のライン、南は内城南城壁（現在の前門東大街）から北は皇城南城墻《なんじょうしょう》の近辺（現在の東長安街以北八〇メートル）まで、その面積は二〇倍に増加した。その範囲に建てられていた官庁や民房は一律に移転させられた。この区域の行政は列強独自の管理となり、清朝政府が関与できなくなった。公使館の敷地を拡大するとともに、洋商に租借させて、各国の銀行・郵便局・洋行・ホテル・倶楽部《クラブ》・医院などの近代建築が次々と建設された。各国はそれぞれ警察署を設けたが、一九一五年には、共同で公使館規制を定めた。条約にもとづいて各国は軍隊を派遣して駐在させ、兵営を設立した。さらに、公使館区一帯を防衛する高さ二メートルの囲墻《いしょう》を設け、砲台や銃眼を配備し、八カ所の入口は鉄門で守られていた。この区域には、二十世紀初頭に建設された洋館がいまも数多く残っている。一九九〇年代までの北京では珍しく区域全体が近代化された異様な空間は、かつて列強が連合して制圧した義和団に対する恐怖を思い起こさせるものがあった。

外交交渉の窓口として十分に機能しなかった総理各国事務衙門は外務部に改められ、はじめて六部の上位に置かれるようになった。また北京から渤海湾にいたる交通を確保するため、協議により一二カ所を列強が占領することが認められた。これにより、日本が派遣したのが天津に本部を置く清国駐屯軍《しんこくちゅうとんぐん》である。辛亥《しんがい》革命後は支那駐屯軍と改称されるが、これが盧溝橋事件の遠因となるのはのちの話である。

さて、北京から逃げのびて西安にたどり着いた西太后の一行は、その地を行在所《あんざいしょ》にして、首都陥落の報せをよそに贅沢な暮らしを続けた。

それから一年半後の一九〇二（光緒《こうしょ》二十八）年一月に西太后がようやく北京に帰還した。途中、河南省の開封《かいほう》ではみずからの六十八歳の誕生日を盛大に祝った。河北省の保定《ほてい》から北京までの最後の区間一五〇キロメートルは、特注のお召し列車を仕立てさせた。敗戦どころか「凱旋」を偽装して北京に戻ると、群衆の見守るなかで正陽門《せいようもん》の牌坊《はいぼう》をくぐって紫禁城内に入ってみせたものの、結局落ち着く先は紫禁城の中ではなく、やはり郊外の頤和園であった。その後も大半はそこで過ごした。

北京帰還後、西太后は一転して近代化に向けた路線をとり、科挙の廃止、新式学校の設立、海外への留学生の派遣、新式陸軍の編制、官制改革など、一度は否定した戊戌変法《ぼじゅつへんぽう》の諸政策を採用した。「光緒新政《こうしょしんせい》」と呼ばれるが、時すでに遅く十年後に迫る清朝倒壊を押し止めることはできなかった。中央政府主導の新政は、地方各省督撫《とくぶ》との対立を深めていったからである。この新政において頭角を現したのが李鴻章の後任として、直隷総督兼北洋大臣に任命された袁世凱《えんせいがい》である。一九〇七年、軍機大臣兼外務部尚書に任命したのは、袁世凱を中央政府に取り込もうとするものであった。

西太后の死

一九〇八年十月十五日に西苑内の儀鸞殿《ぎらんでん》（第二次、現在の中南海の懐仁堂《かいじんどう》）で七十四歳の生涯を閉じた。西太后が亡くなる前日の十四日には、瀛台《えいだい》の涵元殿《かんげんでん》に幽閉されていた光緒帝が享年三十四歳で崩御した。代わって即位したのは、光緒帝の甥の溥儀《ふぎ》である。ラストエンペラー（末代皇帝）として知られる宣統帝《せんとうてい》である。わずか三歳であった。監国摂政は父親の醇親王載灃《じゅんしんおうさいほう》が務めたから、清朝皇帝として実際に職責を果たすことなく、三年後には辛亥革命を迎えた。親政にまでいたらなかった幼帝に、末代を冠するのはいささか気が引ける。

辛亥革命と宣統帝退位

孫文《そんぶん》は、一九〇五年に宮崎滔天《とうてん》らの仲介により日本の東京で、広東の興中会《こうちゅうかい》（孫文《そんぶん》）、湖北の華興会（黄興《こうこう》、宋教仁《そうきょうじん》）、浙江の光復会《こうふくかい》（蔡元培《さいげんばい》）などの革命派を糾合《きゅうごう》して中国同盟会を組織し、『民報』などを通じて革命思想を広める活動を開始した。しかし、その後も孫文が指導する華南での蜂起は、すべて失敗に終わっていた。

北京政府が進める鉄道国有化政策に対する反対運動が盛り上がるなか、華中では宋教仁らが中心となって一九一一年の中秋節（旧暦の八月十五日＝太陽暦十月六日）を期して蜂起の準備を進めていた。準備が整わないうちに、九日、漢口《かんこう》にある革命派のアジトで、誤って火薬が爆発する事故が起こった。そのため官憲の察知するところなり、関係者が逮捕され、湖広総督の命で銃殺された。

その翌日十日夜、漢口対岸の武昌《ぶしょう》で新軍の兵士たちが武装蜂起し、湖広総督衙門を占領し、さらに漢陽《かんよう》・漢口も占拠した。新軍を率いる黎元洪《れいげんこう》は、みずからの辮髪《べんぱつ》を切り落として、清朝からの湖北省独立を宣言した。それからひと月ほどのあいだに、華中・華南を中心に一四省が次々と独立を宣言した。この一連の動きは、その年の干支を取って辛亥革命と呼ばれる。独立した各省都督府の多くは、紳士層からなる立憲派と旧官僚が実権を握っていた。国会開設を主張し、立憲共和の樹立を目指したが、この独立は、革命派が主導して達成されたものではなかった。

この時期、清朝の摂政載灃による北京政府は、日本の内閣制度にならって内閣官制を制定して君主立憲を進めようとしていた。新たな事態に直面して北京政府でも改革の動きは急転回で進んだ。一度は罷免した袁世凱を復帰させ、蜂起軍の鎮圧のための北洋軍総司令官に任命した。十月二十七日には、北京周辺の直隷省に隣接する山西省の独立に続いて、東部の灤州《らんしゅう》に駐屯する部隊から、国会の年内開設と皇族内閣の廃止など十二カ条の要求を突きつけられた（灤州兵諫《へいかん》）。東西から挟撃されるかたちとなった載灃は、慶親王に代えて袁世凱を内閣総理大臣に任命した。ついで十一月三日に頒布された憲法の規定にもとづいて、内閣総理大臣に選出した。

湖北省では、鎮圧に向かった北洋軍が新軍を圧倒して漢口・漢陽を奪還すると、十二月二日に清朝と独立諸省とのあいだに三日間の停戦が成立し、武漢で南北の停戦協定が結ばれた。七日、北京政府は袁に南方の独立した諸省と交渉する全権を委ねた。以後、南北和議が始まった。湖北軍政府が中央軍政府と位置づけられると、まず、武昌で三日に臨時政府組織大綱を制定した。これに先立ち前日に江浙聯軍が激戦のすえ南京を押さえると、宋教仁は諸将と謀って江蘇《こうそ》都《と》督府《とくふ》を南京に移すことを決めた。四日、武昌の各省代表も臨時《りんじ》政府《せいふ》の首都を南京と定めたものの、政府の代表を誰に選ぶかで暗礁に乗り上げていた。

孫文が亡命先の米国から急遽《きゅうきょ》帰国するや、臨時政府の総統に選出された。一九一二年一月一日、南京の両江総督衙門で「満洲専制政府を転覆し、中華民国を強化し、民生の幸福を図るという国民の公意に遵《したが》う」と宣誓して中華民国臨時政府が樹立された。太陽暦に改め、中華民国元年元旦というように中華民国を元号に用いることも定められた。

一方、北京政府の内閣総理大臣として南京の臨時政府との交渉に当たった袁世凱は、清室の優待条件をまとめて宣統帝の退位を引き出しただけではなく、その翌日に辞表を提出した孫文に代わって中華民国臨時大総統に選出された。

同年二月十二日、宣統帝溥儀は、隆裕皇太后の懿旨《いし》を奉じて退位した。前年十二月以来イギリスの斡旋で続けられていた和議交渉の最中であった。列強は、南京の中華民国政府を支持しない姿勢をとる一方で、袁世凱支持を明確にしていたから、交渉は袁の主導で進められた。

退位にあたり、仲介役の袁が提示した清室優待条件には、大清皇帝は共和の国体に賛成することを宣言したうえで、(甲)皇帝の優待条件のほかに、(乙)清皇族の待遇、(丙)満・蒙・回・蔵の待遇についても定めていた。皇帝については、①溥儀は皇帝の尊号を使用し、民国政府から外国君主と同様の礼遇を受ける。②歳費四〇〇万元を受け取る。③清室は「日後」頤和園に移るというものであった。実際には、廃帝溥儀は、それ以後十三年間にわたり紫禁城内廷の北半分の養心殿に住み続けたことはよく知られている。皇帝を称することは許されたとはいえ、紫禁城の外朝はおろか皇城も民国政府の所有となった以上、北京城の主でなくなったのは明白であった。

南北和議の行方——南京か北京か

袁世凱の立場と役割については、岡本隆司《たかし》氏の新研究をもとにしているが、その中で、宣統帝退位から三日後の二月十五日、南京では民国統一の慶賀式典が行われ、孫文が政府官僚を引き連れて明孝陵に赴いたことに着目している。

孝陵は明朝の太祖洪武帝《こうぶてい》の陵墓で、第三代永楽帝以後に明朝の陵墓を北京に移したことは、第五章で触れた。朱元璋は、異民族政権のモンゴル元朝を駆逐し、取って代わった明朝の皇帝に即位した人物である。

孫文が孝陵を祀った目的は、「明朝に取って代わった異民族政権の清朝を打倒したことを報告し、兼ねてその事業を朱元璋の功業になぞらえるためであった」ことを紹介している。またこのことほど、革命派にとっての辛亥革命をよく表現する出来事はないとしたうえで、「革命」とはしょせん、満洲人に対する種族的復仇、漢人による政権の奪還・中華主義の発揚にすぎなかったと指摘する。

もちろん慶賀式典が南京でおこなわれたからといって、洪武帝への報告が必須となるわけではない。そもそも、南北和議の交渉の場として南京が選ばれたのは、孫文の帰国以前であった。起《き》義《ぎ》が勃発した武昌や漢口ではなく、また列強の租界地で南北交渉が開かれた上海でもなかった。南京を選んだのは、宋教仁や各省都督府の潜在意識を窺わせてくれて興味深いものがある。

革命派の対極に位置する袁世凱の場合は、新政府はあくまでも清朝北京政府から政権を引き継いだものでしかなかった。中国の混乱と急激な変化を望まなかった外国列強の公使団が駐在するのも北京であったから、大総統の政府も当然北京と考えたのであろう。臨時約法《りんじやくほう》をまとめた孫文は、南京での臨時大総統就任の条件を付けていたものの、袁世凱はその後も治安維持を理由に北京に居座りつづけ、三月に臨時大総統に就任した。国務院など中央政府も北京に設けられた。

袁世凱政権と二十一ヶ条要求の波紋

臨時大総統となった袁世凱は、優待条件により宣統帝が紫禁城内に残っていることから、皇城西苑（現在の中南海）部分を分離させ、新華宮《しんかきゅう》と名づけ大総統府とし、そこで政務を執った。西長安街にある新華門は、そのとき中南海の正門として皇城墻を新たに開いて設置された。北京で清朝の北京政府を受け継ぐかたちとなった袁は、立憲共和と五族共和からなる国体を推進することになった。

中華民国は、漢・満・蒙・回・蔵の五族共和を掲げて、その国旗も紅（漢）・黄（満）・藍（蒙）・白（回）・黒（蔵）の五色旗としたと説明されることが多い。先にみた清室優待条件（丙）に明記されていることから明らかなように、王朝滅亡後の満・蒙・回・蔵各族の待遇に懸念を懐いたのは清朝側であった。漢族とそのほかの各族との平等という前提のうえに、王公爵位の存続や宗教の自由を求めていた。優待条件をまとめた袁世凱も、孫文ら革命派よりも強く意識していたであろう。先の南京での孝陵への報告に示されたように、五族共和の理念は、実際に共有されていたわけではなかった。

前者の立憲共和の国体実現はさらに多難であった。臨時約法で定められていた国会議員選挙で、宋教仁を中心とする国民党が圧勝するや、宋は上海で暗殺された。袁世凱は、列強五カ国からの二五〇〇万ポンドの借款を受け取り、政権の基盤強化を図った。

一九一四年七月、第一次世界大戦が勃発した。袁が進める帝制復活運動への支援を日本に求めてきたのに対し、大隈重信内閣は、一九一五年一月五項目からなる二十一ヶ条要求を突きつけた。山東省のドイツ権益の譲渡、南満洲・東部内モンゴルの特殊権益の承認などを求めるものであった。条約交渉が進捗しないなか、日本は列強が反発する日本人顧問を中央政府に入れる第五号をはずして、五月七日に最後通牒を突きつけ九日に受諾させた。

袁世凱は、日本の山東占領を許したことや二十一ヶ条要求を受諾したことで、国内から強い批判にさらされた。袁は、より強固な中央集権を目指して帝制復活の請願運動を起こし、国民会議の推戴《すいたい》をうけて国号を中華民国から「中華帝国」に改め、年号を「洪憲《こうけん》」とした。十二月冬至の日に、天壇で皇帝に即位する儀式まで挙行した。「共和」の放棄が鮮明となると、袁の周囲からも反対の声が挙がり、西南諸省を中心に再び独立の動きが広がり、中華帝国の廃止に追い込まれた。袁は、失意のうちに病死した。

第一次大戦が終結し、中国は戦勝国としてパリ講和会議に参加した。会議では、二十一ヶ条要求の無効を主張する中国側に対し、日本は段祺瑞《だんきずい》政権の容認を理由にその要求の正当性を主張した。結局、イギリスやフランスの諸利権の相互承認の合意を取り付けていた日本が有利に交渉を進め、山東利権の譲渡が決まると、五月四日（日曜日）に北京の学生たちは、天安門に集まり抗議行動を起こした。抗議の対象は、天安門近くの東交民巷にある公使館区であった。日本を除く四大国の公使に面会を要求したが、アメリカ公使館のみに請願書を手交できた。さらに、段祺瑞政権で同意書に署名した曹汝霖《そうじょりん》宅に押し入り火を放つという事件にまで発展した。その後も抗議行動は続けられ、商店の罷市《ひし》や労働者のストライキにまで拡大し、五・四運動と呼ばれて全国にも広がった。

二十一ヶ条要求の問題は、ワシントン会議でも取り上げられ、アメリカやイギリスの支持により山東権益の中国への返還が承認された。ロシア革命をへて成立したばかりのソヴィエト政府も、秘密条約の無効、外国干渉の拒否、平等な善隣関係の樹立を求めるカラハン宣言を発して、歓迎された。一九二一年には、コミュンテルンの支援によって、陳独秀《ちんどくしゅう》を指導者とする中国共産党が結成された。一方、孫文もソ連の援助を受け入れて顧問を招き、国民党を改組して共産党員が個人の資格で入党できるようにした。

一九一〇年代末から二〇年代前半には、北京政府と広東政府という二つの政府が不平等条約の解消をめぐり競ったが、しだいに広東政府が優勢となり、北伐に成功した。袁世凱の死後に北洋軍閥は分裂して、安徽《あんき》派の段祺瑞や直隷《ちょくれい》派の馮国璋《ふうこくしょう》が北京政府を動かした。瀋陽を拠点とする東北軍閥の張作霖《ちょうさくりん》が台頭し、一時北京政府の実権を握った。その後、第二次奉直戦争《ほうちょくせんそう》で実権を得た西北軍閥出身で馮玉祥《ふうぎょくしょう》は、一九二四年十月、清室優優待条件を廃止し、宣統帝溥儀を紫禁城から退去させた。また馮の求めに応じて、孫文は国民会議を開くべく北上宣言を発して広東から北京に赴いた。「北上」を宣言したものの、実際には上海から日本を経由して北京に到着した。途中、神戸で「大アジア主義」の講演をおこなったことは、日本ではよく知られているが、ここでは触れない。

北京大学で国民会議促成会全国代表大会を開いたが、肝臓がんを患っていた孫文は、その会議期間中に北京で客死した。孫の遺体は一時北京西山にある碧雲寺《へきうんじ》に安置された。孫文の後継者となった蔣介石《しょうかいせき》が一九二八年六月北伐を完了し首都を南京に遷すと、紫金山に中山陵《ちゅうざんりょう》が建造され、一九二九年に埋葬された。孫文の中山陵は明孝陵を上まわる規模で、現在も南京を代表する観光地となっている。

一九二八年六月、国民党政府の決定によって北京は北平《ほくへい》と改称された。北京がふたたび首都として再生するためには、抗日戦争、国共内戦と続く長い苦難の時期を経過しなければならなかった。

2　天安門での建国セレモニー

天安門城楼の上と下で

天安門城楼の須弥台《バルコニー》から、毛沢東《もうたくとう》主席がマイクロフォンに近づき中華人民共和国の成立を宣言したのは、一九四九年十月一日午後三時のことであった。天安門前の空間を埋め尽くす約三〇万

図版68　天安門城楼の毛沢東

人の民衆が一斉に歓声をあげた。建国セレモニー「開国式典」の始まりである。

まだ暫定の国歌にすぎなかった「義勇軍行進曲」が吹奏され、真紅の国旗「五星紅旗《ごせいこうき》」が掲揚された。その時点での公式民族数を示した五四門の大砲から二八発の礼砲を打ち終えると、次は閲兵式に移った。

天安門城楼下の五つの門洞《もんどう》の真ん中から米国製オープンカーに立ちながら出てきたのは、閲兵式の総司令を務める朱徳《しゅとく》副主席である。紅軍《こうぐん》の父とされ、長征開始直後の遵義《じゅんぎ》会議以来、毛沢東と並ぶ存在であった。

朱徳は、門前に架けられた五本の金水橋中央の橋をゆっくりと渡る。半世紀前までは、天安門内の皇城、さらにはその奥の宮城すなわち紫禁城の主《あるじ》は皇帝であった。真ん中の門洞と橋に進みでることができるのは皇帝のみ。時代は大きく移りかわった。

門洞正面まで進んだ朱徳の動きを注視する人びとの目に、毛沢東の大きな肖像が飛び込む。閲兵式の主役さえも毛沢東であることを示すかのようだ。朱徳は東三座門《ひがしさんざもん》大街に出て、東長安街に沿って、東単、東交民巷まで連なる三軍の部隊の検閲を終えると、ふたたび天安門前まで戻り、軍事パレードの分列式が開始された。

それが終わると、天安門前はすでに夕闇が迫る。東西長安街に飾られた提灯が一斉にともされ、花火も次々と打ち上げられる。広場に集まった民衆による提灯に明かりをともしたデモ行進となった。労働者集団に先導されて、農民、機関幹部、青年学生の集団がこれに続いた。

蔣介石の肖像から毛沢東へ

天安門に毛沢東の肖像が掲げられたのは、この日が最初ではない。同じ年の二月十二日が最初である。旧暦の正月十五日にあたり、北京の街角や家々では紅い灯籠を掛けて祝う元宵節《げんしょうせつ》の日であった。伝統の節日にあわせて「慶祝北平解放大会」が天安門前の広場で開かれた。ただそのときには、毛の肖像は現在のような門洞真上の城壁ではなく、門楼一階の中央部分に掛けられていた。

じつは、その位置には数カ月前までは蔣介石《しょうかいせき》の肖像が掛けられていた。日中戦争の終結により一九四五年十二月、北平を奪還することになった国民党指導者の肖像画は、より大きく二階まで届くほどであった。肖像の取り替えは、この都市の統治者の交替を象徴するものであった。毛沢東の肖像画は一階部分に収まる大きさで、蔣介石のそれよりもかなり小さくしたのは、門楼全体の美観に配慮したためであったろう。

その一段下の城壁には、朱徳、林彪《りんぴょう》、聶栄臻《じょうえいしん》、葉剣英《ようけんえい》の肖像も掛けられていた。その後、七月七日の「七七抗日戦争十二周年」を同じく天安門で祝った際には、城壁正面には、共産党章をはさんで毛沢東と朱徳の肖像が並んで掲げられていた。そのことを記憶している人たちのなかには、数カ月のあいだに党内の権力集中がいっそう進みつつあることに気づいていたであろう。それを

図版69　毛沢東と朱徳の肖像が掲げられた天安門

もっとも強く意識していたのは、閲兵式の指揮を任された朱徳自身であったかもしれない。

「政権は銃口から生まれる」とは毛沢東の言葉であるが、いま始まろうとしているのは、「武」から「文」への転換、中国歴代の王朝でも、創設期には同様に直面せざるをえなかった課題であった。だが、新中国の建国が国内のみならず全世界に向けて宣言されていたことの帰結として、その転換はまもなく突入する冷戦時代のなかで、より大きな困難を抱え込むことになった。

中南海の政治協商会議

さて、建国セレモニーは、これに先立ち九月二十一日から十日間にわたって召集された会議の決定をうけて挙行された。会議の名称は中国人民政治協商会議。共産党のほか、中国民主同盟、中国国民党革命委員会、民主建国会など八つの民主党派と無党派人士、軍、地方、大衆団体などの代表一三〇人余りが中南海の懐仁堂《かいじんどう》に集まった。そこは、辛亥革命後に成立した中華民国の総統府が置かれていたところで、それ以前の清朝では儀鸞殿《ぎらんでん》と呼ばれていた。

協商会議は、四六単位の正式代表五八五人、候補代表七七人、総計六六二人からなる統一戦線の協議組織であり、事実上の最高権力機関であった。この会議では、一九五四年に憲法を発布し、正式な国家機構が成立するまでの臨時憲法に相当する「共同綱領」と、関連する法規を制定した。人民民主主義国家の樹立が明記された。

また毛沢東を中央人民政府の主席、朱徳、劉少奇《りゅうしょうき》、宋慶齢《そうけいれい》（孫文夫人）、李済深《りさいしん》（国民党革命委員会）、張瀾《ちょうらん》（民主同盟）、高崗《こうこう》を副主席に、周恩来《しゅうおんらい》・陳毅《ちんき》以下の五六人を中央人民政府委員に選出した。

首都は北京に

国旗にくわえて、首都は北平《ペイピン》に定められた。そして会議中の九月二十七日、ただちに北京と改称した。紀年は公元（西暦）を用いることが定められ、元号を廃止して現在にいたる。

さらに天安門の広場に人民英雄紀念碑を建立し、無名戦士を顕彰することが決定した。国家の印章と徽章《エンブレム》も定められた。印章は一片九センチメートルの銅鋳方印で、「中華人民共和国中央人民政府之印」の一五字を宋朝体で配列した。国徽の方は、公募を経たので決定が遅れた。一年後に、天安門上に五つの星を配するデザインが採用された。天安門で挙行された建国式典を後世まで記憶にとどめようとする意図によるものであろう。

清朝が倒れてからも北京は京師《けいし》とされていたが、北伐に成功した国民政府は一九二八年六月二十八日に政令を発して南京を正式な首都とした。あわせて直隷を河北省、北京を北平と改称した。中華民国が誕生してから十六年目のことであった。

南京遷都を正式に決定したその日、清史館と故宮博物院を国民政府が接収したのは、政権の正統性を強化するためであった。清史館では『清史稿』編纂が完成したばかりで、いよいよその出版が始まろうとしていた。故宮博物院では、一九二六年の十月十日に古物館や図書館が開放されていた。

南京に首都の地位を奪われて、北平は特別市と規定された。当時、北平にあった北京大学以下の国立九校を統合して「北平大学」とすることが決まった。これには学生たちの猛烈な反対の声が挙がり、教育部も譲歩せざるをえず、「国立北京大学」の翻訳名として対外的に使用することで決着した。

「北平」の名称は、第五章で述べたように、明朝樹立後、大将軍徐達が元朝の大都《だいと》を攻略、大都路を北平府と改めた一三六八年以来の再登場であった。しかし学生のみならず、この街の人びとにとって「北京」への愛着は根強いものがあった。皮肉なことに、北京の名称を人びとに使いつづけさせたのは、日本軍の傀儡《かいらい》政権「中華民国臨時政府」であった。

一九三七（民国二十六）年七月七日の盧溝橋事件に端を発した戦火は、一時期停戦が模索された。しかし、交渉は難航し、日本の華北駐屯軍司令官香月清司《かつききよし》が、冀察《きさつ》政務委員会（河北省と察《チャ》哈爾《ハル》に日中間の緩衝政権として設置された）の委員長兼北平市長の宋哲元《そうてつげん》に最後通牒を突きつけた。宋はこれを拒否、全面戦争に突入した。

七月二十九日に北平城が陥落。華北分離政策を進める日本軍は、十二月には中華民国北京政府の内務部や財政部総長を務めた王克敏《おうこくびん》を中心に「中華民国臨時政府」を中南海で設立した。中華民国紀年と五色旗をそのまま使うことを決定したのは、河北から山東・山西・河南へと支配を広げるためであった。

一方、翌年三月に、日本の華中派遣軍が梁鴻志《りょうこうし》を中心に南京に「中華民国維新政府」を樹立しようと工作しはじめる。これに対抗して、「臨時政府」は四月十七日に北平を北京に戻すことを決定した。

王の「臨時政府」も梁の「維新政府」も、一九四〇年には汪兆銘《おうちょうめい》の南京国民政府に統合されるものの、北京の名称はそのまま使われつづけた。この間、北京には日本人移住者が急速に増加した。一九三七年の約四〇〇〇人から一九四〇年には約六万七〇〇〇人に増え、十七倍に達する勢いであった。第一章の冒頭で触れた梅原龍三郎が訪れたのはこの頃で、その絵に北平ではなく「北京秋天」とタイトルを付けていた。

首都が失われた時期

日中戦争をへて一九四九年の新中国成立で、北京は二十年ぶりに首都に返り咲いた。この間、中国の唯一の中心としての首都は失われ、各地に分裂政権の中心地が併存したと言えるかもしれない。

まずは南京である。前述したように、一九二八（民国十七）年六月に中華民国の首都と定められて蔣介石率いる国民政府による本格的な建設が進められた。しかし、わずか十年ほどで日本軍による南京攻略と占領を受けて、国民政府は重慶に根拠地を移さざるをえなかった。

次は江西省の瑞金《ずいきん》。一九二七年の第一次国共合作崩壊後に、共産党が各地に設けたソヴィエト政権を統合するために、一九三一年十一月に毛沢東が中心となって中華ソヴィエト共和国を瑞金に樹立した。しかし国民政府の包囲攻撃に耐えきれずにその地を放棄し、一九三四年十月から紅軍の延安《えんあん》までの「長征」が始まった。

三つ目は、吉林省の長春《ちょうしゅん》。満洲事変を起こして支配を固めた日本は、清朝の廃帝溥儀《ふぎ》を迎えて一九三二年三月に傀儡《かいらい》国家の「満洲国」を成立させ、長春を「新京《しんきょう》」として、首都建設をおこなった。

ほかに、内モンゴルのフフホト（厚和《こうわ》）。一九三七年に設立された蒙疆聯盟《もうきょうれんめい》自治政府では、この地を本拠地とした。もちろん新中国の立場では、外国の傀儡《かいらい》政権はその正当性が認められないから、二十年ぶりの北平からの北京復活である。

国民広場への改造

新中国の建国セレモニーとともに語られてきた天安門広場。一九五〇年代に入って古い建物が撤去され、一九五九年に天安門広場が完成した。東西五〇〇メートル、南北八八〇メートル、長方形の広場である。その面積は四四ヘクタール、世界最大の都市広場の出現であった。

広場の名称となった明朝創建の承天門《しょうてんもん》（清代に天安門と改称）をそのままにして、新たな建造物が次々と建てられた。その南の中軸線上に「五星紅旗」の国旗掲揚台、続いて広場の中央に位置する人民英雄紀念碑、南には毛主席紀念堂を配した。東側には中国革命・歴史博物館（現在の中国国家博物館）、西側には全国人民代表大会が開催される人民大会堂が建てられた。

従来、この広場の前史をさかのぼる際に必ず参照されてきたのは、歴史地理学者侯仁之《こうじんし》氏と建築学者の呉良鏞《ごりょうよう》氏が連名で発表した論文「天安門広場礼賛」（一九七七年）であり、明清両朝の宮廷広場から人民広場への新生と説明されてきた。侯の執筆部分では、明清両朝の宮廷広場の淵源が、金《きん》の中都城や元《げん》の大都城の「千歩廊《せんぽろう》」、さらには隋唐《ずいとう》の長安城の「横街《おうがい》」や北宋開封城の「御街《ぎょがい》」の系譜に連なることを歴史的に解明した点で意義がある。

また妹尾《せお》達彦氏は、前近代国家から近代国民国家への政治形態の転換は、それぞれの国家の首都における国民広場の創造の中に凝縮されるとした。中国の天安門広場を事例に他の地域と比較しながら、その国民国家創造の方法の普遍性と固有性とを明らかにした。

とくに後者の固有性では、天安門広場を貫く南北軸線にくわえて、東側に太廟《たいびょう》（現在の労働人民文化宮）――中国革命博物館と中国歴史博物館を配置して時間の流れを表し、西側に社稷《しゃしょく》（現在の中山公園）――人民大会堂という空間を表す軸線を、王都から継承したとしている。また、途方もない面積と規模をもつ広場の空間構造に、中国における国民国家創造の困難性を見通している。

近年では建築都市史研究者の市川紘司氏が、天安門前の空間が中国の国民広場として形成される過程を、近代から連続させて詳細かつ克明に再現した。従来、一九四九年に切断線が引かれたために忘れ去られた近代のさまざまな改造を跡づけて、近代の紆余曲折をへた緩慢な変化と新中国におけるドラスチックな改造のディテールとを浮かび上がらせてくれた。

北向きに変えられたモニュメント

天安門広場の主役の建物はなにか。真っ先に想起されるのは、広場の中央に位置し、政治協商会議の「共同綱領」に明記されて建設が決まった人民英雄紀念碑であろう。

無名戦士を祀るこの紀念碑は、建国セレモニー前日の九月三十日夕暮れに周恩来が政治協商会議で役職を得たばかりの最高幹部たちを引き連れてその地点に向かい、定礎式がおこなわれた。毛沢東が紀念碑の碑文を読み上げたのち、その地に鍬《くわ》を入れ、朱徳、劉少奇、周恩来、政治協商会議委員たちと続いた。

図版70　北を向く人民英雄紀念碑

広場の改造に先立ち、その建設位置まですでに決まっていた紀念碑であるが、その後は難航し、一九五八年にようやく完成した。そのデザインは、中国伝統の宮殿形式の小さな屋根を載せたオベリスクで、きわめて単純な構造である。しかし、これが決まるまではかなりの時間を要した。

さらに紀念碑の向きは、毛沢東が揮毫《きごう》した碑銘「人民英雄永垂不朽（人民の英雄に永遠の栄光あれ）」の平板をオベリスクに嵌《は》めこむ段階で変更された。北京の中軸線上に建てられた建造物のほとんどは南面（正面が南向き）している。にもかかわらず、この紀念碑だけが北面となった。この決定は毛沢東と周恩来の合意のもとに、北京市長の彭真《ほうしん》がおこなったという。変更の理由は、国章のシンボルの天安門と無名戦士を祀る紀念碑とがじかに向き合う対等の存在となることで、その中間に天安門広場を構成すると説明された。

ただ、天安門のみならず、毛沢東の肖像も南面していることを考慮に入れれば、違って見えてくる。南面する主席と北面する人民の位置関係は、王朝時代の宮殿内の伝統的な空間配置をそのままに継承しているからである。北向きに変えられた時点で、紀念碑は広場の主役の座から降ろされたと言わざるをえない。しかも皮肉なことに、主役から降ろされることで、紀念碑はのちに政権を批判する人びとのシンボルとなる。

一九七六年の毛沢東の死去から一年後にその遺体を保存展示するモニュメントが、新たに広場の南側に付けくわえられた。毛主席紀念堂である。北京の中軸線上の建物としてはこれまた異例なことに、当初から北向きに建てられた。したがって、エントランスホールで参観者を出迎える大理石の毛沢東座像も、同じく北向きである。紀念堂全体が、人民英雄紀念碑と同様に、天安門に対面していることは明らかである。

毛沢東の後継者となった華国鋒《かこくほう》によって決定されたこのモニュメントについて、中国美術史を専門とするウー・ホン（巫鴻）氏は「神のポーズをした幽霊」と喝破している。さらに、そのモニュメントがイデオロギー的にも、芸術的にも、広場を閉鎖してしまったという指摘も重要である。

更新される肖像画

こうして見てくると、広場の主役はやはり人民英雄紀念碑の向きをも変えさせた毛沢東の肖像以外にありえない。その肖像が、広場で唯一南面しているからである。現に主役を果たしていることは、二十世紀末以来盛んに論じられるようになった、その制作秘話やバージョンに関する新聞報道などからも明瞭である。

ウー・ホンはまた政治空間としての天安門広場を論じるなかで、建国セレモニーで現在の位置に掲げられた以降にかぎっても、肖像には、

一九四九年十月一日……周令剣《しゅうれいしょう》主筆
一九五〇年五月一日……辛莽《しんもう》主筆
一九五〇年十月一日……辛莽主筆
一九五二年十月一日……張振仕《ちょうしんし》主筆
一九六七年十月一日……王国棟《おうこくとう》主筆

の五つのバージョンがあることを示し、その違いと意味を克明に論じた。その詳細は熟《こな》れた邦訳書にゆずるが、毛沢東が死去し、毛の誤りも公然と議論されるようになったのちも、肖像は不可侵でありつづけ、共産党と国家の永続性を表すシンボルとなったことを明らかにした。それらの考察により、肖像にまつわるさまざまな事実と意味づけをわれわれも共有できるようになった。

とりわけ興味深いのは、「偉大なる主席」の肖像画を、職人として描きつづけることを強いられた芸術家たちの存在である。乾燥した大地の強い陽光や自然環境による損傷のため、肖像画は毎年、通常は十月一日の国慶節より前に新しくすることが不可欠となった。肖像は毛沢東の加齢も考慮に入れて変化を続け、バージョンアップされてきたが、現在ではいくつものしきたりを守

りつづけながら、毎年更新されているという。

この事実から思い起こされることがある。清朝では、「時」を支配する皇帝が暦を頒布した。その期日は十月一日（旧暦）と定められていた（第七章参照）。偶然の一致とはいえ、更新される時期もほぼ重なる。王朝の創設から始まり、その倒壊直前まで続けられた頒暦。毎年新たにされる広場の肖像画も、中国共産党政権の続くかぎり同様に変わることなく更新されるのであろうか。

一九八六年には、中央の指示により、広場には毛沢東の肖像のみ掲げるという方針が示された。一九八九年四月には、五月一日の国際労働節《メーデー》と十月一日の国慶節の期間は、中国民主革命の先駆である孫文の肖像を立て掛けて、マルクス、エンゲルス、レーニン、スターリンの肖像は立て掛けないことが決まった。それは、国際共産主義運動から離陸し、中国独自の社会主義の道の追求に舵を切ったことにほかならない。

歴史に絡め取られた広場

広場に南面して掛けられた肖像。当然、それを見上げる人びとは、北面して臨むことになる。この両者の眼差しの関係は、かつての宮城の紫禁城や皇城空間で何百年とくり返されてきたものではないか。歴史の遺制に絡め取られたかのようだ。

新中国で国民広場として建設拡張された天安門広場。この広場が閉鎖された空間と化したとき、その禁じられた空間がかつての紫禁城の宮殿に通じ、肖像はその玉座に類することを、われわれは知らされることになった。

そもそも天安門前の広場が民衆の政治行動の場となったのは、一九一九年五月四日に発生した北京の大学生らのデモに始まる。その日付にちなんで五・四運動と呼ばれるが、日本の対華二十一ヶ条要求に反発したものであった。

以来、現代にいたるまで広場は、中国政治のショーウィンドーとなった。そこには、北京政府の袁世凱《えんせいがい》、国民政府の孫文と蔣介石、新中国の毛沢東といった二十世紀を代表する中国の政治指導者、あるいは市民や学生が入れ替わり登場した。一九六六年八月から始まる狂騒と狂乱の文化大革命の時期においても、さまざまな集会やデモがくりひろげられた。

鄧小平《とうしょうへい》による改革開放の時代をあいだに挟んで、学生や市民の集会から始まった一九七六年と一九八九年の二つの天安門事件。とりわけ、一九八九年六月四日未明、広場を人民解放軍の戦車が民主化を要求する学生や市民を蹂躙《じゅうりん》した事件は、まだ生々しく筆者の記憶に残っている。これを契機に広場の閉鎖化はいっそう進んだ。先述した建国セレモニーを構成していたさまざまな活動のうち、近年の国慶節では、最新鋭の兵器を誇示する軍事パレードのみが残っている。

習近平の一帯一路

ロチが北京を訪れた一九〇〇年（庚子《こうし》の歳）から百二十年、干支がちょうど三巡目に入った。ロチの断言どおり「驚くべきアジアの宮廷」すなわち清朝は、再生することはなかった。しかし、ロチが訪れた時から半世紀のあいだに北京が不死鳥のように首都の座に返り咲き、新中国で再建に向かって歩みはじめた。しかし、それもつかの間十五年ほどで「文化大革命」の狂乱に突入した。ようやく混乱から抜け出して改革開放政策を進め、二〇〇八年の北京オリンピック開催を実現して、国際社会の仲間入りを果たし、現在にいたる。

現在の国家主席習近平《しゅうきんぺい》が唱えるのは「中国の夢《チャイニーズ・ドリーム》」である。社会主義現代化国家の達成による「中華民族の偉大な復興」というスローガンを掲げた。その実現のための経済戦略として「一帯一路」を提起し、中国の夢に世界中を巻き込もうとしている。

「一帯一路」は、中国共産党の総書記に選出されたばかりの習近平が中国国家博物館での「復興之道」展を視察した際の発言から始まったという。漢王朝とローマ帝国とを結んだシルクロード以来の陸上の経済ベルトと明代の鄭和《ていわ》の南海遠征に象徴される海上シルクロードの交易の歴史を、現在の広域経済圏構想にまで結びつけるのは、さすが歴史の国を標榜するだけのことはある。

一帯一路によってでき上がる広域経済圏の中心はどこに置かれるのか。改革開放以後、成長めざましい上海なのか、それともやはり政治主導で北京でありつづけるのか。北京史研究者としては、とても気になるところである。

北京の政治的優位は維持されるとしても、その呼び名は、二十一世紀後半にはこれまで馴染みのある北京《ペキン》に代わって、北京オリンピック以来日本でも普及しはじめたBEIJING《ベイジン》に取って代わられているかもしれない。

歴史家にとって未来の予測は慎重でありたい。ただ、本書でその歩みをたどってきたように、古代・中世から近世・近代にいたるさまざまな歴史的経緯のなかで、拡大された中華世界を維持すべく首都として選ばれたのが、農耕世界と遊牧世界との境界に位置する北京であった。逆に言えば、拡大された中華世界を維持するためには、首都は北京でなければならなかった。それゆえ、偉大な中華世界復興の夢を追いつづけるかぎり、首都北京の地位も持続されるであろう。本書の副題を「中華世界」に選ばれた都城の歩みと題した理由もそこにある。

主要参考文献

北京史にかかわるもの

臼井武夫『北京追想――城壁ありしころ』東方書店、一九八一年
川越泰博『北京小史』国書刊行会、一九八二年
侯仁之・唐暁峰編『北京城市歴史地理』北京燕山出版社、二〇〇〇年
櫻井澄夫・人見豊・森田憲司編『北京を知るための五二章』明石書店、二〇一七年
朱祖希『北京城――中国歴代都城的最後結晶』正陽書局、二〇一八年
陣内秀信・朱自煊・高村雅彦『北京――都市空間を読む』鹿島出版会、一九九八年
曹子西主編『北京通史』（全十巻）中国書店、一九九四年
竹内実『北京』世界の都市の物語9、文藝春秋、一九九二年
竹中憲一『北京歴史散歩』竹内書店新社、二〇〇二年
春名徹『北京――都市の記憶』岩波新書、二〇〇八年
船越昭生「中国の歴史都市（3）北京」『講座考古地理学』第3巻、一九八五年
北京大学歴史系《北京史》編写組『北京史』〔増訂版〕北京大学出版社、一九九九年
北京文物研究所編『北京考古四十年』北京燕山出版社、一九九〇年
松木民雄編『北京地名考』朋友書店、一九八八年
繭山康彦『北京の史蹟』平凡社、一九七九年
村松伸『図説北京――三〇〇〇年の悠久都市』河出書房新社、一九九九年
和田哲郎・荻野純一等『北京歴史散歩―中国史の表舞台を見てまわる』日経BP企画、二〇〇八年

全体にかかわるもの

岸本美緒『中国社会の歴史的展開』放送大学教育振興会、二〇〇七年
熊本崇編『中国史概説』白帝社、一九九八年
佐川英治・杉山清彦『中国と東部ユーラシアの歴史』放送大学教育振興会、二〇二〇年
妹尾達彦『グローバル・ヒストリー』中央大学出版部、二〇一八年
礪波護・尾形勇・鶴間和幸・上田信編『中国の歴史』全十二巻、講談社、二〇〇五年
礪波護・森正夫・加藤祐三『中国』上・下、朝日新聞社、一九九二年
宮崎市定『中国史』上・下、岩波文庫、二〇一五年
山本英史『現代中国の履歴書』慶應義塾大学出版会、二〇〇三年

第一章

稲畑耕一郎・西江清高編『中国古代文明の原像』上・下、アジア文化交流協会、一九九八年

閻崇年『燕歩集』北京燕山出版社、一九八九年
小澤正人・谷豊信・西江清高『中国の考古学』同成社、一九九九年
侯仁之「関于古代北京的幾箇問題」『歴史地理学的理論与実践』上海人民出版社、一九七九年
侯仁之『北平歴史地理』外語教学与研究出版社、二〇一三年
史念海『中国古都和文化』中華書局、一九九八年
鶴間和幸『ファーストエンペラーの遺産――秦漢帝国』講談社、二〇〇四年
趙其昌『京華集』北京燕山出版社、二〇〇八年
濱本聡・岡本正康・真住貴子『梅原龍三郎展』中日新聞社、二〇〇〇年
渡辺信一郎『中華の成立――唐代まで』岩波新書、二〇一九年
第二章

川本芳昭『中華の崩壊と拡大――魏晋南北朝』講談社、二〇〇五年
氣賀澤保規『絢爛たる世界帝国――隋唐時代』講談社、二〇〇五年
妹尾達彦『長安の都市計画』講談社選書メチエ、二〇〇一年
谷川道雄『隋唐帝国形成史論』筑摩書房、一九七一年
谷川道雄『唐の太宗』人物往来社、一九六七年
古畑徹編『高句麗渤海史の射程――古代東北アジア史研究の新動向』汲古書院、二〇二二年
古松崇志『草原の制覇――大モンゴルまで』岩波新書、二〇二〇年
籾山明『秦の始皇帝――多元世界の統一者』白帝社、一九九四年
第三章

愛宕松男『アジアの征服王朝』河出書房新社、一九六九年
河上洋「遼の五京の外交的機能」『東洋史研究』五二巻二号、一九九三年
氣賀澤保規『中国仏教石経の研究――房山雲居寺石経を中心に』京都大学学術出版会、一九九六年
島田正郎『契丹国――遊牧の民キタイの王朝』〔新装版〕、東方書店、二〇一四年（一九九三年原刊）
唐代史研究会編『中国都市の歴史的研究』刀水書房、一九八八年
西村陽子『唐代沙陀突厥史の研究』汲古書院、二〇一八年
森部豊『安禄山――「安史の乱」を起こしたソグド人』山川出版社、二〇一三年

第四章

久保田和男『宋都開封の成立』汲古書院、二〇二三年
杉山正明『モンゴル帝国と大元ウルス』京都大学学術出版会、二〇〇四年
杉山正明『大モンゴルの世界――陸と海の巨大帝国』角川選書、一九九二年
杉山正明『クビライの挑戦――モンゴル海上帝国への道』朝日選書、一九九五年
田村實造『中国征服王朝の研究』中、同朋舎、一九七一年
外山軍治『金朝史研究』東洋史研究会、一九六四年

陳高華・佐竹靖彦『元の大都――マルコ・ポーロ時代の北京』中公新書、一九八四年
古松崇志ほか編『金・女真の歴史とユーラシア東方』勉誠出版、二〇一九年
村田治郎『中国の帝都』綜芸舎、一九八一年
渡辺健哉『元大都形成史の研究――首都北京の原型』東北大学出版会、二〇一七年

第五章

新宮学『北京遷都の研究』汲古書院、二〇〇四年
――『明清都市商業史の研究』汲古書院、二〇一七年
――「北京外城の出現――明嘉靖「重城」建設始末」『近世東アジア比較都城史の諸相』白帝社、二〇一四年
――「首都の地位を奪われた南京―『洪武京城図志』―」『東洋史研究』七四巻二号、二〇一五年
――「明代中都皇城考」『集刊東洋学』一〇〇号、二〇〇八年
――「近世中国における首都北京の成立」シリーズ都市・建築・歴史5『近世都市の成立』東京大学出版会、二〇〇五年
――「近世中国における皇城の成立」『古代東アジア交流の総合的研究』国際日本文化センター共同研究報告書、二〇〇八年
上田信『海と帝国――明清時代』講談社、二〇〇五年
愛宕松男・寺田隆信『モンゴルと大明帝国』講談社学術文庫、一九九八年
川越泰博『明代建文朝史の研究』汲古書院、一九九七年
岸本美緒・宮嶋博史『世界の歴史』一二、明清と李朝の時代、中央公論社、一九九八年
城地孝『長城と北京の朝政――明代内閣政治の展開と変容』京都大学学術出版会、二〇一二年
檀上寛『明朝専制支配の史的構造』汲古書院、一九九五年
檀上寛『永楽帝――中華「世界システム」への夢』講談社選書メチエ、一九九七年
鶴成久章「「一世一元」制度の淵源―明朝の年号をめぐって―」水上雅晴編『年号と東アジア』八木書店、二〇一九年
萩原淳平『明代蒙古史研究』同朋舎、一九八〇年
平川祐弘『マッテオ・リッチ伝』1・2・3、平凡社、一九六九・一九九七年
マッテーオ・リッチ、川名公平・矢沢利彦訳注『中国キリスト教布教史』岩波書店、一九八二年
李燮平『明代北京営建叢考』紫禁城出版社、二〇〇六年
林莉娜「明代帝王坐像團龍紋之演変」『故宮文物月刊』四三〇期、二〇一九年

第六章

岩井茂樹『朝貢・海禁・互市――近世東アジアの貿易と秩序』名古屋大学出版会、二〇二〇年
石橋崇雄『大清帝国』講談社選書メチエ、二〇〇〇年
于倬雲主編『紫禁城宮殿』商務院書館香港分館、一九八二年
岡田英弘・神田信夫・松村潤『紫禁城の栄光――明・清全史』講談社学術文庫、二〇〇六年
杉山清彦『大清帝国の形成と八旗制』名古屋大学出版会、二〇一五年

単士元『故宮史話』新世界出版社、二〇〇四年
孫大章主編『中国古代建築史　第五巻　清代建築』中国建築工業出版社、二〇〇二年
谷井陽子『八旗制度の研究』京都大学学術出版会、二〇一五年
寺田隆信『紫禁城史話』中公新書、一九九九年
松浦茂『清の太祖ヌルハチ』白帝社、一九九五年
三宅理一『ヌルハチの都――満洲遺産のなりたちと変遷』ランダムハウス講談社、二〇〇九年
矢沢利彦『西洋人の見た中国皇帝』東方書店、一九九二年

第七章

石光真人編『ある明治人の記録――会津人柴五郎の遺書』改訂版、中公新書、二〇一七年
加藤徹『西太后――大清帝国最後の光芒』中公新書、二〇〇七年
川島真『近代国家への模索』岩波新書、二〇一〇年
神田信夫等編『中国史　4　明清』世界歴史大系、山川出版社、一九九九年
小林一美『義和団戦争と明治国家』汲古書院、一九八六年
佐藤公彦『義和団の起源とその運動――中国民衆ナショナリズムの誕生』研文出版、一九九九年
平野聡『大清帝国と中華の混迷』興亡の世界史17、講談社、二〇〇七年
吉澤誠一郎『清朝と近代世界　19世紀』岩波新書、二〇一〇年

終章

市川紘司『天安門広場――中国国民広場の空間史』筑摩書房、二〇二〇年
稲垣清『中南海――知られざる中国の中枢』岩波新書、二〇一五年
ウー・フォン『北京をつくりなおす――政治空間としての天安門広場』中野美代子・大谷通順訳、国書刊行会、二〇一五年
王軍・多田麻美訳『北京再造――古都の命運と建築家梁思成』中国書店、二〇〇八年
岡本隆司『袁世凱――現代中国の出発』岩波新書、二〇一五年
――『「中国」の形成――現代への展望』岩波新書、二〇二〇年
菊地章太『義和団事件風雲録――ペリオの見た北京』大修館書店（あじあブックス）、二〇一一年
妹尾達彦「首都と国民広場――北京における天安門広場の建築」関根康正編『〈都市的なるもの〉の現在』東京大学出版会、二〇〇四年
ピエール・ロチ『北京最後の日』船岡末利訳、東海大学出版会、一九八九年
横山宏章『素顔の孫文――国父になった大ぼら吹き』岩波書店、二〇一四年

あとがき

本書で述べてきたところは、筆者が勤務した大学での一年生向けの講義をもとにしている。教養科目として北京の歴史を授業に取り上げたのは、当時の「改革開放」が進む中国のプレゼンスの急激な高まりが背景にあった。

個人的には、一九九四年秋から十カ月の北京での在外研修の際、北京市社会科学院が編集した『北京通史』全一〇巻と出会ったことが、直接のきっかけである。老北京人《ラオベイジンレン》の愛読する夕刊紙『北京晩報』に載せられたその紹介記事を目にした私は、北京に関する話題の新刊書がどの本屋の店先にも並べられていると早合点して、近くの本屋に走った。結局、宿舎の近くの書店では見つけられず、宣武門外にある書店街で知られている琉璃廠《リユウリーチヤン》までサブザックを持って買い出しに行き、やっと全冊を手に入れることができた。もちろん、北京滞在中は史料調査等で忙しく、帰国後の宿題となった。その頃から地方国立大学の大学改革も始まり、学部の教員も教養科目の授業を担当するようになり、この分厚い研究を解読しつつ北京の歴史の授業に取り組むことにした。

本書の執筆の話が、編集者の横山建城さんから舞い込んだのはそれから数年後のことである。

北京オリンピックの準備が加速していた頃であった。講義ノートもあることだしと軽く考え、なんとか間に合わせましょうと約束してしまった。しかし、通史を書き上げることは容易ではなく、大きな誤算であった。馬齢とともに増える雑務も加わり、執筆は中断した。結局、遅れに遅れて退職後の脱稿となったことを深くお詫びしたい。そして、本書の上梓を強力に後押しし、かつ見事に仕上げていただいた筑摩書房の選書編集長の松田健さんに感謝したい。

筑摩選書として出版されるこの一冊も、あらためて言うまでもなく多くの先行研究に導かれてでき上がっている。それらのすべてを網羅したわけではないが、その主なものは参考文献リストに挙げさせていただいた。とくに近年では、漢族中心主義の陥穽《かんせい》にはまりやすい中国史研究は、海域アジア史研究やユーラシア東方史研究のより広やかな視座からの挑戦を受けてきた。こうした新しい研究動向からも、さまざまなことを学んでいる。

また、この十数年来、日本学術振興会の科学研究費補助金を得て共同研究に取り組んできた「東亜比較都城史研究会」(代表　故橋本義則氏)のメンバーからも、さまざまな啓発と教示を得ている。とりわけ考古学や古代・中世史に関する部分は、国内外の都城調査や研究会に参加するなかで得られた知見が数多い。この場を借りて一言お礼を述べさせていただきたい。

あらためてふり返ると、国内総生産(ＧＤＰ)世界第二位となった中国のプレゼンスはますます高まり、東アジア地域で共同して取り組むべき課題がいよいよ増えつつあるなかで、日本では逆に中国や東アジア地域の歴史への関心が減退傾向にあるかに見える。北京に焦点を当てたこの通史が、中国や東アジア地域への関心を少しでも呼び戻す一助となれば望外の幸せである。

二〇二三年六月二十三日　　桜桃紅秀峰の実る時節に

新宮　学

人名索引

か行

さ行

た行

な行

は行

わ行

図版出典一覧

第四章　中都から大都へ

第五章　華夷一統のために

　場の空間史』筑摩書房、2020年、217頁
図版70　北を向く人民英雄紀念碑　著者撮影　2005年8月

カバー（表）　北京中軸線（俯瞰）『北京文博』2003年1期、北京燕山出版社

新宮 学（あらみや・まなぶ）

一九五五年、山形県生まれ。東北大学文学部卒業。同大学院文学研究科博士課程単位取得退学。国士舘大学文学部講師をへて、山形大学人文学部助教授、人文社会科学部教授を歴任。山形大学名誉教授。博士（文学）。専攻は十四～十八世紀の中国近世社会史、中国都城史、東アジア比較都城史研究。著書に『北京遷都の研究』『明清都市商業史の研究』（ともに汲古書院）、『中国史概説』（共著、白帝社）、『東アジア都城の比較研究』（共著、京都大学学術出版会）、『近世東アジア比較都城史の諸相』（編著、白帝社）などがある。

筑摩選書 0263

北京《ペキン》の歴史《れきし》
「中華世界《ちゅうかせかい》」に選《えら》ばれた都城《とじょう》の歩《あゆ》み

二〇二三年九月一五日 初版第一刷発行

著者 新宮《あらみや》 学《まなぶ》
発行者 喜入冬子
発行所 株式会社筑摩書房
東京都台東区蔵前二-五-三 郵便番号 一一一-八七五五
電話番号 〇三-五六八七-二六〇一（代表）
装幀者 神田昇和
印刷 製本 中央精版印刷株式会社

 ISBN978-4-480-01782-6 C0322

筑摩選書 0003

荘子と遊ぶ　禅的思考の源流へ

玄侑宗久

『荘子』はすこぶる面白い。読んでいると「常識」という桎梏から解放される。それは「心の自由」のための哲学だ。魅力的な言語世界を味わいながら、現代的な解釈を試みる。

筑摩選書 0013

甲骨文字小字典

落合淳思

漢字の源流「甲骨文字」のうち、現代日本語の基礎となっている教育漢字中の三百余字を収録。最新の研究でその成り立ちと意味の古層を探る。漢字文化を愛する人の必携書。

筑摩選書 0062

中国の強国構想　日清戦争後から現代まで

劉傑

日清戦争の敗北とともに湧き起こった中国の強国化への意志。鍵となる考え方を読み解きながら、その国家構想の変遷を追い、中国問題の根底にある論理をあぶり出す。

筑摩選書 0082

江戸の朱子学

土田健次郎

江戸時代において朱子学が果たした機能とは何だったのか。この学の骨格から近代化の問題まで、思想界に与えたインパクトを再検討し、従来的イメージを刷新する。

筑摩選書 0089

漢字の成り立ち　『説文解字』から最先端の研究まで

落合淳思

正しい字源を探るための方法とは何か。『説文解字』から白川静までの字源研究を批判的に継承した上で到達した最先端の成果を平易に紹介する。新世代の入門書。

筑摩選書
0175
林彪事件と習近平
中国の権力闘争、その深層
古谷浩一
世界を驚かせた林彪事件。毛沢東暗殺計画の発覚後、林彪は亡命を図るが、搭乗機は墜落。その真相に迫る。習近平の強権政治の深層をも浮かび上がらせた渾身作！

筑摩選書
0192
アジア主義全史
嵯峨 隆
アジア諸国と連帯して西洋列強からのアジア解放を目指したアジア主義。その江戸時代から現在までの全史をたどりつつ、今後のアジア共生に向けて再評価する試み。

筑摩選書
0207
紅衛兵とモンゴル人大虐殺
草原の文化大革命
楊海英
文化大革命で中国政府は内モンゴルのモンゴル人三四万六〇〇〇人を逮捕し、二万七九〇〇人を殺害した。それを実行した紅衛兵の実態を暴き、虐殺の真相に迫る。

筑摩選書
0214
中国共産党、その百年
石川禎浩
創立百周年を迎える中国共産党。いかにして超巨大政権党となったのか、この組織の中核的属性はどのように形作られたのか、多角的に浮き彫りにした最良の通史！

筑摩選書
0224
横浜中華街
世界に誇るチャイナタウンの地理・歴史
山下清海
日本有数の観光地、横浜中華街。この街はどのようにしてでき、なぜ魅力的なのか。世界中のチャイナタウンに足を運び研究してきた地理学者が解説。図版多数収録。

筑摩選書
0228

中庸民主主義
ミーノクラシーの政治思想

崔 相龍
小倉紀蔵 訳

儒学とギリシア哲学に共通する中庸の政治哲学を現代に活かすべく「中庸民主主義」を提唱。元駐日韓国大使の政治学者が、分断の進む世界を変革する方策を考える。

筑摩選書
0229

東アジアの農村
農村社会学に見る東北と東南

細谷 昂

文化や共同体の違いはどこからくるのか？ 人間と大地の営み、農をめぐる統治と支配の歴史に深く分け入り、広大な大陸の原風景を描き出す、農村社会学の射程。

筑摩選書
0232

日清・日露戦史の真実
『坂の上の雲』と日本人の歴史観

渡辺延志

『日清戦史』草稿の不都合な事実はなぜ隠蔽されたか。『日露戦史』でもなされた戦史改竄が遺した禍根を考察し、『坂の上の雲』で形成された日本人の歴史観を問い直す。

筑摩選書
0245

平和憲法をつくった男 鈴木義男

仁昌寺正一

日本国憲法第9条に平和の文言を加え、25条の生存権を追加することで憲法に生命を吹き込んだ法律家・政治家「ギダンさん」。その生涯をたどるはじめての本格評伝。

筑摩選書
0247

東京10大学の150年史

小林和幸 編著

筑波大、東大、慶應、青山学院、立教、学習院、明治、早稲田、中央、法政の十大学の歴史を振り返り、各大学の特徴とその歩みを日本近代史のなかに位置づける。

筑摩選書
0248

敗者としての東京
巨大都市の「隠れた地層」を読む

吉見俊哉

江戸＝東京は1590年の家康、1869年の薩長軍、1945年の米軍にそれぞれ占領された。「敗者」としての視点から、巨大都市・東京を捉え直した渾身作！

筑摩選書
0250

丸山眞男と加藤周一
知識人の自己形成

山辺春彦　鷲巣力／東京女子大学丸山眞男記念比較思想研究センター　東京女子大学丸山眞男記念比較思想研究センター　監修

戦後日本を代表する知識人はいかにして生まれたのか？出生から敗戦まで、豊富な資料とともに二人の自己形成過程を比較対照し、その思想の起源と本質に迫る。

筑摩選書
0254

日本政教関係史
宗教と政治の一五〇年

小川原正道

統一教会問題でも注目を集めている政治と宗教の関係の変遷を、近現代の様々な事例をもとに検証。信教の自由と政教分離の間で揺れ動く政教問題の本質に迫る。

筑摩選書
0255

日本人無宗教説
その歴史から見えるもの

藤原聖子　編著

「日本人は無宗教だ」とする言説の明治以来の系譜をたどり、各時代の日本人のアイデンティティ意識の変遷を解明する。宗教意識を裏側から見る日本近現代宗教史。

筑摩選書
0256

隣国の発見
日韓併合期に日本人は何を見たか

鄭大均

日韓併合期に朝鮮半島に暮らした日本人は、その自然や文化に何を見たのか。安倍能成、浅川巧ら優れた観察者のエッセイを通じて、朝鮮統治期に新たな光を当てる。